divergencias

MUJERES Y PARTICIPACIÓN POLÍTICA
Avances y desafíos en América Latina

MAGDALENA LEÓN
(compiladora)

por

SONIA E. ÁLVAREZ • PATRICIA CHUCHRYK
GIOCONDA ESPINA • MARÍA DEL CARMEN FEIJOÓ
JANE JAQUETTE • MARTA LAMAS
MAGDALENA LEÓN • AMY C. LIND • LOLA LUNA
MARYSA NAVARRO • NANCY SAPORTA
TERESA VALDÉS • VIRGINIA VARGAS
NORMA VILLARREAL

EDITORES

BOGOTÁ • CARACAS • QUITO

EDITORES

Transversal 2ª A Nº 67 - 27
Tels: 2551695 - 2556691
Santafé de Bogotá, Colombia

cubierta: diseño de felipe valencia

primera edición: agosto de 1994

ISBN 958-601-479-7

edición, armada electrónica,
impresión y encuadernación:
tercer mundo editores

impreso y hecho en colombia
printed and made in colombia

2593-94-193

Contenido

Primera parte
Propuestas de análisis del movimiento de mujeres
en América Latina

LAS AUTORAS

SONIA E. ÁLVAREZ

Profesora asociada del departamento de política de la Universidad de California, Santa Cruz. Es Ph.D. en ciencia política de la Universidad de Yale. Autora de *Engendering Democracy in Brazil: Women's Movements in Transition Politics* y coeditora, con Arturo Escobar, de *The Making of Social Movements in Latin America: Identity, Strategy and Democracy*. Su investigación actual se centra en las dimensiones políticas y culturales de la ciudadanía democrática.

PATRICIA CHUCHRYK

Profesora asociada y catedrática del departamento de sociología de la Universidad de Lethbridge, Canadá. Desde 1982 realiza investigaciones en Chile y actualmente trabaja en el proyecto "Cambio social, democratización y movimientos de mujeres en América Latina", auspiciado por el Social Science and Humanities Research Council de Canadá. Coeditora de la colección *First Nations Women of Canada*, de próxima publicación. Prepara un libro sobre el movimiento de mujeres y la transición democrática en Chile.

GIOCONDA ESPINA

Licenciada en Letras de la Universidad Central de Venezuela, Caracas. Tiene una maestría en estudios de Asia y África del Norte, del Colegio de México, y un doctorado en ciencias sociales, del CENDES, UCV. Profesora asociada de la facultad de ciencias económicas y sociales de la UCV y coordinadora de investigación del Centro de Estudios de la Mujer. Autora de *La función de las mujeres en las utopías* y de *Poemas de acción y otras expresiones de Diego Barboza (1948-1985)*.

MARIA DEL CARMEN FEIJOÓ

Licenciada en sociología. Investigadora de CEDES y CONICET. Subsecretaria de Educación de la provincia de Buenos Aires. Fue coordinadora académica del Programa Latinoamericano de Investigación y Formación sobre la Mujer de CLACSO. Autora de *Alquimistas en la crisis. Experiencia de mujeres en el gran Buenos Aires* y compiladora de *Mujer y sociedad en América Latina*. Autora de numerosos artículos sobre el impacto de la crisis y los programas de ajuste estructural en las mujeres y la participación de los grupos femeninos en la transición democrática en Argentina.

JANE JAQUETTE

Profesora del departamento de política de Occidental College, Estados Unidos. Sus temas actuales de investigación incluyen mujeres y desarrollo, feminismo internacional y estudios comparativos sobre participación política de las mujeres. Autora de numerosos artículos y libros, de los cuales el más reciente es una edición revisada de *The Women's Movement in Latin America: Participation and Democracy*, publicado en 1994.

MARTA LAMAS

Antropóloga y periodista. Ha sido profesora de la facultad de ciencias políticas y sociales de la Universidad Nacional Autónoma de México y de la Escuela Nacional de Antropología e Historia. Miembro del Consejo Consultivo del Programa Universitario de Estudios de Género de la UNAM. Directora de la revista *Debate feminista* y asistente de la dirección de *Nexos*. Actualmente dirige el Grupo de Información en Reproducción Asistida, en México.

MAGDALENA LEÓN

Profesora asociada de la Universidad Nacional de Colombia. Ha sido profesora e investigadora invitada del Instituto para Estudios del Desarrollo de la Universidad de Sussex y del Instituto de Estudios Latinoamericanos e Ibéricos de la Universidad de Columbia. Tiene una maestría en sociología de la Universidad de Washington, Saint Louis. Autora de numerosos artículos en diferentes compilaciones y revistas. Entre sus libros se cuentan *La mujer y el desarrollo en Colombia*, *Mujer y capitalismo agrario* y *Mujer y política agraria*. Sus temas de investigación actual se centran en las relaciones entre género y dinámica familiar y entre género y políticas públicas, así como en el movimiento social de mujeres en la región latinoamericana.

AMY C. LIND

Realizó estudios latinoamericanos y sobre mujeres en la Universidad de California, Santa Cruz, y sobre planeación urbana y regional en la Universidad de Cornell; en la actualidad trabaja en su doctorado. Es investigadora afiliada de la Facultad Latinoamericana de Ciencias Sociales (FLASCO) y ha participado en numerosos proyectos de investigación sobre temas relacionados con economía y mujer. Es miembro de varias asociaciones y grupos de estudio afines a sus especialidades.

LOLA LUNA

Profesora titular de historia de América de la Universidad de Barcelona. Tiene un doctorado de la Universidad Complutense de Madrid. Entre 1970 y 1973 fue profesora de la Universidad de Tunja y de la Universidad Javeriana de Bogotá, en calidad de cooperante española. Dirige el seminario interdisciplinar "Mujeres y sociedad" de la Universidad de Barcelona. Es editora de la revista *Hojas de Warmi* y entre sus últimos libros están *Resguardos coloniales de Santa Marta y Cartagena y resistencia indígena* e *Historia, género y política. Movimientos de mujeres y participación política en Colombia 1930-1993*, este último en coautoría con Norma Villarreal.

MARYSA NAVARRO

Profesora "Charles Collis" de historia y catedrática del programa de estudios latinoamericanos y del Caribe de Dartmouth College. Ha escrito numerosos artículos sobre mujeres en América Latina, incluyendo temas como las madres de la Plaza de Mayo y mujeres y movimiento obrero en Argentina. Autora de *Evita*, una biografía política de Eva Perón. En la actualidad escribe un libro sobre mujeres, ciudadanía y Estado en Argentina.

NANCY SAPORTA

Profesora asociada de español de Smith College. Coeditora, con Asunción Horno-Delgado *et al.*, de *Breaking Boundaries: Latina Writing and Critical Readings* y autora de numerosos artículos sobre *Latina* y discurso de mujeres latinoamericanas. Su investigación actual se centra en ensayos sobre mujeres y teatro, en una relectura del canon literario latinoamericano.

TERESA VALDÉS

Licenciada en sociología de la Universidad Católica de Chile. Entre sus áreas de especialización se cuentan políticas públicas para la mujer, condición de la mujer en América Latina, movimiento de mujeres en Chile, participación política de la mujer, organizaciones de pobladores y movimientos sociales urbanos. Ha sido profesora de la facultad de ciencias sociales de la Universidad de Chile y de la Universidad de Columbia, Nueva York. Investigadora de FLASCO-Programa Chile. Autora de numerosos artículos y publicaciones.

VIRGINIA VARGAS

Socióloga de la Pontificia Universidad Católica del Perú. Investigadora especializada en el tema de movimientos sociales y mujeres. Fundadora del Centro de la Mujer Peruana Flora Tristán, en el cual trabaja. Autora de *El aporte de la rebeldía de las mujeres* y de *Cómo cambiar el mundo sin perdernos*. Ejerce la docencia en el Instituto de Estudios Sociales de La Haya, Holanda. Coordina la Red Entre Mujeres a nivel latinoamericano. Representante de las ONG de América Latina y el Caribe ante el Comité de Planeación de la IV Conferencia Mundial sobre la Mujer, que tendrá lugar en Beijing en 1995.

NORMA VILLARREAL

Socióloga de la Universidad Nacional de Colombia. Tiene una maestría en desarrollo rural de la facultad de agronomía de la Universidad Central de Venezuela. Ha sido consultora externa de la oficina regional para América Latina de la Organización Internacional del Trabajo y coordinadora del Proyecto de Capacitación y Organización de la Mujer Campesina e Indígena del Ministerio de Agricultura-Unicef. Autora de numerosos artículos y cartillas sobre temas de mujeres. Ha estado vinculada a la Fundación para el Desarrollo Alimentario (FUNDALI) y a la Asociación de Mujeres Campesinas e Indígenas de Colombia (ANMUCIC). Hace parte del Colectivo de Mujeres de Bogotá y es socia fundadora de ECOMUJER.

Presentación
Movimiento social de mujeres y paradojas de América Latina

Magdalena León

Desafíos entre democracia política, desarrollo económico y equidad social

El acercamiento a los movimientos sociales en América Latina, y en particular al Movimiento de Mujeres, del cual se ocupa esta compilación titulada *Mujeres y participación política: avances y desafíos en América Latina*, pone en evidencia el cambio social, político y económico de la región en las últimas tres décadas, y la variación en las formas de analizar e interpretar ese mundo en movimiento.

La década de los años ochenta en América Latina ha sido denominada por la corriente cepalina como la década perdida, mientras que otros estudiosos hacen énfasis en los procesos de democratización ocurridos en ese período. El primer argumento se sustenta en el pobre desempeño económico de los países de la región, reflejado parcialmente en sus niveles de crecimiento; el segundo, en que los gobiernos militares autoritarios y las democracias formales restringidas dieron paso a proyectos que profundizaron la ciudadanía política. Sin embargo, a medida que transcurre el tiempo los avances democráticos de la región se han hecho más difíciles, mostrando signos preocupantes en lo que va corrido de esta década bajo la sombrilla del neoliberalismo.

La paradoja señalada permite afirmar que en América Latina está ocurriendo un proceso doble, en el cual el cambio democrático se da dentro de una situación de aumento de los niveles de pobreza. Esta contradicción evidencia la falta de correspondencia entre democracia política y democracia social. El desafío —fuerza creadora y retos que enfrenta la región—radica en la coexistencia de procesos que buscan consolidar nuevas ideas políticas, renovar la cultura electoral y ampliar e innovar las formas de participación, con procesos de deterioro creciente y profundo de la ciudadanía social y violación de los derechos humanos.

Los procesos de cambio que se han impulsado en América Latina en las últimas décadas plantean un desafío sustantivo para el final del siglo XX, al punto que el rumbo del continente en el próximo milenio dependerá de la manera como se enfrente ese desafío. En él el problema de fondo es cómo conciliar el desarrollo económico con la democracia. Así, por ejemplo, se renuevan y se abren nuevos espacios de participación para los diferentes actores sociales, entre ellos las mujeres, al tiempo que las difíciles condiciones económicas tienden a restringir la amplitud y el contenido de esa participación. En suma, como lo ha señalado Norbert Lechner, América Latina vive hoy procesos de cambio social caracterizados por el desafío de armonizar democracia política, desarrollo económico y equidad social.

Los esquemas de democratización entrañan cierta apertura hacia mecanismos de acción social, flexibilizan las políticas estatales y cuestionan y desmitifican en buena parte la participación clientelista y cautiva en los partidos políticos. Pero paralelamente hay fuerzas que frenan y cierran el paso a las posibilidades de participación. Estas fuerzas, que viajan en contravía, surgieron principalmente durante la última década, como resultado de las difíciles condiciones socioeconómicas que imponen los procesos de ajuste económico derivados de la crisis de la deuda externa y del costo social que implican las políticas económicas de la apertura. Además, la heterogénea presencia de la "cultura de la violencia" en la región, plasmada en movimientos guerrilleros, grupos paramilitares, presencia del narcotráfico y el narcoterrorismo, criminalidad y delincuencia común, es decir, en el incremento de la inseguridad para el común de la gente, impone difíciles circunstancias para el desarrollo de culturas políticas democráticas. De esta forma, la región enfrenta una coyuntura contradictoria: al tiempo que se abren espacios, se limita y restringe su contenido.

La revisión bibliográfica muestra para América Latina una limitada función social del Estado. El Estado capitalista de bienestar ha sufrido una sobrecarga de demandas y exigencias que cada día son más difíciles de cumplir. Sus funciones básicas —procurar las condiciones para la acumulación y mantener su legitimación política mediante el bienestar social— entraron en abierto conflicto, el cual se ha intensificado con las dificultades económicas de los países de la región.

La presencia de un Estado benefactor, que fue muy limitada en América Latina y con desarrollo incipiente sólo en algunos países, especialmente los del Cono Sur, es prácticamente inexistente en los modelos neoliberales que operan actualmente. El neoliberalismo acusa al Estado benefactor de ser ineficiente económicamente, antidemocrático socialmente y deslegitimador políticamente. Con esta crítica las corrientes aperturistas plantean la necesidad de reformar el Estado: reducir su tamaño y su función social.

La ineficiencia del Estado para responder a las necesidades de las mayorías ha permitido que se le caracterice como débil, pobre y en crisis. La política social, residual y marginal frente a los planes macroeconómicos agudiza cada vez más este carácter. Las restricciones impuestas por las políticas de ajuste, puestas en práctica para enfrentar la crisis de la deuda, traen como consecuencia la reducción del gasto social, profundizando aún más su papel residual, con limitados beneficios para todos los grupos sociales y especiales consecuencias para las mujeres. Al mismo tiempo, el Estado ha continuado su desarrollo con rasgos autoritarios y patriarcales, ya que resiente, por un lado, una participación mayor de la sociedad civil y, por otro, las alteraciones a la división sexual del trabajo. Ello sin olvidar que la corrupción galopa aceleradamente por el continente. Este panorama permite hablar de Estados que no pueden hacerse cargo de las demandas de los grupos subordinados, entre los que se encuentran los diferentes grupos de mujeres.

Las paradojas señaladas nos hablan de las características complejas de América Latina en este final de siglo. En ellas se anidan de manera simultánea rasgos culturales premodernos y modernos, y características de la posmodernidad. Sin pretender retomar los análisis dualistas, la cohabitación de diferentes expresiones socioeconómicas, políticas y culturales nos presenta procesos inacabados de transformación y evidencia situaciones excluyentes de cambio, en las que se debaten los diferentes grupos culturales, étnicos, sociales y regionales, y aquellos que se identifican por diferencias en el ciclo vital o por el género de sus miembros.

La transición democrática se ve afectada, entonces, por estas paradojas, lo que crea dificultades para el proceso de desarrollo y las prácticas colectivas en los diferentes movimientos sociales, en los cuales el Movimiento de Mujeres no es una excepción. Los desafíos para el desarrollo económico y la democratización que experimenta la región se evidencian en una situación de crisis y fragmentación social. En este clima es viable pensar en una parálisis de la organización, resistencia y lucha colectiva de la sociedad civil. Sin embargo, la complejidad de los cambios que acusa la región implica la existencia de una sociedad civil multifacética, en la que hay una simultaneidad de sujetos sociales que aspiran a participar y tener una identidad social definida, y que se expresan mediante grupos y movimientos. Esta renovación de la sociedad civil y la presencia de nuevos actores sociales retan y cuestionan la organización tradicional, crean contradicciones al sentido común político aceptado como *statu quo*, y amplían y transforman los canales del ejercicio de la política y la política misma.

Mirando con ojos de alquimista el tejido social de la región, es fácil advertir diferentes grados de compromiso de los ciudadanos y las ciudadanas con sus proyectos vitales desarrollados a través de la lucha y la organización colectiva. Dentro del amplio y heterogéneo rango de grupos que actúan colectivamente, el Movimiento Social de Mujeres ocupa un lugar destacado.

Este movimiento es sin duda menos visible que otros que se dieron en décadas pasadas, como fueron los casos de los movimientos obreros, campesinos y de pobladores. Debido a su anclaje actual principalmente en lo privado, el Movimiento de Mujeres tiene en la opinión pública una invisibilidad. Pero esta identidad subterránea no le resta importancia, ya que el movimiento significa un cambio en la realidad social, cultural, económica y, sobre todo, política de la región.

El desarrollo del Movimiento Social de Mujeres ha sido creciente durante las dos últimas décadas en la mayor parte de los países de la región. Los siete estudios de caso que conforman esta compilación —Argentina, Brasil, Colombia, Chile, Ecuador, México y Venezuela— así lo demuestran. Ese desarrollo se ha dado en diferentes vertientes y variados espacios de acción, y mediante múltiples iniciativas y formas de organización inéditas. Han logrado organizarse redes regionales sobre temas como la crisis y la deuda externa, la salud integral y reproductiva, las trabajadoras domésticas, los derechos humanos, las mujeres negras, el derecho al aborto y contra la violencia sexual y doméstica. Además, entre 1981 y 1993 se han llevado a cabo cinco encuentros feministas regionales.

REFLEXIONES SOBRE EL MOVIMIENTO DE MUJERES

A continuación se destacan algunos aspectos importantes para la reflexión y el análisis, deducidos de los diferentes artículos presentados en esta compilación y de trabajos recientes sobre los movimientos sociales, tales como el de Arturo Escobar y Sonia Álvarez y la importante contribución de Virginia Vargas.

1. Como lo plantean Jane Jaquette, María del Carmen Feijoó, Sonia Álvarez y Teresa Valdés en este libro, el Movimiento de Mujeres creció y se desarrolló en países que estaban sometidos a regímenes autoritarios o que vivían severas alteraciones internas del orden público. Esto significa que las mujeres organizadas han sido actoras decisivas no sólo en la recuperación democrática, sino que la trascendencia de su papel político ha ido más allá, a cuestionar los vicios de formalidad y exclusión de los regímenes políticos.

Por eso es importante desentrañar la medida en que el Movimiento Social de Mujeres permite reconceptualizar la democracia y las implicaciones que de ello se deriven para la cultura política de fin de siglo. Jaqueline Pitanguy ha puesto sobre el tapete la sugestiva apreciación de que el Movimiento de Mujeres significa un proceso de recalificación de la democracia, el cual no se detiene en el ejercicio pleno de la ciudadanía, sino que se hace presente en las prácticas de la vida cotidiana, las relaciones intrafamiliares, el desempeño laboral, la recreación y el tiempo libre, el ejercicio de la sexualidad, la reproducción diaria y generacional de la sociedad y, en fin, el permanente actuar de niños, mujeres y hombres.

2. El Movimiento de Mujeres no ha estado aislado; su presencia corre pareja con la de una gama amplia de sectores subordinados, como los indígenas, los negros, los homosexuales, las prostitutas, los jóvenes, los desocupados, los sin tierra, techo o servicios públicos, los pobladores y miembros de comunidades abandonadas por el Estado y los pensionados que ingresan a las filas de los nuevos pobres.

Dada esta presencia de estas múltiples fuerzas, es prioritario ver y entender las relaciones del Movimiento de Mujeres con los movimientos sociales que existen en el panorama regional. Para el Movimiento de Mujeres es preciso reconocer e identificar la multiplicidad de actores y sujetos sociales que establecen su presencia en el espacio político y social para de allí derivar estrategias y políticas.

Las relaciones con los movimientos sociales, y las estrategias que de éstas emergen, se derivan de pensar y constatar que la autonomía del Movimiento de Mujeres no es un derecho exclusivo. Este planteamiento es un avance en cuanto al optimismo y reduccionismo de las primeras etapas del Movimiento. Esta nueva postura permite entender que la autonomía no es una práctica defensiva y aislante que impide las relaciones con el entorno social, el cual se ha construido debido a la simultaneidad de sujetos sociales que aspiran a participar y se expresan mediante movimientos de diferente índole.

Este concepto de autonomía va más allá de su sentido orgánico y se amplía al campo de lo ideológico, permitiendo el diálogo y el desarrollo de propuestas. La autonomía, entendida de esta manera, además de reconocer la que es propia del Movimiento, reconoce la de otras organizaciones. También permite poner en práctica el respeto a la diferencia en su propia organización y la que existe frente a otros colectivos, creándose de esta manera actitudes y conductas políticas dirigidas a la construcción de proyectos políticos democráticos.

3. Es pertinente aceptar que el Movimiento Social de Mujeres ha significado más una redefinición del poder político y la forma de entender la política, que una búsqueda del poder o de la representación en la política formal. La acción política de las mujeres no se ha definido por los espacios de la política formal, tales como los partidos políticos, los sindicatos, los gremios y las instituciones políticas, aunque tampoco es ajena a ellos. El Movimiento ha planteado nuevos espacios en lo privado, lo doméstico y lo comunitario, y formas alternativas con contenido político, muchas de las cuales tienen un carácter subversivo ante las prácticas tradicionales.

Este planteamiento nos lleva, tal como lo señaló el Grupo de Estudios de la Condición de la Mujer en Uruguay, Grecmu, a analizar las relaciones entre la mujer y el poder, aspectos que al parecer han sido tratados como opuestos. Tradicionalmente, esta relación se ha visto desde dos perspectivas: una, la negación o exclusión de la arena pública, y otra, su opuesto, es decir, la exaltación o la multiplicidad de poderes de las mujeres en lo doméstico y lo privado.

A partir del Movimiento Social de Mujeres se pueden ver las relaciones que establecen las mujeres con el poder, y revisar los poderes que las excluyen o las involucran, tanto en lo público como en lo privado. Esta reflexión permite describir y analizar la exclusión de las mujeres del espacio público y las formas alternativas de participación y poder que han generado los grupos de mujeres.

El análisis de las mujeres y su relación con el poder lleva a comprender la construcción de sus identidades sociales. La conformación histórica, social y cultural de lo público dio como resultado una definición masculina y dividió en dos esferas la participación social, la pública y la privada, división reiteradamente criticada por el feminismo. Esta división se tradujo en la formación de roles específicos para hombres y mujeres, lo que permite explicar en buena parte por qué las mujeres son excluidas o se autoexcluyen del ejercicio del poder público. La socialización que reciben las mujeres las enajena de lo público, hace difícil su integración a estos espacios y refuerza su privatización.

Las fisuras que presentan estos modelos polarizados, el mundo cambiante y la presencia y presión del Movimiento Social de Mujeres, traen nuevas necesidades y conductas que llevan a modificar las reglas de juego tradicionales. Por eso hay que observar que, si bien es cierto que el Movimiento de Mujeres se desarrolla principalmente en los pequeños espacios de la cotidianidad, su fuerza está en que replantea, junto con otras fuerzas renovadoras, la forma de entender la política y el poder, y cuestiona el contenido formal que se le ha atribuido y las formas en que se ejerce el poder.

Hay que preguntarse entonces por qué, a pesar de los avances en las prácticas políticas de las mujeres, lo público a nivel decisorio y de formulación de propuestas de políticas ha permanecido básicamente inflexible en manos masculinas y por qué las mujeres no entran a los espacios de liderazgo global y presentan un bajo ejercicio del poder en la esfera pública. La respuesta bordea la separación que mantiene el ordenamiento social entre lo público y lo privado, y muestra las paradojas entre la democracia participativa y la democracia representativa. Indicadores de ello los encontramos en el abultado caudal electoral que representa la población femenina en las elecciones para diferentes corporaciones públicas, frente a la magra representación de las mujeres elegidas en dichas corporaciones o en los puestos decisorios del Estado. También es indicadora la acuciosa participación de las mujeres en la vida comunitaria, en las movilizaciones de los pobladores, en las actividades cívicas y barriales y aun en los movimientos subversivos; mientras que los lugares de dirección y representación son mayoritariamente masculinos.

Para el Movimiento de Mujeres las incursiones en lo público representativo han surgido de las necesidades de ampliar y fortalecer los procesos democráticos, lo que ha impulsado la acción de interlocución con lo público. De allí aparece el camino a la representatividad y las relaciones de negociación e interlocución con el Estado. Sin embargo, estas relaciones surgen en un ambiente ambiguo y paradójico, debido a los diferentes desafíos que vive la región, y tal como se señaló anteriormente con especiales repercusiones para las mujeres.

A partir de 1982 la crisis de la deuda ha servido para darle visibilidad social a la mujer en dos sentidos. De una parte, su participación en actividades productivas y reproductivas ha aumentado. No se ha podido seguir ocultando, ni en las estadísticas, ni ante la opinión, la entrada de la mujer al mercado laboral, aunque principalmente al sector informal, como estrategia de sobrevivencia, y la extensión de su jornada doméstica para compensar la falta de servicios que significa el recorte del gasto social. El papel de la mujer, particularmente de los sectores populares, tiene una función de amortiguación que con la extensión del trabajo productivo y reproductivo responde a las restricciones fiscales del modelo económico. El papel que la mujer cumple en la sobrevivencia se define como un componente fundamental de la deuda social. De otra parte, la crisis ha hecho visible a la mujer en cuanto las difíciles condiciones de sobrevivencia de algunos grupos de mujeres las han obligado a presionar el Estado para proponer y ejecutar respuestas, y en este proceso las políticas públicas han empezado a tenerlas en cuenta.

El análisis adelantado en el Grecmu señala que el cuestionamiento de lo público y del poder que hace el Movimiento lleva a reconsiderar la construcción misma del sistema político y su funcionamiento, y a pensar la crisis del sistema de representación y las de legitimidad del Estado y los partidos políticos.

4. El concepto de empoderamiento (*empowerment*) aparece en la literatura de las ciencias sociales como una estrategia impulsada por el Movimiento de Mujeres para avanzar en el proceso de transformación de la sociedad u objetivo último del Movimiento. Este concepto y su significación política hacen carrera en el movimiento de América Latina a partir de la segunda mitad de la década de los años ochenta. El empoderamiento es la más importante estrategia de las mujeres como individuos y como organizaciones para ganar poder por sí mismas en forma individual y/o colectiva mediante acciones participativas.

Las mujeres como actores sociales aspiran a estar donde se toman las decisiones para el futuro de sus sociedades y para ello deben ejercer el poder y la autoridad, con miras a dar forma a los procesos transformadores. De esta manera el empoderamiento como herramienta para la práctica política tiene una relación directa con el poder. Al mismo tiempo se relaciona con la autonomía, entendida ésta, según se señaló anteriormente, como un proceso de negociación con los espacios autónomos de los otros y no como separación, o sea la autonomía con significación política.

5. El Movimiento Social de Mujeres también enriquece la discusión sobre el Estado, que ha oscilado entre las teorías liberal y marxista. Las primeras ven al Estado como instrumento de mejoramiento y transformación del estatus de la mujer, sin ver el Estado patriarcal, y las segundas lo ven como el enemigo o instrumento de dominación de las mujeres, olvidando que el Estado también puede ser un campo de lucha. Los avances y nuevos desarrollos del Movimiento Social de Mujeres se dirigen a concebir la estructura del Estado como resultado de una compleja red de relaciones de poder. El Estado no representa el mecanismo último de control de las mujeres, como lo han señalado algunas estudiosas al caracterizar el quehacer gubernamental como esencialmente patriarcal. Más bien, como señala Sonia Álvarez, se concibe una relativa autonomía del interés del patriarcado, no porque sea independiente de ese interés, sino porque la legitimidad del Estado está parcialmente derivada de su habilidad para incluir los intereses de clase, etnia y género en su pacto de dominación. Ello significa hacer concesiones a los grupos que presionan sus reclamos.

El Movimiento de Mujeres, más que una nueva teoría del Estado y las relaciones de género, requiere entender mejor determinados contextos institucionales y organizacionales dentro de los cuales tiene lugar la participación de las mujeres, para mirar qué facilita o limita la representación de sus intereses. En razón de la importancia que en la región están adquiriendo las políticas de descentralización administrtiva y también la participación de las mujeres en el ámbito local, es factible pensar que las políticas públicas para la mujer son un marco territorial más reducido y contextos históricos y sociales más concretos y determinados. En esencia, la presencia y participación de las mujeres organizadas es un aspecto central en el proceso de lograr la representación de sus intereses en determinados contextos. Desde la perspectiva del Movimiento, con una mirada de género y un sentido de autonomía propositiva, se ve al Estado en una doble dimensión: como vehículo de cambio y como forma de control de la vida de las mujeres.

Del planteamiento anterior se puede entender cómo los grupos organizados de mujeres han ido cambiando de tácticas de confrontación a estrategias de negociación, siempre vigilantes y fiscalizadoras. Aun existiendo peligros y retos en la cooperación con el Estado, se opta por trabajar dentro de él o con él, buscando ampliar la sombrilla que haga posible la transformación de los derechos que las mujeres reclaman desde la sociedad civil.

Las políticas públicas que se relacionan con las mujeres en América Latina, y que son llevadas a cabo por los Estados, tienen actualmente doble orientación. Por una parte, las políticas macro poseen una supuesta neutralidad de género, es decir, que las relaciones asimétricas de género, que caracterizan la realidad entre hombres y mujeres, no se identifican en los diseños de las grandes políticas y, de esta manera, esconden la realidad y perpetúan las diferencias. Por otra parte, en los programas y proyectos específicos para la mujer se está dando una distensión de género, que es un proceso tendiente a aflojar o transformar las relaciones de género de una manera explícita y directa. Hay varios factores que permitieron este fenómeno. A partir de 1975, con la declaración por parte de las Naciones Unidas del Año Internacional de la Mujer, se crea un clima internacional que significó una presión para el surgimiento de elementos de voluntad política en los gobiernos. También el tema Mujer y Desarrollo aparece con legitimidad en la agenda investigativa y de políticas internacionales. Así, la condición y posición de la mujer y los modelos y metas del desarrollo entran a formar parte, aunque de manera parcial, de las políticas gubernamentales.

La posibilidad de erosionar la supuesta neutralidad de género en la política macro del Estado está relacionada con la valoración que la sociedad tenga en su conjunto para favorecer transformaciones sobre la posición de la mujer. Los avances que se logren para debilitar la ideología patriarcal operan a favor de políticas estatales más equitativas sobre las relaciones de

género. Las presiones de los organismos internacionales y el Movimiento
Social de Mujeres, desde sus diferentes vertientes, espacios y tiempos, ha
sido el resorte fundamental para alimentar la discusión y alteración de condiciones materiales y culturales en la sociedad latinoamericana, que generen un clima más amplio y propicio para la distensión de género, no sólo en
los proyectos específicos sino en las políticas macro.

6. Es importante también indagar en las dos últimas décadas, corto
período en el cual tomó vitalidad el Movimiento Social de Mujeres, las con-
tinuidades entre viejas y nuevas prácticas. Se deben escudriñar las determinantes de la acción colectiva de las mujeres, con el fin de poder señalar lo
que se transforma en el Movimiento, lo que es nuevo y lo que es necesario
modificar en la perspectiva del nuevo siglo. Para ello es importante, tal como lo hacen los artículos de este libro, desagregar las formas múltiples de
movilización. Éstas están ancladas en la complejidad de las actoras, los diferentes modos de organización y acción, las variadas causas, medios y metas de las luchas, las diferentes magnitudes y composición de las fuerzas, la
variada relación con los partidos políticos y el Estado, y las diferentes relaciones que se establecen con la gama amplia de movimientos sociales.

Reconocer las diferentes prácticas que contiene el Movimiento nos evita
caer en una simplificación empírica y un reduccionismo político que llevan
a enfocar la atención en las prácticas más visibles de la protesta, tales como
la confrontación con el Estado o el sistema político, o a sobredimensionar el
impacto en las políticas del Estado y dejar de lado o en el anonimato prácticas menos visibles que se dan en el nivel de la vida cotidiana. La simplificación y el reduccionismo también pueden provenir de ignorar a grupos
relativamente aislados en las localidades, centrando la atención en aquellos
que tienen una participación masiva de carácter regional, nacional o continental.

Para el observador externo ha sido difícil en ocasiones advertir que la
lucha de las mujeres ha sido fundamental para la sobrevivencia, para paliar
la crisis y como colchón para la pobreza. Pero aún le ha sido más difícil
vislumbrar que el significado de sus acciones va mucho más allá: las mujeres construyen activamente una nueva vida, resistiendo las más diversas
formas de opresión, formulando utopías y soñando con un mundo nuevo
en el cual se redefinan las identidades tradicionales femeninas y masculinas.

Es necesario refinar los marcos analíticos y los instrumentos de observación para poder ver la complejidad de las prácticas del Movimiento, las cuales se dan en forma simultánea, y pueden percibirse aparentemente como
contradictorias. Unas pueden ser más particulares y otras más universales,

unas más democráticas y otras más autoritarias, unas autosuficientes, complacientes y con carácter de *ghetto* y otras más flexibles, abiertas y de interlocución.

Se ha constatado que es protagónica la participación de la mujer como madre en el Movimiento Social de Mujeres. Virginia Vargas señala que la vertiente más numerosa del Movimiento la constituyen las mujeres que, a partir de su rol reproductor doméstico, han accedido a espacios públicos para contribuir a la subsistencia y el bienestar familiar. Estas nuevas prácticas de las mujeres están arraigadas en la esfera psicológica y subjetiva, posibilitando la emergencia de nuevos sujetos sociales, es decir, facilitando procesos de redefinición de la identidad tradicional. Aceptando que es un riesgo que el cambio de identidad tenga arraigo en el rol doméstico, tal vez lo importante es aceptar que las mujeres no viven en su nuevo papel una distinción tajante entre lo privado y lo público, ya que su desempeño exige mantenerse en lo privado cuando se inserta en lo público. El Movimiento Social de Mujeres desempeña el papel de bisagra en este proceso innovador de reconstrucción de la identidad femenina y emergencia de nuevos sujetos sociales.

En el análisis de la acción colectiva de las mujeres es importante recuperar la razón por la cual las mujeres se juntan en un grupo específico. Este es un aspecto conflictivo en la medida que hay escenarios de competencia para las diferentes posiciones de subordinación o las distintas lealtades de cada mujer. Estas diferencias pueden venir, entre otros factores, de distintas posiciones de clase, edad, grupo étnico, práctica religiosa, opción sexual, nivel educativo, situación en la fuerza de trabajo u origen geográfico.

De esta discusión surgen varias preguntas. ¿Por qué las mujeres deciden unirse y participar en un grupo o grupos específicos? ¿Por qué las mujeres deciden ser parte de un movimiento? ¿Qué aspectos del conflicto social —género, clase, calidad de vida, violencia, origen étnico, etc.— dan paso a formas colectivas de acción de las mujeres? ¿Cuáles son las relaciones entre lo personal, lo cultural y lo político en el Movimiento de Mujeres? ¿De qué manera la vida cotidiana, lo doméstico y lo privado se politizan? ¿Cómo relacionar las luchas de las mujeres con un cambio global de sociedad en su conjunto? ¿Mediante qué estrategias pueden entrar a compartir hombres y mujeres los ideales de un cambio de sociedad no sexista? Éstas y otras preguntas están sobre el tapete para que la sociología, la ciencia política, la psicología, el derecho, la economía y los estudios de género se permitan resolverlas. Los artículos publicados en este libro sobre América Latina se ocupan de ellas desde diferentes perspectivas y, al avanzar en el análisis, hacen evidente la necesidad de continuar profundizando la investigación.

7. Las anteriores preguntas nos inducen a plantear algunos aspectos desde la perspectiva de género, trabajada por algunos artículos en este libro y particularmente por Virginia Vargas en varios textos. Ello es importante con el fin de entender a la mujer en su multiplicidad de papeles sociales y, por este medio, evitar caer en posturas reduccionistas. Es fundamental admitir que, además de compartir una situación de subordinación genérica, las mujeres tenemos múltiples identidades derivadas de nuestra posición de subordinación, por etnia, edad, opción sexual, región, etc. La subordinación de género no es autónoma y automática en relación con las demás subordinaciones. Lo fundamental es construir la articulación entre las diferentes subordinaciones. Vargas señala: "Las mujeres no podemos ser recluidas en nuestra condición de género, ni nuestra sujetividad está solamente perfilada por nuestra subordinación de género".

Lo que ha mostrado el Movimiento de Mujeres, con su composición heterogénea desde diferentes vertientes, es que las mujeres podemos llegar a vislumbrar la subordinación de género a partir de diferentes identidades, dado que cada posición de la mujer acarrea su marca de género. Aun teniendo en cuenta lo dicho, hay que reconocer que hay momentos en que el género no es el que impulsa a mover las prácticas de las mujeres, sino que hay otros aspectos que cumplen el papel de movilizadores iniciales. Una parte del reto feminista ha sido transformar procesos de conciencia de las mujeres, desde las diferentes subjetividades, en conciencia de género. Es el paso de necesidades prácticas a necesidades estratégicas.

8. Sin duda es fundamental enfocar las formas de acción colectiva de las mujeres desde el paradigma de la identidad, o ver en el Movimiento de Mujeres la construcción y reconstrucción de identidades de las mujeres. La mayor parte de la literatura sobre el tema en la región se puede inscribir en esta corriente, y los artículos de este libro no son una excepción. Pero no podemos dejar de lado, como con frecuencia ha sucedido, los análisis que tengan en cuenta la disponibilidad de recursos materiales, técnicos y financieros. Más bien hay que hacer juicios de realidad dado que, según la capacidad logística del Movimiento como un todo y en sus variadas vertientes y expresiones locales, para movilizar recursos, también será en buena parte la viabilidad, importancia y efectividad de sus prácticas concretas. Las limitaciones y posibilidades del Movimiento no están sólo en sus aspectos ideológicos y políticos y en su identidad social, sino también en su base práctica y material.

Los análisis de la corriente de la identidad nos permiten entender que la identidad colectiva que ha conformado el Movimiento de Mujeres no ha sido dada sino construida, que su construcción ha sido un proceso no exento de conflicto y negociación, y que ha estado lleno de innovaciones sociales y culturales. Tal vez una de las más destacadas innovaciones ha sido la ampliación del horizonte referencial femenino, incorporando una nueva visión sobre los derechos y reivindicaciones de las mujeres como ciudadanas.

CONTENIDO DE LA COMPILACIÓN

El contenido de este libro está dividido en dos partes. La primera presenta cuatro propuestas de análisis para el Movimiento de Mujeres a nivel regional. La segunda incluye siete estudios de caso sobre Argentina, Brasil, Colombia, Chile, Ecuador, México y Venezuela, en los cuales los temas de la sobrevivencia, la democratización, el conocimiento generado por el Movimiento y las utopías del feminismo se debaten y estudian en diferentes coyunturas históricas y en los espacios propios de cada realidad nacional. Cada estudio de caso hace énfasis en las especificidades propias del país en referencia.

El primer artículo de la primera parte es un trabajo de Lola Luna titulado "Estado y participación política de mujeres en América Latina: una relación desigual y una propuesta de análisis". Este artículo estudia la manera como se dan las relaciones de género en las diferentes etapas del Estado (oligárquico, populista, militarista y democrático) en Latinoamérica, la forma como sus políticas se han transformado y los efectos que han producido en la vida y el trabajo de las mujeres. El análisis está dirigido a observar las relaciones de la mujer con la política y a rescatar esta relación, haciendo visibles las experiencias históricas femeninas y la participación de las mujeres en diferentes campos. La autora concluye que la relación entre las mujeres y el Estado se ha basado en una concepción patrimonialista por parte de este último, con la familia y la Iglesia como instituciones que han mantenido y modernizado el orden patriarcal, lo que implicó la exclusión real de las mujeres en la política o la presencia de un paternalismo protector. En el momento actual, la relación entre las mujeres y el Estado se limita a la existencia de una presión política ejercida desde el movimiento social, o sea, desde los márgenes de la política. Finalmente, el trabajo propone una periodización para estudiar e interpretar la experiencia histórica de las mujeres en la región y así poder descubrir su significado político desde una óptica femenina.

En su artículo "El movimiento feminista latinoamericano: entre la esperanza y el desencanto", Virginia Vargas Valente elabora un recuento del movimiento feminista en América Latina, da cuenta de sus orígenes y desarrollo, y presenta como marco el proceso de modernización de la sociedad. Paralelamente a este esfuerzo, el trabajo describe e interpreta algunas características de los primeros cinco encuentros feministas llevados a cabo en la región: Bogotá, 1981; Lima, 1983; Brasil, 1985; México, 1987, y Argentina, 1990. Destaca la posición contradictoria en la cual se ha desarrollado el movimiento feminista, como una fuerza creativa y, al mismo tiempo, ambivalente, con aciertos y desaciertos, y con avances e intolerancias. Para concluir, la autora plantea la necesidad de aceptar el pluralismo y la diversidad, sin caer en el relativismo o fragmentación y sin abandonar el proyecto ético político de emancipación. Destaca que el Movimiento tiene que aceptar el desafío de manejarse entre el desencanto y la esperanza, y verse como un proceso dinámico en construcción, que se desarrolla a partir de la articulación de las diferencias y de las racionalidades múltiples y diversas que lo conforman.

El artículo de Nancy Saporta, Marysa Navarro, Patricia Chuchryk y Sonia E. Álvarez, "Feminismo en América Latina: de Bogotá a San Bernardo", es un análisis en primera instancia para el público norteamericano, sobre la génesis de los grupos feministas y, en particular, sobre los primeros cinco encuentros feministas. Presenta, además, un epílogo sobre el último encuentro realizado en 1993 en El Salvador. Estos encuentros se destacan como la clave para el desarrollo de la teoría y la práctica feminista latinoamericanas. Las autoras hablan en plural de los feminismos y ven las diferentes corrientes como un movimiento político socialmente heterogéneo que, al mismo tiempo que se identifica con las reivindicaciones de género, mantiene un fuerte compromiso con la justicia social. Su mayor desafío para la presente década es la construcción de un proyecto político que, a la par con el género, incluya las reivindicaciones de clase, raza y etnia. El análisis regional que presenta el artículo muestra la transición que se ha dado en América Latina de pequeños grupos a un movimiento de amplia y heterogénea base social. La transición no ha estado exenta de diferencias políticas e ideológicas entre las mujeres que han asistido a los encuentros. Unos debates se han solucionado y otros se han reformulado.

Jane S. Jaquette escribe sobre "Los movimientos de mujeres y las transiciones democráticas en América Latina", con el fin de dar cuenta del papel de aquéllas y el feminismo durante la década de los años ochenta, en los procesos de transición de los gobiernos dictatoriales de Argentina, Chile, Uruguay y, previamente, Perú a regímenes democráticos. La tesis central es que las transiciones a la democracia no pueden entenderse si no se tiene en cuenta el papel de los grupos de mujeres en estos procesos. La autora identifica tres grupos de mujeres: por los derechos humanos, las feministas y las mujeres pobres urbanas. A cada uno le señala sus características, su papel político, su aporte y su futuro. Los grupos de los derechos humanos, con su protesta no violenta, valoran más la vida que la política e introducen una dimensión ética al discurso político. Las mujeres de los sectores populares se movilizan alrededor del mejoramiento de las condiciones de sus familias, sin constituirse en fuerza política organizada. La autora indica que, a pesar de la importancia como movimiento, la representación política de las mujeres no ha mejorado sustancialmente y que su participación en los procesos democráticos dependerá del clima político que surja.

Los siete estudios de caso de la segunda parte permiten desentrañar diferentes aspectos de la participación política de las mujeres en cada uno de los países analizados. El artículo de Marta Lamas, "Algunas características del movimiento feminista en México", analiza el surgimiento del Movimiento, sus debates, sus actoras, sus dificultades, sus organizaciones, sus cambios, sus seminarios y congresos, sus logros y sus desafíos durante las tres últimas décadas. Reconoce que el Movimiento ha contribuido a la integración de una nueva cultura política y un discurso crítico. Actualmente, aunque se encuentra fragmentado, sin organización nacional y sin representación política, como movimiento amplio es una realidad articulada alrededor de tres demandas: maternidad voluntaria, contra la violencia a las mujeres y a favor de una opción sexual libre. A partir de reconocer la importancia política de la vida cotidiana, revalora el espacio productivo, el trabajo doméstico, el cuidado afectivo y la formulación de demandas sociales que cuestionan la división sexual del trabajo. Al mismo tiempo, reconoce que la incidencia en las políticas gubernamentales es limitada.

Gioconda Espina, en su artículo "Entre sacudones, golpes y amenazas, las venezolanas organizadas y las otras", da un bosquejo histórico del Movimiento de Mujeres, señalando las relaciones existentes entre las diferentes organizaciones y la incidencia en la política gubernamental y en el ordenamiento legal, con particular referencia a las reformas laborales y al Código Civil. Se destaca la capacidad de las mujeres de organizarse por las necesidades cotidianas, en torno a sus labores reproductivas y a su condición laboral, y a los derechos humanos. Sin embargo, esta participación no es expresión de una concientización de su subordinación como mujeres. No obstante, algunos grupos empiezan a trabajar intereses prácticos, conjuntamente con la reflexión de intereses estratégicos de género. La autora propone como reto del Movimiento la necesidad de redescubrir los orígenes y expresiones de la subordinación.

El caso colombiano es estudiado por Norma Villarreal Méndez en el trabajo "El camino de la utopía feminista en Colombia, 1975-1991". La autora hace un recuento de la formación, características y movilizaciones de los grupos de mujeres en su recorrido por constituirse en sujetos políticos, bajo el liderazgo del movimiento feminista. Tiene en cuenta el contexto sociopolítico del país y describe el papel de las mujeres en coyunturas específicas, como las movilizaciones por la paz y el proceso de la Constituyente en 1991. Los primeros grupos aparecen a partir de 1975 y, con el correr del tiempo, su estructura organizacional y sus actividades se vuelven más complejas, mediante grupos de reflexión, centros de prestación de servicios, colectivos, grupos académicos y de mujeres de sectores populares, tales como las madres comunitarias, las mujeres de la acción comunal y las mujeres campesinas e indígenas. La movilización de las mujeres alrededor del proceso de la Constituyente permitió que quedara consagrada la igualdad de derechos entre hombres y mujeres y, como objeto de posterior reglamentación, medidas contra la violencia intrafamiliar, protección a las mujeres embarazadas y apoyo a las que son cabeza de familia.

Amy Conger Lind, en su trabajo "Poder, género y desarrollo: las organizaciones populares de mujeres y la política de necesidades en el Ecuador", estudia el desarrollo seguido por las organizaciones de mujeres, desde su inicio hasta 1989. Muestra cómo las mujeres se han organizado en forma colectiva, en un principio para la sobrevivencia y para protestar por las condiciones de pobreza, y posteriormente para alcanzar reivindicaciones propias de su género. El análisis indica que existen desigualdades de poder que se manifiestan en la vida cotidiana, describe las relaciones de las mujeres con el Estado y señala la conformación autónoma de una identidad colectiva basada en el género como principio estratégico para la organización. La autora critica la diferencia entre intereses prácticos e interese estratégicos, por considerar que se asume que las mujeres populares sólo se preocupan por la sobrevivencia, desconociendo las transformaciones de identidad a nivel del sujeto y las contribuciones que hacen cuando negocian el poder y construyen identidades colectivas.

El estudio de caso de Brasil lo elabora Sonia E. Álvarez con el título "La (trans) formación de (los) feminismo(s) y la política de género en la democratización brasileña". La autora hace un detallado recuento del movimiento feminista en Brasil, desde sus orígenes en los años sesenta hasta el inicio de la década de los noventa. Para el análisis divide este lapso en tres períodos, que van de 1964 a 1978, de 1979 a 1981 y de 1981 a 1988, y termina con observaciones sobre la presente década. El estudio muestra el desarrollo del Movimiento, su participación en la política del país, su relación con el Estado, los partidos políticos y los otros movimientos sociales. Cada uno de estos temas es específico para los diferentes períodos, y su descripción e interpretación permiten aprender la manera como la dinámica del Movimiento no es lineal sino que, por el contrario, está llena de flujos y reflujos que se relacionan con aspectos internos del Movimiento y se articulan a las estructuras y coyunturas políticas que la sociedad brasileña ha vivenciado desde mediados de siglo. La autora acuña el concepto de la "política de género", con el objeto de señalar cómo los intereses del género femenino han desempeñado papeles políticos sustanciales en diferentes momentos sociales, siendo un ingrediente fundamental de la democratización del país.

"El movimiento de mujeres y la producción de conocimientos sobre la condición de la mujer en Chile" es el artículo escrito por Teresa Valdés E. En él defiende la tesis de que la dinámica del Movimiento y la producción, difusión y uso del conocimiento sobre la situación de la mujer están estrechamente relacionados. El Movimiento es visto como una red de circulación de los conocimientos, que incluye productoras, difusoras y consumidoras. El desarrollo del Movimiento requiere conocimientos que, mientras más se acumulen, mayor será su desarrollo y, por tanto, mayor su capacidad de plantear propuestas de cambio, extender sus programas y ampliar sus espacios institucionales. El análisis se subdivide en varios períodos y, aunque reconoce que a partir de los años sesenta existe movimiento social, hace énfasis en los sucesos que se desprenden del golpe militar de 1973, para continuar el análisis hasta la administración del presidente Aylwin. En esta última etapa de retorno a la democracia es posible la inserción institucional a nivel del Estado, mediante la creación del Servicio Nacional de la Mujer. De 1973 a 1993 el Movimiento, los centros, los programas y los grupos para producir, difundir y usar el conocimiento se han transformado a causa del énfasis de sus temáticas y las estrategias que adoptan, pudiendo señalarse que la trayectoria del Movimiento y la producción de conocimiento no es lineal sino llena desafíos, limitaciones y logros.

María del Carmen Feijóo presenta el artículo "El reto de construir la paz civil: las mujeres y la democracia en Argentina", que analiza la presencia del Movimiento de Mujeres, tanto en el período dictatorial que se inició en 1976 con la Junta Militar, como en la etapa de transición a la democracia. En el primer período, en un clima de terrorismo, las mujeres se organizaron en favor de la defensa de la vida en grupos como los de las madres por los derechos humanos, las amas de casa por la supervivencia y las feministas por los intereses de las mujeres. Durante la transición, las mujeres demostraron que debían ser incluidas dentro de los nuevos procesos del país, lo que planteó el nuevo reto de adaptarse a los cambios, al pasar de la oposición a la concertación. La autora presenta los problemas y logros alcanzados. Entre los primeros indica que los movimientos de las madres por los derechos humanos fueron efectivos en tiempos de crisis, pero insuficientes en la transición a la democracia, y que la defensa de los derechos basados en el papel reproductivo de la mujer refuerza la tradicional división sexual del trabajo. Entre los logros advierte los espacios que se abren para los derechos de la mujer y el hecho de hacer públicos ciertos temas. Finalmente, señala que es necesario para el desarrollo del Movimiento distinguir entre problemas específicos de género y problemas sociales más amplios, así la mujer tenga que enfrentar ambos. En un epílogo, la autora presenta los cambios ocurridos en el país y en el Movimiento en los diez años continuados de democracia, enfatizando lo adecuado que ha sido el período para potenciar las luchas de las mujeres, aun en condiciones socioeconómicas y políticas difíciles.

Para terminar, señalo que esta compilación que presentamos para la lectura y crítica de un vasto número de ciudadanas y ciudadanos enriquece el debate político de las ciencias sociales y los estudios de género, al cumplir la función de colectivizar una literatura de difícil circulación. A pesar de su valiosa significación, esta literatura permanece fragmentada y limitada a círculos muy reducidos de iniciadas o iniciados. Llamar la atención sobre los avances y desafíos de la participación política de las mujeres en América Latina abre nuevos interrogantes para la discusión académica. Además, hace un llamado a las posturas formales y encasilladas de lo político a abrirse a nuevos postulados y realidades sociales. Significa un cuestionamiento a los paradigmas convencionales sobre la definición del poder político y la forma de entender la política. Implica una nueva ética y unas nuevas estrategias políticas.

El debate penetrante que hay en el libro avala su importancia: amplía el horizonte referencial de la praxis política y trasciende los escenarios de acción convencionales. En este sentido, puede proyectarse como un alto en el camino para las (los) formuladoras(es) y las (los) estudiosas(sos) de políticas, pero sobre todo para las (los) ejecutoras(es) y activistas de la política formal y las diferentes vertientes del movimiento social, particularmente del Movimiento de Mujeres. La reflexión y la crítica de las propuestas de análisis para el Movimiento regional, como de los estudios de caso que se presentan, será un incentivo más para aunar los esfuerzos de las mujeres organizadas en América Latina. Fortalecer los vínculos por medio del conocimiento de nuestra historia y nuestras posibilidades, y proyectarnos a nuevos escenarios en los umbrales del nuevo milenio, es el subproducto esperado de la difusión y circulación de estos avances y desafíos, tales como conservar la unidad dentro de la heterogeneidad que nos caracteriza. Pienso que este libro es de lectura obligada para quienes estamos empeñadas(dos) en reconstruir la democracia de nuestra región.

PRIMERA PARTE

Propuestas de análisis del movimiento de mujeres en América Latina

Estado y participación política de mujeres en América Latina: una relación desigual y una propuesta de análisis histórico[1]

Lola G. Luna

Al indagar en los estudios que existen sobre el Estado latinoamericano y los cambios que se han dado en su carácter a lo largo del siglo XX (oligárquico, populista, militarista y democrático)[2], no se encuentran referencias a los efectos que esos cambios han producido en la vida y el trabajo de las mujeres; tampoco las hay sobre el acceso de las mujeres a los derechos de ciudadanía ni con relación a sus demandas y acciones reivindicativas frente al Estado. Se desconoce igualmente cuáles han sido la naturaleza y el significado de las relaciones que han vinculado a las mujeres de los diferentes sectores sociales con el mismo Estado. La cuestión tiene su complejidad pues se está hablando de la historia de la organización social y de la institución que representa (en teoría) los intereses de la sociedad, y que cualquiera sea su signo afecta siempre al conjunto de la misma.

Falta una historia del Estado en América Latina desde una perspectiva que contemple la relación de las mujeres con la política y este trabajo quiere llamar la atención sobre esa ausencia. El rescate de esa relación significa la renovación de la historia política y las primeras preguntas para llevar a cabo esa renovación son "por qué y cómo las mujeres se vuelven invisibles para la historia, cuando, de hecho, fueron actores sociales y políticos en el pasado"[3]. La respuesta va en la dirección de hacer visibles las relaciones de género que están presentes en la organización social y política. Éstas tienen que ver con el reparto del poder y con la desigualdad.

Arlette Farge señala que es una debilidad de la historia de las mujeres la "ignorancia de la historia del feminismo y su articulación con la historia política y social"[4], lo que lleva a plantear que la renovación de la historia social y política incluye no sólo explicar cuestiones claves como el significado de las relaciones entre las mujeres y el Estado y su exclusión del ámbito tradicional de la política, sino también comprender el significado de las rebeldías y luchas de las mujeres y la naturaleza política del movimiento social desde el cual las han expresado coyunturalmente.

Se ha de insistir en la tarea de hacer visibles y presentes las experiencias históricas femeninas en todos los campos: social, político, económico, ideológico, cultural, etc., y especificar su participación en la historia, pero ello no quiere decir que la historia de las mujeres se haya dado aislada porque el escenario es único. Ha sido la parcialidad de las visiones e interpretaciones que se han realizado hasta hace pocos años la que ignoró, no vio ni intuyó la dimensión histórica que tenía la actuación de otros grupos sociales, entre ellos las mujeres, de ahí la conveniencia de develar "la historia de relaciones"[5] en la que está inmersa esa experiencia de las mujeres.

El enfoque actual que plantea analizar históricamente el sistema de géneros, puede ser una vía para llegar a explicar el significado de esas relaciones sociales y políticas. Para ello son claves las preguntas que hace Joan W. Scott: "¿Cómo actúa el género en las relaciones sociales humanas? ¿Cómo da significado el género a la organización y percepción del conocimiento histórico?"[6] Partiendo de la dimensión de poder que encierra el género se pretende abordar el tema de las relaciones de las mujeres con el Estado y de las mujeres con la política, más allá de la constatación del hecho de la marginación y de la subordinación.

La propuesta de este artículo se refiere a cómo se plantean las relaciones de género, en las etapas por las que discurre la construcción del Estado en América Latina: oligárquico, populista, militarista y democrático y de qué manera sus políticas contemplan, modifican o cambian la posición de las mujeres; en segundo lugar se plantea el significado político de las luchas de las mujeres y se inicia la discusión de lo que se entiende por participación política. Se considerará que parte de las actuaciones del movimiento social de mujeres frente al Estado ha sido de naturaleza política, porque tiene que ver con los procesos de cambio que afectan las relaciones de poder entre el Estado y la sociedad civil. Finalmente se resume la propuesta en una periodización para el estudio del tema en América Latina a lo largo de las últimas seis décadas.

DE LA EXCLUSIÓN A LOS MÁRGENES DE LA POLÍTICA

La familia es la institución clave que canaliza la ideología patriarcal y donde se produce la desigual división sexual del trabajo y el aprendizaje de la jerarquización entre los géneros. En ella se organiza un área de triple reproducción (biológica, social y de la fuerza de trabajo[7]) que hace responsable a las mujeres de deberes y tareas que hasta hace muy poco se consideraban, incluso por las mujeres, como "naturales" por razón de sexo. Hoy ya se comienza a aceptar que a excepción de la reproducción biológica, el resto de las tareas reproductivas son una cuestión de género, es decir, asignadas por la ideología.

La historia de la familia en América Latina desde una perspectiva de género está por hacerse. Sería necesario para ello la identificación de claves de carácter simbólico y normativo para explicar mejor cuál ha sido su papel como mediadora de la relación entre la actuación de las instituciones políticas del Estado y la vida, el trabajo y la cultura femenina. Hay literatura de carácter sociológico que ha establecido diagnósticos sobre el perfil de las unidades familiares con el objetivo de generar políticas públicas a favor de las mujeres[8], pero en general la información es fragmentada, escasa y se hace necesaria una investigación de archivos y relecturas de investigaciones sobre la familia y la educación para explicar en profundidad el papel formativo de la familia en el sistema de géneros.

En la época patrimonialista y oligárquica[9] que presidió la historia de América Latina desde mediados del siglo XIX hasta el primer cuarto del siglo XX[10], se encuentra que las mujeres en su pluralidad[11] no eran sujetos de derechos, al igual que sectores masculinos medios y populares. Aunque en las constituciones latinoamericanas estaba definido formalmente el concepto liberal de ciudadanía, estaba por ser aplicado y desarrollado socialmente. En realidad en esa época el Estado era poco más que la representación de los intereses económicos de los grupos oligárquicos de las nuevas naciones latinoamericanas. Su construcción se había iniciado por la necesidad de establecer y desarrollar los vínculos políticos y económicos con el centro hegemónico europeo. Su papel era de mediador ante el mercado exterior para regular y desarrollar las exportaciones primarias, que como es bien sabido fueron la base material del modelo capitalista de desarrollo que se fue implantando en toda la periferia americana desde el último cuarto del siglo XIX.

En esta época la mayoría de las mujeres centraba sus actividades en la producción campesina y artesanal así como en las diversas labores de la reproducción. La mujer no disponía de autonomía personal ni era sujeto de derecho, pues según señala Vitale, "ni siquiera podía ser tutora de sus hijos; menos podía vender, hipotecar, comprar, trasladarse de domicilio, servir de testigo ni ejercer profesión, trabajo o comercio algunos"[12]. Sobre cómo se sentían las mujeres en esa situación de completa anulación de su capacidad de raciocinio lo declara con cierta ironía Rosalía Plata, personaje novelado pero que puede ser representativo del pensar de muchas muchachas de la época: "Aprendí que las mujeres pertenecemos al sexo devoto y que es obligación nuestra debilitar el carácter porque el carácter dócil asegura la felicidad en el matrimonio y hace de la mujer la compañera ideal del hombre hasta la muerte"[13].

En una época en la que comenzaban a soplar los vientos liberales y se iniciaba la secularización del Estado, la Iglesia, aliada de las oligarquías conservadoras, mantenía áreas de poder sobre la familia y la educación[14].

La Iglesia fue una institución clave desde la conquista en la redefinición del patriarcado americano y hasta hoy conserva un gran control sobre cuestiones importantes en las relaciones de género en las sociedades católicas y no católicas. Se apropió de los derechos reproductivos de las mujeres y de sus decisiones a través de mitos fundamentados en la Virgen María madre, como el del marianismo en América Latina, que otorga a las mujeres por ser madres una categoría moral superior a los hombres[15]. Esta mitificación y mixtificación interesada de la maternidad nunca se tradujo en una participación en las decisiones de gobierno pero sí en el ejercicio de micropoderes en ámbitos domésticos. En sectores populares el poder doméstico, o los deberes de género, ha significado una mayor carga de responsabilidad y trabajo para la mujer. El marianismo es un elemento ideológico relacionado con las organizaciones de madres de diferente signo que han surgido en las últimas décadas en América Latina (Madres de Plaza de Mayo en Argentina, Clubes de Madres en Perú y Bolivia o las Madres de Héroes y Mártires en Nicaragua, Comités de Madres del Salvador, conocido como las "comadres", etc.) y ha de ser tenido en cuenta a la hora de explicarlas[16].

El primer cambio trascendente en la construcción del Estado en América Latina se produjo cuando entraron en receso las más viejas oligarquías y aparecieron en escena nuevos grupos sociales con nuevas actuaciones, que reclamaban derechos, participación política y económica. El proceso se venía anunciando desde el segundo cuarto de siglo, también por la necesidad de desarrollar nuevas actividades industriales que implicaban modernización. Es el paso del Estado de carácter oligárquico al Estado de carácter populista, nacionalista, empresario y benefactor.

El porqué el Estado periférico desarrolla un papel dirigente en la economía se debatió abundantemente en América Latina hace tiempo, explicándose por la existencia de una desarticulación política y económica, con centros de poder internos y externos[17], y por la especificidad de la formación de las clases sociales y el papel insuficiente que ejercen éstas en las sociedades dependientes[18]. El Estado desempeña el papel de agente de los procesos de desarrollo y, en la etapa populista, se convierte además en el actor principal de la modernización. Las tendencias populistas[19] que se fueron generalizando en el continente latinoamericano entre los años treinta y cincuenta protagonizaron lo que en sentido estricto fue un proceso de industrialización sustitutiva de las importaciones[20,] estimulado por la crisis del 29 y favorecido por la demanda generada por la segunda guerra mundial.

El populismo se sustentó en un pacto social que requería e implicaba el reconocimiento formal de la ciudadanía a los grupos medios y populares —de ahí la concesión del voto "universal" (masculino)— que en teoría llevaba a la ampliación del juego político.

La situación de exclusión política de las mujeres se hizo manifiesta al incorporarse paulatinamente grupos femeninos al mundo del trabajo asalariado (primeras industrias textiles y sector público) e iniciar reivindicaciones laborales, sociales y políticas. Al necesitar los regímenes populistas un refrendo popular masivo, la ampliación de los derechos de ciudadanía a las mujeres, el voto concretamente, al igual que antes la ampliación del voto masculino, se volvió funcional para el Estado. Se hace necesario ahondar en el tipo de participación política que desarrollaron los nuevos actores sociales (sectores medios y populares urbanos en general y mujeres especialmente) y el significado de la relación de carácter paternalista establecida por el Estado populista con todos estos sectores, especialmente con los populares urbanos y las mujeres en general.

Hasta ese momento las mujeres estaban fueran del ámbito político, sólo contaban como reproductoras, como madres. Ahora se les reconocerá carta de ciudadanía pero, ¿cambia esa visión sobre las mujeres? ¿Se inicia una nueva relación entre las mujeres y el Estado? ¿Reconoce realmente el Estado en las mujeres a nuevos sujetos políticos?

El Estado desarrollista de los años sesenta intentó ser el continuador del agotado modelo populista en la industrialización sustitutiva de las importaciones y el modernizador del agro, atreviéndose a destapar la caja de Pandora con proyectos de reformas agrarias, auspiciados por la Alianza para el Progreso norteamericana. Era un intento de reformar para evitar la expansión de la revolución que triunfaba en Cuba. En esos proyectos de reforma del agro, aventura que acabó en la resistencia más tenaz de las oligarquías, se ignoró que muchos brazos trabajadores eran femeninos, de manera que a las mujeres no se les reconoció el derecho a la tierra, a préstamos, etc.[21] En cambio se identificó a las mujeres como agentes de reproducción, cuando se planteó el control de población como un mecanismo clave para el desarrollo. Cuando grandes contingentes de población rural llegaron a las ciudades, se impulsó la organización comunitaria para la urbanización y la sobrevivencia y las mujeres de sectores populares fueron organizadas en los clubes de madres, siendo utilizados éstos inicialmente para repartir alimentos. Parte de estas organizaciones impulsadas desde el Estado se transfor-

maron en los años ochenta en movimientos sociales, con estructuras democráticas, y pasaron a confrontarse con aquél.

En la década de los años setenta las mujeres, por sus cualidades de género, fueron consideradas muy adecuadas para el trabajo en nuevas industrias para la exportación: flores, conservas, electrónica, confección, etc.,
siendo la mano de obra preferida por las industrias maquiladoras que comenzaron a operar en países como México o Costa Rica[22]; también como
productoras campesinas[23], pero en unos grados de explotación superiores
a los estimados para los trabajadores masculinos. El Estado autoritario y
militarista que se instaló en el Cono Sur como gendarme de los nuevos intereses de las compañías multinacionales también participó de esta "incorporación de la mujer al desarrollo". Estas dictaduras constriñeron aún más
a las mujeres potenciando su papel reproductor al interior de la familia, y
dieron rienda suelta al imaginario masculino ensalzador de la abnegación
maternal y doméstica, insistiendo en la ideología más conservadora del patriarcado. En el nuevo Estado autoritario las mujeres fueron objeto de una
violencia específica al interior del terror mismo donde la violación de
distinto signo fue lugar común.

El discurso conservador que reelaboraron las dictaduras sumergió a un
buen porcentaje de mujeres en la alienación más ancestral, lo que explica el
dato que proporciona Julieta Kirkwood[24], según el cual un 70% de la población femenina chilena mostró una actitud de rechazo al cambio social
o de apatía y desinterés político frente a la dictadura de Pinochet.

Realmente fueron grupos minoritarios de mujeres los que se enfrentaron a las dictaduras: las Madres de la Plaza de Mayo en Argentina, diversos
grupos de mujeres participantes en los movimientos por la amnistía en Brasil, o el Movimiento Feminista chileno. Éste se manifestó repetidamente el 8
de marzo en Santiago de Chile durante la dictadura y realizó un referéndum
por la democracia que hizo desde entonces de la consigna "democracia en
el país y en la casa" un lema común para todos los movimientos feministas
del continente sur. Pero frente al continuismo en la visión estatal de las mujeres como productoras y reproductoras, los anteriores son algunos ejemplos de la participación política que desarrollan aquéllas en la lucha contra
el autoritarismo y por la democracia desde el movimiento social, cuando no
estaba permitido el juego político de los partidos.

Los procesos de democratización que se fueron produciendo en la década
de los años ochenta en América Latina, superando las dictaduras, se dieron en
una coyuntura de crisis del modelo de desarrollo. También fueron años en que
se había producido un auge del feminismo en América Latina y los organismos
gubernamentales internacionales estaban prestando cierta atención al tema de

la desigualdad de género. En esa coyuntura las mujeres consolidaron su identidad de sujetos políticos al participar de forma protagónica en la lucha por la democracia desde organizaciones feministas o de política tradicional. También se acrecentó la valoración del papel de las mujeres de sectores populares como agentes económicos con relación a la lucha por la sobrevivencia a través de proyectos de desarrollo[25]. Sobre este aspecto la crítica que ha iniciado el feminismo sobre los escasos beneficios que produce el desarrollo para las mujeres arroja resultados no muy esperanzadores[26] que confirman la hipótesis de la relación de carácter instrumental establecida con las mujeres a través de las políticas gubernamentales.

En este recorrido hay que hacer mención de dos casos que revisten algunas peculiaridades y en los que se da un proceso en cierta medida diferente: Cuba y la Nicaragua sandinista. En ellos el Estado asume responsabilidades con relación a necesidades sociales de la población que afectan favorablemente a las mujeres, pero éstas no dejan de ser vistas como agentes productivos y reproductivos. Se dicta una legislación proteccionista que habría de ser estudiada a la luz de los paternalismos populistas, pero al mismo tiempo el espacio de participación política para las mujeres se amplía, especialmente en el caso nicaragüense, en donde un porcentaje significativo se introduce en la cúpula dirigencial y de gobierno.

Ensanchando los márgenes

Nea Filgueira señala que "falta una teoría del sistema político, como expresión del sistema de sexo-género; un análisis que trascienda la crítica a la exclusión y revele cómo se construyen y reproducen allí las jerarquías de género dentro de ellos y hacia afuera, en tanto esfera reguladora de las relaciones sociales". Filgueira[27] sigue las explicaciones que se han dado acerca de la exclusión de las mujeres de la política, basadas en la división de "lo público y lo privado como esferas de actuación construidas por 'la modernidad' en Occidente", con el nuevo orden político que se estableció a raíz de las revoluciones del siglo XVIII. En este nuevo orden, las esferas de la familia, el Estado y el mercado se construyeron en un ámbito no estructurado sobre el sistema de parentesco anterior, en donde las mujeres, aunque era un orden patriarcal, tenían relevancia por su posición en la familia. Ahora el Estado y el mercado quedaron separados de la familia y "mientras los lazos entre parentesco y política van desapareciendo, los lazos entre parentesco y organización doméstica se incrementan"[28] de manera que las muje-

res quedaron limitadas a la esfera privada-doméstica y desenganchadas de
la esfera pública y política, controlada y habitada por los hombres.

> Esta función social específica de las mujeres —Filgueira se refiere a la familia—,
> en particular el ejercicio del rol materno (no la gestación, ni la parición), es la
> que les otorga un reconocimiento "subsidiario" por parte del Estado, lo que les
> impide ser conceptualizadas a igual nivel que los hombres como integrantes de
> la comunidad política —o sea como sujetos políticos— y las enajena para que
> sus intereses y problemas específicos formen parte de la denominada "agenda
> política"[29].

El argumento de las dos esferas de la modernidad como origen de la
exclusión de las mujeres de la política y su confinamiento en la domestici-
dad es convincente y puede explicar cómo sucedieron las cosas inicialmente, pero el desarrollo posterior de esa exclusión, su legitimación durante casi
dos siglos, reviste gran complejidad y requiere análisis específicos de los
procesos y del desarrollo histórico de las relaciones de género. Es decir, desde el Estado y desde la sociedad misma se van a tejer múltiples mecanismos
que hay que desentrañar para explicar la relación instrumental, patrimonialista y paternalista que establece el Estado moderno sobre la población femenina. En América Latina hay que ver cómo se produce la conformación
de las dos esferas de la modernidad según las experiencias históricas de
cada país, dentro de las tendencias oligárquicas, populistas, autoritarias y
democráticas y a la luz de la tesis de la "modernización sin modernidad".
Por ejemplo, ¿cómo se ha dado esa exclusión en áreas de población indígena
significativa como Perú o Bolivia en donde hay un mantenimiento de las
estructuras de parentesco y las mujeres quechuas y aymarás desarrollan un
fuerte liderazgo femenino en los movimientos sociales urbanos o campesinos en los que participan?

Lo que está claro es que las mujeres no han tenido una participación
política si entendemos por tal la que proviene de la tradición liberal. Ésta
circunscribe la participación política a un ámbito específico que son los partidos, así como a las tareas de determinados hombres que son los políticos
profesionales y a la participación del resto del colectivo social en circunstancias especiales: elecciones y referéndums, pero, ¿esta definición de participación política nos sirve para estudiar el accionar de las mujeres frente al
Estado? ¿Acaso los movimientos sociales que se han dado históricamente
no representan un tipo de participación política?

Se puede afirmar que la exclusión de las mujeres del sistema político,
democrático o autoritario dio lugar históricamente a que emergieran movimientos feministas que inicialmente reivindicaron el voto y otros derechos

ciudadanos para las mujeres. América Latina siguió la tendencia general, en lo que se refiere a tópicos como el debate sobre el cariz conservador del voto de las mujeres y la falta de coherencia de los liberales al no defender el voto femenino. Pero se da la especificidad de que fueron en muchos casos gobiernos populistas los que oportunamente concedieron el voto a las mujeres, después de que los movimientos sufragistas llevaran décadas movilizándose. La mixtificación que envolvió la obtención del voto y otros derechos por las mujeres, bajo regímenes populistas o dictatoriales como el caso peruano, oscurecieron esas luchas de tal manera que hasta hace poco se negaba que se hubieran producido estos movimientos en América Latina, y sólo hasta hace poco comenzaron a ser rescatados[30].

Las modificaciones paulatinas en el sistema legislativo y en las constituciones reconocieron a las mujeres como ciudadanas, aunque es bien sabido que esas leyes tenían y siguen teniendo escasa aplicación real, además de que en los diversos procesos históricos se retrocedió durante los regímenes autoritarios.

El voto fue la puerta de entrada formal a la participación política porque "cuando las mujeres logran el derecho al voto y a ser elegidas, en igualdad con los hombres, ninguna otra institución social cambió; ninguna alteración ocurrió en la división sexual del trabajo; ni tampoco cambiaron las ideologías que sostenían esa división o la previa estructura de poder existente. Si bien se produjeron algunos cambios que les permitieron participar, por ejemplo en la educación y lograr el derecho a ejercer profesiones liberales, la ideología de lo que es apropiado para las mujeres se mantuvo intocada; en especial no son para ella los roles de liderazgos"[31]. Desde el siglo XX, también de una manera formal, las mujeres pudieron participar en la política a través del sistema de partidos, pero de hecho esta participación ha sido minoritaria, generalmente en la base y con escasa incidencia en las decisiones importantes.

La participación política de las mujeres se ha ido desarrollando desde la exclusión inicialmente y después desde los márgenes de lo que se conoce como sistema político en donde las colocó la obtención del voto. Las luchas feministas por el reconocimiento de los derechos de ciudadanía, por poder participar en el sistema político, han sido de naturaleza política, a través de la crítica que han ejercido sobre el mismo, cuestionándolo y ampliándolo; también por el cambio que han producido en la consideración de la condición de las mujeres y por el potencial transformador que están teniendo en otros niveles de las relaciones de género (mentalidades, símbolos, relaciones personales y vida cotidiana en general).

En los años setenta, situadas en los márgenes del sistema político, las mujeres identificaron las múltiples barreras invisibles que el género oponía a su plena participación, encontrando el sentido político que había en la esfera de lo privado, en la politización de la sexualidad y la reproducción. El feminismo como crítica de "lo político" y como pensamiento renovador es clave para entender el sentido político de los movimientos de mujeres y la continuidad de su actuación reivindicativa frente al Estado hasta hoy, aunque no sólo con objetivos feministas las mujeres han politizado lo privado y ampliado el campo convencional de la política, como es el caso de las Madres de la Plaza de Mayo, que se inscribe más bien en el campo de la denuncia del terrorismo de Estado, pero desde una posición determinada de género[32].

En América Latina se han dado movimientos de mujeres de diverso signo que han interpelado al Estado o a las instituciones de gobierno local. La naturaleza de esta diversidad proviene de que las mujeres se han organizado en torno a diferentes temas que tienen que ver de una u otra manera con la subordinación y la dominación de género, articulados a su vez a fenómenos sociales, políticos y económicos. De esta manera aparece la reivindicación de igualdad y diferencias en relación con el género masculino (movimientos feministas), reivindicaciones ligadas a las tareas asignadas en la división del trabajo por géneros (movimientos por la sobrevivencia),luchas por la vida de los hijos y denuncia de la inoperancia de las políticas de derechos humanos (movimientos de madres)[33].

Frecuentemente se habla en América Latina del movimiento social de mujeres y la denominación se puede entender como una síntesis de un proceso de confluencia de intereses a corto y largo plazo de la diversidad de estos movimientos que han ido creciendo y retroalimentándose en las dos últimas décadas y en donde han actuado coyunturas y factores diversos (crisis económica, políticas de desarrollo, el proyecto político del feminismo)[34]. Por otro lado esta confluencia confirmaría que las relaciones de género están cruzando los diversos intereses de clase que dividen a las mujeres, desembocando en alianzas por encima de aquéllos, que configuran un actor político, con significados en los procesos de cambio.

En 1989 la Cepal se refería al tema de la participación como un elemento inherente al desarrollo y la equidad, "un valor que concierne las relaciones entre grupos sociales diferentes, y cuya evaluación depende de la naturaleza y funciones que se asignan al Estado, de la forma en que se concibe el gobierno y más ampliamente, la sociedad", siendo la participación para jóvenes y mujeres el camino de constituirse como sujetos sociales[35]. Este pronunciamiento de Naciones Unidas recogió —como en 1975 institucionalizó en la igualdad el grito de rebeldía de las mujeres— lo que ya era evidente desde hacía una década: que los movimientos de mujeres estaban significando una nueva forma de participación.

Se abrió entonces una etapa en que la relación entre el Estado y las mujeres parecía que iba a cambiar de signo. Las recomendaciones de Naciones Unidas impulsaron políticas específicas para las mujeres. Para tal fin fueron creados en varios países, y con diversas categorías, secretarías, direcciones generales, oficinas, institutos, consejos o áreas de la mujer. Según Magdalena León sólo en 1975 aparecen políticas gubernamentales específicas para la mujer. El clima internacional (representado por la presión de Naciones Unidas) aunado a diferentes factores que representaron fuerzas nacionales hicieron posible el surgimiento de políticas específicas[36].

Por otro lado, hay experiencias de políticas públicas posteriores relacionadas con los procesos de democratización que se dieron en el continente en la década de los años ochenta, como son los casos de Brasil, Chile y Argentina, algunos ligados a la participación política de las mujeres a través del movimiento social. Son casos para observar el grado de vinculación que se dio entre el Movimiento de las Mujeres y las instituciones específicas femeninas y ponerlos en relación con los logros conseguidos en la mejora de la situación de las mujeres. Aunque se cuenta con escasa documentación me voy a detener en el Conselho Nacional dos Direitos da Mulher de Brasil (1985-1989) y en la Dirección Nacional de la Mujer (1983), después Secretaría de la Mujer (1987), de Argentina, porque presentan perfiles diferentes.

El Conselho Nacional dos Direitos da Mulher de Brasil (CNDM) fue un ejemplo de institucionalización de las demandas del Movimiento de las Mujeres. Estaba articulado al centro del poder estatal (Presidencia de Gobierno) y a través de los Programas de Salud, Educación y contra la Violencia, se canalizó el proyecto político del movimiento. Su creación fue precedida por un trabajo sistemático de discusión con otras fuerzas políticas en los momentos previos a la caída de la dictadura. Su directora, Jacqueline Pitanguy, analizó la experiencia: "Cada movimiento del CNDM en el sentido de democratizar la relación Estado-sociedad civil, ensanchando el propio concepto de ciudadanía, era una conquista política que amenazaba el carácter aún autoritario del poder gubernamental"; "el CNDM simboliza al mismo tiempo la relevancia de una actuación transformadora desde el Estado y la fragilidad del establecimiento de políticas de medio y largo plazo en sociedades dominadas por arreglos políticos coyunturales", añadiendo que la renuncia de las consejeras, producida ante las presiones conservadoras, y el apoyo de los movimientos de mujeres y de los Consejos regionales de no trabajar con el Consejo ni reconocerlo como interlocutor válido "demuestran también que, en países donde el movimiento social es suficientemente fuerte, el peligro de cooptación por el Estado autoritario no es eminente"[37].

"A diferencia de Brasil y quizás de Chile, países en los cuales los movimientos de mujeres tuvieron incidencia en las luchas por la democracia, en Argentina los movimientos de mujeres estuvieron ausentes del proceso por la democratización del país... este 'divorcio' nos planteó serias dificultades a la hora de buscar interlocutores válidos. Nosotras no recibimos demandas desde las mujeres ni propuestas para realizar"[38]. Así explica la experiencia Haydée Birgin, quien fue una de las responsables de la Dirección Nacional de la Mujer, instancia que no estaba articulada al centro del poder —como el caso brasileño— pues dependió de la Secretaría de Desarrollo Humano y Familia. Según Birgin, la relación con las mujeres trató de subsanarse a través de la creación del Consejo Asesor, pero "la experiencia demostró que un organismo como el creado, en un ámbito asistencial, ausente de las decisiones políticas que se tomaban en los diferente ministerios que afectaban directa o indirectamente a las mujeres, no era lo apropiado"[39].

En resumen, la relación entre las mujeres y el Estado en América Latina ha estado basada en una concepción patrimonialista por parte de éste, en donde la familia y la Iglesia han actuado como instituciones normativas y garantes del mantenimiento y modernización del orden patriarcal, que significó para las mujeres la exclusión del orden político. Este orden se mantuvo a través de la modernización, pero el populismo hizo la relación más funcional, al reconocer a las mujeres la condición de ciudadanas. Esto sucedió al darse este reconocimiento por intereses ligados al soporte y mantenimiento de determinados regímenes (peronismo, cardenismo, varguismo) más que como un reconocimiento de las razones políticas que sustentaban las reivindicaciones de los movimientos sufragistas, de manera que la relación se mantuvo oscilando entre la exclusión real y un paternalismo protector (en el caso argentino se puede hablar de materialismo[40]). Esta puede ser parte de la explicación de que las mujeres, salvo excepciones, no aparezcan participando en los ámbitos tradicionales de la política y que pasadas unas décadas reaparezcan organizadas en nuevos movimientos sociales específicos de mujeres. Este fenómeno viene de nuevo a revelar la visión reproductivista que siguió teniendo el Estado en su relación con el colectivo femenino, que apareció descarnada en torno a temas como el control de población y el desarrollo en los años sesenta, y la forma en que esta visión ha mediatizado las políticas públicas para las mujeres.

¿En qué punto está, entonces, la relación entre las mujeres y el Estado? La situación se podría reducir a la existencia de una presión política de las mujeres por el cambio, que se produce intermitentemente desde el movimiento social, es decir, desde los márgenes de la política. La relación instrumentalizadora y funcional que se ha dado históricamente, basada en intereses económicos y sociales representados en el Estado, se ha modificado poco en su esencia pues sigue excluyendo, vistas las experiencias de políticas públicas generadas hasta el momento, a las mujeres de los centros de poder y decisión.

PROPUESTA DE PERIODIZACIÓN

Resumiendo lo anterior y a modo de hipótesis de trabajo plantearía la periodización siguiente:

Antecedentes (1870-1930). El Estado oligárquico y la familia: el control de la Iglesia sobre la educación, la vida y los cuerpos de las mujeres. El significado de la reproducción y la producción en sociedades multiétnicas y mestizas. La ausencia de ciudadanía y las diferencias sociales y de género. El antecedente paternalista de Uruguay.

I. *De la servidumbre a la dependencia* (1930-1950). Las luchas sufragistas y las políticas populistas: la ciudadanía, la participación política; modernización sin modernidad. El paternalismo estatal o el inicio de una relación funcional entre las mujeres y el Estado. El imaginario en torno a la madre: el caso argentino. El conservadurismo de la "mujer moderna": el caso colombiano.

II. *Políticas antirreproductivas* (1960-1970). El desarrollo y el control de la población. Los clubes de madres como estrategia de control estatal y como significante de deberes de género. Las reformas agrarias.

III. *Las mujeres, sujetos políticos y agentes económicos* (1970-1980).

III.1 (1970-1980). El feminismo y la política sexual de lo privado. La institucionalización de la igualdad: la "incorporación de las mujeres al desarrollo" y la educación. El autoritarismo y el inicio de las luchas por la vida y por la democracia. La intervención de los organismos gubernamentales internacionales.

III.2 (1980-1990). La democracia, la crisis y la sobrevivencia. La institucionalización a través de las políticas públicas para las mujeres. Las experiencias de intervención desde el movimiento social. Casos de Brasil, Argentina, Chile, Nicaragua, Colombia, etcétera.

Esta propuesta es sólo un ejemplo de la complejidad que encierra la experiencia histórica de las mujeres, cómo está articulada a la historia general y cómo la reinterpretación de fenómenos considerados sociales puede llevar a descubrir los significados políticos que encierran.

Notas

1   Este artículo es un resultado parcial de la investigación sobre "Movimientos de mujeres y participación política en Argentina y Colombia" CICYT AME90 0147 del que la autora es la investigadora principal. Se trata de una versión corregida de la publicada en el *Boletín Americanista* No. 42-43, Universidad de Barcelona, 1993, con el título de "Movimientos de mujeres, Estado y participación política. Una propuesta de análisis histórico". Ahora, aunque se mantuvo la propuesta inicial, se precisó la parte conceptual y se amplió el análisis. Agradezco los comentarios oportunos de Marysa Navarro y Norma Villarreal, componentes del equipo de investigación, así como la revisión del texto de la primera versión por Magdalena León y el interés que puso en su publicación.

2   La mayor parte de la producción sobre el Estado es de carácter sociológico y relacionada con los temas del desarrollo, el populismo, crítica a los autoritarismos militares de los años setenta y ochenta y el debate sobre la democracia, como por ejemplo las obras ya clásicas de Octavio Ianni, *La formación del Estado populista en América Latina*, México, 1975; Norbert Lechner, *La crisis del Estado en América Latina*, Caracas, 1977; Tilman Evers, *El Estado en la periferia capitalista*, México, 1979, y Alain Rouquié, *El Estado militar en América Latina*, México, 1989. También hay que contabilizar la serie impulsada por Fernando Calderón, *¿Hacia un nuevo orden estatal en América Latina?*, Clacso, Buenos Aires, 1988-1990, que supone un reconocido esfuerzo de estudio de casos. Son más escasos los estudios históricos de carácter global, entre los cuales se destaca el excelente de Marcelo Carmagnani, *Estado y sociedad en América Latina 1850-1930*, Barcelona, 1984. De todos ellos hemos aprendido sobre el significado del Estado en América Latina, antes de arriesgarnos por caminos inexplorados a buscar explicaciones sobre la naturaleza de la relación de las mujeres con la política.

3   Joan W. Scott, "El problema de la invisibilidad", en Carmen Ramos Escandón, *Género e Historia*, Instituto Mora-UAM, México, 1992, p. 47.

4   "La historia de las mujeres. Cultura y poder de las mujeres: ensayo de historiografía", *Historia Social*, No. 9, Valencia, 1991, p. 81.

5   "Historia de las mujeres", Vol. 2, Presentación de George Duby y Michelle Perrot, Madrid, 1992.

6   El género: una categoría útil para el análisis histórico", en James S. Amelang y Mary Nash (eds.), *Historia y Género*, Valencia, 1990, p. 27.

    La definición que hace Scott del género tiene una dimensión política al señalar que "el género es un elemento constituyente de las relaciones sociales basadas en las diferencias que distinguen los sexos y el género es una forma primaria de relaciones significantes de poder. Los cambios en la organización de las relaciones sociales corresponden siempre a cambios en las representaciones del poder, pero la dirección del cambio no es necesariamente en un solo sentido", p. 44. Según Scott, el género está compuesto por cuatro elementos que operan juntos, aunque no simultáneamente, en la constitución de las relaciones sociales; éstos son: 1) símbolos culturales, 2) conceptos normativos, 3) nociones políticas y referencias a las instituciones y organizaciones sociales, 4) identidad subjetiva, pp. 44-47. Estos elementos se han tenido en cuenta al elaborar la periodización que se propone al final del texto.

7   Lourdes Benería, "Reproducción, producción y división sexual del trabajo", *Mientras Tanto*, No. 6, p. 51.

8   En este sentido los informes de evaluación de programas de organismos gubernamentales y organizaciones no gubernamentales, realizados por científicas sociales latinoamericanas, sobre la temática de mujer y desarrollo, son una fuente muy rica para explorar este aspecto durante las últimas dos décadas.

9   Se utiliza esta concepción en el sentido en que Carmagnani ha caracterizado al Estado configurado en esos años, *Op. cit.*

10   Con las excepciones de Uruguay, que se adelanta con Batlle a la tendencia populista posterior, y de México que desarrolla un proceso marcado por la revolución.

11   La aplicación del plural "mujeres" en este caso es aún más significativa por estar hablando de sociedades multiétnicas en donde hay mujeres indígenas, negras, blancas, mestizas y mulatas.

12   Luis Vitale, *La mitad invisible de la historia*, Buenos Aires, 1981, p. 89.

13   Silvia Galvis, *¡Viva Cristo Rey!*, Bogotá, 1991. La obra de Galvis sintetiza elementos claves del discurso conservador colombiano sobre las mujeres.

14   John Lynch, "La Iglesia Católica en América Latina, 1830-1930", en *Historia de América Latina*, Vol. 8, Leslie Bethell, Barcelona, 1991.

15   Evelyn Stivens, "Marianismo: la otra cara del machismo en Latinoamérica", en Ann Pescatello (comp.), *Hembra y macho en Latinoamérica*, México, 1977; Norma Fuller, "En torno a la polaridad machismo-marianismo", *Hojas de Warmi*, No. 4, Barcelona, 1992.

16   Sobre la actuación de las mujeres desde su posición maternal es pionera la obra de Elsa Chaney, *Supermadre. La mujer dentro de la política en América Latina*, México, 1983.

17   Alain Touraine, *Las sociedades dependientes*, México, 1978.

18   Ricardo Benítez Centeno (comp.), *Las clases sociales en América Latina*, México, 1973, y *Clases sociales y crisis política en América Latina*, México, 1977.

19   Sobre la naturaleza de los populismos latinoamericanos *véanse* Octavio Ianni, *Op. Cit.*, y Ernesto Laclau, "Hacia una teoría del populismo", en *Política e ideología en la teoría marxista*, 1978.

20   En los últimos años ha sido cuestionado abundantemente el carácter modernizador de los procesos industrializadores, sintetizándose este cuestionamiento en los términos de "modernización sin modernidad"; entre otros, *véase* Consuelo Corredor, *Los límites de la modernización*, Bogotá, 1992, Capítulos 1 y 2.

21   Magdalena León y Carmen Diana Deere (eds.), *La mujer y la política agraria en América Latina*, Bogotá, 1986.

22   Patricia Fernández, "Las maquiladoras y las mujeres en Ciudad Juárez", y Helen Safa, "Las maquiladoras y el empleo femenino: la búsqueda del trabajo barato", en Magdalena León, *Debate sobre la mujer en América Latina y el Caribe*, Vol. III, Bogotá, 1982. Laura Guzmán, "Industria de la maquila y la explotación de la fuerza de trabajo de la mujer: el caso de Costa Rica", *Desarrollo y Sociedad*, No. 13, CEDE, Bogotá, 1984. Lourdes Benería y Martha Roldán, *The Crossroads of Class & Gender*, The University of Chicago Press, 1987.

23   León y Deere, *Op. cit.*

24   "El feminismo como negación del autoritarismo", *Nueva Sociedad*, No. 71, 1984.

25   La literatura sobre este aspecto durante los últimos diez años es abundante: Violeta Sara-Lafosse, *Comedores comunales. La mujer frente a la crisis. Servicios urbanos y mujeres de bajos ingresos*, Lima, 1984; "Mujeres, crisis y movimiento. América Latina y el Caribe", *Ediciones de las Mujeres*, No. 9, Santiago de Chile, 1988; "Caminando. Luchas y estrategias de las mujeres", *Ediciones de las Mujeres*, No. 11, Santiago de Chile, 1989; Socorro Ramírez, "Las estrategias de sobrevivencia como una dimensión del movimiento de mujeres

en Colombia", *Boletín Americanista*, No. 39-40, Barcelona, 1990; Alicia Grandon, *Discriminación y sobrevivencia*, Lima, 1990; *La necesidad tiene cara de mujer*, Centro de Promoción de la Mujer "Gregoria Apaza", La Paz, 1991; Alejandra Massolo, *Mujeres y ciudades. Participación social, vivienda y vida cotidiana*, Colegio de México, 1992.

26 Patricia Portocarrero, Nora Galer, P. Ruiz Bravo y Virginia Guzmán, *Mujer en el desarrollo. Balances y propuestas*, Lima, 1990; Virginia Guzmán, Patricia Portocarrero, Virginia Vargas, *Una nueva lectura: género en el desarrollo*, Lima, 1991.

27 Nea Filgueira, "Exclusión de las mujeres del sistema político institucional", en *Mujer y poder en los márgenes de la democracia uruguaya*, Graciela Sapriza (ed.), Montevideo, 1991, pp. 13-18.

28 *Ibíd.*, citando a Linda Nicholson, *Gender and History: The Limits of Social Theory in the Age of the Family*, New York, 1986.

29 *Ibíd.*, p. 27.

30 "Precursoras del feminismo en América Latina", especial *Mujer\fempress*, 1991; Nancy Caro Hollander, *La mujer: mitad olvidada de la historia de Argentina*; Anna Macias, A., *Felipe Carrillo Puerto y la liberación de las mujeres en México*; June Hahner, "La prensa feminista del siglo XIX y los derechos de las mujeres en el Brasil", en Asunción Lavrin (comp.), *Las mujeres latinoamericanas. Perspectivas históricas*, México, 1985; Julieta Kirkwood, *Ser política en Chile*, Santiago de Chile, 1990; Serafina Dávalos, *Serafina: feminista paraguaya desde comienzos de siglo*, Asunción, 1990; Graciela Sapriza, *Obreras y sufragistas. ¿Un diálogo imposible?*, Montevideo, 1985; Enriqueta Tuñón, "La lucha política de la mujer mexicana por el derecho al sufragio y sus repercusiones", en Carmen Ramos, *Presencia y transparencia: la mujer en la historia de México*, México, 1987; Lola G. Luna, "Los movimientos de mujeres: feminismo y feminidad en Colombia (1930-43)", *Boletín Americanista*, No. 35, Barcelona, 1986.

31 M. Stacey y M. Price, *Women, Power and Politics*, London, 1981. Citado por Nea Filgueira, *Op. cit.*

32 En esta línea lo han analizado Laura Beatriz Gingold e Inés Vásquez, en su artículo "Madres de Plaza de Mayo, ¿madres de una nueva práctica política?", *Nueva Sociedad*, No. 93, 1988; también en Lola G. Luna, "Género y movimientos sociales en América Latina", *Boletín Americanista*, No. 39-40, Universidad de Barcelona, 1991.

33 Lola G. Luna, *Ibíd.*

34 Lola G. Luna, *Feminismo: encuentro y diversidad de las organizaciones de mujeres latinoamericanas, 1985-1990*, V Congreso Internacional de Investigación sobre la Mujer, San José, Costa Rica, 1993 (en prensa).

35 "Mujer y política: América Latina y el Caribe", *Serie Mujer y Desarrollo*, No. 3, Naciones Unidas, Santiago de Chile, 1989.

36 "Avances y limitaciones de la relación entre Estado y mujer en América Latina", en *La mujer latinoamericana ante el reto del siglo XXI*, Madrid, 1993, p. 11.

37 Jacqueline Pitanguy, "Brasil: políticas públicas y ciudadanía", en *Transiciones. Mujeres en los procesos democráticos*, Santiago de Chile, 1990, *Ediciones de las Mujeres*, No. 13, Isis Internacional, p. 21.

38 Haydée Birgin, "Argentina: la igualdad es una asignatura pendiente", en *Transiciones. Mujeres en los procesos democráticos*, Santiago de Chile, 1990. *Ediciones de las Mujeres*, No. 13, Isis Internacional, p. 37.

39 *Ibíd.*, p. 43.

40 Esta idea se puede deducir del planteamiento que Marysa Navarro hace del peronismo y del significado de Eva Duarte en el mismo; *véase Evita*, Buenos Aires, 1981.

EL MOVIMIENTO FEMINISTA LATINOAMERICANO: ENTRE LA ESPERANZA Y EL DESENCANTO[*]

Virginia Vargas

INTRODUCCIÓN

El movimiento feminista ha tenido un desarrollo visible, audaz y creativo en América Latina. Sustentado en cientos de iniciativas, en redes temáticas y de acción que cruzan y unen la fuerza de las mujeres de todo el continente, a lo largo de casi quince años ha desplegado una práctica enormemente cuestionadora pero, como todas las prácticas sociales, también enormemente ambivalente. La realización, desde 1981, de cinco Encuentros Feministas de Latinoamérica y el Caribe, cada dos años primero y luego cada tres, nos provee de una rica experiencia que permite revisar las prácticas y los conceptos que se han ido elaborando para pensar estrategias comunes y específicas para cada realidad, como posiblemente ningún otro movimiento social en América Latina.

> Que mujeres latinoamericanas rasgasen las cortinas nacionales para decir de mil maneras y lenguajes la validez de su ruptura y de su emancipación; que sin importar de qué lugar se proviniese —si de los procesos duros en que se asienta agudamente la violencia política o si de los otros, enmarañados en tramas más sutiles—, el hecho cierto es que una gran cantidad de mujeres latinoamericanas y caribeñas... se reunieran... con el solo gran acuerdo previo de su mutua presencia..., todo eso estaba hablando a las claras de otra manera de hilvanar la trama para la liberación de nuestra historia (Kirkwood, 1986, p. 207).

Pero los encuentros nos han dejado también algunos "nudos", que acumulan en sus hilos des-encuentros, impaciencias, intolerancias, paradojas, efectos enfrentados, que evitan de mil maneras que estas mismas mujeres —nosotras— expresemos también de mil maneras y lenguajes la validez de nuestras rupturas. Porque, como señala la misma Kirkwood, con relación a los Encuentros Feministas: "Con nuestra revolución se levanta una inmensa

[*] Publicado originalmente en la revista *El cielo por asalto*, No. 2, otoño 1991, Ediciones Flora Tristán, Buenos Aires, y en la revista *Development and Change*, Vol. 23, No. 3, Sage, London, Newbury Park and New Delhi, 1992, pp. 195-214.

cantidad de expectativas y muchas de ellas llevan el sello de lo absoluto. No ver al otro, a la otra, es también nuestra escuela" (1986, pp. 213-214).

Este artículo pretende analizar estos nudos que traban, por momentos, el desarrollo de nuestra propuesta emancipatoria. No son los nudos lo que define toda la práctica del movimiento feminista latinoamericano, pero salen con más fuerza cuando, como ahora, los cambios en el clima político, económico y cultural no logran generar aún un nuevo horizonte referencial.

Analizaré estos nudos a través de la reconstrucción de los encuentros feministas, espacios privilegiados que cristalizan y expresan las grandezas y las limitaciones del movimiento.

Ello exige, sin embargo, trascender la dinámica misma de los encuentros y analizar las condiciones del surgimiento del movimiento feminista, sus herencias, sus fuentes teóricas como también las bases de sus rupturas.

LA MODERNIDAD Y LOS TIEMPOS MIXTOS

América Latina ha vivido, desde las primeras décadas de este siglo, en mayor o menor grado, en procesos más o menos acelerados, el tránsito complejo y contradictorio a la modernización y, con ello, al clima político y cultural de la modernidad. Transición que muchos autores han caracterizado como el paso desde un orden recibido a un orden producido, como búsqueda de los grupos sociales excluidos de una ciudadanía plena.

El proceso de modernización fue buscado a través de diferentes caminos: propuestas socialistas, propuestas populistas y propuestas liberales, estas últimas de menor significación; todos ellos trataron de dar respuesta y alternativa a la modernización tradicional de la oligarquía. Se impuso, por una serie de razones políticas y de estructura social, la propuesta populista (López, 1990), que coloca en el vértice a un caudillo carismático y establece con las masas una relación afectiva y pasional, sustento de la manipulación pero en la que estas mismas masas encuentran una forma de expresarse políticamente (Weffort, 1968)[1], afianzando el principio participativo de la política en América Latina.

Otra vertiente fundamental de pensamiento modernista lo trae el marxismo y sus diferentes expresiones socialistas, que marcaron los paradigmas del cambio social. Unos y otros han tenido peso decisivo en la estructuración del pensamiento, en la subjetividad y en los aspectos más relevantes de la formación de la conciencia latinoamericana moderna.

Estas características, más la realidad subordinada del continente, llevó a que en nuestras sociedades el proceso de modernización tuviera características peculiares, porque fue un proceso trunco e inconcluso que, a diferencia de Europa y Norteamérica, donde la modernidad implicó procesos de integración social y ciudadana relativamente completos, en nuestros países, por el contrario, no alcanzó la realización de sus contenidos emancipatorios en toda su dimensión (Calderón, 1988).

Este proceso, inconcluso y excluyente, tuvo efectos ambivalentes. Si bien generó y profundizó la marginalización de amplios sectores sociales, regiones y culturas, al mismo tiempo, sin embargo, facilitó el proceso de integración y ampliación del horizonte referencial y la subjetividad social. Así, la modernización fue trunca, pero el clima de la modernidad, que hace referencia básicamente a la autodeterminación política y la autonomía moral (Quijano, 1988), logró permear a grandes sectores de la sociedad, marcando sus aspiraciones y subjetividades.

En breve, una modernización trunca, unida a la multiculturalidad y plurietnicidad del continente, a la crisis y la pobreza crecientes, a los efectos del narcotráfico y el terrorismo en muchos países, ha generado un producto muy particular, donde conviven varios procesos y pensamientos, "...unos completando la modernidad, otros desarrollando la confusa postmodernidad y algunos otros manteniendo la premodernidad", pero todos ellos conviviendo mixtos y subordinados (Calderón, 1988). Estos tiempos mixtos, que contienen sus propias exclusiones y subordinaciones, tienen un peso fundamental en la cultura política del continente.

EL MOVIMIENTO FEMINISTA: UNA EXPRESIÓN MÁS DEL TRÁNSITO A LA MODERNIDAD

El movimiento feminista surge en la fase final de la transición hacia la modernización, influido por ella pero poniendo en tensión su lógica. Tributario de la expansión de la modernidad y de los efectos parciales de la modernización, se benefició del mayor acceso de las mujeres a la educación, de las migraciones, de la urbanización acelerada, de la ampliación del mercado de trabajo, de los antagonismos políticos provocados por los discursos que apelaban a su subordinación y aquellos que reclamaban su emancipación.

En suma, la expansión de la modernidad y los efectos parciales de la modernización otorgaron ventajas claras para las mujeres: de ahora en adelante tenían también la posibilidad de rechazar un orden prescrito, de cuestionar el carácter natural de su subordinación, de intentar construir un sentido colectivo a la acción.

Y, en este contexto, aportando enormemente al nuevo clima político y cultural, avanzando con firmeza en el cuestionamiento de los viejos, monocordes y excluyentes paradigmas, revitalizando la dimensión subjetiva, el movimiento feminista se desplegó con fuerza y audacia en toda América Latina. Su surgimiento se alimentó entonces de la disolución de una serie de certezas con las cuales había vivido el continente durante muchas décadas: desde fines de los años setenta y a lo largo de los ochenta la confianza en las bondades del progreso para todos los ciudadanos y naciones, la capacidad del caudillo carismático para enfrentar los problemas nacionales, la confianza en el Estado y las instituciones y partidos políticos, considerados como motores del cambio social, comienzan a debilitarse. Las dictaduras reinantes en la región se encargaron de cuestionar el mito del progreso, el mito de la inevitabilidad del socialismo y de evidenciar los límites del populismo; el eje de la política se desplaza de la escena pública oficial hacia la sociedad civil (Guzmán, 1990). El surgimiento de sujetos sociales diversos y de movimientos sociales en los que se sienten expresados, contribuyó más que ningún otro hecho a cuestionar algunas de las certezas que el modernismo en sus expresiones populistas y marxistas habían diseminado.

Sin embargo, la contradicción fundamental del modernismo de impulsar la individualización de la vida social, de abrirse a valores individuales y plurales por un lado y, por otro, aprisionarlos en estructuras monovocales, monológicas y totalizantes, reduciendo la pluralidad a un solo standard (Yeatman, 1989), comienza a desplegarse en toda su complejidad.

Esta contradicción también se expresa en el movimiento feminista, en la manera de considerar a las mujeres y en la autopercepción y prácticas sociales que va generando. Porque el feminismo surgió al mismo tiempo como parte de y como respuesta al modernismo, criticando desde el inicio los viejos paradigmas de la acción y del conocimiento pero, a la vez, influenciado por ellos.

¿UNIVERSALIDAD SIN DIFERENCIACIÓN?

El movimiento feminista no fue ni pudo ser ajeno ni a los tiempos mixtos ni a las corrientes dominantes del pensamiento y la acción política. Como todo movimiento social que surge en la transición a la modernidad, está obligado a construir un sentido para su acción y para la sociedad. Construcción que puede darse desde una visión excluyente o desde la pluralidad.

Desde el comienzo convivieron en tensión, a veces enriquecedora, a veces empobrecedora, la amplitud de visión, las propuestas subversivas frente a la lógica autoritaria de las sociedades latinoamericanas, el reconocimiento de las diferencias, el impulso a la emergencia de voces plurales, la politización de la vida cotidiana —que percibimos ahora como los aportes fundamentales del movimiento feminista en América Latina— en conflicto y/o interactuando con explicaciones causalistas y con lógicas excluyentes, con reduccionismos, mitos, experiencias parciales que buscaban ser universalizadas. Visiones estas últimas que aparecen y se disuelven, que no definen permanentemente al movimiento pero traban su desarrollo democrático. Analizar esta tensión es fundamental para perfilar una política feminista que asuma la democracia en la pluralidad.

Esta tensión es más fuerte y desafiante porque el movimiento feminista, a diferencia de otros movimientos, convive con la pluralidad, y asume teóricamente la diversidad y la democracia como el contexto intrínseco y vital para su desarrollo y su razón social de existencia. Y es que el movimiento feminista es una expresión de un movimiento social de mujeres mucho más amplio, compuesto al menos por tres vertientes básicas: la vertiente feminista propiamente dicha; la vertiente de las mujeres cuya vida y compromiso vital transcurre en los espacios institucionales formalizados, tales como partidos, sindicatos y federaciones; y la vertiente de las mujeres "populares" o las que desde su rol de madres o desde sus responsabilidades familiares van conquistando su ciudadanía y asumiendo una conciencia de su existencia como género subordinado.

Este movimiento, por lo mismo, no refleja un proceso homogéneo, sino más bien una pluralidad de procesos que muestran las diversas y contradictorias realidades en que se insertan las mujeres y que generan diferentes posiciones-sujeto que no son simplemente reductibles a su realidad de género (Mouffe, 1990)[2]. En cada vertiente, las relaciones de género son vividas de manera particular, de acuerdo con el peso de las demás posiciones subjetivas, los diferentes discursos que las acompañan y las conexiones que las mujeres establecen en diferentes momentos de sus vidas entre sus múltiples subordinaciones.

Las vertientes son espacios, más simbólicos que geográficos, múltiples y discontinuos, una construcción cultural y un punto de referencia simbólico (Melucci, 1989), que contienen y expresan la forma específica, particular, única e irrepetible en que las mujeres están articulando sus diferentes experiencias de vida, subjetividades, percepciones, posiciones-sujeto. La pluralidad social, cultural, étnica y geográfica del movimiento amplio de mujeres queda plasmada en todas sus vertientes, influyendo en el desarrollo y el perfil que van tomando las actoras sociales (Vargas, 1990).

Esta heterogeneidad dio desde el inicio la base para reconocer identidades diversas, múltiples sentidos de la acción colectiva, espacios diferenciados y múltiples de aprendizaje de relaciones con contenidos más democráticos. Obviamente, el movimiento feminista se ha nutrido de esta heterogeneidad y, más que ninguna otra vertiente, ha contribuido a través de su acción y su propuesta a visibilizar esta riqueza, a desarrollar esta potencialidad, a enfrentar la cultura autoritaria compartida por todo el continente.

Sin embargo, este referente plural no siempre fue asumido en toda su riqueza y complejidad. Nutriéndose de esta realidad, el movimiento feminista al mismo tiempo ha generado prácticas sustentadas en aquello que se quiso recusar. Las certezas anteriores se rompieron, pero también se generó una práctica compensatoria, mistificadora de la realidad que, desde otros contenidos y temas, corría el riesgo del reduccionismo y de la exclusión. No es lo que define toda su práctica, pero sale con más fuerza cuando, como ahora, los cambios en el clima político, económico y cultural no logran generar aún un nuevo horizonte referencial.

LOS ORÍGENES DE UNA FALSA OPOSICIÓN

Los orígenes del movimiento feminista en América Latina expresaron las características de un amplio sector femenino de clase media, rebelde y cuestionador de los moldes tradicionales que marcaban el destino de las mujeres en nuestras sociedades; mujeres mayormente intelectuales, con significativa experiencia política, que se habían nutrido y desarrollado a lo largo de los años setenta y básicamente dentro del amplio espectro de la llamada "nueva izquierda". Este amplio sector femenino, inspirado en la filosofía de la modernidad, reclamaba la universalidad y la igualdad como un estatus teórico que aseguraba a las mujeres como sujetos y les significaba el primer gran paso para neutralizar la diferencia sexual. Significaba un enorme progreso en sociedades donde la modernización inconclusa había marginado y/o dejado fuera enormes sectores de la población.

Pero al mismo tiempo la modernización no las ubicaba como sujetos, la totalidad no las incluía, la universalidad las invisibilizaba. Por lo mismo, la propuesta de las mujeres sólo se podía perfilar en la medida en que afirmaba su diferencia, en la medida en que al mismo tiempo criticaba el paradigma tradicional de un sujeto único y de un único paradigma de cambio social. Así, el movimiento feminista se desarrolló en un doble proceso: superar la diferencia sexual tras una universalidad que nos reconociera, pero al mismo tiempo, percibir la importancia de la diferencia, la urgencia de particularizar la universalidad. Esta tensión entre la universalidad de la propuesta modernista, necesaria pero a todas luces parcial, y la necesidad de afianzar la diferencia y la especificidad de los espacios ha traído grandes dificultades a la práctica feminista.

Porque el peso de la universalidad y de una cultura política negadora de las diferencias era tan fuerte que el movimiento comenzó a afirmar las diferencias más con relación a lo externo, hacia fuera de su entorno, sin abordar con igual fuerza las diferencias en el mismo movimiento, o dentro de la categoría mujer, o dentro de las existencias sociales específicas de las mujeres (Barret, 1990). Sin quererlo se fue produciendo por momentos una lógica de exclusión, en relación a otras mujeres, a las demás vertientes del movimiento, a otros movimientos, al Estado y a los partidos políticos. La diferencia se tradujo, en muchos casos, en la asunción de cierta esencialidad femenina que facilitaba la distinción con el resto de la sociedad. Éramos diferentes de los hombres, nuestra sensibilidad y subjetividad nos hacía alternativas en la vida personal y en la política. Y éramos diferentes de otras mujeres que no privilegiaban la propuesta de género, que se acomodaban al mundo masculino, que se orientaban básicamente a la familia, etc. Los elementos de una propuesta vanguardista comenzaron a mostrar su perfil.

Por otro lado, si bien el movimiento feminista levantaba una propuesta diferente y recusaba las posiciones, en ese momento mayoritarias, que consideraban los problemas de las mujeres como secundarios y subordinados a una lógica única, no nos desprendíamos totalmente de la fascinación y facilidad que provee el encontrar explicaciones últimas y globales a la subordinación de las mujeres. Era muy fuerte la tentación de convertir la perspectiva transformadora que abría el feminismo en propuesta global: el patriarcado primero y el género después[3], fueron también ubicados, sucesivamente, como categorías explicativas únicas de la subordinación de las mujeres. Era inevitable quizá en una primera etapa, caracterizada por una "escisión" momentánea de la dinámica social (Gramsci), que permitió un período muy rico en lecturas y discusiones teóricas intensas y una activa militancia autónoma, y que nos facilitó poner sobre el tapete social la subordinación de las mujeres en el continente. Pero esta tentación, al unirse a toda la otra forma de interpretar el mundo, produjo una cierta visión omnicomprensiva no sólo de la vida de las mujeres sino también de la dinámica social. La diferencia también se convirtió en universalidad. Ello acercó peligrosamente al movimiento al reduccionismo tan criticado.

Es en la relación del movimiento feminista con otros sectores de mujeres y con otras vertientes del movimiento amplio donde se ve más claramente la influencia del populismo por un lado y de la visión vanguardista de la izquierda por otro.

Así, la incorporación del criterio de igualdad, sin mediaciones, al conjunto de mujeres llevó a asumir que los procesos debían ser más o menos homogéneos, generalizando una percepción y un estado de ánimo como lo válido y único posible. Este análisis de la dinámica social se extendió a la dinámica del movimiento social de mujeres, desconociendo en la práctica la especificidad y la pluralidad contenidas en sus vertientes y asumiendo que esa explicación última y universal era la clave para la unidad interclasista y transcultural. La asunción de las diferencias quedaba así solucionada momentáneamente: todas podíamos llegar a tener conciencia de género, en un proceso más o menos largo, más o menos complejo, y lo importante entonces era clarificar al movimiento de mujeres o incidir en las prácticas que rescataran claramente la dimensión de género para avanzar en el desarrollo de una nueva identidad.

A pesar, entonces, de las profundas rupturas con la lógica política imperante, a pesar de la crítica certera a las visiones totalizantes y vanguardistas de los partidos políticos, subsistió con fuerza esta misma lógica en nuestros acercamientos a la realidad de las mujeres de las demás vertientes del movimiento. De alguna forma, seguía flotando la idea de que "un orden social justo sería aquel impuesto por las mayorías oprimidas lideradas por vanguardias esclarecidas que con su accionar no sólo estarían remediando desequilibrios e iniquidades ancestrales sino que en su mismo accionar estarían haciendo triunfar la verdad" (Piscitelli, 1988, p. 75).

En efecto, desde el inicio, el problema de la conflictiva diversidad social y política entre mujeres fue una preocupación fundamental. El feminismo en América Latina y el Caribe, como señala Feijóo, "...intuyó con dificultades y gran esfuerzo que su única salida del ghetto intelectual consistía en incorporar la problemática del conjunto de mujeres más vulnerables de la región en el marco de una propuesta teórica y organizativa" (Feijóo, 1990); ello expresaba, según muchas, el sello específico del feminismo latinoamericano respecto a otros feminismos de los países industrializados.

En esta primera apuesta, políticamente acertada, se filtraron sin embargo una serie de fantasmas de viejas prácticas. Dos elementos reflejan claramente esta afirmación: por un lado, el acercamiento a las mujeres populares se sustentaba más en los recuerdos de las prácticas anteriores que predeterminaban que sólo en las clases populares estaba la posibilidad real de cambio y se alimentaba de una especie de conciencia culposa por asumirse feminista, por ser de clase media, por la necesidad de evidenciar que no éramos influenciables por el feminismo foráneo ni éramos insensibles a la realidad de pobreza y desigualdad en nuestros países. El acercamiento estaba teñido por nuestra previa experiencia partidaria y por nuestra experiencia de vida. Por otro, las dificultades de comprender la complejidad y ambivalencia de las prácticas sociales de las mujeres llevó a colocar en otras mujeres aspiraciones y visiones propias del sector de mujeres que integraba inicialmente el movimiento feminista.

Ello llevó a su vez a desarrollar dos visiones polares: la primera contenía una enorme idealización de la práctica social de las mujeres, sobre todo las que eran populares, descubriendo rápidamente semejanzas entre nuestros procesos personales y los de las "otras":

> (...) curiosamente, el feminismo cayó reiteradamente en una lectura cifrada cuya clave mágica se encontraba en la noción de resistencia. Así, pequeñas acciones cuyo sentido era necesario buscar fueron transformadas por la lectura en formas de resistencia a la opresión simultáneamente femenina y de clase (Feijoó, 1990).

La segunda visión contenía un profundo escepticismo porque la subordinación de las mujeres se imponía a su resistencia. Resistencia y subordinación eran vistas como dos situaciones polares, sin mediaciones y sin ambivalencias, sin hilos de continuidad, en referencia limpia al género y sin influencia de otras posiciones-sujeto.

Estas visiones restringidas de género nos acompañaron durante mucho tiempo. Ello llevó también a privilegiar a un tipo de mujeres más que a otras: mujeres organizadas, de historia de vida y trayectoria semejante, amas de casa populares. La educación popular, entendida simplistamente como fórmula mágica para cambiar conciencias completó este acercamiento del feminismo a las otras vertientes del movimiento. Influida por ellas, la propuesta feminista, aunque subversiva en su recuperación de la vida cotidiana, tendió a confundir este énfasis en la vida cotidiana, en los valores alternativos, con una sacralización de lo micro, de lo pequeño, y a confundir las percepciones femeninas inmediatas con estrategias de cambio.

LOS ENCUENTROS FEMINISTAS

Estas visiones se han incubado y expresado acumulativamente en los diferentes encuentros feministas pero han desplegado toda su complejidad en los dos últimos, coexistiendo obviamente con otras lógicas y apuestas más plurales. No es sólo un asunto de bandos, o de posiciones polares, es una práctica arraigada desde el inicio y que todas en algún momento hemos compartido. Sólo cuando el movimiento se ha expandido, volviéndose más variopinto y colorido, ha comenzado a expresarse como limitación para el despliegue de la diversidad en el movimiento.

Los encuentros feministas han constituido un termómetro importante de esta evolución; dan cuenta periódicamente de las riquezas y las limitaciones del movimiento. Analizaré todos ellos con relación a lo que fueron dejando como cuerpo teórico y clima subjetivo en el movimiento, pero me centraré en los dos últimos porque creo que, después de diez años de existencia, son los que mejor condensan algunas tendencias iniciales y algunos de los nudos viejos y actuales que siguen enredando la dinámica del movimiento.

La propuesta de los encuentros surge en los inicios del despliegue feminista. Casi sin contacto entre nosotras, en los diferentes países comenzaron a surgir grupos con propuestas y búsquedas similares. El comenzar a reconocer que no éramos unas cuantas en cada país sino varias más en muchos países, nos dio más seguridad y nos hizo valorar la necesidad de un intercambio más directo entre nosotras. El vislumbrar que vivíamos las mismas dificultades, que intuíamos las mismas pistas y alternativas, que compartíamos la misma inseguridad nos llenó de entusiasmo y facilitó nuestra decisión de encontrarnos periódicamente.

Como expresión del dominio de los países centrales, la relación entre nosotras se había iniciado generalmente fuera de nuestro continente[4], en espacios acogedores pero que no eran totalmente nuestros; tampoco los niveles de reflexión, organización y búsquedas eran los mismos. Queríamos tener un espacio propio para ese intercambio. En ese momento, todavía teníamos una experiencia incipiente y muy primaria, salvo Brasil y México, un poco Venezuela; los grupos en los demás países se habían desarrollado con cierta permanencia uno o dos años antes, aún con poca claridad de cómo abordar la construcción del movimiento en la región. Estábamos aún muy influenciadas por los partidos de izquierda, aunque ya vislumbrábamos la necesidad de la autonomía. De ahí que, en esa época, definiciones como feminismo socialista, feminismo popular, revolucionario, etc., eran los apellidos que nos poníamos para hacer más digerible, para nosotras, nuestra definición feminista. Pero todas estábamos buscando otras respuestas, de alguna forma rompiendo los viejos paradigmas políticos.

En 1981 se realizó el I Encuentro Feminista Latinoamericano y del Caribe, en Bogotá, el que indudablemente marcó un hito irrepetible e insuperable. Fue:

> (...) la posibilidad de una primera vez, una primera apertura al mundo desde el feminismo latinoamericano (...) tienen la magia de los comienzos y en ese sentido, es también único, irrepetible (...) Bogotá marcó el tiempo de la recuperación del espacio para las mujeres, de un espacio muy especial (...) marca el mo-

mento de un desordenado asalto al orden; el tiempo de trabajo se hace canto y fiesta, la razón es desacralizada y puesta en su lugar; se la vislumbra empobrecida y se la enriquece (...) Bogotá es la primera experimentación vivida de ese gigantesco estar juntas las mujeres. Fue la primera vez en que se reventaron las expectativas (Kirkwood, 1986).

Bogotá tuvo, en medio de ese descubrimiento y esa explosión de expectativas, al menos dos rasgos característicos: por un lado, el reconocimiento amplio, generoso de la "hermandad", la explosión del afecto, la autoafirmación del saber y del espacio de las mujeres; por otro lado y, con relación a la recién descubierta hermandad, una afirmación colectiva del bien y del mal, una idea de la revolución total y ahora (Kirkwood, 1985), una impaciencia por marcar nuestro espacio, evitar los poderes de fuera que nos impidieran desarrollar nuestros rasgos, nuestras propuestas, nuestra verdad. Esta necesidad de reconocernos en lo mismo y marcar nuestro territorio se expresó, quizá con muchas razones en ese momento inicial, en una confrontación con las mujeres de partidos políticos en defensa de la recién asumida autonomía del movimiento. Esta autonomía, que constituyó una afirmación vital para el desarrollo del movimiento, contenía aún, sin embargo, elementos defensivos y excluyentes difíciles de disolver en esa primera etapa. Se percibía la autonomía, como señala Villanueva, como un fin en sí mismo:

En nuestra práctica pasada acostumbrábamos anteponer nuestra identidad feminista frente a cualquier debate, la etiqueta estaba primero, como si con ello quisiéramos cerrar el paso a cualquier influencia externa. Y en esta lucha olvidábamos muchas veces buscar consensos, encontrar a las mujeres de partidos que no se definían como feministas aunque aceptaban que el feminismo era un movimiento político que cuestionaba las relaciones de poder, la opresión y explotación, la dominación de unas personas sobre otras o de un ser humano sobre otro (Villanueva, 1990).

La discusión entre las feministas y las políticas cobró, en ese momento, la forma de la defensa o la negación de la "doble militancia"[5]. Muchas militantes de partido quedaron fuera de esta recién descubierta hermandad, pero muchas otras, defendiendo la "doble militancia", permanecieron en el movimiento.

El II Encuentro Feminista, organizado en Lima, 1983, marca el momento de la estructuración, de las preguntas y respuestas y, por tanto, el momento del despliegue de los nudos:

(...) hay en Lima exigencias de respuestas, planteo de nuevas preguntas complejizadas. Se exige una teoría, una política feminista, estrategias. Exasperación de saberlo todo, exasperación de que no se nos responda todo. Dolor de cabeza (Kirkwood, 1986, p. 215).

Es el momento cuando se vive la imperiosa necesidad de demostrar a través de la presencia y persistencia del patriarcado la capacidad de análisis del feminismo con relación a las mujeres y a la sociedad, de anunciar de alguna forma el estatus teórico del movimiento. El patriarcado fue analizado en 20 talleres simultáneos, estructurados previamente, y a cargo de feministas latinoamericanas y caribeñas que habían avanzado teóricamente en ese momento, lo que permitió por primera vez una discusión de gran riqueza, pero al mismo tiempo revelaban la concepción de ese entonces: la segmentación de la realidad de las mujeres en temas específicos que sólo cobraban sentido a la luz de la categoría patriarcado.

La confrontación entre las mujeres de partidos y las feministas se dio hacia el final del encuentro en la última plenaria. El nudo fundamental seguía girando alrededor de si era la clase o el género la explicación última de la subordinación de las mujeres. Experiencia dura, difícil, con intolerancias y desconciertos también a flor de piel[6].

En Bertioga, Brasil, se dio el III Encuentro Feminista, en 1985[7]. En él se vivió la "des-estructuración", la resistencia contra formas estructuradas de organización, asumiendo la subjetividad de las mujeres como un elemento fundamental, así como la necesidad de impulsar la participación igualitaria de todas, generando el espacio y el clima para lograr que:

(...) cada mujer participaría igualmente, a partir de sí misma, sin jerarquías de ningún tipo, ni que le fuese atribuida a una situación diferenciada por sus años de militancia feminista o política partidaria o porque fuese especialista eminente (Documento del III Encuentro, 1985).

En estos tres encuentros se expresan ya algunas de las características que tiñen al movimiento hasta hoy. Cada uno complementó las carencias del anterior, no siempre reconociendo la continuidad sino marcando la distancia y presentándose como alternativo: al afecto cara a cara, a la afirmación de lo colectivo, a la hermandad que expresó Bogotá siguieron la estructuración del espacio y la búsqueda de un eje teórico explicativo de la realidad de las mujeres en Lima; y se continuó en Bertioga con el rechazo a las formas estructuradas e individualizadas, la afirmación de la igualdad entre las mujeres, una cierta incomodidad por la diferencia. Independientemente de lo que fue el avance que permitió cada uno en la consolidación del movimiento feminista en el continente, de la enorme riqueza y variedad de las redes e iniciativas que cada uno generó, y de las propuestas visibles y explícitas que fueron desarrollándose, los tres encuentros también dieron lugar a una especie de cuerpo teórico y de postura simbólica para interpretar el mundo y el movimiento.

Este cuerpo "teórico" dio indudablemente consistencia ideológica al movimiento feminista en sus primeras etapas de desarrollo; no pudo quizá ser de otra manera y era posiblemente necesario para enfrentar el gran desafío de la pérdida de legitimidad social que implicaba en ese entonces ser feminista, para enfrentar la inseguridad que producía el expresarse en claves inéditas aún para nosotras. Pero esta consistencia ideológica comenzó a llevar "el sello de lo absoluto", del no ver a las otras, de sentir que abrir el entendimiento para superar el desconcierto y coger el hilo conductor de nuestro crecimiento, complejo y plural, era quedarse sin piso, sin hermandad, sin alternativa propia.

Así, si bien una parte del movimiento y una parte interna de cada una de nosotras intuitivamente querían andar por el camino de la complejidad y la diversidad, cuestionando verdades absolutas, otra parte del movimiento y de cada una de nosotras quería renunciar a incorporar la complejidad de la vida social actual, aferrándose a los espacios propios sin contaminación.

Es por eso que llegamos al IV Encuentro Feminista, en Taxco, México, en 1987, con la necesidad casi intuitiva de tomar distancia de esta práctica pasada. El encuentro de México es el de la confrontación con un imaginario político opaco y defensivo que nos impedía, pensábamos muchas, avanzar en una política realista y democrática. México también fue la primera confrontación estremecedora y enriquecedora con la diversidad. Ya no se la podía obviar, era visible, abierta, cuestionadora. Analizando la cantidad y composición de las participantes en los diferentes encuentros podemos ejemplificar mejor esta creciente complejización. En todos ellos, el número de participantes siempre ha sido motivo de asombro e incluso de desorganización por la falta de previsión. En Colombia se esperaban 150 y llegaron cerca de 230. En Lima se esperaban 350 y llegaron 650. En Brasil se esperaban 700 y llegaron casi 1.000 y en México... llegaron 1.500. Obviamente, el tipo de participantes comenzó a modificarse pero fue especialmente en el encuentro de México donde el abanico se abrió en toda su amplitud. Asistieron, además de las feministas de los grupos autónomos, muchas mujeres de partido, mujeres pobladoras, obreras, mujeres envueltas en situación de guerra (Centroamérica), mujeres de países con gobierno socialista (Cuba y Nicaragua), mujeres de organizaciones no gubernamentales, mujeres de gobierno, etc., cada una de ellas con su experiencia múltiple, con nuevos referentes, con nuevas dudas, sin muchas respuestas. Las lesbianas hicieron previamente su propio encuentro (I Encuentro Lesbiano de

América Latina y del Caribe) y ayudaron a complejizar temas y visiones. El encuentro de Argentina, con cerca de 3.000 mujeres[8], consolidó la tendencia plural ya desplegada en México en 1987.

La tensión entre la homogeneidad y la diversidad se expresaba no tanto en los temas, donde todas coincidían en su importancia, sino en las estrategias a seguir para avanzar en la construcción del movimiento. Es así que si bien en México un rasgo fundamental fue la diversidad y pluralidad en el más amplio sentido de la palabra; como si todos los rasgos culturales, políticos, sociales y económicos del continente buscaran estar expresados en el espacio feminista, otro rasgo fue la separación más clara dentro del feminismo "histórico"[9] frente a la diversidad. Así, se expresaron al menos dos posiciones: las que querían preservar un espacio más decantado y claramente definido como feminista y las que querían recuperar la pluralidad de vertientes y de nuevos espacios latinoamericanos para la construcción del movimiento feminista.

LOS MITOS DEL MOVIMIENTO FEMINISTA

Es en el clima del IV Encuentro donde surge la reflexión sobre los "mitos" (*véase* anexo), que cristalizaban la tensión entre los ideales políticos y las prácticas sociales reales del movimiento feminista. En torno a esta discusión se empezó a evidenciar que la utopía feminista, tal como era concebida en ese momento, estaba en crisis.

Esta crisis, percibíamos, tenía que ver con las dificultades que enfrentábamos al tratar de imaginar un futuro sin subordinaciones para nosotras y para la humanidad. Nuestras utopías, con la carga de la "consistencia ideológica" que ya he descrito anteriormente, fue percibida como una meta aquí y ahora, que se podía conquistar en el mundo alternativo y diferente de las mujeres.

Este hecho no es necesariamente una característica del movimiento feminista, sino más bien un signo general de la época que afecta a América Latina de manera particular:

> Hoy estamos viviendo un bloqueo de las perspectivas. Es difícil encontrar otra época en que se haya oscurecido tanto el sentido del "desarrollo" o, si se quiere, el sentido "fáustico" de nuestra historia. Vivimos hoy un sentimiento de pérdida de futuro (Weffort, 1990, p. 36).

Posiblemente por ello hay en nosotros y nosotras una dificultad creciente en pensar lo imposible, una crisis de sentido de las cosas, donde los principios para el futuro son débiles y contradictorios, lo que influye en que la reflexión sobre un horizonte utópico esté, si no totalmente ausente, al menos opaco (Lechner, 1986).

Y frente a ello, el movimiento feminista generó sus propios mecanismos de compensación[10]. Surgió una utopía que no se sustentaba en una racionalidad modernista. Así, se comenzó a definir la utopía en términos de lo que no se quería más que con relación a lo que verdaderamente se aspiraba: el desafío era enorme. ¿Cómo imaginarnos a nosotras mismas en un mundo diferente, en una realidad compleja y atestada de miedos y defensas? Con dos abordajes interrelacionados, se acercó el movimiento a esta amenazante realidad, tratando de disimular nuestros miedos apelando a interpretaciones compensatorias y empobrecedoras de la complejidad de este movimiento, que día a día, país a país, tercamente animaba su complejidad: por un lado una aproximación obstinada a una Utopía, todavía incierta y sólo delineada, como guía a la cual deben adecuarse nuestras prácticas sociales y por otro, un distanciamiento del verdadero contenido de las prácticas sociales que, aunque dominadas por dificultades, ambivalencias y dudas, podrían lentamente construir lo que podría ser un nuevo horizonte referencial.

Esto llevó a reemplazar el análisis y/o negar las contradicciones que vivíamos, construyendo mitos sobre lo que éramos como movimiento que no correspondían a la realidad y que hacían verdaderamente difícil consolidar una política feminista realmente coherente y a largo plazo. Estos mitos aún subsisten; muchos de ellos no constituyen una utopía sino más bien nos acercan peligrosamente a una imagen del futuro tramposa y corrupta porque se sustentan en una visión egocéntrica y excluyente. Son niños que conllevan una especie de contrapropuesta al poder patriarcal, aludiendo a una capacidad femenina que no puede, supuestamente, ser alcanzada por las contradicciones, una suerte de esencialismo que algunas autoras han llamado el "mujerismo" (Lamas, 1990). Estos mitos incluyen de una manera u otra una visión del futuro inmediatista. ¿Queremos una sociedad donde las diferencias no sean una amenaza y fuente de desigualdad y poder, donde la subjetividad tenga lugar, donde el conflicto no nos destruya, donde los hombres no nos paralicen e invadan nuestros espacios, donde las mujeres sean valoradas y así sucesivamente? Son miedos personales y sociales los que han alimentado los mitos y que nos han llevado ilusamente a creer que: "a las feministas no nos interesa el poder"; "las feministas hacemos política de otra manera, diferente y mejor que los hombres"; "todas las mujeres somos iguales"; "hay una unidad natural por el hecho de ser mujeres"; "el feminismo es una política de las mujeres para las mujeres"; "cualquier pequeño grupo es el conjunto del movimiento"; "los espacios de mujeres son

en sí mismos garantía de un proceso positivo"; "porque yo, mujer, lo siento,
es válido"; "el consenso es democracia".

Es fácil percatarse de que ninguna de estas afirmaciones es verdadera:
tenemos contradicciones innatas, asumimos patrones de comportamiento
tradicionales cuando nos involucramos en la política; no todas las mujeres
somos iguales, aunque esta afirmación provoque respuestas autoritarias
que niegan nuestras diferencias. El consenso puede encubrir una práctica
profundamente autoritaria cuando sirve para acallar las diferencias. La
unidad entre mujeres no está dada, sino más bien es algo por construir, con
base en nuestras diferencias. El feminismo no es ni queremos que sea una
política de mujeres para mujeres, sino algo que los hombres también deberían asumir. Nuestros sentimientos personales, nuestra subjetividad pueden
también tornarse arbitrarios, cuando se consideran sólo en su dimensión
individual. Lo personal tiene el potencial de ser convertido en político sólo
cuando se combinan tanto la conciencia como la acción.

El documento sobre los "mitos" tuvo un gran impacto en el movimiento;
se convirtió en "herramientas de avance al interior del movimiento, rompió
las barreras del romanticismo y acaramelamientos" (Tornaría, 1991), lo que
expresa que el feminismo latinoamericano tiene también una enorme capacidad y necesidad de revisar sus prácticas sociales.

DE LOS MITOS A LA AMENAZANTE DIVERSIDAD

A San Bernardo, Argentina, llegamos en 1990 a celebrar el V Encuentro Feminista después de tres años de realizado el encuentro de Taxco. El clima
político de América Latina en ese lapso de tiempo incorporó la democracia
como aspiración y como valor, mucho más que antes; contribuyó a ello la
crisis de los gobiernos autoritarios en la región, los procesos de transición
democrática, la caída de los regímenes del Este y, aunque con menos trascendencia actual pero con gran proyección futura, la crisis de las izquierdas
en el continente. El desencanto generalizado en el cual tuvo peso incuestio-
nable la permanencia y crudeza de la crisis económica y la pérdida de legitimidad de las instituciones políticas, aumentó el distanciamiento frente a
la propuesta de cambio basada exclusivamente en la lucha de clases y en la
lógica de la guerra y dio lugar a concepciones más democráticas, más con-
certadoras y más plurales.

El movimiento feminista se explayó más en este clima y aportó a estos
cambios. Por ello mismo, quizá, pudo expandirse a nuevos espacios y nuevas mujeres, que traían diferentes experiencias de vida, diferentes subjetivi-

dades, diferentes problemáticas. Así, algunos mitos fueron revisados, replanteados, confrontados; pero no se logró remover totalmente esa utopía opaca y defensiva, que nos trababa nuestro andar democrático.

En Argentina, este proceso de desencantos y desencuentros se expresó en una tensión ya presente en el movimiento, pero desplegada ahora con mucha más fuerza que antes; el problema del respeto a la diversidad.

En efecto, la expansión del movimiento feminista en América Latina en el último período consolidó y generalizó el proceso que había vivido en México: las asistentes al V Encuentro ya no éramos sólo o básicamente las feministas de los grupos autónomos, de una militancia clara y explícita alrededor de la problemática de género, de los centros feministas de tiempo completo dedicados a esa problemática. Ahora, la composición era otra: además de las cristianas, ecologistas, pacifistas, investigadoras, lesbianas, heterosexuales, centroamericanas, conosureñas y andinas, de una cultura urbana de clase media la mayoría de ellas, estuvieron las negras, las indígenas de Honduras, México, Perú, Bolivia, Argentina; las pobladoras guatemaltecas, mexicanas, brasileñas, las sindicalistas argentinas, uruguayas, peruanas. Viejos y nuevos temas se discutieron, se polarizaron, se coordinaron. Las academias feministas por primera vez hicieron talleres propios, las militantes de partidos políticos por primera vez se unieron para diseñar su estrategia feminista al interior de sus partidos; las indígenas levantaron los temas del racismo, la cultura, la etnicidad; las parlamentarias y las feministas autónomas que habían incursionado en los gobiernos en el diseño de políticas hacia la mujer, se interesaron en analizar su experiencia; las lesbianas trabajaron un taller sobre la lesbofobia en el movimiento feminista; las esotéricas organizaron hermosas ceremonias nocturnas en la playa, a la luz de las velas.

Fue también un encuentro menos ideologizado, sin grandes teorías explicativas, interesado en responder y definir estrategias específicas frente a problemáticas concretas y acotadas: se incorporaron nuevas fechas al calendario feminista latinoamericano: un día para impulsar la lucha latinoamericana por el derecho al aborto, otro para analizar y denunciar la imagen de la mujer en los medios de comunicación. Se construyeron nuevas redes que abarcaban la diversidad presente: de historiadoras feministas de América Latina y el Caribe, de las feministas de partido, de la defensa del medio ambiente, de las investigadoras académicas. Y es que todas las mujeres, en su enorme diversidad, estaban interesadas en estar, en ser parte, en ser reconocidas dentro del movimiento. Todas ellas buscando, mucho más explícitamente que antes, interactuar con la sociedad desde diferentes ángulos y

temas, desde diferentes espacios, desde diferentes culturas, buscando ser
interlocutoras válidas del feminismo hacia el conjunto de la sociedad.

Muchas también reclamando con fuerza y como derecho un espacio
dentro del movimiento, criticando antiguos liderazgos, criticando la institucionalidad y el poder, expresando sus resentimientos por el dinero que los
grupos más antiguos manejaban y al que ellas no podían acceder. Todas, o
casi todas[11] asumiéndose feministas, a su modo, con sus diferencias y subjetividades a flor de piel.

Fue la explosión de una pluralidad en acción, en búsqueda de espacios
y respuestas, pero también fue una pluralidad incómoda, demandante, mucho más difícil de asumir porque las mismas condiciones del encuentro con-
tribuían a la fragmentación más que al reconocimiento de la pluralidad[12].
Las urgencias subjetivas de unas se confrontaban con las urgencias subjetivas de las otras; los miedos más profundos se concentraron. Era como si,
simbólicamente, todas vivieran atemorizadas de que la pureza de lo propio
fuera contagiada por lo ajeno (Lechner, 1989). Ante ese miedo, las barreras
defensivas son más grandes y más fuertes; la pluralidad se vive como desintegración, como pérdida, como caos.

El V Encuentro corrió el riesgo de ser un des-encuentro; las posiciones
diferenciadas que ya se perfilaron en México, entre las que querían delimitar el campo feminista y asegurar el compromiso claro y sin mediaciones
con la propuesta de género y las que, asombradas e incómodas también por
el despliegue de la pluralidad, apostábamos sin embargo a ella, se dieron
con mucho más fuerza y tensión.

A esa tensión trató de responder el documento del Taller: "Feminismo
de los 90: desafíos y propuestas", "... que parece meterse en las heridas del
movimiento..." (Tornaría, 1991) y que también tuvo una enorme acogida
entre las participantes. Porque, a pesar de las dificultades, de las prácticas
contradictorias, sabemos que ser incapaces de aceptar las diferencias en el
movimiento reduce nuestras posibilidades de concebir un futuro donde el
reconocimiento recíproco y la pluralidad sean las aspiraciones fundamentales.

El reto está planteado; el siguiente encuentro feminista, esta vez en Centroamérica, contendrá nuevamente esta tensión, porque lo que echamos a
andar hace casi 15 años, ya no nos pertenece en exclusividad, por suerte. Las
reglas del juego ya no son definidas por el grupo inicial que impulsó el
movimiento, sino que éste va tomando la tónica de quienes lo componen.
No cabe ya un grupo que esclarece a las otras; estamos más bien frente a una
dinámica social donde comienzan a interactuar, en igualdad de condiciones,

todas las experiencias y lenguajes de las mujeres que se sienten parte del movimiento.

A MODO DE CONCLUSIÓN

"La fuerza de la democracia es, para los países latinoamericanos, la fuerza de la esperanza" (Weffort, 1990).

Este complejo proceso de desarrollo de los movimientos sociales en América Latina se ubica en el cruce de dos etapas históricas: la moderna inconclusa y una nueva, por definirse, cuyos inicios parecen expresarse en la posmodernidad.

Estamos presenciando el fin de la transición a la modernidad inconclusa, que nos deja, sin embargo, tareas fundamentales por hacer y nos deja también las limitaciones de su propia racionalidad. Modernidad que en su desarrollo trunco ha seguido manteniendo elementos premodernos, corporativistas, estamentales, patriarcales, antidemocráticos, propios de la sociedad tradicional, presentes aún en la sociedad, el Estado y la mentalidad colectiva. Estamos también presenciando el surgimiento del desencanto de la posmodernidad, cuya problemática, horizontes y características no acaban sin embargo aún de definirse en América Latina.

En este contexto, el debate dentro del movimiento feminista sobre la diversidad es un debate también teñido por las ambivalencias del tránsito de una etapa a otra. Por ello, el respeto a la diversidad pasa a convertirse en el vértice de confluencia de etapas y tareas inconclusas y de las propuestas futuras, influyendo en la forma en que el movimiento se piensa a sí mismo y se despliega hacia las mujeres y hacia la sociedad. Es un nudo tenaz, que se instala en el corazón mismo de la propuesta democrática que mujeres y hombres necesitamos construir en América Latina.

El dilema no es simple. Aceptar el pluralismo sin un orden colectivo, sin una orientación de la acción, puede también condenarnos a la fragmentación. Y puede significar ceder a otra tentación: la del relativismo total, renunciando a la posibilidad de construcción de movimiento. Y esa tentación es grave. Porque no se trata de abandonar el proyecto ético político de la emancipación, no se trata sólo de construir movimiento sustentado en visiones más plurales y diversidades múltiples en interacción, sino también encarar las diferencias que se sustentan en las desigualdades ancestrales del continente, que el modernismo no encaró y que afectan a las mujeres de manera profunda y particular. Se trataría entonces de "pensar el universalismo político de la ilustración, las ideas de autodeterminación individual y colectiva, de razón y de historia de una nueva toma" (Wellmer, 1988).

¿Cómo pensar de una nueva forma América Latina? ¿Cómo recuperar la visión de futuro viable y democrático cuando las condiciones económicas, sociales y políticas del continente tienden a negarla?

> (...) quien acepte que la consolidación de la democracia está aún por llegar debe admitir también la fragilidad de las conquistas democráticas realizadas hasta ahora y, por lo tanto, la posibilidad de que se produzcan crisis y eventualmente retrocesos. Por último (...) aquí la democracia no fue concebida jamás como el único camino para la construcción de las sociedades y de los estados (...) Las luchas democráticas de los últimos decenios, por fundamentales que hayan sido, no han logrado exorcizar todos nuestros viejos demonios autoritarios (Weffort, 1990).

¿Cómo ir desbrozando un camino en este cruce histórico? El movimiento feminista debe saber manejarse entre la esperanza y el desencanto. Ello es urgente, pero también factible. Porque lo que el movimiento feminista ha echado a andar en el continente se sustenta en una racionalidad alternativa, que está metida en sus pliegues y que necesita ser desplegada en toda su dimensión. Ello es más factible si se abandonan los mitos románticos y esencialistas sobre nuestra condición, si se ahuyenta el fantasma de los viejos paradigmas. Para ello es fundamental reconocer que este nuevo momento del feminismo implica asumir que la articulación del movimiento no se puede dar con base en una única dinámica o a partir de un eje exclusivo y privilegiado, sino a partir de la articulación de las diferencias, de las racionalidades múltiples y diversas que se han instalado ya en el movimiento.

Ampliar la mirada hacia dentro del movimiento es fundamental, pero también hacia las otras experiencias y movimientos que buscan hacer lo propio. La simultaneidad de existencia con otros movimientos sociales abre una enorme riqueza, básicamente porque revela que estamos viviendo un período donde "el mundo abre de nuevo opciones de sentido, de racionalidad alternativa" (Quijano, 1990).

Serán muchas más mujeres expresando los tiempos mixtos, la multiculturalidad, plurietnicidad y todas las otras complejas diferencias del continente las que llegarán a reclamar su espacio. Tenemos que imaginar nuevas formas de encontrarnos, de evitar que la pluralidad nos desborde, de idear formas institucionales que articulen esta pluralidad con los procesos de individuación e iniciativa personal. Nos queda tiempo, de aquí al siguiente encuentro feminista, de producir un orden colectivo democrático en el movimiento, no definirlo sobre la base de una identidad única, normativa o mítica, sino sobre las múltiples identidades y formas de encarar nuestra emancipación. Nos quedan tiempo y ganas para revisar nudos e intolerancias, para finalmente asumir la diferencia en toda su rica y amenazante complejidad.

NOTAS

1   El populismo completaba su propuesta asumiendo el distribucionismo como política económica y la industria sustitutiva de importaciones como modelo de desarrollo, en el que el Estado desempeñaba un papel fundamental.

2   Se podría hablar quizá de varios movimientos sociales de mujeres, pero ello significaría ubicar a cada una de las vertientes en dinámicas paralelas y excluyentes; por el contrario, las vertientes se tocan e intersecan mutua y continuamente; se articulan y entran en contradicción permanentemente. Es por ello que prefiero hablar de un solo movimiento social de mujeres cuya característica fundamental es la heterogeneidad.

3   Obviamente, no desconozco la importancia teórica vital que la categoría género tiene dentro de la teoría feminista. Mi reserva, como la de muchas otras feministas, es a considerar el género como el factor último fundamental de explicación de la vida de las mujeres.

4   No es casual que la propuesta de organizar los encuentros feministas en el continente se concretara justamente en Copenhague, en 1980, durante la reunión del Foro Alternativo del Quinquenio de la Década de la Mujer. Ahí por primera vez nos descubrimos, como grupo latinoamericano, las peruanas, chilenas, colombianas, dominicanas, puertorriqueñas, mexicanas, brasileñas, venezolanas, exiliadas latinoamericanas en Europa, chicanas, etc. En 1981 las colombianas asumieron el reto y organizaron el I Encuentro Feminista Latinoamericano y del Caribe.

5   La "doble militancia" es una tensión más propia de los países latinoamericanos, donde el nivel de politización de la sociedad es bastante alto. Alude básicamente a la participación simultánea y militante en espacios diferenciados y que son vistos además como excluyentes uno del otro, en este caso, los espacios de los partidos políticos y en el movimiento autónomo de mujeres.

6   Intolerancia y desconcierto profundo, porque muchas militantes de partidos no dejaron espacio para la conciliación. No sentíamos en ese momento que esa presencia auguraba una pluralidad constructiva sino más bien paralizante, que quería destruir lo que con tanto esfuerzo estábamos construyendo. La intolerancia de algunas feministas también estuvo presente no sólo frente a las de partido sino también frente al mismo encuentro, por demasiado teórico, demasiado estructurado, demasiado rígido, demasiado diferente del de Bogotá. Como integrante del Comité Organizador del II Encuentro, mi desconcierto personal y organizativo fue tan grande que sólo me pude reconciliar con la riqueza del encuentro después de dos meses, cuando Julieta Kirkwood, respondiendo a mis angustias, me ofreció ese extraordinario artículo: "Los nudos de la sabiduría feminista", algunas de cuyas citas acompañan este escrito.

7   Julieta Kirkwood murió poco antes del encuentro de Brasil. Su análisis sobre los nudos del movimiento a partir de los encuentros sólo pudo llegar hasta el de Lima.

8   La presencia de tantas mujeres es más significativa porque la mayoría de ellas cubre sus gastos de pasaje. Las cuotas de inscripción y alojamiento son bastante baratas porque la sede siempre busca apoyo financiero para ello. Pero así y todo, cada encuentro significa generalmente un gasto económico importante para cada participante. En cada país se organiza el viaje desde mucho antes, ahorrando dinero, buscando las formas más baratas de viajar, haciendo festivales u actividades para acumular fondos, etcétera.

9   Las feministas "históricas" o "fósiles" son las primeras que, hace casi 15 años, impulsaron la construcción del movimiento en la región.

10   Estos mitos fueron expresados en el documento "Del amor a la necesidad", trabajo colectivo de 11 mujeres durante el Encuentro Feminista de Taxco, México, 1987.

11   Casi todas, porque es cierto que algunas mujeres asumían a su vez la otra cara de la lógica de la exclusión, negándose a oír, imponiendo sus "saberes", descalificando los otros saberes.

12   Dos mil quinientas mujeres diseminadas en más de 20 pequeños hoteles, las más suertudas en un perímetro de 20 cuadras a la redonda; las menos suertudas en el pueblo vecino. Talleres que no encontraban espacio donde realizarse; otros talleres, que estaban más a la mano, agrupaban a las mujeres no necesariamente por su interés sino más por comodidad, por evitar largas búsquedas, caminatas que no siempre concluían en el lugar buscado. No fue indudablemente el mejor escenario para reclamar el respeto a la diversidad.

BIBLIOGRAFÍA

Barret, Michèle, "El concepto de la diferencia", en *Revista Debate Feminista*, Año 1, Vol. 2, México, 1990.

Calderón, Fernando, "América Latina, identidad y tiempos mixtos. O cómo pensar la modernidad sin dejar de ser boliviano", en *Imágenes desconocidas. La modernidad en la encrucijada postmoderna*, Buenos Aires, Ediciones Clacso, 1988.

Feijoó, María del Carmen, "La identidad popular en América Latina", Desco, 1990 (mimeo).

Guzmán, Virginia, "Paradigmas del conocimiento e investigación de género", Lima, Flora Tristán, 1990 (documento interno).

Kirkwood, Julieta, *Ser política en Chile*, Santiago de Chile, Ediciones Flacso, 1985.

Lamas, Marta. Editorial, en revista *Debate Feminista*, Año 1, Vol. 2, México, marzo 1990.

Lechner, Norbert, *Los patios interiores de la democracia*, Santiago, Flacso, 1989.

——, "El consenso como estrategia y como utopía", en *La conflictiva y nunca acabada construcción del orden democrático*, Centro de Investigaciones CISE, España, Siglo XXI, 1986.

López, Sinesio, "El Perú de los '80: sociedad y Estado en el fin de una época", en *Estado y sociedad: Relaciones peligrosas*, Lima, DESCO, 1990.

Melucci, Albert, *Nomads of the Present*, London, Radios, 1989.

Mouffe, Chantal, "La radicalización de la democracia", en *Revista Leviatán*, Otoño 1990, Fundación Pablo Iglesias, España.

Piscitelli, Alejandro, "Sur, post-modernidad y después", en *Imágenes desconocidas. La modernidad en la encrucijada postmoderna*, Buenos Aires, Ediciones Clacso, 1988.

Quijano, Aníbal, "Modernidad, identidad y utopía en América Latina", en *Imágenes desconocidas*, Buenos Aires, Ediciones Clacso, 1990.

——, "Estética de la utopía", en revista *David y Goliat*, Buenos Aires, Ediciones Clacso, 1990.

Tornaría, Carmen, "Los gozos y las sombras de un encuentro fraterno", en *Mujer/Fempress*, No. 11, Santiago de Chile, enero 1991.

Villanueva, Victoria, *Autonomía feminista y partidos políticos*, Lima, 1990 (mimeo).

Vargas, Virginia, El movimiento de mujeres en el Perú: Vertientes, espacios y nudos, Flora Tristán, 1990, Lima, (en prensa).

Yeatman, Ana, "A feminist theory of social differenciation", en *Feminism/Postmodernism*, New York and London, Routledge, 1990.

Young, Iris Marion, "The ideal of community and the politics of difference, en *Feminism/Postmodernism*, New York and London, Routledge, 1990.

Weffort, Francisco, "El populismo en la política brasileña", en *Brasil Hoy*, México, Siglo XXI, 1970.

——, "La América equivocada", en *Estrategias para el desarrollo de la democracia: en Perú y América Latina*, Lima, Instituto de Estudios Peruanos-Fundación Fiedrich Naumann, 1990.

Wellmes, Albrecht, "La dialéctica de modernidad y postmodernidad", en *Modernidad y postomodernidad*, José Pico (edit.), Madrid, Alianza Editorial, 1988.

Feminismo en América Latina: de Bogotá a San Bernardo[*]

Nancy Saporta Sternbach,
Marysa Navarro Aranguren,
Patricia Chuchryk
y Sonia E. Álvarez

Introducción

Durante la última década, las feministas académicas norteamericanas y de Europa Occidental han tomado mayor conciencia respecto a las mujeres latinoamericanas y su activismo político. No obstante, esta conciencia de ninguna manera ha disipado la noción prevalente en los Estados Unidos en el sentido de que las latinoamericanas no se consideran feministas, noción que ha sido reforzada recientemente por textos que se clasifican como de literatura "testimonial" y por investigaciones centradas en la participación femenina en movimientos de base y en las luchas de liberación nacional, más que en el feminismo[1]. Adicionalmente, las feministas norteamericanas comentan con frecuencia que "el feminismo no es apropiado para América Latina", comentario que a nuestro entender muestra la poca familiaridad que tienen con la realidad contemporánea de las mujeres latinoamericanas[2]. Tal como lo ha demostrado la investigación reciente y como se planteará en este artículo, el feminismo es no solamente apropiado para América Latina, sino que además es el tipo de movimiento social pujante y amplio que muchos otros movimientos feministas aspiran a ser.

El supuesto de que las mujeres latinoamericanas no se definen a sí mismas como feministas refleja irónicamente la posición adoptada por buena parte de la izquierda latinoamericana a mediados de los años setenta cuando se empezaron a oír las voces de la segunda ola del feminismo. En esa época, las feministas latinoamericanas no fueron tomadas en cuenta al considerárselas como mujeres de clase media alta preocupadas por asuntos que eran irrelevantes para la gran mayoría de las mujeres de la región. Algunos latinoamericanos, tanto hombres como mujeres, plantearon que la ausencia de un movimiento de proporciones continentales no era sorprendente por-

* Publicado originalmente en inglés por *Signs: Journal of Women in Culture and Society*, Vol. 17, No. 21, University of Chicago Press, 1992. Traducido al español por Patricia Prieto.

que el feminismo era el producto de contradicciones existentes en los países altamente desarrollados pero no en las sociedades subdesarrolladas. Otros argumentaban que un movimiento para la liberación femenina era innecesario porque la liberación sólo se conseguiría a través del socialismo, y una vez éste fuese establecido, se eliminaría la opresión de las mujeres. Todos estuvieron de acuerdo con la noción prevalente de que las feministas latinoamericanas eran pequeños grupos de pequeño-burguesas desorientadas, desconectadas de la realidad del continente, mujeres que irreflexiblemente habían adoptado una moda, al igual que otras lo habían hecho con los *jeans* o la minifalda, sin darse cuenta de que al hacerlo "le hacían el juego al imperialismo yanqui". En Chile, algunos sectores de la izquierda habían afirmado que el Poder Femenino, una organización derechista de mujeres que había participado en la caída del gobierno democrático de Salvador Allende, era un movimiento feminista[3].

Sin embargo, durante la última década, los movimientos feministas latinoamericanos o "feminismos" han crecido constantemente y han sufrido profundas transformaciones, haciendo presencia actualmente en el centro mismo de los debates feministas internacionales. En algunos casos, estos movimientos han retado permanentemente a los regímenes represivos (Chile, por ejemplo); en otros, han logrado el reconocimiento de sus gobiernos (por ejemplo, Nicaragua, Brasil). En otros, la convergencia de las luchas de liberación de las mujeres y de los pueblos (por ejemplo, Honduras, El Salvador y Guatemala) nos ofrece definiciones nuevas sobre lo que es ser feminista.

En este artículo esbozamos una visión general de la trayectoria política de los años setenta y ochenta[4]. Es claro que es difícil, si no peligroso, generalizar sobre los países en una región tan diversa como América Latina cuando se discute cualquier fenómeno sociopolítico. Acá, con fines heurísticos y analíticos, veremos el desarrollo feminista en América Latina y el Caribe en su conjunto, mediante el examen de los Encuentros Feministas Regionales celebrados cada dos años desde 1981[5]. Estos encuentros, celebrados en Bogotá, Colombia (1981), Lima, Perú (1983), Bertioga, Brasil (1985), Taxco, México (1987), y San Bernardo, Argentina (1990), sirven de hitos históricos, señalando los debates estratégicos, organizativos y teóricos claves que han caracterizado la trayectoria política de los feminismos latinoamericanos contemporáneos.

Con participación de activistas feministas profesionales y de las organizaciones de base de toda América Latina y el Caribe, los encuentros han sido foros críticos en los cuales las participantes intercambiaban sus experiencias y medían los avances de sus respectivos países con relación a un movimiento continental. Un examen detenido de los principales temas y debates plan-teados en cada uno de los encuentros nos permitirá observar el panorama de los feminismos contemporáneos en la región latinoamericana, así sea en términos muy amplios.

Las naciones latinoamericanas soportan crisis económicas y políticas crónicas. En todos los países los grupos feministas deben hacer esfuerzos heroicos para mantenerse a flote como organizaciones en medio de deudas nacionales abrumadoras, dolorosos planes de ajuste y cambios políticos dramáticos. En este contexto, los encuentros ofrecen a las activistas feminis-tas foros periódicos en los cuales pueden obtener conocimientos teóricos y prácticos a la vez que apoyo solidario de las feministas de otras naciones que están luchando para superar dificultades organizativas y teóricas aná-logas. Además, los temas de fondo debatidos en cada uno de los encuentros han tenido repercusiones significativas dentro de los grupos del movimien-to en los países, algunas veces planteando con anticipación y disminuyendo el potencial conflictivo de algunas temáticas ideológicas y organizativas, antes de que fueran presentadas en un contexto nacional dado. La decisión de centrar nuestro análisis en los encuentros proviene, por lo tanto, de la convicción de muchas feministas en América Latina de que estas reuniones regionales han sido claves para el desarrollo de la teoría y la práctica femi-nista latinoamericana. Los documentos de los encuentros han sido amplia-mente divulgados entre las feministas de la región. Aunque no todos los temas planteados y las luchas dadas en los encuentros tienen contrapartes exactos en cada contexto nacional, los encuentros han servido de trampolín para el desarrollo de un lenguaje político feminista latinoamericano y de escenarios de batallas políticas sobre las estrategias más eficaces para lograr la igualdad de género en estados dependientes, capitalistas y patriarcales.

El análisis presentado en este artículo también se apoya en nuestras expe-riencias como latinoamericanas y feministas, que hemos hecho investigaciones sobre los movimientos de mujeres en por lo menos seis países latinoamerica-nos. Todas hemos participado mínimo en dos encuentros feministas latinoa-mericanos; dos de nosotras hemos participado en tres y una de nosotras lo ha hecho en los cinco. Somos una estadounidense, una vasca/española/la-tinoamericana, una canadiense y una latina/cubana. Si bien cada una siente que ha experimentado la riqueza y la diversidad del feminismo latinoame-ricano en forma individual, el alcance de nuestra experiencia colectiva nos ha motivado a escribir este artículo. En él, tratamos además de incorporar algunas de las perspectivas de las cientos de mujeres latinoamericanas con quienes hemos conversado y trabajado en estos años, mujeres que se defi-nen como feministas. Colectivamente, representamos las humanidades y las ciencias sociales, colaboración que ofrece un enfoque interdisciplinario único para nuestra comprensión y discusión sobre los feminismos latinoamericanos. Nosotras enseñamos literatura, historia, sociología, ciencia política, estudios latinoamericanos y estudios de la mujer. Todas enseñamos y escribimos sobre las mujeres latinoamericanas en forma permanente.

El propósito de este artículo es a la vez reconstruir el desarrollo de los feminismos latinoamericanos durante la pasada década y disipar el mito referente a que las mujeres latinoamericanas no se definen como feministas. A partir de nuestras observaciones, consideramos que el modelo latinoamericano es único, no solamente con relación a la organización de las mujeres, sino que también ha hecho acopio de una base política que podría, y debería, ser la envidia de las feministas en todas partes[6].

Las preguntas que planteamos son: ¿Qué es lo característico de los feminismos latinoamericanos? ¿Qué podemos aprender de ellos? A efecto de contextualizar nuestra discusión sobre los encuentros, empezaremos con una breve ojeada al surgimiento y desarrollo inicial de los feminismos en América Latina. Luego discutiremos los primeros cuatro encuentros, haciendo énfasis en su significado para la teoría y la práctica del feminismo en la región. Examinaremos detenidamente lo que trascendió en el IV Encuentro, en Taxco, México, en octubre de 1987, como punto decisivo del movimiento. Ello con el objeto de profundizar en la coyuntura política contemporánea: los temas organizativos y estratégicos primordiales y los dilemas que tuvieron que enfrentar las feministas latinoamericanas a finales de los años ochenta y principios de los noventa. Finalmente, presentaremos una breve discusión sobre el encuentro más reciente, celebrado en San Bernardo en noviembre de 1990, y terminaremos con nuestras conclusiones sobre los feminismos en América Latina.

LA GÉNESIS DE LOS FEMINISMOS DE FINALES DEL SIGLO XX EN AMÉRICA LATINA

Paradójicamente, el feminismo surgió durante una de las décadas más sombrías de la historia latinoamericana. Durante la década de 1970 (y, en algunos casos, en la de 1960), los regímenes militares y las democracias nominales reprimieron a la par los movimientos progresistas de todo tipo, "desaparecieron" a miles de personas y desataron el aparato represivo del Estado sobre la sociedad civil, todo en nombre de la seguridad nacional. Los feminismos contemporáneos en América Latina nacieron, por consiguiente, intrínsecamente como movimientos de oposición.

Desde el momento en que aparecieron los primeros grupos feministas a mediados de los setenta, muchas feministas latinoamericanas no solamente retaron el patriarcado y su paradigma de dominación masculina —el Estado militarista o de contrainsurgencia— sino que también se unieron con otras corrientes de la oposición para denunciar la opresión y explotación social, económica y política. Por lo tanto, las realidades tanto de la represión estatal como de la lucha de clases influyeron en la formación de una práctica feminista latinoamericana diferente de la de los movimientos feministas en otras partes. Por ejemplo, desde el principio las feministas de los países regidos por militares pusieron al descubierto los fundamentos patriarcales de la represión estatal, el militarismo y la violencia institucionalizada, posición que gradualmente fue adoptada en términos generales por las feministas latinoamericanas.

Mientras los analistas masculinos ponían de relieve los determinantes culturales o económicos de la militarización de los regímenes civiles y del afianzamiento de las dictaduras militares modernas en los años setenta[7], las feministas argumentaban que tal tipo de políticas tenían también raíces en las bases autoritarias de las relaciones patriarcales en la denominada esfera privada: la familia, las relaciones hombre-mujer y la opresión sexual de las mujeres[8]. Las feministas proclamaban que el autoritarismo representaba la "forma superior" de la opresión patriarcal. Como lo afirmó una feminista latinoamericana, refiriéndose a Chile: "La Junta, con un claro sentido de sus intereses, ha entendido que debe reforzar la familia tradicional y el papel dependiente de la mujer, reducido al de madre. La dictadura, que institucionaliza la desigualdad social, se basa en la desigualdad al interior de la familia"[9].

Tanto bajo regímenes civiles como militares, las concepciones tradicionales sobre el papel de la mujer, así como las exhortaciones apasionadas en favor de "los valores familiares cristiano-occidentales", estaban en la base de la ideología de la seguridad nacional, la contrainsurgencia y las políticas sociales regresivas. No obstante, una enorme brecha separaba el discurso estatal sobre el género y la familia de las vidas reales de las mujeres. Mientras el discurso oficial exaltaba las virtudes femeninas tradicionales, las políticas económicas regresivas lanzaban a millones de mujeres al mercado de trabajo. Además, las víctimas femeninas de la represión estatal fueron brutalmente maltratadas, violadas sexualmente, humilladas y sometidas a abusos que difícilmente podían compaginarse con la exaltación ideológica que los militares hacían de lo femenino y de la maternidad como su máxima encarnación[10]. A finales de los años setenta, en los países regidos por hombres civiles o militares, las políticas reaccionarias de tipo social y político provocaron amplios movimientos de oposición; las mujeres de todas las clases sociales desafiaron su exclusión histórica de lo político y se unieron a la oposición en cantidades sin precedentes. En Perú a principios de los ochenta, por ejemplo, las mujeres de clase obrera estaban a la vanguardia de las luchas de supervivencia de las organizaciones de base que en forma creciente retaron las políticas económicas y sociales de la administración civil y conservadora de Belaúnde Terry[11]. En forma semejante, durante los setenta en Argentina, Chile, Uruguay y Brasil, todos bajo regímenes militares, las mujeres se unieron masivamente a la lucha de la oposición a favor de la democracia y fueron conocidas internacionalmente por su participación en las luchas por los derechos humanos[12].

A comienzos de los años setenta, buena parte de la oposición a la democracia oligárquica y al autoritarismo militar provino de la izquierda del espectro político. Al igual que en Norteamérica (Canadá y Estados Unidos) y en Europa Occidental, la segunda ola feminista en América Latina nació de la "nueva izquierda"[13]. Pero dado que la oposición progresista tenía una dominación masculina y su práctica era sexista, las mujeres y "sus temas" fueron invariablemente relegadas a una posición secundaria dentro de los movimientos progresistas y revolucionarios latinoamericanos. La conciencia feminista fue alimentada por las múltiples contradicciones experimentadas por las mujeres activas en los movimientos guerrilleros o en las organizaciones militantes, quienes fueron obligadas a exiliarse, fueron partícipes de los movimientos estudiantiles, las organizaciones académicas politizadas y los partidos políticos progresistas[14]. El prototipo de la activista femenina latinoamericana de este período era una exestudiante radical militante o guerrillera y difícilmente una "señora" burguesa obsesionada con sus propios problemas, como muchos izquierdistas quisieron hacernos creer. Sin embargo, a diferencia de las feministas radicales norteamericanas, las latinoamericanas mantuvieron su compromiso con un cambio radical de las relaciones sociales de producción y de reproducción, a la vez que continuaron luchando contra el sexismo dentro de la izquierda. Es decir, que a pesar de que el feminismo en muchos países rompió con la izquierda en términos organizativos, no lo hizo totalmente en términos ideológicos.

La alianza con los sectores progresistas de la oposición, aunque con altibajos en el mejor de los casos, fue esencial para la viabilidad del proyecto feminista. En los países con regímenes excluyentes y represivos (poco dispuestos a hacer concesiones a los movimientos que luchaban por obtener cambios progresistas de cualquier tipo) las feministas pudieron encontrar un espacio político solamente dentro del contexto mayor de las luchas de la oposición. Muchos de los primeros grupos feministas funcionaron clandestinamente; algunos se formaron como "frentes" de la oposición izquierdista; otros evitaron el término "feminista" y formaron "asociaciones de mujeres", refugiándose en la antigua creencia de que cualquier cosa que hagan las mujeres es "por naturaleza" apolítica y, por consiguiente, menos desafiante de la "seguridad nacional". A medida que las crisis económicas y los recortes en la seguridad social ponían en peligro la supervivencia misma de las clases "populares" latinoamericanas[15], muchas feministas se unieron a la izquierda en busca de soluciones para el empobrecimiento absoluto de la vasta mayoría de la población de la región.

El legado de la izquierda tuvo mucho peso sobre el feminismo latinoamericano en los primeros años del movimiento, herencia que llevó a las primeras feministas a privilegiar la lucha de clases sobre el género y, en la tradición marxista, a centrar su atención en el trabajo de la mujer y su integración o incorporación al mundo público de la política y de la producción. El legado guevarista/leninista también indujo a las primeras feministas a considerarse como la vanguardia de lo que debería ser un movimiento revolucionario de mujeres, de masas y que trascendiera las barreras de clase.

La "retaguardia", según este punto de vista, sería conformada por los centenares de grupos de mujeres de clase obrera que proliferaban en América Latina[16]. Las crisis económicas impulsaron a las mujeres de clase obrera a diseñar estrategias creativas de supervivencia colectiva. Frecuentemente, bajo la tutela de la Iglesia católica y la izquierda masculina, se formaron grupos de mujeres en los barrios para satisfacer las necesidades básicas vitales, responsabilidad congruente con los roles femeninos tradicionales. Manteniendo las responsabilidades socialmente adscritas en su calidad de esposas, madres y cuidadoras de la familia y la comunidad, las mujeres se han puesto a la cabeza de las estrategias de resistencia diaria de las clases populares latinoamericanas. En cada país de la región, las mujeres han participado en forma desproporcionada en los movimientos dirigidos a conseguir mejores servicios urbanos, a protestar contra el alza en el costo de la vida y a lograr servicios de salud y educación para sus hijos. La tortura, las desapariciones y otras formas de represión política también han unificado a las mujeres de todas las clases sociales para que organicen movimientos a favor de los derechos humanos[17].

En América Latina, se hace referencia a los dos tipos de movimientos como movimientos de mujeres o movimientos femeninos[18]. Las feministas latinoamericanas contemporáneas, por lo tanto, son apenas una parte de un movimiento de mujeres más amplio, multifacético y política y socialmente heterogéneo. En la mayoría de los países latinoamericanos, las feministas inicialmente le otorgaron mayor prioridad al trabajo con las mujeres pobres y de clase obrera que participaban activamente en el movimiento mayor, ayudándoles a organizar luchas de supervivencia comunitarias a la vez que concientizándolas sobre la forma como los roles de género definían su activismo político.

Por temor de alienar a esta masa potencial, muchas de las primeras feministas rehusaron hacer trabajo político o inclusive discutir sobre temas "clásicos" feministas tales como la sexualidad, la reproducción, la violencia contra la mujer o las relaciones de poder al interior de la familia. Un elemento disuasivo adicional fue el temor de perder legitimidad a los ojos de sus compañeros de lucha "macho-leninistas". En opinión de estos compañeros, existían solamente dos tipos de feminismos: uno bueno, que privilegiaba la lucha de clases y podía por tanto ocupar su "legítimo" lugar en las filas de la oposición revolucionaria; y uno malo, el cual supuestamente era "una instancia más de imperialismo ideológico", un feminismo importado, burgués, que odiaba a los hombres, que no tenía salida en América Latina[19].

Aún hoy, en muchas organizaciones populares de mujeres vinculadas a la Iglesia católica progresista o a la izquierda secular, a las mujeres continuamente se les previene para que no adopten creencias feministas "malas" tales como el derecho al aborto y el derecho a la autodeterminación sexual, puesto que éstas se consideran intrínsecamente burgueses y conducentes a "dividir" la unidad de lucha de la clase obrera. Por lo tanto, es significativo el hecho de que muchos grupos de base de mujeres sean apoyados o controlados por la Iglesia o la izquierda, dado que conjuntamente con los medios masivos de comunicación, los activistas masculinos religiosos y seglares han tergiversado y falsificado el significado y el carácter del feminismo, impidiendo deliberadamente el desarrollo de una conciencia crítica de género entre las participantes de los movimientos de mujeres. Esto, en muchos casos, explica la resistencia de muchas mujeres en las organizaciones "populares" a clasificarse como feministas, incluso cuando adhieren a creencias feministas. En otras palabras, esta resistencia no es un resultado "natural" de su posición de clase.

En parte como respuesta a sus interlocutores izquierdistas, las feministas de la región tuvieron el cuidado de hacer énfasis específicamente en las dimensiones latinoamericanas de sus banderas. El problema de la salud de la mujer, por ejemplo, no es solamente cuestión de ejercer control sobre el propio cuerpo; las feministas latinoamericanas insisten en que también incluye la comprensión de cómo las organizaciones internacionales y las corporaciones multinacionales determinan las políticas nacionales de salud y población en sus países. En lo referente a la campaña contra la violencia sexual, ésta debe tener una dimensión diferente en América Latina porque en muchos países las prisioneras políticas han sido sistemáticamente sometidas a la tortura sexual[20].

Además, muchas feministas latinoamericanas perciben su movimiento como parte de la lucha continental contra el imperialismo. Según la explicación de una feminista, el imperialismo controla "la reproducción biológica, lo cual favorece los intereses políticos y económicos del imperialismo en América Latina a través de su necesidad de conservar el trabajo doméstico para la reproducción material y para la supervivencia del sistema en su conjunto[21]. No obstante, no todos los grupos se identifican con la posición antiimperialista, ni sus miembros insisten en llamarse feministas-socialistas.

En América Latina al igual que en otras partes, el feminismo ha asumido una gran variedad de formas organizativas y ha combatido la opresión de la mujer en toda la gama de instancias políticas, económicas y culturales en las cuales se encasta la dominación patriarcal. Nuevamente, el contexto específico de la dependencia económica, explotación y represión política en América Latina dio origen a proyectos políticos feministas centrados en la intersección de la opresión de género con otras formas más locales de explotación y dominación. En el Brasil, por ejemplo, las primeras organizaciones feministas contemporáneas prestaron una atención mínima a las actividades "orientadas hacia el interior" —tales como concientización— tan importantes para las primeras feministas norteamericanas y europeas. Durante buena parte de los años setenta, las feministas brasileñas centraron sus energías en actividades "orientadas hacia el exterior" en un esfuerzo por divulgar el mensaje feminista hacia las mujeres de las clases populares, por vincular el feminismo con otras fuerzas progresistas y por relacionar las luchas de las mujeres con la lucha social contra el régimen militar. Las feministas publicaron periódicos de mujeres que pusieron a disposición de los grupos de mujeres de clase obrera en la periferia urbana; colaboraron estrechamente con las mujeres del movimiento de derechos humanos y con las luchas de supervivencia de las comunidades; organizaron congresos femeninos para reclutar un mayor número de mujeres para la causa feminista; y promovieron activamente la organización de las mujeres de las clases populares.

Con el transcurso del tiempo, las feministas encontraron por lo menos dos razones para desafiar la noción de la izquierda sobre los feminismos buenos y malos. En primer lugar, al trabajar con mujeres de las clases populares, las feministas aprendieron que los denominados temas tabú tales como la sexualidad, la reproducción o la violencia contra la mujer eran de interés e importancia para las mujeres de clase obrera, tan cruciales para su supervivencia como las cuestiones relacionadas con el sustento diario enfatizadas por la oposición masculina. De hecho, como se hará ampliamente evidente con nuestra discusión sobre los encuentros, muchas mujeres de clase obrera, negras e indígenas en América Latina han retomado la clasificación de feministas, rehusando aceptar la tergiversación de su significado por parte de la izquierda, en el sentido de que es otra forma de opresión colonialista, y ahora insisten en que el feminismo no es ni inherentemente burgués ni occidental ni intrínsecamente divisorio de las luchas populares. Con ello, han expandido los parámetros de la teoría y la práctica feministas.

En la medida en que fueron creciendo las filas del feminismo y el movimiento desarrolló una identidad política diferente de la de la izquierda revolucionaria, dominada por los hombres, las feministas llevaron a cabo actividades cada vez más focalizadas o especializadas, centradas no solamente en trabajar con el movimiento de mujeres sino también en profundizar en una visión de género sobre la política, la cultura y la sociedad. El número de revistas feministas, colectivos de cine y video, grupos a favor de los derechos de las lesbianas y otros proyectos de género feministas, se expandieron en forma constante a lo largo de los años ochenta.

Mientras los partidos políticos intentaban manipular las organizaciones de mujeres imponiendo sus agendas políticas al movimiento y la izquierda masculina continuaba insistiendo en que el sexismo "desaparecería después de la revolución", las feministas de muchos países encontraron una segunda razón para desafiar la noción de que la lucha de género era inherentemente divisoria. Al argumentar que los partidos dominados por los hombres buscaban utilizar y dirigir las luchas de las mujeres, la crítica feminista de la izquierda se hizo más aguda.

Las feministas latinoamericanas empezaron por redefinir y ampliar la noción prevalente de lucha revolucionaria, exigiendo la revolución en la vida cotidiana y afirmando que una transformación social radical debe abarcar cambios no solamente en las relaciones de clase sino también en las del poder patriarcal. Algunas feministas denunciaron los estilos jerárquicos, leninistas o trotskyistas de "hacer política", típicos de los grupos revolucionarios dominados por los hombres en la mayoría de los países e insistieron en formas más democráticas y participativas de lograr el cambio social radical.

En este contexto, los encuentros regionales han ofrecido foros críticos para los debates del movimiento en torno a los cambios en la política feminista y las relaciones del movimiento con la totalidad de la lucha por la justicia social en América Latina. Las feministas que asistieron al I Encuentro en Bogotá difícilmente podían saber que eso iba a ocurrir. Más bien, fue el sentido de su aislamiento político en el país, aunado al deseo de trazarse un camino político independiente, lo que llevó a las mujeres colombianas a convocar una reunión regional de activistas feministas.

LOS ENCUENTROS FEMINISTAS DE AMÉRICA LATINA Y EL CARIBE

Bogotá

En julio de 1981, más de doscientas feministas latinoamericanas, representando a cerca de cincuenta organizaciones, se dieron cita durante cuatro días en Bogotá, Colombia, en la primera reunión continental de este tipo realizada desde principios de siglo. En forma instantánea, el mapa feminista latinoamericano se amplió, tanto en sentido literal como metafórico. Al finalizar el primer día, las paredes estaban cubiertas con poemas, proclamaciones, información sobre las organizaciones, anuncios, afiches que describían las condiciones de la mujer en varios países, y un gran mapa de América Latina en el cual las participantes escribieron los nombres de las organizaciones feministas de sus países[22]. De acuerdo con el anuncio hecho por las feministas latinoamericanas en la Conferencia de Mitad de la Década en Copenhague (julio de 1980), el propósito del encuentro de Bogotá era ofrecer a las mujeres latinoamericanas "involucradas en la práctica feminista" la oportunidad "de intercambiar experiencias y opiniones, identificar problemas y evaluar prácticas diferentes, así como planificar las tareas y los proyectos para el futuro". Si bien esta definición ha servido para caracterizar los cinco encuentros, el principal eje de discusión en la reunión de Bogotá fue el conflicto histórico con la izquierda masculina.

Las noticias del encuentro de Bogotá se esparcieron a través de las nacientes redes feministas internacionales, llegando principalmente a mujeres con educación universitaria, de clase media y blancas. Las mujeres del Movimento de Mujeres estuvieron en buena parte ausentes de los debates críticos que se desarrollaron en torno a la relación apropiada que debía existir entre el feminismo y la lucha revolucionaria, puesto que las esferas del feminismo y de los movimientos estaban aún por unirse políticamente en el ámbito regional. Los siguientes países estuvieron representados: México, República Dominicana, Puerto Rico, Panamá, Curaçao, Venezuela, Ecuador, Perú, Chile, Brasil, Argentina y, claro está, Colombia. Algunas de las participantes eran estudiantes universitarias jóvenes; otras eran organizadoras de clase obrera mayores. Hubo amas de casa, médicas, profesoras, abogadas, funcionarias gubernamentales, trabajadoras agrícolas, poetas y directoras de cine. Venían de centros para mujeres golpeadas, organizaciones campesinas, centros de investigación, mujeres que trabajan en los tugurios de las grandes ciudades latinoamericanas, colectivos de cine y revistas feministas. Algunas habían sido activas en los movimientos feministas de principios de los años setenta; una colombiana inclusive había participado en la campaña a favor del voto femenino en 1954 en su país. Otras hacía poco se habían encontrado con el feminismo y nunca habían participado en un encuentro feminista; muchas habían sido miembros de partidos políticos de izquierda pero los habían abandonado cuando descubrieron el feminismo; y un número sustancial, aunque no la mayoría, eran feministas que aún participaban como miembros activos de partidos políticos de izquierda.

A excepción de las colombianas, quienes tenían representantes de Bogotá y otras ciudades, la delegación más grande —dieciséis mujeres— era la de la República Dominicana. La cuota de inscripción, cincuenta dólares para latinoamericanas y ochenta para las demás, incluía los gastos de los cuatro días. Si bien la conferencia se concibió para las mujeres latinoamericanas, se admitieron algunas "extranjeras": dos canadienses, tres estadounidenses y una docena de europeas (españolas, italianas, francesas, suizas, holandesas y alemanas). Unas pocas mujeres, exiladas por gobiernos represivos (Brasil, Argentina y Chile), también estuvieron presentes.

Esta histórica reunión regional fue en sí el resultado de un proceso organizativo largo y conflictivo, caracterizado por la disensión y los debates críticos entre un grupo físicamente heterogéneo, aunque socialmente homogéneo, de mujeres colombianas educadas de clase media[23]. Estas discusiones y confrontaciones han tenido eco en otros países y en la planeación de los subsiguientes encuentros regionales, de tal forma que un examen detallado de la organización de este I Encuentro dará un amplio mapa de los debates que han delimitado las concepciones radicalmente diferentes sobre la lucha de género en América Latina y el Caribe durante la última década.

En las principales ciudades colombianas en las cuales las feministas eran activas, se formaron colectivos para planear el encuentro. En Bogotá surgió uno de esos colectivos, conformado por independientes (mujeres que no pertenecían a ningún grupo en particular), miembros de organizaciones feministas (el Círculo de Mujeres, Mujeres en la Lucha y El Grupo) así como por feministas que pertenecían a los partidos políticos: el Partido Socialista de los Trabajadores (PST, socialista) y el Partido Socialista Revolucionario (PSR, trotskista). Todos los colectivos se reunieron en Sopó, Cundinamarca, entre el 19-20 de abril, para coordinar esfuerzos y resolvieron que el encuentro se efectuaría en diciembre de 1980. Además de estar abierto a las feministas, también sería amplio. Los temas por discutir serían el feminismo y la lucha política; la sexualidad y la vida cotidiana; las mujeres y el trabajo; las mujeres, la comunicación y la cultura[24].

A pesar de estos primeros acuerdos, la definición de la agenda de la conferencia, tema que ya había provocado prolongadas y acaloradas discusiones entre las militantes o políticas (activistas de los partidos de izquierda) y las independientes o feministas "autónomas" en los diversos colectivos, estaba lejos de ser convenida: el debate sobre quiénes debían asistir al encuentro persistía entre los diferentes sectores. ¿Debería ser abierto a mujeres pertenecientes a todo tipo de grupos de mujeres (amplio) o debería restringirse a las autoproclamadas feministas? ¿Se les debería pedir a las participantes que asistieran a nivel individual o como representantes de organizaciones o partidos políticos? Estas eran preguntas vitales dados los conflictos existentes con las mujeres no feministas y los hombres de la izquierda. Las feministas independientes o sin afiliación política evadían lo que consideraban ser posiciones representativas falsas en tanto que las mujeres afiliadas a los partidos tradicionales y a los sindicatos prefirieron un "congreso" más formal y estructurado. Las feministas independientes también temían que las "mujeres de los partidos" fueran a imponer sus agendas sectarias a la reunión, a insistir en discutir el papel de las mujeres en la "revolución" y a desviar a las participantes de la discusión de los temas que una revolución no feminista no tendría en cuenta, temas centrales a la organización feminista tales como los derechos reproductivos o la violencia doméstica. Dado que los desacuerdos estaban paralizando la preparación del Encuentro, la coordinadora de Cali (comité coordinador), conformada en su mayoría por militantes o políticas, convocó a una reunión nacional para definir las cosas de una vez por todas.

Sin embargo, con anterioridad a la reunión nacional, el colectivo de Bogotá se reunió el 21 de agosto de 1980, y decidió celebrar una conferencia de mujeres latinoamericanas que tuvieran una práctica feminista; además decidieron que las participantes lo harían en calidad individual, representándose a sí mismas y no a organizaciones o partidos. El acuerdo fue inclusive apoyado por tres miembros del PSR (trotskista), quienes eran a la vez miembros del colectivo y de la coordinadora.

En Cali, la asamblea votó a favor de abrir la reunión a todas las mujeres "comprometidas en la lucha por su liberación" y de que hubiera representación de las organizaciones y de los partidos políticos. Los votos de Cali rompieron la precaria alianza establecida entre las políticas y las feministas. Las coordinadoras de Medellín y Bogotá (con la excepción de las tres miembros del PSR) rehusaron cumplir con esta decisión.

Se sucedieron las acusaciones y recriminaciones, mientras que el Encuentro, a celebrarse en diciembre, seguía sin preparar. En octubre, la coordinadora de Cali convocó otra reunión, a la cual asistieron solamente las representantes de cuatro ciudades, y decidieron cancelar la conferencia. En ese momento, la coordinadora de Bogotá resolvió proceder y organizar un Encuentro feminista que se llevaría a cabo del 16 al 19 de julio de 1981.

Las divisiones entre las militantes y las feministas se acentuaron cuando a un grupo de políticas se les negó la entrada al Encuentro, rechazo que se negaron a aceptar. La primera mañana se empleó para escuchar a ambas versiones de la confrontación, pero luego el sectarismo y las recriminaciones fueron dejadas de lado. Prevaleció un extraordinario espíritu de conciliación a lo largo de los cuatro días: el que finalmente se estuviera realizando el Encuentro opacó todo lo demás.

En la sección que contó con el mayor número de participantes, "El feminismo y la lucha política", las asistentes acordaron discutir los tres temas considerados como los más relevantes para las feministas latinoamericanas: la autonomía del movimiento feminista (la ideológica y la independencia de la organización política); la doble militancia (el doble compromiso con un partido político y con el feminismo); y el feminismo y el imperialismo. Los temas de discusión abarcaban desde cómo ampliar, fortalecer, y profundizar la participación organizada de las mujeres de los sectores populares, la forma en que debía realizarse un Encuentro, hasta las condiciones específicas de la práctica política feminista en América Latina. El debate caótico y a veces acalorado se centró en dos de los tres temas: la autonomía y la doble militancia. Si bien las participantes se pusieron de acuerdo sobre unos principios básicos, a saber, la existencia de la desigualdad de género, tuvieron enormes diferencias en cuanto a definir cuáles eran las estrategias que las feministas deberían adoptar para ponerle fin a la opresión de las mujeres.

Las participantes estuvieron de acuerdo con que todas las mujeres sufren una opresión específica que se vuelve particularmente aguda en las clases más explotadas. Las mujeres, por lo tanto, necesitan articular sus reivindicaciones específicas y luchar por ellas, terminar con la doble jornada, igual salario por igual trabajo, derecho al trabajo, derecho al aborto y derecho a una maternidad libre y voluntaria[25]. Además, las participantes aceptaron que estas demandas nunca habían sido incluidas en las plataformas de los partidos políticos.

Más allá de estos puntos de acuerdo, surgieron dos posiciones reconocidas, las cuales dividieron a las activistas del movimiento de mujeres, irrespecto de su país de origen, clase o nivel de escolaridad. Cada "delegación" nacional incluía mujeres que adherían a una u otra de estas posiciones.

La primera posición sostenía que ni el capitalismo ni el socialismo por sí mismo podrían eliminar la opresión de las mujeres, y que, en consecuencia, las reivindicaciones específicas de las mujeres deben articularse en un movimiento externo e independiente de todos los partidos políticos existentes. Para quienes defendieron esta posición, el feminismo representó un nuevo proyecto revolucionario, la primera alternativa real para la transformación total de las relaciones sociales opresivas existentes en América Latina. Con relación al tema de la doble militancia, estas feministas comenzaron por redefinir la dicotomía convencional entre feminismo y militancia política. Rechazaron el uso de la denominación de militantes o políticas como algo opuesto a la de feminista, porque consideraban el feminismo como una práctica política legítima y comprehensiva. Por lo tanto, las feministas deberían enfocar su trabajo político casi que exclusivamente hacia sus propias organizaciones feministas: las estructuras sexistas de los partidos políticos, así como los conflictos que surgen dentro de esas estructuras cuando se plantean los temas feministas, hacen de la doble militancia una práctica en extremo difícil. Estas mujeres estaban desencantadas con las estrategias manipuladoras de la izquierda y denunciaron las concepciones androcéntricas sobre el agente revolucionario, y la clase obrera (masculinos). Sin embargo, algunas defendieron la posibilidad de establecer alianzas con los partidos políticos para el logro de metas específicas.

Aquellas partidarias de la segunda posición planteada en el encuentro de Bogotá insistieron en que el feminismo por sí solo no podía ser un proyecto revolucionario. Debido a su compromiso con el socialismo, sostenían que el feminismo no podía ser separado del partido sino que debería tener una autonomía orgánica dentro de esa estructura. Los objetivos feministas, según este punto de vista, no podían ser separados de los de la clase obrera y de su lucha por acabar con la opresión de clase. Consideraban la doble militancia como un problema falso y, si bien no negaban que el ser feminista dentro de un partido político entrañaba dificultades de orden práctico, creían que tales dificultades no eran insuperables.

El último día del encuentro se presentaron informes de las diferentes sesiones y se adoptaron varias resoluciones en la sesión plenaria. Éstas abarcaban desde expresiones concretas de solidaridad con las mujeres de países específicos (incluidos Chile, Colombia, Guatemala y las Madres de la Plaza de Mayo de Argentina), y con luchas nacionales específicas (Nicaragua y El Salvador) hasta temas más generales tales como igual salario por igual trabajo, derechos reproductivos, guarderías, mejor educación y derecho al trabajo. En una resolución para acabar con la violencia contra la mujer, las participantes declararon el 25 de noviembre como el Día Internacional de la Mujer, en memoria de tres mujeres dominicanas, las hermanas Miraval, que fueron asesinadas en 1960 por los secuaces de Trujillo. Luego de un expresivo voto de agradecimientos para las organizadoras del encuentro, se adoptó una resolución final de reunirse en dos años en Lima, Perú, en medio de lágrimas y expresiones entusiastas de solidaridad feminista internacional.

Por cierto, a pesar de la aspereza de algunos debates, este espíritu de solidaridad y de alegre entusiasmo fue lo que hizo del encuentro de Bogotá una experiencia inolvidable para la mayoría de las participantes. Durante cuatro días hubo un intercambio constante de ideas y de experiencias. El diálogo prosiguió una vez terminados los talleres en el patio central, acompañado de risas, canto, poesía y danzas. Esto, más que cualquier otra cosa, representó el sentido de la colectividad feminista que se convertiría en la herencia de Bogotá para los encuentros futuros.

Una de las consecuencias más importantes de la reunión de Bogotá fue el haber sido testigo de un movimiento feminista de proporciones continentales, el cual, aunque no uniforme en su composición, hizo evidente un amplio proceso de movilización de las mujeres latinoamericanas. Sin embargo, como lo demostraron los encuentros siguientes, esta movilización estaba orientada por dos enfoques distintos con respecto a la lucha de género. El diálogo y la confrontación entre las feministas y las políticas que se dieron en Bogotá contenían todos los conflictos y contradicciones que caracterizaron buena parte de la práctica feminista durante los años setenta y ochenta.

Lima

Nadie estaba preparado para el crecimiento experimentado por el movimiento feminista latinoamericano durante los dos años transcurridos desde Bogotá, al llegar seiscientas mujeres a Lima en julio de 1983 para participar en el II Encuentro. La que menos preparada estaba era la comisión organizadora, la cual tuvo que encontrar un nuevo sitio para el encuentro en fecha muy próxima a la reunión porque el lugar originalmente escogido fue destruido por inundaciones.

En un esfuerzo por promover una política específicamente feminista, autónoma o no partidista de las mujeres, la comisión organizadora de Lima decidió que el II Encuentro debía centrarse en el "patriarcado", un tema atrevido y controvertido, aún asociado con el feminismo "malo", imperialista, por los hombres y mujeres no feministas de la izquierda. Siguiendo la posición adoptada por la coordinadora de Bogotá se decidió además que la participación en el encuentro debería hacerse en forma individual y no como representantes delegados de organizaciones o grupos. Las participantes se percataron de que ser feminista y trabajar con las mujeres no eran necesariamente la misma cosa. La diferenciación que empezó a establecerse entre el movimiento feminista y los movimientos de mujeres se agravaría posteriormente en los encuentros siguientes en términos concretos y de problemática. Las organizadoras estaban preocupadas por que se empleara un feministómetro para invalidar los diferentes tipos de trabajos llevados a cabo por, para y con las mujeres[26]. Querían, a la vez, preservar un "espacio" feminista exclusivo para las activistas feministas. Muchas veteranas o históricas (presentes en Bogotá)lamentaron la ausencia de un espacio feminista con menos teoría y más convivencia. Aquellas que habían estado en Bogotá se sentían especialmente nostálgicas por lo que había ocurrido allá, afirmando que era imposible vivir y sentir cercanía y solidaridad con seiscientas mujeres. A pesar del descontento, una de las consecuencias más importantes del encuentro de Lima fue el contacto de numerosas mujeres con el feminismo, quienes posteriormente se identificarían con el movimiento feminista a raíz de su participación en el encuentro, estableciéndose así un patrón que se repetiría en las reuniones siguientes.

Llegaron mujeres de toda América Latina a El Bosque (un centro de vacaciones para familias de clase media, distante cuarenta kilómetros de Lima) para compartir sus experiencias como feministas, investigadoras, activistas de base, trabajadoras de la salud, estudiantes universitarias, organizadoras sindicales, exiliadas políticas, militantes de partidos, cineastas y escritoras. A pesar de que el movimiento de mujeres de base había crecido masivamente en toda América Latina y especialmente en el Perú a finales de los años setenta y comienzos de los ochenta, no había una gran representación de las mujeres indígenas, las activistas de clase obrera y las mujeres de los países centroamericanos; su baja representación reflejaba la cuota de inscripción alta (cincuenta dólares) o el estado del movimiento feminista en sus respectivos países. Una gran proporción de las participantes eran, al igual que las miembros de la comisión organizadora, feministas sin filiación política partidista, académicas y profesionales; su presencia se reflejó en la organización y en la atmósfera del encuentro, cuya duración fue de cuatro días.

Se organizaron diecinueve talleres, todos ellos con el encabezamiento de "Patriarcado y ..." ; entre la amplia gama de temas se incluían la salud, la Iglesia, el poder, la sexualidad, la violencia contra la mujer y la investigación feminista. Cada taller tenía una encargada, generalmente una académica responsable de coordinar la discusión y, en muchos casos, de coordinar las "ponencias" que se presentarían[27]. Como era de esperarse, a muchas participantes esta estructura les pareció jerárquica y elitista y nuevamente plantearon cuestiones relativas a la forma y a la expresión de los feminismos latinoamericanos. ¿Dónde estaba el espacio para la discusión menos estructurada y la espontaneidad? ¿Dónde estaba el "espacio" para las no intelectuales que habían venido a compartir sus experiencias adquiridas en las poblaciones, barriadas y *favelas*? ¿Dónde estaban las mujeres de los sectores populares? Hubo acalorados debates respecto al enfoque sobre el patriarcado que se dio en el II Encuentro, en el sentido de ser demasiado teórico o académico; también se cuestionó la modalidad de talleres por considerarse que no propiciaba una verdadera convivencia.

A pesar de la resistencia al énfasis dado al patriarcado, Lima representó un avance respecto a los debates políticos centrales formulados y articulados en Bogotá. Más importante aún, las discusiones de Lima, conscientes de la necesidad de establecer una comprensión teórica del patriarcado latinoamericano en todo su sentido material, ideológico, cultural, lingüístico, institucional y sexual, permitieron profundizar y avanzar el análisis del movimiento sobre las relaciones de poder entre los géneros y la forma como éstas eran atravesadas por otras relaciones de poder en las sociedades latinoamericanas. Los debates de Bogotá, centrados en la doble militancia como estrategia política y en el papel del partido político (con dominación masculina) en el feminismo, fueron reformulados a partir del análisis del partido político como ejemplo de institución patriarcal. Para algunas feministas latinoamericanas, el papel del partido dejó de analizarse en términos de estrategia para hacerlo en términos de estructura. Además, el enfoque sobre el patriarcado permitió que algunas feministas latinoamericanas diferenciaran el feminismo socialista de la concepción tradicional utilizada por la izquierda para definir la "cuestión de la mujer". Es decir, que ya para el II Encuentro, muchas feministas de diversos países habían empezado a insistir en que el sexismo no era el "resultado" del capitalismo y del imperialismo sino que era moldeado por un sistema patriarcal de género-sexo, relativamente autónomo.

Hubo varios talleres no programados, los cuales representaron un distanciamiento significativo del planteamiento marxista tradicional sobre la "cuestión de la mujer", y que a la vez señalaron la creciente complejidad y diversidad de las luchas consideradas " feministas". Por ejemplo, se celebraron "minitalleres" sobre el lesbianismo y el racismo, para los cuales no hubo expertas facilitadoras. Con cerca de trescientas participantes, el minitaller sobre lesbianismo tuvo que trasladarse de un salón pequeño a un corredor más amplio. Por primera vez, hubo una respuesta pública a las reivindicaciones de las lesbianas referidas a que su presencia dentro del feminismo latinoamericano fuese reconocida. Históricamente, este taller marcó la aparición de la visibilidad lesbiana dentro del movimiento y retó a las feministas heterosexuales a confrontar su homofobia. Para muchas, este fue uno de los logros más significativos de la reunión de Lima.

En forma similar, el minitaller sobre el racismo, aunque con un menor número de participantes y menos visibilidad pública, ofreció un foro en el cual se podía criticar la ausencia de "espacio" en el encuentro para confrontar el racismo. Este taller, en el cual participaron básicamente mujeres indígenas y negras, retó al encuentro de Lima, así como a los siguientes, a que afrontaran el tema del racismo, no solamente en el contexto de las experiencias vividas por las mujeres en sus diversos contextos sociales, culturales y nacionales, sino también dentro del movimiento feminista.

En Lima, las feministas y las militantes también continuaron la batalla sobre quién representaba los "verdaderos" intereses de las mujeres de las clases populares. Las mujeres del movimiento de mujeres y aquellas que se consideraban feministas, aún siendo militantes de los partidos de la izquierda, estaban dentro de las participantes. Al igual que en Bogotá, las diferencias ideológicas y de clase se manifestaron en las discusiones sobre la estructura, el contenido y el costo del encuentro. Muchas de las participantes insistieron en que las organizadoras del encuentro no habían hecho el esfuerzo de llegar a las mujeres del movimiento de mujeres peruano y que los temas centrales en las vidas de esas mujeres no estaban siendo discutidos. Otras señalaron que las organizadoras habían asumido que todas las feministas eran de clase media y estaban en capacidad de costearse el valor de la inscripción.

Si bien el encuentro de Lima representó un avance importante en la articulación de los feminismos latinoamericanos, también estableció un marco de referencia dentro del cual posteriormente surgieron temas difíciles. El análisis sobre el patriarcado y las relaciones de poder entre los géneros, por ejemplo, propició un nuevo contexto para el diálogo entre las feministas y las militantes, así como para la discusión sobre la estrategia feminista. La participación de quienes trabajaban con las mujeres pero que no se definían como feministas preparó el escenario para la futura conceptualización sobre los movimientos de mujeres, dentro del movimiento feminista. La plenaria final produjo un diálogo emotivo acerca de la relación entre feministas y militantes, el cual evocó en algunas mujeres un nostálgico anhelo de la solidaridad con la cual concluyó el encuentro de Bogotá. En esencia, las participantes en Lima sentían que no se trataba de hacer una repetición de Bogotá, sino más bien de indagar sobre la razón por la cual las históricas sentían que era necesario reproducir lo que había ocurrido allí. Retrospectivamente, el descontento y la crítica sobre la estructura del encuentro de Lima fueron un digno precursor del siguiente encuentro en Bertioga, el cual, aunque bien organizado, no tuvo como base la estructura, sino la autogestión[28].

Bertioga

La tercera vez que se reunieron las feministas latinoamericanas (en julio de 1985, cuando se estaba terminando el Decenio de las Naciones Unidas para la Mujer en Nairobi) había una atmósfera especial de expectativa con la llegada de las mujeres. Cerca de novecientas mujeres se hicieron presentes en el encuentro de Bertioga, una colonia de vacaciones sindical, poco conocida, en la costa del Brasil. El número de participantes nuevamente sorprendió y deleitó a todas las involucradas. Las organizadoras brasileñas habían conseguido un espacio físico que la mayoría de las participantes había visitado solamente en sueños con palmeras, brisas y playa, donde había muchos lugares para reuniones espontáneas y no estructuradas. Parecía que nada podía salir mal. Y las participantes, al verse unas a otras, constataron una diversidad cultural, étnica y política extraordinaria entre las feministas latinoamericanas, algo que hasta ese momento apenas sí habían imaginado.

Para la fecha del encuentro en el Brasil, el feminismo latinoamericano ya había logrado encontrarse a sí mismo, en términos políticos y culturales. Las feministas estaban dedicadas a lograr sus objetivos en una amplia gama de campos institucionales y extrainstitucionales, desde ministerios gubernamentales, pasando por sindicatos, centros de salud alternativos hasta colectivos de feministas lesbianas.

Las casi cuatrocientas brasileñas presentes representaban la amplia diversidad de ideologías y actividades existente entre las autoproclamadas feministas de mediados de los años ochenta. Las brasileñas habían creado lo que era tal vez el movimiento feminista más grande, más radical, más diverso y con mayor influencia política de toda América Latina. Sus encuentros nacionales y regionales, su experiencia con las elecciones y los partidos políticos, y su visibilidad en la política nacional habían convertido al movimiento brasileño en objeto de envidia y a la vez modelo de los movimientos feministas latinoamericanos[29]. Tal vez esta sea la razón por la cual lo que sucedió en la reunión del Brasil no solamente dejó perplejas a muchas participantes, sino que, más importante aún, también exacerbó las tensiones existentes entre militantes y feministas, y entre feminismos y el movimiento de mujeres.

El primer día, un bus lleno de mujeres de las *favelas* de Rio de Janeiro llegó al lugar de la conferencia en Bertioga; el bus había sido una cortesía del Club de Leones de Río (cuyos vínculos con el partido político dominante en el estado eran bien conocidos). Las mujeres pidieron admisión al encuentro aunque carecían de dinero para pagar la cuota de inscripción. Al igual que en el encuentro anterior, la cuota de sesenta dólares era prohibitiva para la mayoría de las mujeres latinoamericanas[30]. Casi todas las mujeres que venían en el bus eran negras, y todas eran pobres, y las participantes brasileñas sospecharon que estaban siendo manipuladas por los dirigentes políticos de Rio, quienes ya habían socavado el movimiento feminista en ocasiones anteriores. Otra hipótesis sostenía que el Club de Leones estaba intentando ganar votos con la financiación del bus. Algunas feministas insistieron en que los partidos sectarios de la izquierda habían orquestado la llegada de las mujeres de las *favelas* con el propósito de desacreditar el movimiento feminista, haciéndolo aparecer como elitista, burgués y, por lo tanto, divisorio de la lucha de clases[31].

La opinión de las participantes sobre la admisión de las *faveludas* se polarizó. El comité organizador (brasileñas) asumió la posición de que todo el mundo se acogería a las mismas reglas; es decir, nadie podría entrar sin pagar la cuota de inscripción. Trataron de convencer a las participantes de otros países de que su posición respondía a la sospecha de manipulación partidista y no a un rechazo a las mujeres del bus, con quienes tenían empatía.

Las organizadoras insistieron en que quien no fuese brasileña tendría dificultades para entender las complejidades de la política del Brasil. Los partidos políticos sectarios habían perturbado en varias ocasiones las reuniones feministas nacionales y regionales que se habían celebrado en el Brasil a principios de los años ochenta. El incidente del bus, en opinión de muchas brasileñas allí presentes, no era otra cosa que una manifestación más de los incansables e insidiosos esfuerzos partidistas por manipular, desacreditar y distorsionar la política feminista. Señalaron que las organizadoras del encuentro habían conseguido cien becas para mujeres brasileñas que carecían de fondos para pagar la cuota de inscripción y que el grupo que estaba causando tanto alboroto a la entrada había recibido cinco de esas becas. Muchas de las cientos de mujeres de clase obrera y pobres del movimiento de mujeres brasileñas manifestaron que sus grupos habían conseguido fondos para asistir y habían solicitado becas. La mayoría estuvo de acuerdo en que era una manipulación política y que era incorrecto que las mujeres del bus insistieran en ser admitidas en fecha tan tardía. No obstante, había veintitrés mujeres acampadas en las afueras del lugar del encuentro, quienes se negaban a partir al no ser admitidas como grupo, creando de esta forma un espacio para quienes quisieran hablar con ellas. Muchas participantes lo hicieron.

Inmediatamente, pareció que se habían trazado las líneas de batalla; aquellas que apoyaban la decisión de las organizadoras y aquellas que se oponían a ella. La primera posición sostenía que el permitirles a las mujeres participar constituía una capitulación a la manipulación partidista, equivalente a admitir que el feminismo sí era un movimiento elitista y que las organizadoras no habían hecho nigún esfuerzo por incluir a mujeres de clase obrera en el encuentro, pese a que había un número mayor de mujeres pobres y de clase obrera que en Bogotá o Lima, y muchas de ellas se proclamaban feministas con mucho orgullo. Quienes no aceptaban la decisión de las organizadoras eran un grupo políticamente heterogéneo. Algunas eran militantes que veían el incidente del bus como una oportunidad para avivar las llamas del debate sobre cuál de los dos temas tenía mayor importancia para las mujeres latinoamericanas: el género o la clase, debate cuya discusión llevaba ya una década. Otras eran miembros de los colectivos feministas negros, de reciente creación en el Brasil, quienes afirmaban que impedir el ingreso de las mujeres de la *favela* al encuentro era representativo de racismo presente en el feminismo brasileño. Insistieron en que las mujeres del bus deberían ser admitidas al encuentro, aunque fuera para contrarrestar el cubrimiento de prensa negativo que se generó en forma inmediata y poder seguir con la reunión, tal como estaba planeada.

Las implicaciones de estas divisiones políticas influyeron sobre las discusiones de los siguientes días. Mientras unas sostenían que las organizadoras "mostraron gran coraje con su decisión", otras pusieron en duda la valentía de negar la admisión a las *faveladas*; aun otras creyeron que hacerlo constituía un suicidio político feminista y que causaría un gran escándalo en los medios, en especial la prensa, siempre en busca del feminismo maligno, y que por consiguiente se desacreditaría el movimiento. Algunas mujeres juraron no volver a participar en ningún encuentro; otras pasaron noches en blanco redactando documentos o boletines de prensa a favor de las faveladas o del comité organizador. Fuera de que se les negó la admisión a las *faveladas*, el aspecto más desafortunado del incidente fue que la discusión se centró en el bus (¿quién lo había enviado?, ¿con qué proposito?) y en la admisión de sus pasajeras, más que en las implicaciones que este incidente planteaba para el movimiento con relación a la clase y a la raza. Al finalizar el encuentro, el asunto aún no se había resuelto.

No obstante, el encuentro continuó. Todas las participantes no fueron igualmente afectadas por el incidente del bus. Habían venido por un encuentro y eso era lo que obtendrían. El espacio físico mismo propiciaba la espontaneidad entre las participantes, ofreciendo privacidad (para compartir secretos) y espacios abiertos (para promover las divagaciones). Todas las presentes sintieron el estilo del feminismo brasileño, el cual parecía infundir cierta sagacidad y cierto toque a todo. Retrospectivamente, muchas feministas latinoamericanas, especialmente si no habían asistido a Bogotá, recuerdan a Bertioga como el encuentro más imaginativo y creativo, el más distensionado y el que tuvo el número perfecto de participantes en el lugar ideal. Allí, las dos nicaragüenses presentes ayudaron a centrar la atención sobre el significado político de la intersección del feminismo con las luchas revolucionarias. Fue también significativo que las lesbianas, visibles por primera vez en el encuentro de Lima, resolvieran reunirse por su cuenta en sesión cerrada, cuando apenas dos años antes, discutir sobre el lesbianismo era aún tabú. En vez de tener que explicar su existencia ante las mujeres heterosexuales, las lesbianas estaban ahora en condiciones de politizar una identidad lesbiana. Las mujeres se reunieron no solamente de acuerdo con su preferencia sexual, sino también por país, profesión, años de participación en el movimiento, clase, raza, edad, religión o cualquier otra característica que pudiera identificar a un grupo. En forma reiterada las feministas descubrieron que tenían contrapartes en otros países. El encuentro de Bertioga permitió que las participantes tomaran clara conciencia sobre el crecimiento del movimiento y la diversidad que éste había creado; pocas sospecharon que Bertioga era apenas un preludio del próximo encuentro en México.

Taxco

Hasta el presente, nadie sabe con certeza a qué se debe atribuir la presencia de más de mil quinientas mujeres en el IV Encuentro, celebrado en Taxco, Guerrero, México, en octubre de 1987: a la perfección de la red feminista de la región; a la ubicación geográfica estratégica de México; a la publicidad sin precedentes en la prensa feminista; a las habilidades organizativas más desarrolladas de mujeres de países distantes; o simplemente, a la expansión geométrica del activismo feminista en toda la región a partir de la mitad de los años ochenta. Por primera vez, estuvieron presentes mujeres de todos los países de Centro y Suramérica y el Caribe hispanoparlante.

A pesar de las enormes distancias y las desastrosas economías de sus naciones, fue sorprendente que más de ciento cincuenta mujeres vinieran del Cono Sur (Argentina, Chile, Paraguay y Uruguay). Si bien se esperaba una presencia significativa de las mujeres de los países que tenían la más

larga historia de lucha feminista (Perú y Brasil), la participación sin precedentes de cientos de mujeres centroamericanas, en su mayoría de los movimientos de mujeres, fué admirable[32]. La participación entusiasta de más de
cincuenta mujeres nicaragüenses causó un verdadero revuelo. Sin precedentes fue también la presencia de cuatro representantes de la Federación
Cubana de Mujeres, una organización que se había mostrado renuente a
identificarse ideológicamente con la causa feminista. El solo interés de las
cubanas de participar señalaba su reconocimiento del feminismo como una
fuerza en América Latina que ya no podía seguir siendo ignorada por las
fuerzas progresistas y revolucionarias.

Las asistentes participaron en todo tipo de actividades feministas: políticas, culturales y educativas. Había mujeres que trabajaban con el Estado,
en comisiones o ministerios para la mujer recientemente creados; las "mujeres de los partidos", se consideraran o no feministas; mujeres sindicalistas
(urbanas y rurales); y, por supuesto, mujeres de los movimientos de mujeres[33]. También estaban presentes las "trabajadoras culturales": mujeres que
trabajaban en las artes, en el cine y el video, escritoras y poetas. Otras participantes trabajaban específicamente con proyectos feministas —grupos de
apoyo para las mujeres golpeadas, centros de salud de la mujer y centros de
documentación feministas— y por primera vez estaban presentes numerosas activistas feministas católicas. Esta vez las feministas lesbianas no sólo
participaron en el encuentro, sino que realizaron su propio encuentro con
anterioridad al de Taxco, en el cual se hicieron presentes más de doscientas
cincuenta mujeres.

Siguiendo el ejemplo brasileño de asegurar fondos de fuentes externas,
la comisión organizadora mexicana ofreció docenas de becas, permitiendo
así que participara un gran número de mujeres pobres y de clase obrera
provenientes de México y de otras naciones. No obstante, en comparación
con el encuentro del Brasil, participaron menos mujeres negras e indígenas,
así como latinoamericanas de origen judío o asiático.

El costo de inscripción en el IV Encuentro —cien dólares— seguía siendo prohibitivo para las latinoamericanas, dificultándose la participación inclusive para las mujeres de clase media. Si bien las cuestiones económicas
no se convirtieron en un conflicto abierto, como había sucedido en Bertioga,
aquellas referidas a la cobertura y a la accesibilidad económica nuevamente
fueron el centro de las discusiones y señalaron la necesidad de pensar en
esquemas de organización alternativos. En este sentido, la financiación de
los encuentros ha seguido siendo un tema de discusión.

El problema de la financiación de la revolución feminista latinoamericana ha sido planteado por las organizaciones feministas en todos los países

y en todos los encuentros; las mujeres han discutido sistemáticamente acerca de la consecución de recursos de financiación apropiados. Algunas han protestado contra la dependencia de recursos externos (tales como los orotogados por la Fundación Ford). Sin embargo, otras fuentes potenciales han tenido siempre problemas. Por ejemplo, la insistencia por parte de algunos sectores del movimiento de mantener una autonomía absoluta ha disuadido a las organizadoras de aceptar subsidios de los gobiernos nacionales y de los partidos políticos. A la vez, haciendo caso omiso de lo que ya se había sugerido en Bertioga, la intraestructura de los encuentros sigue sin modificarse de manera que pueda reducirse su costo total (reducir la escala, intercambio de trabajo, uso de instalaciones públicas o gubernamentales). La participación en los encuentros ha crecido dramáticamente a lo largo de los años; sin embargo, la carga financiera y organizativa sigue siendo responsabilidad exclusiva de un reducido grupo de organizadores en el país anfitrión.

En Bertioga, muchas latinas —y otras simpatizantes con su posición— tenían la esperanza de que el encuentro de México ofreciera un foro ideal para llevar a cabo el diálogo largamente esperado entre las latinas de Estados Unidos (algunas de las cuales habían sido participantes constantes en los encuentros) y sus colegas feministas de América Latina. Sin embargo, hubo pocas latinas estadounidenses entre las participantes[34]. Este reducido número puede ser atribuido a la aceptación renuente y tardía de la comisión organizadora mexicana de que tal diálogo era necesario o inclusive deseable. Al fijar una cuota para las participantes "extranjeras", dentro de las cuales estaban incluidas las latinas, las organizadoras efectivamente lograron disuadir a muchas chicanas y latinoamericanas residentes en el exterior de asistir al encuentro. A pesar de la participación constante de latinas en los encuentros, desde el de Lima, y de sus repectivos esfuerzos por plantear los temas de las latinas ante las feministas latinoamericanas, los lazos vitales entre los dos movimientos estaban aún por consolidarse.

Desde un ángulo más positivo, Taxco hizo evidente que el feminismo latinoamericano estaba enfrentándose a una coyuntura política nueva. El aumento en números absolutos, a pesar de la difícil accesibilidad económica y de la distancia, puso de manifiesto la expansión cuantitativa de los movimientos feministas en la región. Más importante aún, Taxco demostró que también había un mejoramiento cualitativo. Las mujeres fueron pudieron apreciar la mayor diversidad de esferas del activismo feminista y un movimiento que había crecido y había sido enriquecido por esa diversidad. Las feministas estaban presentes en todas las facetas de la vida y ya no constituían un grupo marginal.

En Taxco, se tuvo la impresión de que el feminismo latinoamericano había por fin logrado lo que se había propuesto inicialmente: auspiciar un movimiento de masas de mujeres. Pero lo había logrado casi a pesar de sí mismo y no sin las quejas de las históricas, quienes veían que su propio espacio feminista estaba siendo usurpado por integrantes del movimiento de mujeres. No obstante, el discurso y la práctica feminista habían tenido un impacto crítico y significativo sobre una gran variedad de movimientos políticos y sociales: sindicatos, organizaciones campesinas, pobladores urbanos, partidos políticos y tradicionales progresistas, y el Estado.

A su vez los movimientos de mujeres se habían diversificado bastante. Dentro de esta amplia categoría se incluían, por ejemplo, grupos de mujeres que se identificaban en forma explícita con el feminismo, cuyo trabajo en las comunidades no se centraba exclusivamente en los temas relacionados con el género —tales como los servicios urbanos que facilitaran el trabajo doméstico de las mujeres, que por consiguiente eran claves para las mujeres pobres y de clase obrera— sino también en aquellos con especifidad de género tales como la salud de la mujer, los derechos reproductivos y la violencia contra la mujer. En muchas comunidades de clase obrera, las mujeres habían organizado grupos de concientización en los cuales se debatían la desigualdad en las relaciones de poder dentro de sus matrimonios y familias, la anticoncepción, el aborto, la sexualidad y otros temas; en otras se establecieron centros de salud para las mujeres y grupos de apoyo para las mujeres golpeadas. En el proceso de organizarse en torno a los "temas de supervivencia", muchas participantes del movimiento de mujeres adquirieron poder tanto en su condición de ciudadanas como de mujeres y, en consecuencia, empezaron a articular sus reivindicaciones de igualdad sexual en sus hogares y en sus comunidades. Dado que la Iglesia católica, la izquierda y los partidos convencionales habían obstaculizado en forma deliberada este proceso de fortalecimiento de las mujeres, la difusión de las ideas feministas entre las mujeres de las clases populares en muchos países se debió, en gran parte, a los esfuerzos de organización de base de las feministas[35]. Lo que se confirmó en Taxco fue que las ideas y los proyectos feministas no eran de pertenencia exclusiva de las mujeres de la burguesía.

La presencia masiva de mujeres pobres y de clase obrera en Taxco, no fue, por lo tanto, consecuencia de la disponibilidad de becas. Más bien debe explicarse como resultado de su politización a través de la participación en las luchas comunitarias y de tener que enfrentar el problema de la situación de las mujeres en esas comunidades. Algunos de los cientos de mujeres de clase obrera allí presentes rechazaban aún la clasificación de feministas, en algunos casos porque formaban parte de los grupos controlados por la Iglesia o por partidos políticos antifeministas. Muchas otras habían sido expuestas al feminismo a través del contacto directo con las organizaciones feministas o en forma indirecta por medio de las campañas electorales feministas o de los medios de comunicación. En países como Brasil, Perú y México, las feministas habían tenido éxito con un discurso alternativo sobre el género y la familia, el cual había ejercido una amplia influencia que se sintió desde el nivel de las telenovelas hasta la formulación de políticas gubernamentales.

Sin embargo, estos cambios cualitativos y cuantitativos en el feminismo latinoamericano también aumentaron la complejidad de la política feminista, a la vez que plantearon nuevos retos a las feministas de la región. "¿Quién es una feminista?", se convirtió en el eje clave de la discusión en Taxco. "¿Qué es una política feminista?", se preguntaron las participantes. "Si todos los tipos de trabajo políticos que se han presentado acá son feministas, entonces, ¿qué significa esto?" En forma sarcástica, algunas volvieron a invocar el feministómetro como la "medida" para calibrar el "grado" de compromiso y conciencia feminista.

Algunas de la organizadoras del encuentro y otras feministas veteranas insistieron en que ellas conocían las respuestas a estas difíciles preguntas. Desconfiaban de las mujeres que "todavía" participaban en lo que ellas consideraban una doble militancia mal informada y, en última instancia, de mal pronóstico, la cual representaba para ellas una falsa conciencia. Las mismas históricas resaltaban la necesidad de que el movimiento avanzara con proyectos políticos específicamente feministas, de que se ocupara más de los problemas que hacía tiempo tenían que afrontar las organizaciones feministas y que hacían confusa la práctica política feminista. Con todo ello, en la sesión plenaria final, las mujeres centroamericanas, las sindicalistas, las de los partidos y movimientos populares, estaban todas cantando "somos feministas", y exigiendo que las feministas veteranas reconocieran el crecimiento y la diversificación de la causa feminista.

Estas posiciones divergentes oscurecen el hecho de que por lo menos dos desarrollos políticos nuevos se manifestaron en Taxco. Si la palabra feminismo era todavía considerada como una grosería en 1981 en Bogotá, ya en 1987 el feminismo había logrado muchísima más aceptación en el discurso público. Tal vez ello pueda atribuirse al Decenio de las Naciones Unidas para la Mujer, el cual validó partes de la agenda feminista, y a la legitimidad reciente del feminismo en los círculos de izquierda lograda con la revolución nicaragüense.

Dado que en algunos países el movimiento feminista había tenido un impacto político y había logrado consolidar una masa de base significativa (por ejemplo Brasil, Chile y Nicaragua), los partidos, sindicatos y gobiernos (dominados por los hombres) se habían montado al tren "a favor de la mujer" —por lo menos en términos retóricos— de manera nunca vista, para tratar de sacar ventaja de la nueva respetabilidad política del feminismo. Los manipuladores antifeministas de los partidos, sin duda alguna, habían enviado a sus "mujeres" a Taxco con la misión de fomentar el debate y la discordia en torno a la prioridad de la lucha de clase sobre la de género.

La manipulación, cooptación y tergiversación del feminismo continuó en forma muy clara, no solamente por parte de la izquierda "inaceptable" sino también por parte de las políticas de centro y centro-derecha (las representantes de los nuevos gobiernos "democráticos"). El feminismo ahora ofrecía una legitimidad democrática-liberal a los nuevos regímenes civiles, así como un terreno de reclutamiento fértil y temas nuevos para los partidos políticos.

Un segundo fenómeno, mucho más alentador, se hizo evidente en Taxco: el crecimiento, expansión y diversificación de las luchas de las mujeres, influidas e ilustradas por los feminismos de la región. Algunas de las mujeres rurales o de los partidos, quienes jamás habían participado en un evento feminista de ningún tipo, parecieron haber sido interpeladas por las ideas feministas. No eran simples "marionetas" de la izquierda manipuladora, como lo afirmaron algunas históricas, y parecían sinceras al proclamarse legítimas defensoras de metas feministas, incluso en su insistencia en la necesidad de ampliar y redefinir tales metas.

TAXCO COMO UNA REFLEXIÓN DE LOS FEMINISMOS LATINOAMERICANOS CONTEMPORÁNEOS: NUEVOS TEMAS, DEBATES VIEJOS

A pesar de —o tal vez precisamente a raíz de— algunos de los temas problemáticos que (re)surgieron en el IV Encuentro, la mayor parte de las participantes de Taxco reconoció que algo diferente, casi que único, estaba ocurriendo: que Taxco representaba una transición del pequeño grupo de feministas dedicadas hacia un movimiento grande, de base amplia, multirracial y políticamente heterogéneo. Sin embargo, no todas las participantes de Taxco (especialmente las históricas) estaban complacidas con esta transición. Y ello, porque dentro de un movimiento continental, multiclasista y de gran escala, había mujeres que se encontraban en diferentes etapas del pensamiento feminista, lo cual constituía una frustración para quienes querían proseguir con la discusión en el nivel en que la habían dejado en el último encuentro.

Las asistentes al encuentro se reunieron en Ciudad de México y fueron transportadas en una caravana de buses alquilados. Camino a Taxco, se detuvieron en una cueva, La Gruta, para presenciar una ceremonia sorpresa planeada por el comité organizador. Las reacciones —confusas y variadas— ante esta apertura ritual, que era una celebración mística del poder (mágico) y la cultura de las mujeres, no parecieron ofrecer buenos augurios para el evento. Las participantes del "feminismo cultural", el cual invoca a la Gran Madre y considera que las cuevas son su matriz, estaban radiantes con la ceremonia. El feminismo cultural había sido muy recientemente acogido en algunos países latinoamericanos. Las feministas "socialistas" y "profesionales", así como las militantes, ansiosas por iniciar el trabajo del encuentro, expresaron su preocupación ante esta parada no anunciada. Finalmente ya en Taxco, las participantes fueron alojadas en cinco hoteles, utilizándose los dos más grandes como sedes de los eventos más importantes del encuentro. Dado que estas sedes estaban ubicadas en diferentes partes de la ciudad, se dió la impresión de que se estaban realizando dos encuentros separados o paralelos. Adicionalmente, algunas participantes sintieron que el alojamiento reflejaba una segregación que no pasó del todo desapercibida, según países y clases, donde muchas de las históricas se concentraron en un hotel mientras que las activistas de los movimientos de mujeres y las centroamericanas fueron alojadas en los demás.

Estas dificultades estructurales y de espacio, además de inhibir el diálogo, complicaron la intención de las organizadoras de facilitar un encuentro basado en la autogestión. En las paredes de los vestíbulos de los hoteles pegaban toda suerte de anuncios sobre los talleres, muy confusos; un comentario recurrente era que algunos de los talleres serían maravillosos si tan sólo se pudieran encontrar. Para la mayoría de las participantes quedó claro que la autogestión no funcionaba con mil quinientas personas y que las limitaciones de espacio no eran adecuadas ni podían facilitar la espontaneidad que requería la autogestión.

Surgieron tensiones entre las feministas y las integrantes activas de los movimientos de mujeres. Muchas feministas veteranas sintieron que la presencia de feministas "neófitas" (o de mujeres que aún no se consideraban feministas) hacía "demasiado elemental" el "nivel" del discurso. Expresaron su cansancio por tener que explicar los planteamientos feministas básicos y, particularmente, por tener que enseñarle a las mujeres a hablar sin utilizar un lenguaje sexista. Cientos de feministas habían estado realizando este trabajando a diario con las mujeres de clase obrera durante años y, en palabras de una mujer, "necesitamos el encuentro para recargar nuestras baterías". Participaban en los encuentros para nutrirse, para aprovisionarse teórica y prácticamente con el objeto de poder librar las batallas feministas de los próximos años, y para poder encontrarse con otras que compartían sus puntos de vista. Cansadas de tener que "reinventar la rueda" cada vez que una mujer se interesaba en el feminismo, las feministas veteranas querían su propio encuentro. Lo que obtuvieron, según algunas, fue una "invasión", especialmente de Centroamérica.

Pocas mujeres centroamericnas habían participado en los encuentros previos, por razones de distancia, el estado de sus economías y las luchas de vida o muerte omnipresentes en la mayoría de los países de la región. La presencia masiva en Taxco de mujeres de toda Centroamérica, incluidas combatientes, indígenas y campesinas, alteró la composición del encuentro y no solamente porque (a diferencia de los otros eventos del encuentro), los talleres sobre la mujer en Centroamérica fueron meticulosamente planeados y anunciados[36]. Las mujeres centroamericanas dieron menor importancia a los temas considerados claves por las feministas de otras partes. Las mismas circunstancias que habían impedido la asistencia de las centroamericanas a los anteriores encuentros parecían haberlas politizado. Las mujeres establecieron asociaciones positivas entre su situación política dentro del Estado y su situación privada en el hogar, tal como lo ilustra el comentario de una mujer: "Estaba tan cansada del régimen de mi esposo como lo estaba del de Somoza". A la vez, afirmaciones del tenor de: "Es difícil discutir sobre quién va a lavar la ropa cuando el compañero se va a la lucha", tenían una connotación de desconfianza hacia el feminismo; así mismo, estaban resaltando uno de los temas más críticos encarados por las feministas latinoamericanas: cómo promover y avanzar en una crítica ideológica, teórica y cultural sobre el patriarcado capitalista dependiente mientras silmultáneamente se mantienen vínculos vitales con mujeres pobres y de clase obrera, quienes se organizan en torno a las luchas de supervivencia, o con las mujeres revolucionarias organizadas en función de las luchas de liberación nacional. Las veteranas y las históricas respondieron a las mujeres centroamericanas y a las de los otros movimientos de mujeres con impaciencia, como lo ilustra el siguiente comentario de una veterana:

> Debemos encontrar una forma de organizarnos y de autofinanciarnos. Creo que necesitamos encuentros más pequeños. Hay una historia tras estos encuentros y no podemos negarla, ni podemos partir de cero cada vez. En América Latina, los movimientos de mujeres están creciendo. Estamos diciendo que este

es un encuentro feminista, pero realmente es un encuentro de mujeres. El movimiento feminista no puede permanecer estancado. Tenemos que seguir adelante. Nuestros encuentros ayudaron a revitalizarnos, pero ahora ya no lo están haciendo. Estamos cansadas de ser las compañeras agitadoras, activistas, que tienen que explicar el porqué somos feministas, lesbianas que tienen explicar el porqué son lesbianas. Estoy cansada de sentirme culpable. En América Latina necesitamos dos espacios, uno para las feministas y otro para los movimientos de mujeres; no podemos mezclarlos. Bertioga nos mostró que podían mezclarse, pero que también se necesita un poco de orden. Acá hay dos espacios y cada uno tiene que ser respetado. El problema con este encuentro es que querían hacer de todo, tener un gran evento con la participación de todos los países y, por lo tanto, de todos los problemas. Pero no podemos resolver todo acá. No podemos sentarnos a hablar sobre los países, yo quiero hablar como María, no como Ecuador. No es que crea que no es necesario hablar sobre el Ecuador, es que este encuentro se hizo para hablar sobre María, Cecilia, Rosa, etc. Cada encuentro nos da una inyección. Así que es necesario repensar los encuentros. Si no tenemos el dinero, necesitamos espacios más pequeños. Por supuesto que debemos seguir reuniéndonos, pero (la organización) no debe depender de los esfuerzos de un solo país, sino de los de varios países[37].

La tensión que surgió en Taxco reflejó una contradicción —que venía desde Lima— entre el compromiso de las feministas latinoamericanas con un movimiento amplio, multirracial y multiclasista, y su supuesto tácito de que la realidad centroamericana no era suficientemente "feminista, así como su frustración con la falta de un discurso feminista en los movimientos de mujeres. Esta tensión se agudizó por la ausencia de un "espacio" en el encuentro para discutir problemas específicos de los países o de la región.

Para muchas históricas y mujeres, Taxco representó una nueva coyuntura en la política feminista, la cual necesitaba estrategias políticas feministas nuevas. Algunas históricas plantearon que las feministas deberían retirarse de los movimientos de mujeres, crear algo "nuevo" y dejarle esta versión diluida del feminismo a los partidos, a los sindicatos, a los gobiernos manipuladores y a las "mujeres". Otras participantes sostuvieron que en el futuro se deberían realizar dos encuentros: uno para el movimiento feminista y otro para el movimiento de mujeres.

Las que criticaron estas propuestas plantearon a su vez que los manipuladores (masculinos) podrían absorber o dejar sin bases a las movilizaciones feministas si las feministas retrocedían y que sería imposible establecer un criterio objetivo para determinar quién podría considerarse como una "verdadera" feminista.

Tal vez el ejemplo extremo de los esfuerzos hechos en Taxco para imponer una posición adecuada sobre lo que debería ser una definición "verdadera" del feminismo, lo constituyó el reducido grupo de feministas que
estuvo reunido en un salón durante todo el encuentro, redactando un pronunciamiento sobre el estado "del movimiento", el cual se leyó en la sesión
plenaria final. El hecho de que no hubieran participado en el encuentro, y
no obstante lo estaban criticando, molestó a algunas de las asistentes. Por
otra parte, algunas históricas plantearon que el solo hecho de organizar a
otras mujeres, respecto del contenido de los temas, no constituía una práctica feminista. Insistían en que las energías del movimiento no debían gas-
tarse, por ejemplo, en esfuerzos por conseguir agua potable o alcantarillado
para mujeres de clase obrera. En vez de ello, el feminismo debería promover
una "cultura de las mujeres" alternativa y ocuparse de los temas que los
grupos comunitarios y los partidos progresistas jamás irían a plantear —tales como el aborto, la violencia doméstica, los derechos sexuales y reproductivos. Desde esta perspectiva, solamente aquellas mujeres que priorizaran
este tipo de temas, los cuales tenían especificidad de género, podrían ser
consideradas como "verdaderas" feministas.

Muchas feministas, tanto de clase media como obrera, resaltaron el hecho de que la opresión de género asume formas diferentes entre las mujeres
de clases y grupos étnicos o raciales diferentes. De acuerdo con este punto
de vista, promover la organización para obtener agua potable podría considerarse como una tarea feminista dado que son las mujeres a quienes se les
responsabiliza socialmente del cuidado de su familia y a las que, en las comunidades pobres, la carencia de servicios básicos les impone cargas adicionales a su trabajo. Un esfuerzo de organización comunitaria con apoyo
feminista, a diferencia de aquellos promovidos por fuerzas no feministas o
antifeministas, podría promover una conciencia crítica entre las mujeres locales, al resaltar el cómo y el porqué el género incide con sus esfuerzos organizativos. Las feministas negras e indígenas latinoamericanas sostenían
que la raza, al igual que la clase, es constitutiva de la conciencia y opresión
de clase y que sus intereses como mujeres no eran idénticos a los de las
mujeres blancas o mestizas de América Latina; es decir, que la experiencia
vivencial del género abarca dimensiones específicas de clase y raza. Al señalar la representación de la mulata, utilizada para el mercado turístico y
símbolo de la sensualidad brasileña, las feministas negras estaban resaltando las formas en que el racismo moldea la opresión de género de las mujeres
negras.

La mayoría de las mujeres insistieron en que la diversificación de áreas
de la lucha feminista representaba un avance del movimiento. Estaban de-

sarrollando una revisión conceptual de la doble militancia: en vez de incorporar la línea de su partido a la organización feminista, la mujer debería incorporar su línea feminista al partido, sindicato, organización de barrio o puesto de trabajo. Consideraban que esta reformulación de la práctica feminista era más apropiada para una etapa de democratización de los regímenes y de una extensa movilización política de los sectores populares. Un movimiento feminista de base que respondiese a las nuevas democracias estaría en condiciones de formular nuevas críticas, nuevas ideas y nuevas formas de "hacer política", asegurando así que las feministas que trabajaban en los partidos y en el gobierno siguieran siendo rectas y fueran responsables de rendir cuentas al movimiento. Se propuso una estrategia de cuestionamiento, crítica y supervisión implacable a los "manipuladores". Simultáneamente, se continuaría promoviendo la conciencia feminista entre las mujeres de todos los sectores sociales, para impedir la cooptación por parte de los movimientos, partidos e instituciones masculinas; un ejemplo de ello fue la supuesta movilización de mujeres en el bus en Bertioga.

EL ENCUENTRO DE SAN BERNARDO

Después de reunirse durante casi dos años, un comité organizador emitió un boletín en marzo de 1990, anunciando que el V Encuentro se llevaría a cabo en San Bernardo, Argentina, un centro vacacional de reciente desarrollo en la Costa Atlántica, a 400 kilómetros al sur de Buenos Aires. Se iniciaría el 18 de noviembre y terminaría con una marcha en el centro de Buenos Aires el 25 de noviembre, fecha en la cual las feministas en América Latina salen a la calle a denunciar la violencia contra la mujer, de acuerdo con la declaración adoptada en el encuentro de Bogotá. El tema del V Encuentro, "El feminismo como movimiento de transformación: evaluación y perspectivas en América Latina", se escogió a propósito para celebrar "casi una década de encuentros históricos los cuales nos han permitido seguir paso a paso el desarrollo y crecimiento del feminismo en nuestros países". Las organizadoras también programaron tiempo para llevar a cabo una reflexión colectiva sobre los obstáculos, logros o descubrimientos de los feminismos latinoamericanos y del Caribe durante la última década. Invitaron a las participantes a escribir ponencias o a prepararse para discutir sobre temas tales como el feminismo y los movimientos de mujeres, el feminismo y el Estado, la política pública y los partidos políticos, la sexualidad y la violencia contra la mujer. A medida que se acercaba el encuentro, las organizadoras recibieron un número suficiente de respuestas de las posibles asistentes para pro-

poner sesiones de discusión en las mañanas y talleres en las tardes, centrados en cuatro subtemas: la construcción de identidades colectivas y el conflicto de valores; variantes en la organización y espacios de desarrollo; las
relaciones entre el feminismo y otras áreas sociales, y propuestas políticas,
perspectivas y estrategias. Para cada subtema se asignaría un día y las conclusiones se presentarían en una plenaria.

A pesar de la díficil situación política y la desastrosa crisis económica de
la Argentina, un grupo de treinta y dos mujeres de cinco ciudades argentinas y de la capital del Uruguay, Montevideo, organizaron el V Encuentro y
obtuvieron un apoyo financiero sin precedentes: un total de doscientos
ochenta mil dólares[38]. Se escogió a San Bernardo como sede del encuentro
porque tenía un gran hotel con ochocientas habitaciones, numerosos lugares para reuniones y facilidades para alimentar a mil seiscientas personas.
Infortunadamente en el mes de julio, cuando las organizadoras ya iban a
firmar el contrato con el sindicato peronista propietario del hotel, fueron
informadas de que por causa de la inflación, se había incrementado la tarifa
en diez dólares por persona. Como no estaban en capacidad de asumir este
nuevo precio, las organizadoras, quienes ya habían pagado los otros hoteles, decidieron permanecer en San Bernardo y, en caso necesario, alojar a
parte de las asistentes en la población más cercana, decisión que dificultó la
realización de los talleres y el poder contar con espacios apropiados para las
reuniones.

La coordinación empezó a complicarse desde el primer día, al caerse el
sistema de computadores y tener que registrar manualmente entre dos mil
quinientas y tres mil mujeres, la mayoría de las cuales no había hecho
preinscripción. En una operación que necesitó mucha paciencia por parte
de las viajeras e incansables esfuerzos por parte de las organizadoras, las
participantes fueron finalmente alojadas en veintiún hoteles en San Bernardo y Mar de Ajó, en un área que cubría casi cuarenta cuadras. Las participantes venían de treinta y ocho países, entre los cuales se incluían Haití,
Etiopía, Turquía, y nuevamente Cuba. El mayor grupo de extranjeras era el
de las 650 brasileñas, muchas de las cuales habían viajado en bus. Las mexicanas también constituían un grupo numeroso, cerca de trescientas; la
representación centroamericana era relativamente pequeña; en contraste,
había un número bastante grande de españolas, lo cual era poco común.

La primera noche, las participantes celebraron la inauguración del encuentro en una plaza central, divididas por países, como si fueran delegaciones de un congreso político. Las rodeaban los asombrados habitantes de
San Bernardo, quienes durante el resto de la semana fueron testigos de la
conocida exuberancia de las brasileñas, de las expresiones desinhibidas de

afecto entre muchas mujeres y de los espectáculos que se presentaron en un escenario improvisado.

Todos los problemas relacionados con el manejo de muchedumbres parecieron presentarse a la vez. Las participantes emplearon los cuatro días siguientes, incluido uno particularmente tormentoso, haciendo fila para comer en un enorme y cavernoso gimnasio, buscando a sus amigas y tratando de encontrar una solución a la falta de guarderías, consiguiendo información sobre el servicio de buses gratuito entre las dos poblaciones y, con mayor frecuencia, buscando los centros comerciales, cafés, restaurantes, cines y aceras donde se habían programado los talleres. A pesar de las disculpas de las organizadoras, de sus esfuerzos por ofrecer estos espacios y mejorar la situación —inclusive publicaron una agenda diaria con todos los eventos— no pudieron contrarrestar la frustración de todas. Para el segundo día, el V Encuentro se había convertido en el encuentro del des/encuentro[39] o el encuentro de la búsqueda.

Sin embargo, después de quejarse amargamente sobre el caos prevaleciente, las participantes resolvieron hacer todo lo posible para salvar el evento. Sin amedrentarse por las distancias, las fallas de electricidad causadas por la tormenta, los talleres cerrados o la ausencia de salones para reunirse, asistieron a una serie de sesiones de videos, películas y espectáculos, ampliamente programados (incluida una repetición del espectáculo de la misa feminista creada, compuesta y ejecutada por un grupo de feministas de Rio de Janeiro), y a la celebraciones en la playa en honor de la madre tierra. Lograron encontrar el espacio para escuchar ponencias formales y para realizar nuevos talleres y discusiones sobre temas tales como: "El aniversario de los quinientos años", "El feminismo y el socialismo", "Las mujeres y el sida", "La teología feminista", "La pornografía", "El medio ambiente" y muchos otros. Durante dos días consecutivos el número de talleres programados pasó de ochenta.

En uno de los talleres, las mujeres indígenas se reunieron por su cuenta para discutir sobre la celebración del llamado descubrimiento de 1492, manifestaron su repudio del aniversario y propusieron que se declarase el 11 de octubre como el Día de la Mujer Indígena. Treinta y ocho periodistas de la prensa tradicional y de la alternativa asistieron a un taller donde discutieron su profesión y sus relaciones con los movimientos de mujeres y con el feminismo. Los temas relacionados con el lesbianismo fueron discutidos en por lo menos cuatro talleres, muy concurridos, en los cuales se incluyó la discusión sobre la homofobia entre las feministas y se planeó un encuentro de lesbianas latinoamericanas y del Caribe para próxima fecha. Dos organizaciones de derechos humanos —Familiares de Desaparecidos y Prisioneros por Razones Políticas, y las Madres de la Plaza de Mayo, Línea Fundadora— auspiciaron la presentación de videos y la discusión de las violaciones de los derechos humanos en Argentina. También solicitaron el apoyo de las participantes para su campaña en contra de conceder el perdón a los militares por las atrocidades que cometieron durante los años setenta y ochenta.

En varios casos, los talleres tuvieron como resultado la creación de organizaciones nuevas. Un grupo de mujers negras se reunió separadamente y formaron la Red de Mujeres Negras de América Latina y el Caribe y acordaron reunirse para preparar un Encuentro en el Uruguay en 1992. Cerca de cuarenta organizaciones de salud mental fundaron una red cuyas actividades serían difundidas por ISIS Internacional. Después de celebrar varias reuniones, un grupo grande de mujeres —algunas feministas y otras que pertenecían a los movimientos de mujeres— organizó el Comité Coordinador Latinoamericano para la Movilización y el Apoyo en Favor del Derecho al Aborto y preparó un documento en el cual se planteaba que el derecho "al aborto legal y el derecho a tener acceso a anticonceptivos seguros y eficientes son derechos humanos, irrespecto de nuestras condiciones económicas y sociales, de nuestro origen étnico, nuestra religión o país de pertenencia. Los Estados deben garantizar estos derechos". También pedía la creación de comisiones nacionales sobre el aborto y la participación de las mujeres de la región en la campaña a favor de la legalización de dicha práctica, y declararon el 28 de septiembre el día de la celebración de la causa del derecho al aborto en los países de América Latina y el Caribe (fecha escogida en memoria de la ley de 1871 de Brasil, en la cual se declaró libre a todos los hijos nacidos de madres esclavas).

La presencia en San Bernardo de legisladoras de Uruguay, Argentina y Venezuela resaltó la importancia adquirida por el feminismo en América Latina y el Caribe; demostró, así mismo, que las mujeres que participaban en la política del "establecimiento" consideraban que los encuentros eran una instancia para reunirse. Aunque muchas jamás habían tenido contacto con las feministas antes de viajar a San Bernardo —y algunas apenas se quedaron unas horas— su participación en un taller se convirtió en un evento significativo. Uno de los resultados de sus discusiones fue la creación de una red con el propósito de auspiciar una reunión en el Brasil para las mujeres activas en la política.

Las redes ya establecidas utilizaron el encuentro para reunirse por primera vez, con la excepción de las escritoras de mujer/Fempress, la prensa feminista alternativa fundada en 1981, y quienes se han reunido en todos los encuentros a partir de Lima. Las Católicas por el Derecho a Decidir (una rama latinoamericana reciente de Catholics for Free Choice) llevaron a cabo una reunión abierta para explicar sus actividades y difundir su libro colectivo en el cual analizan el aborto desde la perspectiva de las católicas latinoamericanas[40]. La Red contra la Violencia Sexual y Doméstica del Cono Sur también promovió cuatro reuniones, y decidió ampliar su estructura y cobertura para convertirse en la Red Latinoamericana y del Caribe contra la Violencia Sexual y Doméstica, la cual sería coordinada por ISIS Internacional. Las miembros latinoamericanas de DAWN (Alternativas de Desarrollo para Mujeres en el Nuevo Amanecer) apoyaron un taller de tres días, al cual asistieron cerca de cien mujeres, sobre "El feminismo de los noventa: desafíos y propuestas". La discusión se basó en temas previamente acordados en dos reuniones de DAWN y tuvo como resultado un documento que probablemente es el único intento real de evaluar el feminismo latinoamericano y del Caribe durante el V Encuentro. El documento de DAWN se iniciaba con un reconocimiento del crecimiento rápido y visible del feminismo durante los últimos diez años:

> (A pesar de que el feminismo) no siempre ha encontrado salidas fáciles para expresarse; de que ha sido más de tipo cualitativo que cuantitativo; de que a veces se ha diluido nuestro carácter subversivo por habernos desviado hacia otros movimientos y desafíos, lo cual nos ha planteado problemas sobre la democracia interna, el liderazgo, las estructuras internas del movimiento, la creación de un conocimiento nuevo, de mejores canales de comunicación, de proyección hacia el futuro, y que nos desafía a repensar nuestros movimiento para poder transformar la riqueza cuantitativa en vitalidad y calidad política. En consecuencia, con nuestro ingreso en los años noventa, el movimiento necesita volver a captar su chispa original y desarrollar acciones que permitan ajustar nuestras propuestas a las nuevas reinvindicaciones e intereses de las mujeres de nuestros países y de nuestro continente, a encontrar directrices que nos ayuden a consolidar un movimiento feminista democrático, efectivo, eficiente, propicio y desafiante, en el cual todas nos sintamos expresadas[41].

El encuentro terminó con apasionadas declaraciones de fe feminista y cerca de cinco mil mujeres marcharon por las calles de Buenos Aires el último día. Sin embargo, en términos de organización, según la percepción de una histórica —de las cuales había bastante menos— el V Encuentro fue un desastre[42]. De una parte, no hubo respeto ni compromiso con la promesa hecha hacía algún tiempo de reunirse en Chile tan pronto se hubiera terminado la dictadura de Pinochet. En los encuentros anteriores, las históricas, en razón de su gran admiración por las valerosas acciones de las mujeres chilenas en general y de las feministas chilenas en particular, habían decidido que Chile sería el lugar del siguiente encuentro. No obstante, cuando se propuso Chile como la próxima sede y fue explícitamente descartado a favor de Cuba, muchas históricas pasaron un rato amargo puesto que se hizo evidente que el compromiso compartido en 1981 en el I Encuentro tenía poco valor ante el empuje de un movimiento que ahora parecía estar dominado por los movimientos de mujeres. Con todo, Cuba también fue descartada luego de que una participante cubana dijo que sería imposible realizar un encuentro allí; la elección final fue "en algún lugar de Centro-américa".

Fue una ironía que la elección de América Central, en donde el feminismo apenas estaba resurgiendo, hubiese sido considerada como una desilusión por parte de muchas feministas históricas, cuando de hecho, ello era una demostración de la vitalidad y el crecimiento del movimiento. Además, realizar el encuentro en Centroamérica con seguridad fortalecería el movimiento, tal como ha sucedido en otras partes. También fue irónico el hecho de que, como se vio en San Bernardo, existían numerosas redes en la región, las cuales necesitaban celebrar reuniones especializadas, y las feministas se encontraron con que eran un grupo más que podía reunirse por separado, si así lo decidían. Por lo tanto, si bien las feministas históricas con seguridad asistirán al VI Encuentro al igual que las otras redes, seguramente se reunirán por su cuenta también —probablemente en Chile— para discutir los desafíos y elaborar las propuestas del feminismo de los noventa.

San Bernardo fue sin lugar a dudas, la culminación de un proceso que se inició en Bogotá en 1981, el cual ya no es viable en las condiciones de los años noventa. Nadie podría negar que el movimiento actual es radicalmente diferente de aquel del pequeño grupo de mujeres que se reunió en Bogotá hace diez años. Ahora la tarea de las feministas latinoamericanas y del Caribe es la de elaborar las estructuras apropiadas para la articulación de un movimiento más grande y diverso, de proporciones verdaderamente continentales.

CONCLUSIÓN

Los debates ideológicos y estratégicos característicos de los feminismos latinoamericanos contemporáneos se han dado en torno a dos ejes centrales: la relación del feminsmo con la lucha revolucionaria a favor de la justicia, y la relación entre lo que era un movimiento predominantemente feminista de clase media y los movimientos de mujeres populares, en constante crecimiento. Como lo demostraron los cinco encuentros, estos debates han sido planteados una y otra vez y están lejos de haber sido resueltos.

La polarización política e ideológica no ha frenado el crecimiento de los feminismos latinoamericanos. Por el contrario, el feminismo latinoamericano actual es un movimiento político y socialmente heterogéneo compuesto por mujeres que se identifican con el feminismo pero que mantienen un compromiso firme con la justicia socioeconómica y el poder popular. En una época "postfeminista", el feminismo latinoamericano es una fuerza política poderosa, vibrante, enérgica, creativa y exuberante, con toda serie de tensiones en su interior. Las mujeres de todos los sectores sociales, con trayectorias personales y políticas diversas, actualmente consideran como propio el movimiento. La nueva visibilidad y legitimidad del movimiento les ha permitido a las feministas de muchos países proclamar con orgullo una identidad política propia. Esa identidad a su vez ha dado poder a las mujeres para ejercer impacto sobre las políticas públicas, las organizaciones sociales y políticas y sobre la teoría revolucionaria, en formas ni siquiera imaginadas cuando las feministas se reunieron por primera vez en Bogotá. Aun las feministas chilenas, a pesar de haber tenido que enfrentar una de las dictaduras militares más nefastas, han permanecido impertérritas y se han fortalecido con un pujante movimiento de mujeres que cada vez es más feminista.

Si bien no se han resuelto algunos de los viejos debates, muchos de ellos están siendo reformulados. Tal es el caso con el interminable conflicto estratégico sobre la doble militancia. En Bogotá, el debate giró en torno a la participación en los partidos políticos como opción opuesta a la participación en las organizaciones feministas, pero hoy en día muchas feministas se encuentran con que sus energías están divididas entre su activismo en los grupos feministas y en los crecientes movimientos de mujeres. El movimiento feminista y los movimiento de mujeres, a pesar de que con demasiada frecuencia se consideran como diametralmente opuestos, en Chile y en otras partes se han reforzado, fortalecido y apoyado entre sí. En Centroamérica, esta interacción ha hecho que la Asamblea Permanente de las Mujeres Centroamericanas por la Paz "empiece a articular y exigir en forma agresiva una perspectiva explícitamente feminista"[43]. En Argentina, a partir de 1990, la campaña a favor de la legalización del aborto ha sido dirigida por un comité compuesto por feministas e integrantes de los movimientos de mujeres. Así mismo en Argentina, miembros del grupo de derechos humanos de las Madres de la Plaza de Mayo —Línea Fundadora— participan en los encuentros nacionales y frecuentemente coordinan acciones específicas con un grupo feminista en particular, la Asociación de Trabajo y Estudios de la Mujer 25 de Noviembre (ATEM 25 de Noviembre).

Sin embargo, tal como aprendieron las mujeres en el caso de Taxco, el apoyo mutuo entre veteranas y los movimientos de mujeres puede consolidarse solamente si la agenda feminista se amplía para incluir los asuntos específicos de las mujeres de las clases populares. El mayor desafío que afrontan los feminismos de América Latina y el Caribe en la década de 1990 es la incorporación de las reivindicaciones planteadas por un movimiento de mujeres cada vez más feminista, relacionadas con la construcción de un proyecto de transformación que tenga mayor conciencia de clase, que sea más sensible a la cuestión racial y que incluya una amplia gama de temas.

Aunque subsisten las tensiones entre las militantes y las feministas, éstas son secundarias. Muchas mujeres de ambos grupos insisten actualmente en que deben organizarse en torno a los temas de clase y raza en la medida en que éstos inciden en la forma en que se manifiesta la opresión de género en las vidas de las mujeres de diversas clases y grupos étnicos o raciales. Muchas también reconocen que la participación en instituciones, partidos y sindicatos, dominados por los hombres, no es intrísecamente opuesta a la práctica política feminista, y que las activistas feministas comprometidas con el cambio radical deben luchar por la igualdad de género en una amplia variedad de contextos.

Contrariamente a la creencia de muchas feministas norteamericanas, el feminismo latinoamericano y del Caribe está floreciente. Adicionalmente, los feminismos latinoamericanos ofrecen lecciones a las feministas de los países industrializados. Nosotras, las feministas norteamericanas y europeas, podríamos revitalizar nuestro movimiento si buscáramos las enormes energías que encierran nuestros propios movimientos de mujeres. La vitalidad actual demostrada por los feminismos del Tercer Mundo ante el mundo industrializado es indicativo de ese potencial. Las políticas económicas regresivas y los gobiernos de derecha en el "primer mundo" también han creado las condiciones para la movilización de las mujeres de clase obrera y pobres y de las mujeres de color; véase por ejemplo, la expansión de los esfuerzos de organización desarrollados en torno a los problemas surgidos con los derechos de bienestar social y las guarderías públicas. Así como el feminismo norteamericano o europeo en alguna época ofreció orientaciones cruciales a la segunda ola del feminismo en América Latina, tal vez ahora los feminismos latinoamericanos puedan inspirar y enriquecer nuestros propios movimientos.

Epílogo (POST-SCRIPTUM)

A pesar de algunas tratativas, no hubo encuentro de feministas ni en Chile ni en ningún otro país. El VI Encuentro Feminista Latinoamericano y del Caribe tuvo lugar entre el 30 de octubre y el 4 de noviembre de 1993, en Costa del Sol, un balneario a 60 kilómetros de San Salvador. La selección del país centroamericano y la fecha en que se realizó, así como la composición del comité organizador, fueron decididas en un encuentro de mujeres centroamericanas que se llevó a cabo en Nicaragua, en marzo del año anterior.

En su empeño por limitar el número de asistentes, el comité estableció cuotas por países, una decisión pragmática que, como lo atestiguan las columnas de *Fempress*, fue criticada por su falta de espíritu feminista. De todos modos, solamente unas 1.300 mujeres llegaron hasta la hermosa costa del Pacífico salvadoreño para discutir el eje del encuentro: "compartiendo las propuestas feministas —reconociendo los avances; cuestionando los nudos; trascendiendo los límites". Repartidas en tres grandes hoteles y 16 residencias, tuvieron la ventaja de asistir a talleres (unos 140), foros, mesas redondas, videos, sesiones de tai-chi y bailes en un solo lugar de reunión, rodeadas de palmeras y a la orilla del mar.

A pesar de su belleza, el escenario no consiguió disminuir las tensiones que ya forman parte de los encuentros, ni los debates sobre viejos temas que continúan siendo nuevos para muchas participantes, aunque en este caso las discrepancias hayan sido quizás más agudas que en las últimas ocasiones. Una nota nueva fue la preocupación por la posible participación del Movimiento de Mujeres y del feminismo latinoamericano en la conferencia de Beijing, de 1995, con financiamiento de la AID. El último día, como de costumbre, se pusieron de lado las diferencias, se aplaudió la incorporación de Gina Vargas a las organizadoras de la conferencia de Beijing y después de vivas al feminismo y aplausos a las centroamericanas, se eligió Chile como sede del VII Encuentro.

Hubo reconocimiento general de que el encuentro fue un verdadero triunfo para las mujeres centroamericanas y sobre todo para las salvadoreñas. En un país recién salido de una guerra civil prolongada y sangrienta y donde la violencia todavía golpeaba a la población, éstas tuvieron que enfrentar una campaña de la derecha que no se redujo a publicar artículos de prensa sobre el hecho de que todas las feministas son lesbianas y además comunistas y pertenecen al FMLN, sino que también incluyó amenazas de muerte. Como si esto fuera poco, el gobierno impidió la entrada de mujeres cubanas al país y el primer día del encuentro, a medida que bajaban de los aviones, unas cien participantes fueron detenidas en el aeropuerto de San

Salvador durante unas ocho horas. Como no les impidieron hablar por teléfono, consiguieron ponerse en contacto con las autoridades de varios países, periódicos y organismos internacionales. Sus esfuerzos dieron resultados y aseguraron que el encuentro se realizara bajo la protección de las fuerzas de paz de las Naciones Unidas.

Notas

* Hemos listado nuestros nombres en orden alfabético inverso. Este orden de ninguna forma refleja la magnitud de las contribuciones individuales. Quisiéramos reconocer el apoyo de las siguientes entidades: Tinker Foundation, Kirkland Endowment y Picker Fellowship (Sternbach); Dartmouth College Faculty Research Fund y John Sloan Dickey Endowment for International Understanding (Navarro-Aranguren); University of Lethbridge Faculty Research Fund y el Social Sciences and Humanities Research Council of Canada Isolation Fund (Chuchryk); y al UC-MEXUS Travel Fund (Álvarez). Álvarez y Navarro agradecen a Pat Sanders y Gail Vernazza, respectivamente, por su asesoría en la preparación del manuscrito. Álvarez también agradece a Judit Moschkovich sus valiosas sugerencias. Adicionalmente, las autoras están muy agradecidas con las lectoras anónimas de *Signs* por sus comentarios.

1 Para ejemplos de literatura testimonial, *véase* Domitila Barrios de Chungara (con Moerna Viezzer), *Let Me Speak*, Nueva York, Monthly Review Press, 1978; Elizabeth Burgos-Debray, ed., Ann Wright, trad., *I, Rigoberta Menchú: An Indian Women in Guatemala*, Londres, Verso, 1984; y Margaret Randall y Lida Yanz, eds., *Sandino's Daughters*, Vancouver, New Star, 1981.

2 Jayne Bloch, "The Women Outside the Gates", *Progressive 49*, No. 12, diciembre, 1985, p. 18.

3 *Véanse*, por ejemplo, los planteamientos sugeridos en Michèle Mattelart, "Chile: The Feminine Version of the Coup d' état", en *Sex and Class in Latin America*, ed. June Nash y Helen Safa, Brooklyn, Bergin, 1980, pp. 279-301; y María Crummett, "El Poder Femenino: The Mobilization of Women against Socialism in Chile", *Latin American Perspectives* 4 No. 4, otoño, 1977, pp. 103-113.

4 Utilizamos la palabra feminismos, como lo hacen las feministas latinoamericanas, porque América Latina y el Caribe están conformados por muchas naciones con identidad propia, razas y clases, y por consiguiente existen muchas interpretaciones de la realidad. Dentro del contexto de América Latina y el Caribe, el feminismo varía de país a país. Cuando hablamos de esas interpretaciones diversas del feminismo nos referiremos a ellas como "feminismos".

5 Encuentro (del español encontrar —encontrarse a sí mismo o a otro, confrontarse así mismo o a otro. También usado en la forma reflexiva, encontrarse —encontrarse a sí mismo o a otro, como en reunirse, compartir). "Un sitio de encuentro donde se intercambian ideas, se expresan sentimientos, pensamientos, emociones; ser escuchado y escuchar, expresa acuerdo y desacuerdo, afirma y contradice". Citado en Eliana Ortega y Nancy Saporta Sternbach, "Gracias a la vida: Recounting the Third Latin American Feminist Meeting in Bertioga, Brazil, July 31 - August 4, 1985", en *Off Our backs 16*, No. 1, enero, 1986, p. 1. En la versión original de este artículo en inglés, se mantuvo el español original, pues su significado

podría perderse o confundirse en la traducción. Además de encuentro, los lectores también encontrarán términos como movimientos de mujeres (organizaciones de base de mujeres), históricas y veteranas (veteranas del movimiento feminista) y militantes o políticas (activistas políticos de izquierda).

6   La misma originalidad de los feminismos latinoamericanos como un fenómeno social pueden ser aún más evidenciada por la acuñación de una terminología apropiada para las circunstancias de la región. Aunque en la versión original en inglés se dieron equivalentes en dicho idioma para todos estos términos, las autoras prefirieron referirse a ellos en el español original, a fin de mantener su integridad.

7   Para una amplia discusión de la principal corriente de los debates teóricos concernientes a los orígenes y dinámicas de los regímenes militares autoritarios en América Latina durante los años sesenta y los setenta, *véase* David Collier, ed., *The New Authoritarianism in Latin America*, Princeton, N. J., Princeton University Press, 1979.

8   El tratamiento teórico más elaborado sobre este aspecto del régimen militar puede encontrarse en el trabajo de Julieta Kirkwood; *véanse* especialmente su artículo "La formación de la conciencia feminista en Chile", *Materia de Discusión*, No. 7, Santiago, Programa de Facultad Latinoamericana de Ciencias Sociales, FLACSO, 1980; "Chile: La mujer en la formulación política", *Documento de Trabajo*, No. 109, Santiago, Programa FLACSO, 1981; "El feminismo como negación del autoritarismo", *Materia de Discusión*, No. 52, Santiago, Programa FLACSO, 1983; "Ser política en Chile: Las feministas y los partidos, Santiago, Facultad Latinoamericana de Ciencias Sociales, 1986; y *Feminarios*, Santiago, Ediciones Documentos, 1987; y Patricia Crispi, *Tejiendo rebeldías: Escritos feministas de Julieta Kirkwood*, Santiago, Centro de Estudios de la Mujer y la Morada, 1987. María Inacia d'Avila Neto explora algunas de las dimensiones psicosociales de las relaciones entre autoritarismo y la subordinación de la mujer en su *O autoritarismo e a mulher: O jogo da dominação macho-fêmea no Brasil*, Rio de Janeiro, Achiame, 1980. Para un análisis de la ideología de género y las políticas de los estados militaristas endiferentes contextos nacionales, *véanse* Carmen Tornaría, "Women's Involvement in the Democratic Process in Uruguay", en *The Latin American Women's Movements: Reflections and Actions*, ed. ISIS International, Roma y Santiago, ISIS International, 1986; Ximena Bunster-Burotto, "Watch Out for the Little Nazi Man That All of Us Have Inside: The Mobilization and Demobilization of Women in Militarized Chile", *Women's Studies International Forum 2*, No. 5, verano 1988, pp. 485-491; María Elena Valenzuela, *Todas íbamos a ser reinas: La mujer en Chile militar*, Santiago, Ediciones Chile y América, 1987; y Patricia Chuchryk, "Protest, Politics and Personal Life: The Emergence of Feminism in a Military Dictatorship, Chile 1973-1983", disertación para Ph.D., York University, 1984, especialmente caps. 3 y 4.

9   Citado en Chuchryk, "Protest, Politics and Personal Life", p. 320. También *véase* María Elena Valenzuela, "El fundamento militar de la dominación patriarcal en Chile" (documento presentado en la Segunda Conferencia Chilena de Sociología, Santiago, agosto, 1986). En este documento, Valenzuela argumenta que el Estado militar chileno es una expresión quintaesencial de patriarcado. Establece similitudes entre el control militar sobre la sociedad civil y la dominación masculina sobre la mujer.

10   *Véase* especialmente Ximena Bunster-Burotto, "Surviving beyond Fear: Women and Torture in Latin America", en *Women and Change in Latin America*, ed. June Nash y Helen Safa, South Hadley, Mass, Bergin & Garvey, 1985, pp. 297-325.

11   Sobre los movimientos de mujeres peruanos, *véanse* Maruja Barrig, "The Difficult Equilibrium between Bread and Roses: Women's Organizations and the Transition from Dic-

tatorship to Democracy in Peru", en *The Women's Movements in Latin America: Feminism and the Transition to Democracy*, ed., Jane S. Jaquette, Boston, Unwin Hyman, 1989, pp. 114-148; Virginia Vargas, "Movimiento feminista en el Perú: balance y perspectivas", en *Década de la Mujer: Conversatorio sobre Nairobi*, Lima, Centro Flora Tristán, 1985, y "El aporte a la rebeldía de las mujeres", en *Jornadas feministas: Feminismo y sectores populares en América Latina*, ed. Coordinación de Grupos de las Jornadas Feministas, México D. F., Ed. Electrocomp, 1987, pp. 213-239; J. Anderson Velasco, "The U.N. Decade for Women in Peru", *Women's Studies International Forum 8*, No. 2, 1985, pp. 107-109; Susan C. Bourque, "Urban Activists: Paths to Political Consciousness in Peru", en *Women Living Change*, ed. Susan C. Bourque y Donna C. Divine, Filadelfia, Temple University Press, 1985, pp. 25-56; y Carol Andreas, *When Women Rebel: The Rise of Popular Feminism in Peru*, Westport, Conn., Lawrence Hill, 1985.

12 Sobre Uruguay, *véanse* Carina Perelli, "Putting Conservatism to Good Use: Women and Unorthodox Politics in Uruguay, from Breakdown to Transition", en Jaquette, pp. 95-113; Silvia Rodríguez Villamil y Graciela Sapriza, "Mulher e estado no Uruguay do seculo XX", *Revista das Ciencias Sociais 1*, No. 2, 1987, pp. 209-219; Tornaría, "Women's Involvement in the Democratic Process in Uruguay" y "Uruguay", en *Coordinación de Grupos de Organizadores de las Jornadas Feministas*, eds., pp. 241-248. Sobre Argentina, *véanse* María del Carmen Feijoó, "El movimiento de mujeres", en *Los nuevos movimientos sociales*, ed., Elizabeth Jelin, Buenos Aires, Centro Editor de América Latina, 1985, y "The Challenge of Constructing Civilian Peace: Women and Democracy in Argentina", en Jaquette, ed., pp. 72-94; y Silvia Chester, "The Women's Movement in Argentina: Balance and Strategies", en ISIS International, eds. Sobre movimientos chilenos, *véanse* Patricia M. Chuchryk, "Feminist Anti-authoritarian Politics: The Role of Women's Organizations in the Chilean Transition to Democracy", en Jaquette, ed., pp. 149-184; Kirkwood, *Ser política en Chile*, y *Feminarios*. Sobre Brasil, *véase* la discusión del Encuentro de Bertioga más adelante.

13 El caso argentino se convierte en la excepción que confirma la regla. Allí, el feminismo surgió básicamente de mujeres profesionales y no necesariamente de mujeres que habían estado involucradas con la izquierda.

14 Para una discusión comparativa del surgimiento y desarrollo de los movimientos de mujeres en Perú, Chile, Argentina, Uruguay y Brasil, *véase* Jaquette, ed. También *véase* Cornelia Butler Flora, "Socialist Feminism in Latin America", *Women and Politics 4*, No. 1, invierno, 1984, pp. 69-93. Sobre las contradicciones experimentadas por mujeres activas en organizaciones militantes, *véase* Ángela Neves-Xavier de Brito, "Brazilian Women in Exile: The Quest for an Identity", *Latin American Perspectives 13*, No. 2, primavera, 1986, pp. 58-80.

15 Tomamos la palabra "popular" en inglés del español popular, que significa "del pueblo", y la utilizamos en concordancia. A través de este artículo, la utilizaremos en este contexto para referirnos a todos aquellos que no pertenecen a una clase profesional o propietaria: trabajadores, campesinos, tenderos, personas que son de la clase trabajadora o media baja, etc.

16 Para el más amplio tratamiento del movimiento de mujeres, *véase* Elizabeth Jelin, ed., *Women and social Change in Latin America*, Ginebra, Instituto de las Naciones Unidas para el Desarrollo Social [UNRISD], Londres, Zed Books, 1990.

17 Sobre el importante papel desempeñado por las organizaciones de derechos humanos en la transición argentina del régimen autoritario, *véanse* María Sonderéguer, "Aparición

con vida: El movimiento de los derechos humanos en la Argentina", en Jelin, ed., *Los nuevos movimientos sociales* pp., 7-32; Marysa Navarro, "The Personal is Political: Las Madres de Plaza de Mayo", en *Power and Popular Protest: Latin American Social Movements*, ed. Susan Eckste, Berkeley y Los Angeles: University of California Press, 1989, pp. 241-258. Sobre Chile, *véase* Patricia M. Chuchryk, "Subversive Mothers: The Women's Opposition to the Military Regime in Chile", en *Women, State, and Development*, ed. Sue Ellen M. Charlton, Jane Everett, and Kathleen Staudt, Albany, SUNY Press, 1989, pp. 130-151.

18   La distinción entre organizaciones de mujeres "femeninas" y "feministas" es hecha comúnmente tanto por participantes de los movimientos como por científicos sociales en América Latina. Paul Singer esclarece la utilización de estos conceptos: "La lucha contra el alza del costo de vida o de los colegios, guarderías, etc., al igual que medidas específicas para proteger a la mujer trabajadora, interesan de manera especial a las mujeres y, por lo tanto, es posible considerarlas como reivindicaciones femeninas. Pero no son feministas en la medida en que cuestionan la manera como la mujer está insertada en el contexto social". ("O feminino e o feminismo", en São Paulo, *O povo en movimento*, ed. P. Singer y V. C. Brant, Petrópolis, Vozes, 1980, pp. 116-17). Sobre movimientos "femeninos" o los movimientos de mujeres, *véanse* Andreas (n.11 arriba), y Mariana Schmink, "Women in Brazilian Abertura Politics", en *Signs: Journal of Women in Culture and Society* 7, No. 1, otoño, 1981, pp. 115-134; y Elizabeth Jelin, ed., *Ciudadanía e Identidad: Las mujeres en los movimientos sociales latinoamericanos*, Ginebra, UNRISD, 1987.

19   Esta distinción entre feminismo "bueno" y "malo" es elaborada en Anette Goldberg, "Feminismo em Regime Autoritario: A Experiencia do Movimento de Mulheres no Rio de Janeiro" (documento presentado en el Décimosegundo Congresso Mondial da Associação Internacional de Ciencia Politica, Rio de Janeiro, agosto 9-14, 1982), pp. 10-11. Porciones de la discusión subsecuente tornan sobre Sonia E. Álvarez, *Engendering Democracy in Brazil: Women's Movements in Transition Politics*, Princeton, N. J., Princeton University Press, 1990, especialmente caps. 3-5.

20   *Véase* Alicia Partnoy, *The Little School: Tales of Disappearance and Survival in Argentina*, San Francisco, Cleis Press, 1986; *Nunca Más: A Report by Argentina's National Commission on Disappeared People*, Londres, Faber & Faber, 1986; y Bunster Burotto, "Surviving Beyond Fear" (No. 10 arriba).

21   Las citas textuales en este artículo tienen como base entrevistas conducidas por las cuatro coautoras. Cuando no aparece ninguna cita, el lector debe suponer que estas afirmaciones son de alguno de los encuentros.

22   Marysa Navarro, "First Feminist Meeting of Latin America and the Caribbean", *Signs 8*, No. 1, otoño, 1982, pp. 154-157.

23   En realidad, fue un grupo venezolano de feministas, La Conjura, quien primero pensó en organizar un encuentro, en agosto de 1979. Sólo cuando estuvo claro que no podrían realizarlo, las feministas colombianas asumieron el reto.

24   *Véase* Marysa Navarro, "El primer encuentro de Latinoamérica y el Caribe", en *Sociedad, subordinación y feminismo*, ed. Magdalena León, Bogotá, Asociación Colombiana de Estudios Populares, 1982, pp. 309-318.

25   En español "maternidad libre y voluntaria" esencialmente significa "todo niño, un niño deseado".

26   El término feministómetro fue hallado por primera vez en el informe sobre el encuentro en Lima. *Véase El Encuentro Feminista Latinoamericano y del Caribe*, Santiago, Chile, ISIS Internacional, edición especial de *Revista de las Mujeres*, No. 1, junio, 1984, pp. 7-8.

27 Un documento publicado sobre el encuentro de Lima hacía una lista de sesenta y tres trabajos presentados. *Véase Ibíd.*, pp. 140-144. Hasta San Bernardo, la presentación formal de los trabajos tendió a ser minimizada. En su lugar, cada taller se convierte en un grupo de trabajo que se reúne para referirse a un solo tema.

28 Autogestión, una forma libre o estructura espontánea que permitiría a los participantes organizarse y crear sus propios talleres impulsivamente. Se debería anotar que a pesar del énfasis en autogestión, el encuentro de Bertioga no fue menos estructurado y organizado.

29 Sobre el movimiento feminista brasileño y los tópicos que ha politizado, *véanse* Álvarez, *Engendering Democracy in Brazil* (n. 19 arriba). También *véanse* Cynthia Sarti, "The Panorama of Brazilian Feminism", *New Left Review 173*, enero-febrero, 1989, pp. 75-90; María Lygia Quartim de Moraes, *Mulheres en Movimento*, São Paulo, Nobel y CECF (Conselho Estadual da Condiçâo Feminina), 1985; Anette Goldberg, "Os movimentos de liberaçâo de Mulher na Franca e na Italia (1970-1980): Primeiros elementos para um estudo comparativo do novo feminismo na Europa e no Brasil", en *O lugar de mulher*, ed. M. T. Luz, Rio de Janeiro, Graal, 1982; y Ana Alice Costa Pinheiro, "Avances y definiciones del movimiento feminista en el Brasil", tesis de maestría, Colegio de México, 1981; y Branca Moreira Alves y Jacqueline Pitanguy, *O que é o feminismo?*, São Paulo, Brasilense, 1981.

30 Para un recuento más detallado de estos eventos polarizantes, *véanse* Ortega y Sternbach, "Gracias a la Vida" (n. 5 arriba); y Judit N. Moschkovich, Maria Cora y Sonia E. Álvarez, "Our Feminisms", *Connexions: An International Women's Quarterly*, No. 19, invierno, 1986), pp. 16-18.

31 Para un recuento de los largos conflictos entre el movimiento feminista brasileño y la izquierda sectaria, *véase* Sonia E. Álvarez, "Women's Movements and Gender Politics in the Brazilian Transition", en Jaquette, ed. (n. 11 arriba), pp. 28-71.

32 Sobre el desarrollo del feminismo revolucionario en Nicaragua Sandinista, *véanse* Norma Stoltz Chinchilla, "Revolutionary Popular Feminism in Nicaragua: Articulating Class, Gender and National Sovereignty", *Gender and Society 4*, No. 3, septiembre, 1990, pp. 370-397; Maxine Molineux, "Mobilization without Emancipation? Women's Interests, State and Revolution", en *Transition and Development: Problems of Third World Socialism*, ed. Richard Fagen, Carmen Diana Deere y José Luis Coraggio, Nueva York, Monthly Review Press and Center for the Study of the Americas, 1986, pp. 280-302, y "The Politics of Abortion in Nicaragua: Revolutionary Pragmatism or Feminism in the Realm of Necessity?" *Feminist Review*, No. 29, primavera, 1988, pp. 114-132.

33 Por ejemplo, algunos de los grupos representados incluyeron clubes de madres, asociaciones de amas de casa, ollas comunes, comedores populares, damnificadas de Ciudad de México y organizaciones de mujeres rurales. (Ollas comunes y comedores populares son estrategias económicas de sobrevivencia diseñadas por las mujeres de zonas marginales para proveer las necesidades básicas de la vida; las damnificadas son también organizaciones de mujeres de zonas marginales para asistir a las víctimas de desastres naturales tales como inundaciones o terremotos.

34 Una latina es una "mujer de herencia o ascendencia latinoamericana que reside permanentemente en los Estados Unidos" (Eliana Ortega y Nancy Saporta Sternbach, "At the threshold of the Unnamed: Latina Literary Discourse in the Eighties", en *Breaking Boundaries: Latin Writing and Critical Readings*, ed. Asunción Horno-Delgado, Eliana Ortega, Nina M. Scott, y Nancy Saporta Sternbach, Amherst, University of Massachusetts Press, 1989, pp. 2-23, especialmente n. 15). Esta definición es adaptada de la definición de "chi-

cano" de Juan Bruce-Novoa, en *Chicano Authors: Inquiry by Interview*, Austin, University of Texas Press, 1980, p. 3.

35 *Vease* Sonia E. Álvarez, "Women's Participation in the Brazilian 'People's Church': A Critical Appraisal", *Feminist Studies 16*, No. 2, verano, 1990, pp. 381-408.

36 Para una discusión sobre la interfase de luchas revolucionarias y luchas de género en Sur y Centroamérica contemporáneas, *véase* Norma Stolz Chinchilla, "Marxism, Feminism, and the Struggle for Democracy in Latin America", en *The Making of Contemporary Social Movements in Latin America*, ed. Arturo Escobar V. y Sonia Álvarez, Boulder, Colorado, Westview, 1992, en prensa.

37 Discurso de una veterana en un taller titulado "Visiones para el futuro" (IV Encuentro, Taxco, octubre, 1987.

38 El problema de financiar el encuentro en un momento de profunda crisis económica, incluyendo las cuestiones de financiación alternativa y uso de instalaciones públicas, ha sido central para todos los comités organizadores. Luego de un caluroso debate, el grupo de Argentina decidió abandonar el apoyo gubernamental (aunque lo recibieron de una agencia gubernamental holandesa) y buscar fondos extranjeros. Recibieron fondos de varias fundaciones, incluyendo el Fondo Mundial para la Mujer, la Fundación Ford, el Consejo Mundial de Iglesias, Match y CIDA-Canada y Aktionsgeminschaft Solidarische. Los fondos permitieron a los organizadores cubrir el sesenta por ciento de los costos del encuentro y subsidiar la asistencia. Las argentinas y uruguayas pagaron el veinticinco por ciento del costo real y mujeres de otros países de Latinoamérica y el Caribe pagaron el cincuenta por ciento. Las mujeres del primer mundo pagaron cien dólares.

39 El nombre en español es profundamente irónico. Transmite la idea de que mientras un encuentro es un lugar para conocer gente y reunirse, San Bernardo fue realmente un encuentro donde la gente no se encontró.

40 *Véase* Ana María Portugal, ed., *Mujer e Iglesia: Sexualidad y Aborto en América Latina*, Washington D.C., Catholics for Free Choice, 1987.

41 DAWN, "El feminismo de los 90: Desafíos y propuestas", Mujer/Fempress, No. 111, enero, 1991, p. 4. Los autores definen el movimiento feminista como un movimiento social que necesita transformarse en un movimiento político, comprometido con la democracia y la diversidad. Aunque no elaboran cómo se logrará, discuten dos temas importantes para el movimiento: la renuencia de las feministas a manejar el liderazgo y los fondos que algunas mujeres reciben de centros de investigación.

42 En este punto, es imposible llegar a conclusiones del pequeño número de históricas que atendieron el V Encuentro; nos sentimos renuentes a concluir en este momento si su ausencia fue significativa o coincidencial.

43 Correspondencia personal de Norma Stoltz Chinchilla a Sonia Álvarez, agosto 21, 1990.

Los movimientos de mujeres y las transiciones democráticas en América Latina[*]

Jane S. Jaquette

Este ensayo examina el papel de las mujeres y del feminismo en la transición de la política autoritaria a la política democrática en cinco países de Suramérica durante la década de 1980. Parte de la premisa de que las transiciones democráticas latinoamericanas no pueden comprenderse correctamente si no se tiene en cuenta el papel desempeñado por las mujeres y las feministas. Así mismo, los cambios operados en los papeles políticos de las mujeres latinoamericanas no pueden evaluarse adecuadamente sin entender la política de transición.

Un examen más cuidadoso del papel político desempeñado por las mujeres durante las transiciones del autoritarismo militar a la democracia también plantea temas de la teoría y práctica feministas que trascienden la región misma. Las feministas en los Estados Unidos reivindican una teoría universal de injusticia y una visión global de lo que debe hacerse, a pesar de que su experiencia generalmente se limita a sociedades ricas, industrializadas y democráticas, y en las cuales las mujeres de color son una minoría. Las feministas estadounidenses tienden a ver a las mujeres del tercer mundo como víctimas más que como creadoras de teoría feminista o como agentes de cambio.

La experiencia latinoamericana ofrece una perspectiva sobre temas importantes que están en el centro de una movilización internacional creciente de mujeres: ¿Cuál es la relación entre "mujer" y "ciudadana"? ¿Cuáles son las estrategias disponibles que se pueden adoptar para trascender la entrada de las mujeres a la política y cambiar la agenda política y aún la definición de la política misma? ¿Puede tener éxito un enfoque de participación política que parte de las diferencias entre mujeres y hombres, en vez de hacer énfasis sobre su igualdad?

Las transiciones de regímenes militares autoritarios hacia la política democrática coincidieron con el resurgimiento de los movimientos feministas y el rápido crecimiento de organizaciones entre las mujeres urbanas pobres

[*]   Traducido al español por Patricia Prieto.

en América Latina. Esto ha conferido a los grupos feministas latinoamericanos una oportunidad única para articular el análisis feminista a temas políticos más amplios, a acciones directas, y a los avances de la política del feminismo internacional.

LA PARTICIPACIÓN POLÍTICA DE LAS MUJERES

La movilización política de las mujeres ha tenido una larga historia en América Latina. Desde las guerras de independencia libradas contra España a principios del siglo XIX hasta las guerras de guerrillas de las décadas de 1960-1970, las mujeres han estado activas en movimientos políticos amplios.

Las mujeres han organizado huelgas, han participado en demostraciones callejeras urbanas y se han afiliado a los partidos políticos, aún antes de obtener el derecho al voto. Desde la segunda guerra mundial, las condiciones de la vida urbana dieron origen a redes de organizaciones de barrio que presionaban por la obtención de servicios urbanos y precios menores para el consumidor. Las mujeres se han organizado en clubes de madres y asociaciones "de costo de vida" para exigir escuelas, hospitales y para protestar contra del aumento de precios; han sido activas en las asociaciones de barrio, demandado títulos de propiedad y servicios básicos en los tugurios y asentamientos subnormales que albergan a una proporción sustancial de la población urbana de América Latina.

La historia del feminismo latinoamericano se remonta por lo menos un siglo a las campañas sufragistas de las mujeres. Al igual que en los Estados Unidos, el movimiento sufragista fue liderado por mujeres de clase alta y media alta, y produjo una agenda reformista, en vez de una guerra social, radical. El derecho al voto fue concedido a las mujeres sobre bases que tenían poca relación con los ideales feministas[1]. Por ejemplo, en el Ecuador, país conocido por su pobreza y relaciones sociales cuasi-feudales y no por su tradición democrática liberal o su avanzada legislación, a las mujeres se les concedió este derecho en 1929. Brasil, Uruguay y Cuba hicieron lo mismo a principios de los años treinta. Argentina y Chile, países que figuraban entre aquellos que contaban con los ingresos per cápita y tasas de alfabetismo más altos, no concedieron el voto a las mujeres sino después de la segunda guerra mundial, mientras que Perú, México y Colombia lo hicieron en la década de 1950.

La ausencia de correlaciones entre los indicadores económicos y educativos y el voto de las mujeres se debió en parte a la creencia ampliamente difundida de que las mujeres votarían por el *statu quo* y no por el cambio, y que el voto femenino sería controlado por la Iglesia católica conservadora.

Irónicamente los conservadores fueron quienes otorgaron la ciudadanía a las mujeres en Chile, Brasil y Perú, con la intención explícita de utilizar el voto femenino para contrarrestar el creciente radicalismo político de un electorado masculino cada vez más movilizado[2].

En estas circunstancias, el voto femenino no indicó un cambio de actitud hacia la mujer ni un compromiso político de tener en cuenta las cuestiones de las mujeres, aunque Argentina puede ser la excepción. Desde 1975, ha habido en esta región un incremento dramático en la movilización política de las mujeres en todos los sectores de la sociedad. Parece evidente que América Latina esté experimentando una nueva época en la movilización de las mujeres, comparable en muchos aspectos al movimiento de emancipación femenina a principios del siglo XX, pero a escala mucho mayor.

La combinación de tres patrones de movilización de las mujeres le ha dado al "movimiento de mujeres" un papel reconocido en las transiciones democráticas: los grupos de los derechos humanos de las mujeres, los grupos feministas y las organizaciones de mujeres pobres urbanas. Cada una de estas ramas del movimiento de mujeres tuvo orígenes y metas diferentes; la oportunidad e inclusive la necesidad de cooperación surgieron de las demandas planteadas por el mismo proceso de transición.

En Argentina, Chile y Uruguay, por ejemplo, las mujeres fueron de las primeras en protestar contra las desapariciones y encarcelamientos masivos; las organizaciones de mujeres familiares de los desaparecidos constituyeron la espina dorsal de los grupos de derechos humanos y éstos se convirtieron en el tema central de los esfuerzos civiles dirigidos a expulsar a los militares. En algunos casos, el activismo femenino en materia de derechos humanos fue una extensión de su participación en las comunidades cristianas de base y recibieron apoyo de la Iglesia. En otras partes, especialmente en Argentina, las amas de casa, quienes nunca habían participado en actividades políticas, irrumpieron en el escenario político para protestar contra la pérdida de esposos e hijos. Estas mujeres no se consideraban a sí mismas feministas; por el contrario, su solidaridad y sus estrategias políticas fueron una extensión de sus papeles familiares tradicionales. El mas famoso de estos grupos, Las Madres de la Plaza de Mayo de Argentina, tuvo un impacto sin precedentes y vino a simbolizar la indignación de la sociedad civil contra los regímenes burocrático-autoritarios de la región en su conjunto.

El surgimiento de los movimientos feministas en la segunda mitad de los años setenta constituyó una segunda dimensión importante en el crecimiento y la autodefinición del movimiento de mujeres. Las mujeres profesionales formaron grupos feministas, muchas de ellas miembros desencantados de partidos políticos de izquierda, frustradas por la negativa de la izquierda de tomar en serio los temas de las mujeres. En razón de sus orígenes activistas, estos grupos feministas estaban intensamente comprometidos con la vinculación del análisis feminista a favor de un cambio social profundo. Aumentaron en número y su compromiso feminista se intensificó con la incorporación de las exiladas políticas que regresaron de las capitales europeas y norteamericanas con nuevas ideas y nuevos conceptos sobre la política feminista. Realizaron conferencias y talleres, ofrecieron asesoría legal y consejería feminista, como también ayuda a las víctimas de la tortura y la represión. A partir de 1981, los grupos feministas empezaron a reunirse en "encuentros" regionales, bianuales, con el fin de compartir experiencias y desarrollar agendas para la acción.

La oposición compartida al régimen militar ofreció la oportunidad de vincular los temas de la mujer a los de la oposición civil. El clamor por los derechos humanos estaba vinculado a los derechos de las mujeres, y el análisis del autoritarismo militar se convirtió en una crítica del autoritarismo en la familia. El trato dado a las prisioneras políticas (el cual frecuentemente incluía la violación y otras formas de abuso sexual), la cínica manipulación de los lazos familiares para acrecentar la eficacia de la tortura, la ruptura de las familias y la distribución de los hijos de los "desaparecidos" pusieron de manifiesto la hipocresía tras la glorificación de la maternidad e hizo imposible evadir el tema de la sexualidad de las mujeres[3].

El conocimiento sobre la práctica de la violencia contra las mujeres en las cárceles hizo que fuese aceptable hablar sobre la violencia contra la mujer en la casa y en la calle. Estas experiencias le proporcionaron a la teoría feminista latinoamericana una situación única desde la cual analizar los límites entre lo público y lo privado, para debatir acerca de cómo los grupos de mujeres pueden "hacer política" para lograr el cambio social en un contexto democrático y reestructurar las imágenes políticas e inclusive el lenguaje mismo de la política.

La tercera dimensión del movimiento de las mujeres en América Latina —y su potencial en los grupos de base— fue la movilización de las mujeres pobres urbanas. La profunda recesión de los años ochenta causó una crisis económica que muchos han comparado con la Gran Depresión de los años treinta. Los ingresos reales cayeron en forma dramática, en tanto que los altos niveles de endeudamiento externo obligaron a los gobiernos a adoptar "programas de ajuste estructural" que aumentaron los precios de los alimentos y los bienes de consumo básicos, a la vez que recortaron la inversión en servicios e infraestructura dirigidos a mejorar la situación de los pobres urbanos. Las renegociaciones de la deuda ofrecían pocas esperanzas, con los compromisos de cumplir con los plazos para la amortización de intereses y la extensión de los plazos para la cancelación de la deuda hasta bien entrado el próximo siglo.

Como respuesta al declive económico, las mujeres urbanas pobres se vieron obligadas a depender de sus propios recursos para asegurar la supervivencia de sus familias. La formación de cocinas comunales y comités de barrio para la nutrición infantil y la atención básica en salud despertó el interés de varios grupos con distintos objetivos políticos, incluyendo a los partidos políticos, la Iglesia, las fundaciones internacionales y las agencias de cooperación. Aunque la participación de las mujeres en las organizaciones de barrio no es algo nuevo, el nivel de coordinación entre los grupos locales, la formación de "federaciones" de grupos con intereses similares y la vinculación de los grupos de barrio a las otras ramas del movimiento de mujeres ubicaron a esta nueva fase de la organización comunitaria en un contexto nuevo y más poderoso. La coincidencia entre las transiciones políticas hacia la democracia y el crecimiento de las organizaciones comunitarias entre las mujeres urbanas pobres dio a estas organizaciones un contexto más amplio en el cual trabajar, metas más ambiciosas, nuevos recursos políticos y una prueba del poder nacional.

EL SURGIMIENTO DE LOS REGÍMENES BUROCRÁTICO-AUTORITARIOS

La historia política de Suramérica se ha caracterizado por ciclos en los cuales se alternan regímenes militares y civiles. Los intentos iniciales de establecer repúblicas basadas en el modelo de la Constitución estadounidense se fueron a pique en el siglo XIX, teniendo frecuentemente como resultado el surgimiento de un caudillo. En el siglo XX, dos países suramericanos, Uruguay y Chile, se salieron de este patrón y establecieron gobiernos democráticos relativamente estables. En Argentina y Brasil surgió un nuevo estilo de liderazgo político de la crisis económica de los años treinta, fuertemente influenciado por el flujo de migrantes alemanes e italianos que se inició a finales del siglo XIX. Aunque hubo diferencias importantes entre los dos, los regímenes establecidos por Juan Domingo Perón en Argentina y Getulio Vargas en Brasil se diferenciaban del modelo liberal democrático e intentaron crear estados "corporativos". El Estado asumió un papel activo estimulando la industrialización por sustitución de importaciones, y sirvió de mediador de las relaciones entre actores políticos claves: la oligarquía terrateniente, los industriales nacionales y extranjeros, la Iglesia y los sectores sindicalizados de la clase obrera, los cuales abarcaban desde obreros hasta maestros, trabajadores bancarios y empleados públicos.

A comienzos de los años sesenta todo parecía indicar que la época de los dictadores de la posguerra había terminado. Brasil, Argentina y Perú habían restablecido gobiernos democráticos con una generación de dirigentes activistas. Con la percepción de una nueva oportunidad para la cooperación, y temeroso de que la revolución cubana podría encontrar imitadores, el presidente Kennedy lanzó la Alianza para el Progreso y comprometió a los Estados Unidos a dar reconocimiento diplomático solamente a aquellos gobiernos que llegaran al poder a través de elecciones. Sin embargo, en 1970 el péndulo ya había regresado y Argentina, Brasil y Perú estaban bajo regímenes militares; en 1973, ya Chile había fracasado en su experimento socialista y su tradición democrática con el golpe del general Pinochet, y Uruguay estaba sufriendo un golpe "en cámara lenta" que le dio control total a los militares a mediados de los años setenta.

Hubo una diferencia importante entre esta fase de gobiernos militares y los ciclos en los cuales los caudillos alternaban con períodos de gobierno civil. Estos gobiernos militares nuevos representaban a las fuerzas armadas como institución, a diferencia del patrón anterior en el cual individuos ambiciosos habían utilizado al ejército como medio para obtener poder personal. En esta nueva ronda de golpes de Estado, los militares definían su tarea en términos muy amplios, declarando su intención de permanecer en el poder "indefinidamente" hasta que su proyecto de reestructuración de la sociedad hubiese sido completamente realizado.

En Brasil, Argentina, Chile y Uruguay, las políticas de los militares fueron excluyentes. Las dictaduras se propusieron purgar la sociedad de individuos y grupos —invariablemente aquellos de la izquierda política— a los cuales los militares consideraban una amenaza para la preservación de los valores tradicionales; la religión, la familia y la propiedad privada. El caso peruano ofrece un contraste importante; aquí también los militares tomaron el poder confiados en su capacidad profesional para gobernar, pero su proyecto era la reforma progresista o aun radical, y sus políticas fueron diseñadas con el propósito de incorporar grupos nuevos, particularmente las clases bajas urbanas y los campesinos, al sistema nacional.

En todos los casos, con excepción del Perú, los militares también se propusieron rediseñar el modelo económico que había orientado el desarrollo latinoamericano a partir de la segunda guerra mundial. En vez de las estrategias proteccionistas de desarrollo basadas en la sustitución de importaciones, cuyo resultado fueron las altas tasas de crecimiento de los años cincuenta y sesenta (pero que fueron criticadas por ser inadecuadas para generar crecimiento futuro), los militares fueron los abanderados de las políticas "liberales" basadas en el crecimiento a través de las exportaciones. En lugar de racionalizar y reglamentar la presencia de las compañías foráneas, estos nuevos regímenes propiciaron la inversión extranjera.

El resurgimiento del autoritarismo militar en la región iba en contra de las predicciones de la teoría del desarrollo político, la cual había planteado una correlación fuerte entre el desarrollo económico y la democracia política. Por supuesto que la correlación no era perfecta, pero el modelo predecía que las probabilidades de democracia serían reforzadas si se daban ciertos prerrequisitos: una población alfabeta y educada y una economía en expansión constante. De acuerdo con los supuestos convencionales, Argentina, Uruguay y Chile, con ingresos per cápita y tasas de alfabetismo y escolaridad altas, debían haber avanzado bastante en su proceso de conversión en democracias estables. Brasil, a pesar de una profunda brecha entre ricos y pobres, tenía la ventaja de contar con un mercado interno grande y una población dinámica; la elección de Juscelino Kubitschek en 1955 se consideró como una señal positiva de que Brasil se encarrilaba nuevamente por la senda democrática.

Por estas razones, los golpes militares ocurridos en Brasil en 1964 y en Argentina en 1966 fueron evidencia, no de desarrollo político sino, según la memorable frase de Samuel Huntington, de decadencia política. Producía aún más preocupación el hecho de que en Chile y Uruguay, en los años setenta, los militares intervinieron en sistemas políticos que habían funcionado bajo normas democráticas durante la mayor parte del siglo XX. Adicionalmente, estos regímenes militares estaban decididos no solamente a quedarse en el poder indefinidamente, sino también a utilizar en forma extensiva la represión y el terrorismo de Estado para despolitizar a sus ciudadanos y para silenciar la disidencia. Las instituciones democráticas dejaron de funcionar a medida que los cuerpos legislativos fueron cerrados o ignorados y los partidos políticos fueron prohibidos o severamente limitados. Los sindicatos fueron reprimidos o cooptados. Los individuos que habían sido políticamente activos, y aquellos de quienes los militares sospechaban por cualquier motivo, fueron sometidos arbitrariamente a prisión y tortura. Miles escaparon al exilio.

Surgieron tres tipos de teorías para explicar esta nueva fase del autoritarismo militar. La primera, en boga a finales de los años sesenta y comienzos de los setenta, argumentaba que la cultura política latinoamericana era hostil a la democracia. Según este punto de vista, las constituciones democráticas latinoamericanas, las cuales imitaban el modelo estadounidense, no eran apropiadas para naciones donde el poder estaba en manos de los terratenientes, los militares y la Iglesia. En consecuencia, la política latinoamericana no estaba evolucionando hacia la democracia, porque la cultura política no producía un comportamiento democrático de parte de los ciudadanos o de sus dirigentes. Se decía, en cambio, que el corporativismo sería la forma política apropiada para las sociedades latinoamericanas y que el regreso de los militares debía entenderse como el resultado del hecho de que la política en América Latina es y continuará siendo autoritaria en vez de democrática, jerárquica en vez de igualitaria, corporativista en vez de pluralista, religiosa en vez de secular[4].

Los escépticos respondieron a esta ola de literatura sobre el autoritarismo latinoamericano planteando que los argumentos a favor de una cultura política corporativista eran poco convincentes porque explicaban demasiado: sistemas tan diversos como la dominación unipartidista en México, el experimento vertical con una revolución socialista de los generales peruanos y la dictadura del general Onganía en Argentina quedaban todos cobijados por el rubro corporativista, a pesar de sus políticas contradictorias y la diversidad de sus mecanismos de control. Además, la teoría no explicaba la razón por la cual, si el corporativismo era tan atractivo, tenía que ser implementado por los militares y respaldado por el uso draconiano de la fuerza.

En 1973, un politólogo argentino, Guillermo O'Donnell, planteó una explicación más precisa sobre el autoritarismo militar. O'Donnell sostenía que esta nueva y represiva forma de autoritarismo militar afectó a los países económicamente más avanzados de la región[5] y como hipótesis argumentó que los militares habían tomado el poder para manejar una nueva etapa de desarrollo. En las economías más avanzadas, la estrategia de la posguerra representada en la industrialización por sustitución de importaciones se había "agotado", y era necesario que estas economías entraran a una nueva fase de "intensificación" de su industrialización para poder generar un nuevo crecimiento. La intensificación se definía como el paso de la producción de bienes de consumo (altamente protegida) a la producción de bienes de capital, y al aumento de la integración vertical de la economía.

La industrialización por sustitución de importaciones se había basado en la ampliación del mercado interno y era, por tanto, compatible con políticas de intervención económica del Estado y con los programas sociales populistas que reforzaban la capacidad de compra de los trabajadores. Sin embargo, la fase de intensificación requería un aumento del ahorro y de nuevas inversiones sustanciales, lo cual significaba recortar los programas sociales y retroceder la movilización popular que se había dado durante el período de la sustitución de importaciones. El dar reverso a la política populista necesitaba la represión. Para O'Donnell, el autoritarismo militar no representaba un "retroceso" temporal en la marcha hacia la democracia; por el contrario, lo consideraba como el camino que otros países menos avanzados de la región acabarían siguiendo en el futuro. O'Donnell clasificó estas nuevas dictaduras militares como regímenes "burocrático-autoritarios", término que captaba su naturaleza represiva y antidemocrática, así como el papel significativo desempeñado por los tecnócratas civiles y militares, quienes estaban a cargo del manejo de la nueva estrategia de desarrollo.

El surgimiento del autoritarismo burocrático, por una parte, y los experimentos chileno y aun el peruano, de movilización popular y redistribución radical, por la otra, sugieren que hubo dos estrategias muy diferentes para afrontar el "agotamiento" de la sustitución de importaciones. Una de ellas, defendida por la izquierda, planteaba que la industrialización por sustitución de importaciones podía rescatarse si se avanzaba más por el mismo camino; la redistribución del ingreso y el manejo estatal de la economía podrían estimular el crecimiento y a la vez disminuir la brecha entre ricos y pobres. La segunda estrategia abogaba por el crecimiento basado en las exportaciones y el desarrollo de industrias que pudieran competir internacionalmente. Los regímenes militares de Argentina y Brasil, y luego los de Uruguay y Chile, escogieron la segunda estrategia y demostraron estar dispuestos a pagar el alto costo político que entraña la desmovilización sindical, la represión de las instituciones democráticas y la censura de prensa.

La militancia creciente de obreros y campesinos se frenó, y los dirigentes obreros e intelectuales que insistieron en sus reivindicaciones fueron exilados o "desaparecidos". El negocio ofrecido por los militares era un crecimiento económico rápido a cambio de una desmovilización política y la pérdida de las libertades democráticas. En Brasil y Chile, los gobiernos burocráticos autoritarios produjeron "milagros" económicos con los cuales lograron ganarse el apoyo de sectores claves de la sociedad civil, pero en Uruguay y Argentina los militares no tuvieron el mismo éxito económico; estos regímenes se vieron obligados a depender de la coerción al carecer de una base de legitimidad económica.

La tesis de O'Donnell ha sido ampliamente debatida y en buena parte aceptada. Algunos observadores han cuestionado el determinismo económico del modelo y lo han sustituido por un conjunto de argumentos políticos para explicar las motivaciones de los militares, por lo menos en las etapas iniciales. Resaltan la amenaza que los militares percibían en grupos guerrilleros organizados tales como los Tupamaros en Uruguay o los Montoneros en Argentina, y plantean que la polarización política producto del intento de Salvador Allende de implementar una revolución socialista democrática fue la causa de la intervención militar en Chile[6].

La teoría según la cual los militares respondían a una amenaza puede explicar la habilidad para escoger el momento oportuno para llevar a cabo las intervenciones militares, la dureza inicial de la represión (para liberar a la sociedad de la subversión interna) y la continuación de las políticas de terror para eliminar tanto a las organizaciones como a las ideas de izquierda. El apoyo conservador al autoritarismo militar puede entenderse no solamente en términos pragmáticos (a favor de las políticas económicas liberales y evadiendo la redistribución) sino también ideológicos (para rechazar la amenaza contra la propiedad privada). Si bien la tesis original de O'Donnell parecería ofrecer pocas esperanzas en relación con la restauración de la democracia, la perspectiva política predice que los militares se retirarán de la política cuando los partidos civiles organicen un apoyo amplio en torno a una estrategia centrista para gobernar.

El enfoque político agrega una dimensión importante, para la comprensión del autoritarismo burocrático. Un punto de vista político más complejo introduciría el factor referente a los intereses institucionales de las fuerzas armadas: el profesionalismo de los militares, el cual ha funcionado en forma perversa en América Latina al dotar a los militares con las habilidades tecnocráticas y los motivos ideológicos para asumir el poder, y al infundirles temor a las exigencias de los civiles de que los oficiales sean castigados por su participación en la implementación de las políticas de terrorismo de Estado. Este temor puede prolongar el deseo de los militares de mantenerse en el poder aun cuando sus políticas económicas y represivas ya no puedan ofrecer una justificación para ello.

La transición del autoritarismo a la democracia

Luego de una década larga de gobierno autoritario en los años sesenta y setenta, se dio un viraje importante hacia la democracia a finales de los años setenta y en la década de 1980[7]. En cuatro de los cinco casos aquí examinados —Argentina, Uruguay, Brasil y Perú— los gobernantes militares fueron reemplazados por regímenes constitucionales civiles. Se celebraron elecciones y se restauraron las libertades democráticas. La excepción, claro está, fue Chile, pero aun en Chile hubo una amplia movilización política y una relativa libertad de expresión en la campaña en torno al plebiscito, que tuvo como resultado la victoria de los opositores de Pinochet en octubre de 1988, y el triunfo del candidato de la oposición, Patricio Alwyin, en 1989. Hubo otra elección democrática en 1993.

El viraje hacia la democracia en Suramérica comenzó en Brasil en 1975, cuando los militares iniciaron el lento proceso de la apertura política que llevó a la elección de un presidente civil una década después. La transición del Perú empezó en 1976, cuando un dirigente militar conservador asumió el poder, suspendió la reestructuración vertical y convocó una asamblea constitucional en 1978.

La tesis de este ensayo sostiene que el período de transición de una dictadura militar a un gobierno democrático no corresponde a la política habitual; ofrece oportunidades nuevas y plantea limitaciones diferentes. Los movimientos sociales —incluido el movimiento de mujeres— tuvieron una ventaja durante la transición porque pudieron movilizar a sus seguidores y sacar a la gente a la calle. Las transiciones son "aperturas" políticas en el sentido más amplio de la palabra; existe una voluntad general para repensar las bases del consenso social y revisar las reglas de juego. Esto ofrece una oportunidad extraordinaria a los movimientos sociales para plantear nuevas reivindicaciones y para influir sobre las expectativas populares. ¿Cuál fue el papel desempeñado por las mujeres?

Los movimientos de mujeres: orígenes y metas

El "movimiento de mujeres" fue un conjunto de grupos diversos con patrones de organización y metas diferentes. Con diferencias en sus propósitos y estilos, estas tres ramas del movimiento de mujeres trabajaron juntas durante las transiciones y continuaron cooperando, aunque con menor éxito, al ser restablecidas las instituciones democráticas.

Cada uno de estos grupos movilizó a diferentes tipos de mujeres. Las organizaciones de derechos humanos fueron conformadas por amas de casa con poca experiencia política previa, quienes describían sus objetivos y actividades como "política eficaz". El activismo sin precedentes de estas mujeres fue producto de una causa extraordinaria: la invasión de la esfera privada de la familia por parte de los gobiernos, que, a pesar de su compromiso público de preservar los valores familiares tradicionales, utilizaron el terrorismo de Estado para mantener el control político. Las Madres, en torno a quienes se solidificó el esfuerzo civil por privar a los militares de su legitimidad política, no pretendían romper la barrera entre lo público y lo privado. Fueron obligadas a ocupar el espacio público de la Plaza luego de fracasar en sus demandas privadas. Su heroísmo tampoco tocó la fibra sensible del público argentino cuando iniciaron sus marchas; lo que sucedió fue que después de ser ignoradas y ridiculizadas durante cinco años, recibieron la aclamación popular solamente cuando se hizo evidente que el régimen militar afrontaba una crisis fatal. Además, una vez restablecida la democracia, las Madres perdieron bastante influencia, a pesar de su activismo y compromiso permanentes.

Las mujeres de los barrios urbanos pobres también respondieron a una crisis: la devastación económica a largo plazo que ha reducido drásticamente los ingresos reales y los niveles de vida en América Latina. La causa subyacente de esta crisis es el patrón de crecimiento económico que ha atraído a los migrantes en proporciones que exceden en mucho a los empleos disponibles en la economía formal.

La creciente brecha entre ricos y pobres, que llevó a muchos en los años sesenta a concluir que el modelo de crecimiento capitalista había fracasado en América Latina, se empeoró en los años setenta a raíz de los efectos de la crisis petrolera y en los ochenta por la adopción de las "políticas de ajuste estructural" diseñadas para afrontar la crisis de la deuda. Estas políticas se diseñaron para reducir el consumo doméstico y promover las exportaciones; también implicaron un recorte de los programas sociales con el propósito de reducir los déficits gubernamentales.

La crisis de los años ochenta dio origen a nuevas organizaciones, tales como las cocinas comunales. Estas organizaciones se hicieron bastante visibles durante la transición y han mantenido su influencia en la medida en que los partidos políticos democráticos han venido dirigiendo sus campañas hacia los electores urbanos de clase baja. El surgimiento inesperado de los movimientos feministas en estos países y la importancia de los temas de organizaciones de mujeres en la política de transición se deben a una combinación única de factores. La crisis política del autoritarismo dio lugar a movimientos sociales y a la exigencia de una política más participativa. Las transiciones fueron marcadas por una apertura y flexibilidad ideológicas, nacidas del deseo de romper con el diálogo político polarizado del pasado. Esto ofreció un terreno fértil para la crítica social feminista, en tanto que la crisis económica conformó la agenda social del movimiento de mujeres a la vez que le facilitó una base de masas. El feminismo fue inicialmente rechazado por ser demasiado elitista y hostil hacia los hombres y, por tanto, por ser inadecuado para la realidad social y política latinoamericana. Pero, a medida que fueron regresando las exiladas con ideas feministas nuevas, adquiridas en Europa y Norteamérica, y con la internacionalización del contenido de la agenda feminista a través del Decenio de las Naciones Unidas para la Mujer, el feminismo surgió como un esfuerzo consciente por redefinir los términos del debate político democrático.

Las transiciones democráticas favorecieron a los movimientos sociales, organizados en torno a nuevas concepciones de lo político y de la comunidad, y coincidieron con un nuevo período de apertura política de la izquierda. El análisis de clase cedió ante el nuevo interés por los movimientos de resistencia y la cultura popular. Los movimientos populares —incluido el movimiento de mujeres— se consideraban como "puntos de resistencia" a la dominación, el material político bruto a partir del cual se forjaría una sociedad antiautoritaria nueva. Al mismo tiempo, las "vanguardias" de la izquierda caían en el desprestigio. Esta coyuntura política ofreció un medio favorable para la teoría y la práctica feministas.

Metas divergentes, estrategias convergentes

A pesar de sus diversos orígenes y metas, cada una de estas ramas del movimiento de mujeres convergió en una estrategia de oposición al régimen militar, estrategia que las unió. No obstante, cada grupo usó formas diferentes para acceder a la esfera pública.

Los grupos de derechos humanos optaron por las protestas no violentas a pesar de la prohibición de las manifestaciones públicas. Las Madres desarrollaron un discurso poderoso en el cual valoraban la "vida" más que la "política", el amor por encima de la ideología: a ninguna madre se le pregunta sobre su ideología o sobre lo que hace; tampoco preguntamos sobre las actividades de sus hijos. Nosotras no defendemos ideologías; defendemos la vida... Nuestra gran preocupación es no dejarnos manipular por ningún partido político... Ni las amenazas ni los fusiles del gobierno son contrincantes dignos de la fe de una madre[8].

El éxito político de las Madres constituye un provocativo reto para quienes tratan de explicar la marginación política de las mujeres como resultado de sus valores tradicionales y de sus roles privados. Las Madres mostraron la forma en que el lazo entre madre e hijos podía convertirse en la base de la acción política. Las Madres no solamente convirtieron los recursos morales privados en poder público, transformando "la condición privada en una armadura pública" según Beatriz Schmukler; ellas volvieron a introducir una dimensión ética dentro de un medio político caracterizado fundamentalmente por el cinismo y la negación[9].

De acuerdo con el planteamiento de Gloria Bonder, el romper la barrera entre los dominios de lo público y lo privado tiene implicaciones profundas para las mujeres, al liberarlas de vidas que "han sido definidas en forma natural" para insertarse en el mundo "definido en términos sociales" en el cual pueden ser los sujetos, y no solamente los objetos, de la acción política: la identificación de la política con la vida pública y el poder, los cuales emanan básicamente del Estado, excluye un conjunto de prácticas sociales clasificadas como privadas y, por consiguiente, no políticas. Esto se aplica a las funciones sociales que tradicionalmente se atribuyen a las mujeres, vale decir, la reproducción, las labores domésticas, la socialización de los hijos dentro de la familia, la sexualidad, etc. Estas funciones femeninas se consideran privadas, y también "naturales". Al no ser identificadas como políticas, pierden el carácter de prácticas sociales y son relegadas a la esfera de lo natural[10].

Sin embargo, hay quienes se muestran escépticas frente a la experiencia de las Madres como modelo para la política feminista. En Uruguay, Carina Perelli plantea que las mujeres se movilizaron para restaurar la familia tradicional. María del Carmen Feijoó sostiene que el discurso político materno se limita a sí mismo y, en última instancia, entraña una pérdida de poder al modernizar y secularizar las normas más conservadoras del comportamiento femenino. Perelli y Feijoó subrayan las contradicciones políticas del enfoque de las Madres. Al declararse a sí mismas "por encima de la política" y dedicadas a la causa de la "vida", las Madres no podían fácilmente ampliar su agenda. En el período democrático, las Madres no han podido conservar su influencia. El consenso civil que ha surgido se ha centrado en olvidar el pasado, y las Madres tienen pocas probabilidades de hacer retroceder esa tendencia.

Los movimientos feministas atrajeron a las mujeres ya politizadas, en gran medida aquellas que eran miembros de los partidos de izquierda. Tenían la ventaja del acceso y la experiencia, pero pronto se encontraron en conflicto con la dirigencia, dominada por los hombres, la cual percibía la "cuestión de las mujeres" en los términos marxistas clásicos y rechazaba todo intento de plantear los temas de las mujeres, clasificándolos de divisionistas y desviacionistas.

Maruja Barrig ha descrito las diversas tácticas de las feministas en el Perú, quienes empezaron con la doble militancia y llegaron hasta la formulación de reivindicaciones políticas feministas explícitas y a equiparar al patriarcado con la clase. Algunas de las activistas más radicales posteriormente formaron grupos feministas autónomos, enfoque que tenía sentido en el clima político de la transición, pero que significó el aislamiento político voluntario en el momento en que los partidos políticos volvieron a tomar la iniciativa política. Mientras tanto, los grupos de estudio y acción, los cuales habían comenzado por examinar temas de clase, particularmente en el trabajo de las mujeres, desarrollaron un nuevo interés por la sexualidad, la violencia contra la mujer y los derechos reproductivos. Tal como ha escrito Virginia Vargas, una feminista y activista peruana: Nuestro fuerte deseo de no alienarnos de la "lucha de clase" nos impidió pensar en nuestros propios términos y plantear la 'cuestión de la mujer'... La naturaleza especial del movimiento feminista latinoamericano no nos muestra cómo, en las situaciones concretas de nuestras vidas, las mujeres están unidas por su opresión sexual a todas las otras formas de opresión[11]. Sin embargo, la autonomía no era la clave de una estrategia política viable. Durante la transición, las nuevas ideas de las feministas y su capacidad para movilizar a las mujeres contra los militares le habían dado visibilidad e influencia al movimiento de mujeres. Cuando se reestableció la democracia y los movimientos sociales tuvieron que trabajar con los partidos políticos para lograr que sus reivindicaciones se convirtieran en legislación, se encontraron compitiendo entre sí por recursos escasos. En el Perú, la decisión de Vargas y otra feminista de participar "autónomamente" bajo la sombrilla de una coalición política de izquierda tuvo como resultado una dolorosa derrota política. En forma parecida, la elección de mujeres —ni qué decir de feministas— resultó ser mucho más difícil de lo esperado.

Las mujeres de los sectores populares se vieron menos amenazadas que las feministas con el regreso de la política democrática; su experiencia política bajo los gobiernos militares y los democráticos fue la de llegar a términos con la política clientelista y con las realidades del poder asimétrico. La investigación llevada a cabo en los años sesenta y setenta mostró que los habitantes de los asentamientos subnormales organizaron asociaciones de vecinos para conseguir títulos de propiedad y acceso a los servicios urbanos. Las mujeres aprendieron a funcionar dentro de un ambiente político muy clientelizado.

Las feministas incorporaron nuevos criterios para asesorar a las organizaciones de mujeres urbanas: las alabaron por su democracia interna, por la rotación de su dirigencia y por la ausencia de una jerarquía formal, a pesar del costo que ello implicaba para su eficiencia política. Las dirigentes que fueron capaces de beneficiar a la comunidad mediante el empleo de relaciones clientelistas y que después utilizaron esos logros para fortalecer su propio prestigio, fueron condenadas por beneficiarse a sí mismas o por sus ansias de poder[12]. Las feministas estaban a favor de los grupos que funcionaran sobre la base de "intereses", y no de los individuos que así lo hicieran.

Lo que las investigadoras feministas querían verificar era el hecho de que las mujeres dan diferentes contenidos y estilos a la política. Hay alguna evidencia de que esto es así. Teresa Caldeira, al estudiar a las mujeres en São Paulo, sostenía que éstas proyectan sus vidas personales en la política, remodelándola de tal forma que se ajuste a sus valores y metas. Encontró, al igual que Julieta Kirkwood, feminista chilena, que las mujeres están alienadas por los partidos políticos. Tal como lo enuncia una de sus informantes al referirse a una reunión del Partido de los Trabajadores, de izquierda, en el Brasil: Me parece que en los debates se tiene que ser política, ¿no?... Allí una tiene que actuar por sí misma... Defender sus propios intereses. Es apenas lógico. Así que yo sólo voy a ver qué pasa. Ellos son los ricos, así que ¿por qué voy a pelear con mis vecinos por ellos?

En el partido es más fácil participar por mis intereses, pero en la comunidad, yo por lo menos creo, que la comunidad no tiene "intereses"... Porque en el partido, la gente quiere ascender. Pero en la comunidad, en mi opinión no hay ni arriba ni abajo. Todos somos iguales[13].

Cecilia Blondet, al estudiar las motivaciones políticas de las mujeres en una barriada de Lima, sostenía que, aunque la participación puede transformar las vidas personales de las mujeres, el cambio puede no ser suficiente. La familia es el "nexo" a partir del cual las mujeres se insertan en la red más amplia de las organizaciones comunitarias. La participación confiere poder a las mujeres al darles más control sobre las condiciones personales e institucionales bajo las cuales vive. Blondet afirma que el clientelismo es un "mecanismo de entrada" a la política y que las mujeres han empezado a sustituir un "nuevo tipo de clientelismo", el cual es definido por los clientes en "forma colectiva".

No obstante, Blondet pone en duda la profundidad que los efectos de estas nuevas formas de participación han tenido sobre las mujeres de los sectores populares: las mujeres han aprendido acerca de la ciudad, la organización urbana y la pobreza. Sin embargo, su participación nunca trasciende los límites de la familia. Estas mujeres luchan por mejorar las condiciones de sus familias sin llegar a constituirse en una fuerza política o socialmente organizada de *mujeres* que pudiera exigir cambios en sus condiciones de subordinación cotidianas y en su trabajo como mujeres. Por lo tanto, es necesario repensar el papel de las organizaciones de mujeres como canales para la acción colectiva, mecanismos por medio de los cuales se legitiman los movimientos sociales y su papel como protagonistas, para, de esta forma, cambiar la manera de concebir la participación de las mujeres[14].

Blondet y Caldeira abordan la cuestión de la adquisición de poder por parte de las mujeres, así como aquella relativa a cómo pueden ser movilizadas dentro de movimientos más amplios de cambio social. Ésta no es una tarea fácil y su explicación ilustra la utilidad de la distinción planteada por

Maxine Molineaux entre intereses prácticos y estatégicos de género, entre aquello que las mujeres necesitan por ser pobres y aquello que se les niega por ser mujeres. Existe una brecha entre el conocimiento feminista acerca del patriarcado y los temas relacionados con la supervivencia de la familia, los cuales motivan a las mujeres de los sectores populares. El meollo del asunto estriba en cómo articular clase y género, intereses prácticos y estratégicos de las mujeres.

La percepción feminista de la familia como terreno del conflicto entre hombres y mujeres está en contradicción directa con la forma en que las mujeres de los barrios urbanos pobres entienden y justifican su politización, *para* la familia. El tema de la violencia contra la mujer ha ofrecido una base para la cooperación entre las feministas —las *delegacias* en el Brasil ofrecen el mejor ejemplo— y temas tales como las guarderías, la planificación familiar y el control local de las escuelas también han tenido resultados positivos. Con todo ello, se quedan cortos para constituirse en una base viable para la solidaridad política de las mujeres.

El concepto de "vida cotidiana" ha contribuido a abrir el diálogo entre las feministas y las mujeres de los sectores populares. Aunque existen obvias diferencias de clase, las mujeres comparten en forma universal las realidades concretas de alimentar, albergar y cuidar a sus hijos. Experimentan una matriz doméstica similar constituida por interacciones masculinas/femeninas, con dimensiones emocionales y materiales. Los problemas comunes de la vida diaria les permiten a las mujeres comunicarse en términos concretos. La "vida cotidiana" no solamente vinculó a las feministas con las mujeres urbanas pobres; también les permitió acceder a los interesantes debates políticos que se estaban dando. La "vida diaria" reorienta la tendencia occidental de valorar lo público por sobre lo privado. Reivindica la heterogeneidad y la espontaneidad y favorece lo emocional sobre la razón "objetiva". Los esfuerzos feministas dirigidos a extraer las implicaciones de la vida cotidiana se incorporaron al discurso político y social amplio, por ejemplo, en el trabajo de Julieta Kirkwood, quien aplicó la teoría feminista al proceso de democratización. "Aunque parezca paradójico", plantea que, para muchos sectores, la vida bajo un sistema dictatorial, autoritario, ha puesto en evidencia que el autoritarismo no es solamente un problema económico o político, sino que tiene raíces profundas y que permea totalmente la estructura social y que lo que anteriormente se consideraba no tener naturaleza política, en razón de su asociación con la vida privada diaria, debe ser impugnado y rechazado. Se empieza a decir que la familia es autoritaria; que la socialización de los hijos es autoritaria y rígida en su asignación de los roles sexuales, y que la educación, las fábricas, las organizaciones y los partidos políticos han sido constituidos sobre bases autoritarias.

Agrega que "las necesidades sociales reales no pueden adscribirse a los grupos y definirse desde fuera... El hacerlo simplemente contribuye a una alienación nueva y doble"[15].

EVALUACIÓN DE LOS MOVIMIENTOS DE MUJERES: PERSPECTIVAS PARA EL FUTURO

La historia juzga a los movimientos sociales por el impacto a largo plazo que tienen sobre la sociedad. Los movimientos sociales que tienen éxito inevitablemente pierden su razón de ser, puesto que el propósito del movimiento es cambiar las actitudes y el comportamiento. A medida que se da el cambio, la energía del movimiento inevitablemente se disipa y los valores y estructuras nuevas se institucionalizan. Si el movimiento social fracasa, pierde a sus adherentes hasta quedarse solamente con sus más fervorosos seguidores: se convierte en una secta, no en un movimiento.

Los movimientos sociales surgen y caen, vuelven a surgir bajo nuevas formas cuando "un orden social no puede responder a retos nuevos". Las experiencias del feminismo latinoamericano parecen sugerir que la tendencia de la participación política de las mujeres a surgir y decaer, a moverse en olas o ciclos de activismo, en vez de surgir en forma constante a lo largo del tiempo, se debe al hecho de que los movimientos sociales tienen mayor éxito para convocar la lealtad y la energía de las mujeres que otras formas más convencionales de participación.

En términos feministas, los movimientos de mujeres de estos cinco países, a pesar de sus debilidades y diferencias han tenido mucho éxito. Han logrado cambiar la legislación, en especial en el área de la familia, y han creado instituciones nuevas, tanto dentro como fuera del gobierno. Se han establecido vínculos nuevos entre las organizaciones de mujeres sobre la base de la cooperación, de la oposición democrática, así como entre las organizaciones de mujeres y el Estado. Los éxitos en un país, tales como el nivel de los consejos de mujeres y las *delegacias* de policía en el Brasil, han sido puestos en práctica en otros países; así mismo, se han discutido y comparado los éxitos y los fracasos en los encuentros regionales y en los numerosos boletines y periódicos que han servido para que los grupos de mujeres se comuniquen entre sí.

Ha habido un esfuerzo permanente por insertar los temas de las mujeres en las plataformas de los partidos políticos y transformar el compromiso político en política pública. Las actitudes de la opinión pública también han cambiado, la representación de las mujeres en los medios de comunicación ha mejorado notablemente y temas anteriormente considerados como tabú —incluidos el aborto y la sexualidad— ahora se discuten en forma abierta. Las costumbres están cambiando rápidamente, y el feminismo ha provisto un marco de referencia nuevo y liberador —aunque no acrítico— dentro del cual se pueden evaluar estos cambios.

A pesar de los éxitos, persisten los problemas. La representación política de las mujeres, importante indicador de poder, no ha mejorado sustancialmente, aunque ha habido un aumento notable en el número de nombramientos administrativos de alto nivel. Las feministas han hecho mella en algunos intelectuales y activistas cuyas ideas y valores influyen sobre las agendas y actitudes políticas, pero estos logros han sido más de tipo retórico que real. El movimiento feminista no ha tenido que enfrentar un retroceso, pero puede aducirse que aún no ha tenido un impacto tal que amerite una respuesta defensiva de este tipo. Aunque debe señalarse que la Iglesia ha cooperado con los movimientos feministas, consolidando un apoyo masivo al responder a los intereses "prácticos" de género de las mujeres.

Las organizaciones populares de mujeres —las cocinas comunales, los movimientos a favor de las guarderías y el costo de la vida— han ayudado a las mujeres y a sus familias a sobrevivir durante una década de crisis económica severa. La orientación hacia la autoayuda de estos grupos ha significado una sofisticación política mayor, así como un mayor sentido de la eficacia personal. No obstante, la contribución feminista a la comprensión y la asesoría a las organizaciones populares de mujeres ha sido en gran medida *ad hoc*. Los movimientos feministas no han desarrollado aún un análisis permanente sobre el impacto de los programas de ajuste estructural que pueda ser utilizado para mitigar sus efectos, ni tampoco han atacado con la suficiente fuerza las perspectivas asistencialistas y clientelistas que todavía persisten en las respuestas a los problemas de las mujeres pobres. A pesar de la importancia de los temas relacionados con derechos humanos, han sido pocos los esfuerzos por ampliar la definición de derechos humanos para incluir en ellos los derechos de las mujeres o las necesidades humanas básicas.

Existen dos problemas fundamentales que obstaculizan la búsqueda de una estrategia viable. El primero es el potencial para que se presente un conflicto de clase, evidenciado en los esfuerzos de los grupos populares de mujeres por mantener su independencia y disociarse de las clasificaciones "feministas", y en la ambivalencia feminista en torno a la organización de las trabajadoras domésticas. El segundo es estructural: los movimientos de mujeres no han tenido la voluntad para hacer el ajuste necesario que les permita pasar de ser movimientos sociales, con visiones universales y éticas del futuro, a ser grupos de interés que presionan por reformas mucho más limitadas. Para las feministas, la estrategia de lograr mejorías incrementales respecto a una serie de temas es inadecuada; la política del compromiso y el cabildeo no llena las expectativas feministas, y a su vez requiere de habilidades y fortalezas organizativas muy diferentes de las que se emplearon con tanto éxito durante la transición. Junto con otros movimientos sociales, las feministas se sienten cada vez más marginadas, lo cual genera una sensación de desencanto entre los grupos que más participaron en la caída de los regímenes militares.

Las feministas han tenido que enfrentarse con el desagradable hecho de que la democracia no significa un cambio decisivo en la forma en que la sociedad hace política. Los patrones jerárquicos vuelven a aparecer —incluidos el personalismo y los lazos clientelistas entre los poderosos y los débiles. El Estado reafirma un papel corporativo, asignando legitimidad y acceso a ciertos grupos y excluyendo a otros; y los políticos vuelven a concentrar sus esfuerzos en disfrutar, con sus seguidores, de las prebendas, según lo establecido por el modelo histórico del patronazgo, el cual mantiene el sistema en ausencia del consenso social.

LAS MUJERES Y EL FUTURO DE LA DEMOCRACIA

El surgimiento del movimiento de las mujeres en América Latina tiene implicaciones que van más allá del mejoramiento de la condición de la mujer y de plantear los temas de las mujeres dentro de sistemas políticos que han sido resistentes al cambio.

La estructura y las estrategias de los movimientos de mujeres dentro de las nuevas democracias, y la respuesta del proceso político, aún dominado por los hombres, determinarán el nivel y la calidad de la integración política de las mujeres. Esto a su vez podría afectar la legitimidad de las instituciones democráticas, no solamente porque las mujeres pueden ser directamente movilizadas para apoyar la democracia contra la amenaza de los golpes militares, sino también por el papel desempeñado por los movimientos sociales en general, y el movimiento de mujeres en particular, para resucitar el concepto de democracia como proceso participativo y auténticamente representativo.

La movilización de las mujeres y el crecimiento de la conciencia feminista ocurrieron durante este extraordinario período político de la transición democrática, con lo cual las agendas de las mujeres y sus estrategias tuvieron un carácter diferente del que hubieran tenido si se hubieran desarrollado en un ambiente de continuidad democrática. El clima político favorecía la cooperación, la movilización y las negociaciones directas entre las mujeres y el Estado. Los feminismos suramericanos reflejan la política de la transición: se resaltan los derechos humanos, los objetivos morales y la oposición al autoritarismo militar. Las feministas impugnan la división entre el mundo público de la política y el mundo privado de la familia, a nombre de todas las mujeres de todas las clases. La violación de la santidad de la familia por parte de los militares le confiere un significado muy especial al concepto de que lo "personal es político".

No obstante, la política de la transición no es la política habitual y el movimiento de mujeres ha tenido que ajustarse a esta diferencia. Durante la transición, la movilización popular tiene prioridad y el debate en torno a los ideales políticos reemplaza a los partidos políticos y a la competencia para conseguir recursos. Con la restauración de la democracia, los partidos vuelven a ocupar el centro del escenario y los movimientos sociales tienen que despojarse de su utopía y cambiar sus estrategias para evitar ser marginados.

En el pasado, las mujeres se han retirado de la política luego de un período de activismo. Las tendencias demográficas actuales —altos niveles de escolaridad y empleo de las mujeres, mayores tasas de divorcio y una mayor movilidad social y geográfica— pueden significar una continuidad de la actividad política de las mujeres de clase media. La amnistía para los militares y la evidencia confirmada de represión política han mantenido activos a algunos grupos de derechos humanos, pero ello no es garantía de que los diversos sectores del movimiento de mujeres continúen trabajando juntos. Las mujeres ejercerán una poderosa influencia en su calidad de electoras, en razón de la brecha de género y porque las mujeres tienen menos lealtad con los partidos políticos, por lo cual constituyen un electorado decisivo en cualquier elección. Los esfuerzos por conquistar al electorado femenino pueden convertirse en característica común de las campañas electorales e incrementar la legitimidad de las instituciones democráticas para las mujeres.

No obstante, a pesar de la movilización de las mujeres para acabar con los regímenes militares, no está claro que las mujeres puedan ser activamente movilizadas en defensa de la democracia. Al igual que otros grupos con agendas políticas propias, pueden respaldar la dirigencia política que les ofrezca más —incluidos sus deseos de "menos política" y más estabilidad"— sea esa dirigencia civil o militar, democrática o populista. Los movimientos de mujeres han estado tan estrechamente asociados con el proceso de democratización que es importante recordar que las mujeres no son "democráticas por naturaleza", así como tampoco son "conservadoras por naturaleza". El apoyo de las mujeres a la democracia dependerá de la calidad de vida política que establezcan las nuevas democracias, así como del apoyo que éstas den a los temas de las mujeres. Las expectativas de las mujeres respecto a que la democracia traerá consigo un cambio social significativo pueden ser mayores que las de otros grupos; su experiencia es reciente y sus capacidades políticas son aún frágiles.

En los años setenta, pocos habrían podido predecir el surgimiento de un movimiento feminista en América Latina, y aún menos habrían esperado que los movimientos de mujeres de la región hubieran sido una fuerza política importante en el restablecimiento de las instituciones democráticas. Hoy en día, estos movimientos han dejado una huella permanente en la historia política y social de la región, y han servido de fuente de inspiración para las mujeres que están luchando por la representación política y trabajando a favor de las transiciones democráticas en otras partes del mundo.

NOTAS

1   *Véase* Aileen S. Kraditor, *Ideas of the Women's Suffrage Movement, 1890-1920*, New York: Columbia University Press, 1965.

2   Para una discusión sobre el voto de las mujeres en América Latina, *véase* Elsa Chaney, *Supermadre: Women in Politics in Latin America*, Austin: University of Texas Press, 1979, Capítulo 3. Sobre el conservatismo de las mujeres, *véanse* William Blough, "Political attitudes of mexican women", *Journal of Interamerican Studies and World Affairs* 14, mayo de 1972, y Steven M. Neuse, "Voting in Chile: The femenine response", en John A. Booth y Mitchell Seligson (eds.), *Political Participation in Latin America*, New York, Holmes and Meier, 1978.

3   Ximena Bunster Barotto, "Surviving beyond fear: Women and torture in Latin America", en Helen I. Safa and June Nash (eds., *Women and Change in Latin America*, South Hadley, MA, Bergin and Garvey, 1986.

4   Para la perspectiva cultural, *véanse* Richard M. Morse, "The heritage of Latin America", en Louis B. Hartz (ed.), *The Founding of New Societies*, New York, Harcourt, Brace and World, 1964, y Howarth Wiarda, "Toward a framework for the study of political change in the iberic-latin tradition: The corporative model", *World Politics* 25, January 1973, pp. 206-236. Sobre el corporativismo, *véanse* Frederick Pike and Thomas Strich (eds.), *The New Corporatism*, Notre Dame, University of Notre Dame Press, 1974; James M. Malloy (ed.), *Authoritarism and Corporatism in Latin America*, Pittsburg, University of Pittsburg Press, 1977.

5   Guillermo A. O'Donnell, *Modernization and Bureaucratic Authoritarianism: Studies in South American Politics*, Berkeley, Institution of International Studies, University of California,

1973. Para una revisión crítica, *véase* José Serra, "Three mistaken theses regarding the connection between industrialization and authoritarian regimes", en David Collier (ed.), *The New Authoritarianism in Latin America*, Princetown, Princetown University Press, 1979, pp. 99-164.

6 El mejor ejemplo del esfuerzo por diferenciar los factores políticos y económicos es el de Albert O. Hirschman, "The turn to authoritarianism, 61-98. *Vease* también Karen L. Remmer and Gilbert Merkx, "Bureaucratic authoritarianism revisited", *Latin American Research Review*, 17:2, 1982, pp. 3-40.

7 Hay una literatura cada vez más abundante sobre las transiciones. *Véanse*, por ejemplo, Guillermo A. O'Donnell, Philippe C. Schmitter y Laurence Whitehead (eds.), *Transitions from Authoritarian Rule; Prospects for Democracy*, Baltimore, The Johns Hopkins University Press, 1986; Paul W. Drake y Eduardo Silva, *Elections and Democratization in Latin America: 1980-1985*, San Diego, Center for Iberian Studies and Center for US-Mexican Studies, University of California, San Diego, 1986; Enrizue A. Baloyra (ed.), *Comparing New Democracies; Transitions and Consolidation in Mediterranean Europe and the Southern Cone*, Boulder: Westview Press, 1987, y James M. Malloy and Mitchell Seligson (eds.), *Authoritarians and Democrats: Regime Transition in Latin America*, Pittsburg, University of Pittsburg Press, 1987.

8 J. P. Bousquet, "Las locas de la Plaza de Mayo", citado en Gloria Bonder, "The Study of Politics from the Standpoint of Women", *International Social Science Journal* 35, 1983, p. 581.

9 *Las hijas de Antígona*, de Jean Elshtain, es la fuente de la referencia en el capítulo de Feijoó. Circuló entre las feministas en Argentina y Perú en 1986.

10 Bonder, *Op. cit.*, p. 570.

11 Virginia Vargas Valente, "Movimiento feminista en el Perú: balance y perspectivas", mimeo, Lima, 1984, p. 15.

12 El capítulo de Barrig es muy crítico de la cooptación inherente al clientelismo, aunque este punto de vista es atenuado en alguna forma por Blondet; Teresa Caldeira distingue claramente entre las mujeres que se orientan hacia la comunidad y aquellas interesadas en acrecentar su prestigio personal mediante el uso de los contactos personales para lograr beneficios a favor de la comunidad. *Véase* Caldeira, "Mujeres, cotidianidad: las mujeres en los movimientos sociales latinoamericanos", Ginebra: Unrisd, 1987, pp. 75-128.

13 *Ibíd.*, p. 100.

14 Cecilia Blondet, "Muchas vidas construyendo una identidad: las mujeres pobladoras de un barrio limeño", en Elizabeth Jelin (ed.), *Ciudadanía e identidad: las mujeres en los movimientos sociales Latinoamericanos*, Ginebra, Unrisd, 1987, p. 70. Sobre la familia como la base de la motivación política y sobre la relación entre los grupos de mujeres urbanas y rurales y el partido de gobierno APRA en el Perú, *véase* Sarah A. Radcliffe, University of Cambridge, *Working Paper*, 43.

15 Julieta Kirkwood, "Women and politics in Chile", *International Social Science Journal* 35, 1983, pp. 635-636.

SEGUNDA PARTE

Democratización, conocimiento,
sobrevivencia y utopías
en el feminismo.
Estudios de caso

Algunas características del movimiento feminista en Ciudad de México

Marta Lamas

En México, a principios de los años setenta, hubo un resurgimiento[1] del movimiento feminista. Los grupos que configuraron esta nueva ola del feminismo mexicano desempeñaron un papel relevante en la integración de una nueva cultura política y de un discurso crítico cultural. En la década de los ochenta estos grupos no lograron renovar su impacto político inicial; sin embargo, la aparición de un movimiento popular de mujeres después del terremoto de 1985 revitalizó al movimiento feminista y se empezó a perfilar un *movimiento amplio de mujeres*[2]. Así, aunque a principios de los noventa el movimiento feminista se encuentra fragmentado, sin una organización nacional y sin representantes políticas, el movimiento amplio de mujeres, que recogió las reivindicaciones feministas, es una realidad política en México.

Las tres demandas básicas alrededor de las cuales se articuló el movimiento fueron: 1) Por la maternidad voluntaria (que incluía el derecho al aborto); 2) contra la violencia a las mujeres, y 3) a favor de una opción sexual libre. Cuestionando la concepción vigente sobre el poder —"lo personal es político"— el movimiento llevó la política a la vida cotidiana, mostrando los nexos entre las relaciones interpersonales y la estructura económica y política de la sociedad. Partiendo de la concepción del cuerpo femenino como un lugar donde se viven variadas formas de poder cultural y social (aborto, violencia, sexualidad), las feministas armaron un discurso crítico sobre la vida cotidiana como un espacio productivo (valorando el trabajo doméstico y el cuidado afectivo) y formulando demandas sociales que cuestionaban la división sexual del tiempo social.

Sin embargo, el feminismo mexicano no llegó a tener el vigor de los feminismos europeo y norteamericano, que han sido agentes dinámicos del cambio político, han cohesionado la acción de las mujeres como nuevos actores políticos y han planteado retos a los límites de las políticas institucionales. En México las feministas no han logrado la resolución de las demandas por las cuales se han movilizado, ni han conseguido incidir en las políticas gubernamentales o ser interlocutoras del Estado. Esto tiene que ver con la especificidad de nuestra cultura política: poca tradición de movilización, participación y debate de los ciudadanos, gran influencia de la Iglesia católica, machismo cultural y político, escasas organizaciones sociales independientes, pocos sindicatos no controlados por el gobierno.

Aunque esto explica parcialmente la debilidad del movimiento, es necesario conocer, aunque sea superficialmente, algunos elementos del contexto nacional que le dieron al feminismo mexicano sus características. Voy a intentar dar un panorama general del desarrollo del nuevo feminismo, haciendo apenas referencia a la dinámica política del país, pero sin profundizar en el análisis de las diferencias de las diversas tendencias feministas.

La primera década del movimiento (1970-1979) está dividida en dos grandes momentos: la aparición de diversos grupos antes de 1975 y la consolidación de una cara pública del movimiento a partir de la formación de la Coalición de Mujeres Feministas en 1976. En este período el movimiento feminista ocupó todos los espacios que pudo, centrando su militancia en la denuncia y la impugnación.

En su segunda década (1980-1989) el movimiento feminista pasa por tres momentos: el final de uno de sus períodos más dinámicos (1980-1982), un tiempo de reflujo (1983-1985) hasta el terremoto (1985) y un repunte desde 1986 hasta el VI Encuentro Nacional en Chapingo (1989), pasando por la realización del IV Encuentro Feminista Latinoamericano en Taxco (1987). Durante esta década se da un crecimiento notable del movimiento popular de mujeres[3], sobre todo a partir de la movilización ciudadana generada por el terremoto y por el proceso electoral de 1988.

Al inicio de su tercera década (1990-1993) el movimiento se abre a la alianza con otros grupos de mujeres (Mujeres en Lucha por la Democracia), se constituye la Coordinadora Feminista del D.F.[4] (1990), un espacio de coordinación democrática en Ciudad de México, se logra iniciar un modelo de incidencia en políticas públicas (Procuraduría de Justicia del D.F.), se crea la Convención de Mujeres (1991), una instancia conjunta para elegir candidatas para los puestos políticos de elección, y se lanza la campaña nacional Ganando Espacios, que pide acciones afirmativas y cuotas para mujeres en puestos políticos, en los partidos y en el gobierno.

A lo largo de estas etapas los diferentes grupos feministas intentaron asumirse como un movimiento organizado, desarrollando para ello distintas instancias coordinadas. En un principio estos espacios de unión, como la Coalición de Mujeres Feministas (1976) y el Frente Nacional de Lucha por la Liberación y los Derechos de las Mujeres (FNALIDM) (1979) estuvieron ligados a ejes políticos; después se convirtieron en espacios de trabajo coordinado, como la Red Nacional de Mujeres (1982), el Comité Feminista de

Solidaridad (1985), la Coordinadora del Encuentro Feminista Latinoamericano (1986), la Coordinadora del Encuentro Nacional (1988). Fue con la creación de la Coordinadora Feminista del D.F. (1990) cuando el movimiento trató de organizar su representatividad de cara a la sociedad y a las instancias públicas mediante la elección de representantes.

Sin embargo, la posibilidad de establecer una verdadera coordinación, con una infraestructura organizativa, no ha sido posible. A las dificultades inherentes al trabajo grupal se ha sumado la falta de una práctica democrática de las propias feministas. Esto se desprende de la vida política nacional. Desde hace más de seis décadas México ha sido gobernado por el mismo partido, con un sistema político de Estado rector, apoyado en controles corporativos y clientelistas. Aunque esto le ha dado una notoria tranquilidad política al país, ha favorecido la formación de una cultura política poco democrática. Un fuerte presidencialismo, aunado a la nula incidencia de los partidos de oposición en la toma de decisiones públicas, ha generado un autoritarismo político que ha permeado el comportamiento de la sociedad.

La brutal estratificación de clases ha sido el grave problema de México. A pesar de que la desigualdad sigue presente, la modernización del país —el desarrollo de la producción, la expansión del mercado nacional, los avances tecnológicos y la conformación de grandes áreas urbanas— ha mejorado las condiciones de vida de amplios sectores, cambiando la composición de la estructura social: existe una relativa disminución de los niveles de pobreza y un aumento de la movilidad hacia los sectores medios.

De manera conjunta se ha ido dando una democratización progresiva. El gobierno mexicano no ha sido un gobierno promotor y regulador de libertades; es más, represión y corrupción han signado el ejercicio político del partido gobernante, el Partido Revolucionario Institucional, PRI. Sin embargo, este modelo político comenzó a resquebrajarse en los años setenta, principalmente debido a la incapacidad de las élites dirigentes para adaptar la institucionalidad política tradicional a las exigencias de una sociedad que se modernizaba. El reclamo de las nuevas clases medias, que demandaban independencia y democratización del sistema político, contribuyó a alterar la tradicional estabilidad de la sociedad mexicana. Aunque hubo importantes movimientos (ferrocarrileros, maestros, electricistas) que se enfrentaron al PRI/gobierno, y que fueron tajantemente reprimidos, la crisis política estalló con el movimiento estudiantil de 1968. Ese momento marca el inicio de la la democratización del país.

LOS AÑOS SETENTA

Justo en 1970, a principios del sexenio presidencial de Echeverría (1970-1976), llamado de "apertura", arrancó el nuevo feminismo[5] en Ciudad de México, y poco a poco fue extendiéndose por diversas ciudades del país. Durante su primera década fue un movimiento vanguardista, compuesto principalmente por universitarias y militantes políticas provenientes de la clase media, que invirtieron muchos esfuerzos en abrir un espacio y conseguir un reconocimiento político dentro de la izquierda mexicana. El movimiento logró poner en el tapete de la discusión política y cultural los temas relativos al sexismo, inaugurando expresiones políticas novedosas. Sin embargo, el movimiento nunca llegó a convertirse en un movimiento masivo —como el norteamericano y algunos europeos— ni tampoco, por razones que analizaremos más adelante, consiguió la institucionalización que lograron el movimiento peruano o el chileno.

El primer núcleo feminista[6] se consolidó como un grupo de tendencia marxista. Esta orientación fue una de las razones del continuo cuestionamiento que se hacía sobre el compromiso de clase y la necesidad de trabajar con mujeres obreras. Hubo varios acercamientos a fábricas, especialmente textiles, pero el trabajo con las obreras no prosperó. Por un lado pesaba el hecho de que durante los primeros años del nuevo feminismo hombres y mujeres por igual tuvieron serias dificultades para comprender los planteamientos feministas, especialmente el referido a la relación producción/reproducción. Por otro, el que la visión del mundo de las propias obreras correspondiera a la ideología dominante. Las obreras consideraban la doble jornada y el acoso sexual como problemas "privados", que no tenían relación alguna con su situación laboral. Además fue muy difícil para ellas aceptar —y enfrentar— la complicidad del compañero de trabajo o del líder sindical respecto a la situación opresiva que vivían como mujeres. Mejor evitar el tema antes que reconocer la discriminación o la indiferencia del propio compañero. Esta situación frenó su toma de conciencia. El fracaso del trabajo con las obreras, unido a la intención de ampliar el movimiento, hizo que las feministas invirtiéramos nuestras energías en trabajar con mujeres que, al menos de entrada, se sentían inconformes y buscaban una opción política diferente. Estas mujeres resultaron ser, en su mayoría, como nosotras: universitarias y de clase media.

Cabe recordar que una de las fuerzas movilizadoras del movimiento feminista internacional fue el proceso de concientización de las mujeres respecto de la opresión que significaban el trabajo doméstico y el papel del ama de casa. Las mujeres mexicanas de clase media, inclusive las de clase media baja y aun muchas proletarias, por lo general no cargan solas con el trabajo doméstico en sus casas. Por eso pueden evadir relativamente las tensiones internas que este trabajo genera, en especial el conflicto con la pareja. Sea porque tienen una empleada doméstica o porque la madre, las hermanas u otras personas de la familia ayudan con los quehaceres y con el cuidado de los hijos, las mexicanas cuentan con un "colchoncito"[7] que amortigua el enfrentamiento, el desgaste y los problemas de todo tipo que genera el trabajo doméstico. Esta situación convirtió la propuesta política del feminismo en un planteamiento sin repercusión en las vidas de las mujeres que buscaban una opción política diferente. Con una empleada en casa no es necesario salir a luchar por guarderías o por servicios sociales, como lavanderías o comedores públicos, que aligeren la carga del trabajo doméstico; si se pertenece a la clase media, se puede conseguir el dinero necesario para hacerse un aborto en buenas condiciones, incluso con el propio ginecólogo. Como no necesitaban el movimiento para solucionar sus problemas de mujeres ni para mejorar su propia vida, la mayoría de las feministas mexicanas vivieron el hecho de ser feministas como una postura con pocas repercusiones en la vida cotidiana y su militancia quedó reducida a una cuestión de *convencimiento* y no de *necesidad*.

A la larga se pudo constatar que, al contar con ayuda familiar o con empleadas domésticas, las feministas mexicanas no vivieron el proceso de rebeldía y de confrontación de sus compañeras norteamericanas y europeas, lo que derivó en el predominio de una idea de feminismo como instrumento de análisis o de búsqueda personal, mas no de lucha. Su paso por los grupos feministas estuvo marcado más por un descubrimiento de las mujeres y de su común condición femenina, que por una necesidad organizativa.

Cuando en 1974 el gobierno mexicano inició los preparativos para la realización de la Conferencia del Año Internacional de la Mujer de la ONU, puesto que México iba a ser la sede, realizó importantes reformas a su legislación. Ya desde 1972 las feministas habían hecho un análisis de las leyes mexicanas[8] donde se mostraba la desigualdad de las mujeres frente a la ley: una mujer casada necesitaba permiso del marido para trabajar; un hombre daba la nacionalidad a su esposa extranjera, una mujer no, etcétera. La invitación a las feministas para participar en reuniones de trabajo con miras a revisar la legislación vigente en relación con las mujeres generó una crisis: ¿colaborar con un gobierno al que se criticaba y denunciaba? ¿Dejar pasar la posibilidad de incidir?

El grueso del movimiento (cinco grupos) había decidido no participar en la conferencia gubernamental ni en las actividades que el gobierno promovería por el Año Internacional de la Mujer. Sólo un grupo, el Movimiento

Nacional de Mujeres[9], asumió la necesidad de participar en el AIM y varias feministas se integraron, de manera individual, al programa oficial del gobierno para el AIM —Programa de México para la Mujer—, lo que supuso una ruptura con el movimiento. Desde ahí intentaron incidir en el diseño de programas dirigidos a la mujer, pero su alejamiento del movimiento feminista y su poca identificación con las mujeres políticas tradicionales las mantuvieron aisladas.

Durante 1975 los demás grupos optaron por realizar varios eventos de denuncia, especialmente un contra-congreso simultáneo con la conferencia oficial. Este contra-congreso no tuvo mucha publicidad, a pesar de una manifestación frente a las instalaciones donde se realizó el AIM, así que la mayoría de las asistentes a la conferencia no se dio cuenta de que existía un feminismo mexicano que no participaba porque estaba en contra. Su ausencia volvió invisibles a las feministas: esto también generó un debate interno sobre la eficacia política y los límites de la participación. A partir de entonces, los grupos feministas que habían trabajado sin mucha coordinación entre sí, ven la necesidad de lograr un mayor acercamiento y forman, en 1976, la Coalición de Mujeres Feministas, que ofrece a la sociedad una cara pública y una mínima infraestructura organizativa: un local de reunión.

Al inicio de su sexenio, el gobierno de López Portillo (1976-1982) desmanteló las oficinas del Programa de México para la Mujer, pasando el centro de documentación y la biblioteca a la Secretaría del Trabajo. Esta fue una medida significativa del desinterés por mantener algún espacio formal sobre la mujer. Sin embargo, en ese sexenio, que estableció aparentes condiciones de bonanza por la petrolización de la economía y la apertura de la reforma política, se da también el auge del movimiento feminista: se crea la Coalición de Mujeres Feministas (1976), que presenta el primer proyecto de ley sobre Maternidad Voluntaria (1976); se crea un servicio de atención a mujeres violadas (1977); aparecen las primeras publicaciones feministas (*Cihuat*, 1975, *Fem*, 1976 y *La Revuelta*, 1976); se realizan multitud de manifestaciones, concursos, denuncias públicas; se difunde el feminismo y surgen grupos en muchos estados del país; y se crea el Frente Nacional por la Liberación y los Derechos de las Mujeres (FNALIDM, 1979), instancia unitaria de grupos feministas, sindicatos, grupos *gay* y dos partidos: el Comunista Mexicano (PCM) y el Revolucionario de los Trabajadores (PRT).

La actividad feminista fue muy intensa en Ciudad de México, especialmente durante 1979-1981. Había siete grupos[10] que aglutinaban las diversas tendencias, algunos con militantes que llevaban diez años en el movimiento, y habían surgido varios grupos de feministas lesbianas[11]. En 1980 la Coalición y el FNALIDM trabajaron conjuntamente en un segundo proyecto de ley sobre aborto (Maternidad Voluntaria). Sólo había posibilidad de presentarlo a través del Partido Comunista. En esos momentos era impensable un acercamiento con los diputados del PRI y las relaciones personales y políticas con los comunistas hicieron que éstos fueran los portadores del proyecto feminista. Aunque la ley ni siquiera llegó a discutirse en la Cámara, la derecha hizo una violenta campaña en su contra. Los feroces ataques de los conservadores, unidos a las dificultades internas, desgastaron a las feministas y hacia finales de 1982 la Coalición y el FNALIDM estaban debilitados y en crisis.

La Coalición y el FNALIDM se agotaron, no tanto por sus planteamientos, que aún hoy siguen vigentes, sino por dificultades y vicios en su funcionamiento. Una de las causas determinantes del desgaste de la Coalición fue el desconocimiento de procedimientos democráticos ante dificultades que surgían por la multiplicidad de concepciones y niveles de conciencia que se expresaban. Otro motivo, común a ambas instancias, fue la incapacidad para socializar el poder, lo que generó una crisis de participación. El FNALIDM se convirtió en un membrete vacío, sin conexión real con las bases de los partidos y sindicatos que representaba y a la Coalición dejaron de asistir muchos grupos, volviéndolo un espacio poco representativo.

La relación con los grupos de los estados de la república también había sido muy deficiente y no se había logrado establecer una coordinación nacional. En ese sentido, la deliberada falta de estructura del movimiento y el fracaso de sus instancias de coordinación trajo como consecuencia la fragmentación del movimiento y la dispersión de sus militantes. El espinoso problema del liderazgo, que ha sido poco analizado, pesó significativamente en este proceso. La negativa inicial a delegar en unas pocas la voz de todas no sólo ha resultado poco operativa y nada eficaz políticamente, sino que, en muchos casos, se convirtió en una especie de freno, cargado de sentimientos negativos, al desarrollo político de algunas feministas. La incapacidad de los grupos feministas para abrir otras instancias que permitieran tanto una evolución interna como una articulación efectiva con otros movimientos y organizaciones políticas fue decisiva en el reflujo que se dio a finales de 1982 en el movimiento y que coincidió con la recesión de la economía pública y privada del país por la crisis fiscal del Estado mexicano.

LOS AÑOS OCHENTA

Al final del sexenio lópez-portillista, cuando todavía no se resentía la crisis económica que caracterizaría al siguiente sexenio, varios grupos feministas plantearon la necesidad de hacer un balance interno y de ponerse en contacto con los grupos surgidos en otras partes del país. En 1981 un grupo (GAMU) convocó al I Encuentro Nacional. En 1982 se constituyó la Red Nacional de Mujeres, para vincular nacionalmente a las mujeres feministas, y la Red convocó al II Encuentro. No obstante la crisis de participación en ambos Encuentros y en el movimiento, los grupos de provincia impulsaron en 1983 el III Encuentro en Colima y en 1984 al IV Encuentro en Michoacán. A finales de 1984 se llevó a cabo el V Encuentro en Ciudad de México. Pero estos encuentros no funcionaron: la participación fue muy escasa, la desorganización imperó y no hubo resoluciones ni acuerdos colectivos. Pasaron cinco años antes de que se volviera a dar otro encuentro[12].

Con De la Madrid (1982-1988) el PRI empezó a transformar su modelo de intervención estatal, cuya característica principal era el tratamiento de los problemas políticos mediante el gasto público. Comenzó la dieta para adelgazar al Estado: el gobierno restringió su gasto público, canceló servicios y programas y redujo la calidad de los pocos que dejó. Esto alteró las tradicionales relaciones entre el Estado y la sociedad. Por entre las grietas del viejo modelo surgieron nuevas reflexiones, nuevos debates y argumentos políticos. Esto ayudó a que la oposición creciera y se organizara mejor. "Lo que empezó como saneamiento de finanzas públicas a principios de los ochenta, terminó siendo inevitablemente una dilatación de la política autónoma a finales de los ochenta"[13].

La crisis económica que acompañó este proceso significó un deterioro de las condiciones de vida y de trabajo. Al desaparecer el empleo industrial de la pequeña y mediana industria y al crecer la demanda de empleos en servicios, millones de mujeres salieron a la calle. Para la inmensa mayoría de ellas el desempleo masculino generado por la crisis significó volverse responsables de la supervivencia de sus familias en condiciones críticas. El trabajo no asalariado de las mujeres en la familia y el confinamiento de las mujeres trabajadoras en un ghetto femenino de baja remuneración agudizaron el fenómeno de feminización de la pobreza. Muchos empresarios y patrones contrataron mujeres porque les podían pagar menos. Aumentó el fenómeno de las mujeres "cabeza de familia", que cubren solas la función económica y afectiva de padre y madre.

Este panorama generó graves problemas sociales y familiares. La militancia femenina se restringió. Aún con una base social similar a la de los años setenta (clase media), el tiempo de estas mujeres estaba más limitado. El problema de la poca participación política no fue privativo del feminismo. En otros sectores las mujeres preferían participar en espacios que tuvieran un beneficio inmediato, como una cooperativa de consumo o el comité escolar. Esta situación, unida a la incapacidad de los grupos feministas de lograr una evolución interna y la articulación efectiva con otros movimientos y organizaciones políticas, fue determinante en el retiro de la actividad pública que se dio entre 1983 y 1985.

Durante este reflujo tanto la lucha por el aborto como la reivindicación pública de otras demandas se atenuaron. Fue tal la desmovilización feminista que cuando el propio gobierno presentó en 1983 una iniciativa de reforma al Código Penal relativa al aborto, el movimiento no logró reorganizarse y estructurar una respuesta de apoyo. La violenta reacción de la Iglesia católica y la ausencia de apoyo de los grupos de mujeres hizo que el gobierno retirase su propuesta.

Es de notar que, a pesar de su escasa presencia pública como movimiento, durante el reflujo nacieron grupos como GEM (1982), APIS (1982), CID-HAL-México (1982) y EMAS (1985) que trabajan con mujeres de los sectores populares y apelan a financiación europea para el sostenimiento de su trabajo. Esta tendencia del feminismo "popular" está constituida principalmente por feministas socialistas, mujeres cristianas y exmilitantes de partidos de izquierda[14].

La dificultad del movimiento para institucionalizarse provenía también de la ausencia de fondos. El financiamiento recibido de centros feministas de la envergadura del Flora Tristán en Perú o La Morada en Chile sirvió para establecer una base operativa para el accionar del feminismo. El hecho de que, en opinión de muchas financiadoras, México fuera un país en desarrollo con mejor situación que otros en América Latina, dificultó la concesión de recursos para el movimiento feminista. Fue a principios de los ochenta cuando algunas feministas, después de haber afrontado las dificultades de la sobrevivencia, decidieron constituirse en organizaciones no gubernamentales y solicitar financiamiento. Pero los fondos que recibieron no eran para establecer una infraestructura feminista, sino para cierto tipo de proyectos relativos a la pobreza, que implicaban un apoyo directo a mujeres de sectores populares. Esto configuró un estilo de trabajo que se llamó feminismo "popular" y que favoreció el crecimiento de las bases del movimiento amplio de mujeres y el traslado del protagonismo político femenino del sector de las feministas al de las mujeres populares.

El encuentro de feministas con mujeres que venían de organizaciones de la Iglesia progresista y de grupos de izquierda con proyecto de trabajo de masas abrió nuevos canales de vinculación con mujeres de los sectores populares e incorporó las reivindicaciones de género a las demandas que tradicionalmente las habían movilizado. Así, sus luchas comenzaron a adquirir un matiz feminista. Entre 1980 e inicios de 1987 se realizaron diez encuentros nacionales y sectoriales amplios de trabajadoras, campesinas o colonas, con una asistencia media de quinientas mujeres en cada uno y, cuando menos, medio centenar de reuniones locales o regionales de núcleos femeninos populares. En estos eventos se discutía el carácter de clase y de género de las demandas femeninas y se lograban establecer canales precisos de intercambio de experiencias. El "feminismo popular" crecía, tratando de no imponer una dirección a las acciones populares, pero sí de introducir la reflexión feminista.

También en estos años se crean las *redes de coordinación* (Red en Contra de la Violencia a las Mujeres, Red Feminista Campesina, Red de Educadoras Populares) que reemplazan las estructuras formalizadas del movimiento, como la Coalición y el FNALIDM. Una función importante de estas redes fue impulsar la creación de una conciencia de vinculación nacional a lo largo y ancho del país. Por muy incipiente y fragmentada que fuera, esta vinculación sentó las bases para articular un movimiento nacional. Pese al reflujo vivido por las feministas en Ciudad de México, las redes propiciaron encuentros en otras regiones del país y posibilitaron el establecimiento de vínculos importantes con interlocutores externos, como las instituciones académicas y profesionales y con ciertos funcionarios de la administración pública, sensibles a las demandas del movimiento popular de mujeres.

Los años de reflujo feminista en Ciudad de México coinciden con la consolidación del feminismo en el ámbito académico; con la labor creativa de activistas, que se dirigen a nuevas búsquedas (políticas y de sobrevivencia), abriendo espacios en los medios de comunicación impresos, radiales y televisivos; con la emigración de militantes a ciudades de provincia, donde se incorporan a los grupos feministas locales, y con el avance del movimiento popular de mujeres en las zonas marginadas de Ciudad de México.

El terremoto de 1985 es el punto de arranque de una amplia movilización ciudadana, que se expresa en grupos, organizaciones y movimientos sociales y cívicos que reivindican una autoorganización independiente de las organizaciones políticas obligatorias (sindicatos blancos, partidos comparsas, etcétera). La necesidad de establecer negociaciones puntuales sobre asuntos ciudadanos fue modificando lentamente la concepción feminista de relación con el Estado. Dentro de la impresionante movilización y autoorganización de los sectores populares se destacaron dos contingentes femeninos: las vecinas de colonias populares del centro de la ciudad, que se agruparon en la Asamblea de Barrios, y el gremio de las costureras, que perdieron sus empleos cuando los talleres quedaron sepultados bajo los escombros.

A partir de 1986 estas organizaciones de mujeres (Asamblea de Barrios y el sindicato de las costureras "19 de septiembre") más las mujeres de las colonias marginadas de la ciudad, aglutinadas en la Coordinadora Nacional del Movimiento Urbano Popular, CONAMUP, que eran hasta entonces el sector más movilizado, coordinaron las manifestaciones tradicionales de las feministas: la del Día Internacional de la Mujer (8 de marzo), la del Día de la Madre (10 de mayo) y la del Día Contra la Violencia a las Mujeres (25 de noviembre), reivindicando como propios esos planteamientos y demandas. Cambió la composición de estas manifestaciones públicas, con una asistencia mayoritaria de colonas y trabajadoras, y con mínima participación de feministas "de las de antes". Paradójicamente, la apropiación masiva de los temas y las banderas feministas hizo que parte del movimiento feminista se abstuviera de compartir esos espacios.

En 1986 se establece una coordinadora del movimiento feminista para preparar el IV Encuentro Feminista Latinoamericano y del Caribe, que se llevaría a cabo al año siguiente en Taxco. En este espacio se expresan las diferencias vigentes en el movimiento y se discuten las garantías de la pluralidad del encuentro y las condiciones de participación de todas las mujeres que se asumen como feministas. Mientras las feministas "populares" defienden la participación de las mujeres de sectores populares en el evento feminista, las de otras tendencias hablan de la necesidad de un encuentro feminista interno que permita profundizar en los nudos teóricos y en la experiencia del quehacer político feminista.

Aunque la coordinadora logró evitar que se le otorgara prioridad a una sola concepción, el conflicto entre las tendencias persistió. En noviembre de 1986 la corriente de las feministas "populares" organiza unas jornadas sobre "Feminismo y sectores populares en América Latina", con la participación de muchas mujeres provenientes de dieciséis países latinoamericanos, lo cual es interpretado como una preparación política para el encuentro del año siguiente. Este preencuentro sirvió para reafirmar la identidad política de esa corriente y para autolegitimar la propuesta de participación de las mujeres de sectores populares[15].

El IV Encuentro en Taxco, al que asistieron más de dos mil quinientas mujeres, ofreció espacios para que unas pudieran discutir cuestiones alrededor de la identidad y el cuerpo mientras otras planteaban alianzas y propuestas para generar una fuerza política. Muchos problemas de desorganización se interpretaron como posicionamientos ante el conflicto pero, exceptuando una o dos confrontaciones memorables, cada tendencia se manejó con relativa indiferencia hacia la otra, sin escuchar siquiera lo que se decía. Hubo, pues, dos encuentros paralelos. La participación masiva se caracterizó justamente por la afluencia de mujeres de organizaciones políticas, militantes de los movimientos de mujeres y de movimientos populares, madres de desaparecidos, cuadros de organizaciones campesinas y sindicales, cristianas de la teología de la liberación, grupos de exiladas y una enorme cantidad de centroamericanas involucradas en la guerra y en la política en sus países. Esta constitución evidenció la fuerte dimensión de lo popular y la escasa participación de una base social de clase media; aunque la minoría activa de feministas que tiene un papel protagónico en el movimiento proviene de la clase media, casi todas están vinculadas a grupos de mujeres de sectores populares.

Además de dar cuenta de la extensión lograda por el discurso feminista en muchas áreas de lo social, también el encuentro de Taxco mostró el avance en la reflexión. Un grupo de feministas "históricas" de varios países elaboró un documento crítico que señala diez mitos del feminismo en la región. Esta reflexión, orientada a estimular el reconocimiento de la diferencia y del conflicto en la práctica del movimiento, a reconocer el ejercicio de poder en su interior y a admitirlo como recurso de transformación, resultó una propuesta puente para unir las dos tendencias que se manifestaron en Taxco.

Aprovechando la confluencia de participantes en el IV Encuentro, se realizaron también en 1987 el I Encuentro Nacional de Lesbianas y el I Encuentro Latinoamericano de Lesbianas, mostrando así una característica particular del feminismo: la de solidarizarse con la lucha homosexual.

Durante 1987 la gran movilización preelectoral y el debate público en torno al tema de la *democracia* despertaron inquietud en los sectores de feministas organizadas. Pero al reducir la problemática de la democracia a la cuestión electoral, limitándose a estudiar la forma de incorporar la problemática específica femenina a la agenda electoral, se inhibió una crítica más amplia.

Con las elecciones de 1988 irrumpió un serio conflicto electoral que abrió una nueva dimensión en las conciencias ciudadanas. El descontento por la crisis económica había conducido a una gran votación por la oposición —el PRD—, y al gobierno se le "descompuso" el sistema de cómputo de votos: una semana después todavía no había resultados. Esta crisis genera en muchísimas mujeres la necesidad de participar y se buscan distintas vías para dar rienda a la inconformidad. El movimiento feminista no tenía propuestas respecto de la lucha por la democratización del país, pues su visión del feminismo como opción "revolucionaria" conceptualizaba la lucha por la democracia como una cuestión reformista. En esos momentos se da el surgimiento de dos instancias con la clara intención de movilizar a las mujeres, la Coordinadora Benita Galeana que agrupa a 33 organizaciones de mujeres urbanas, sindicales, de ONG y de partidos políticos, y la asociación civil Mujeres en Lucha por la Democracia, que pretende unir a las mujeres al margen de su adscripción partidaria. Mujeres en Lucha por la Democracia, MLD, logra convocar a más de seiscientas destacadas feministas, militantes de partidos, sindicalistas y mujeres independientes (artistas, científicas, intelectuales) en torno a la lucha contra los principales obstáculos para la participación ciudadana. Posteriormente ambas organizaciones se estancarán, una —MLD— por quedar demasiado vinculada a un partido (Partido de la Revolución Democrática, PRD), y otra, por sus dificultades para establecer alianzas con grupos de mujeres de otros partidos.

LOS AÑOS NOVENTA

El régimen de Salinas de Gortari (1988-1994) tuvo que continuar el modelo de reajuste económico y austeridad en las finanzas públicas, cuyas bases se habían sentado desde el sexenio anterior. Pero la crisis electoral con que arrancó generalizó un clima de inconformidad muy grande, lo que lo obligó a tomar medidas que lo legitimaran. Así, creó un programa estratégico de política social, el Programa Nacional de Solidaridad, Pronasol, y desarrolló acciones espectaculares de moralización y contra la corrupción. Por su propia necesidad de modificar las relaciones entre el sistema político y la sociedad, la política del nuevo régimen tendió a desconstruir los espacios de poder tradicional así como a favorecer la construcción de otros nuevos. Esto influyó en importantes procesos de cambio de la dinámica política nacional. De ahí que no resulte extraño que los noventa se caractericen como tiempos de construcción de espacios para el dialogo público de las mujeres y para el establecimiento de alianzas entre mujeres con posiciones partidarias y políticas diferentes.

Este proceso ha significado una ampliación nacional del discurso y la práctica feministas. El sector de las mujeres feministas de Ciudad de México intentó recomponerse a partir del VI Encuentro Feminista Nacional, que se realizó en 1989 en Chapingo, y en el que, contra todos los pronósticos, se generó un clima conciliador y positivo entre las distintas corrientes. Allí se acordó crear una Coordinadora Feminista que constituiría la cara pública del movimiento, buscando una forma organizativa que permitiera cierta representatividad. Pero ni la experiencia de la Coordinadora, que fracasó al intentar establecer mecanismos democráticos de representación, ni el debate sobre la legalización del aborto en Chiapas (1990), que motivó la concentración y el apoyo de todas las fuerzas feministas, lograron replantear los términos del quehacer político feminista en Ciudad de México.

Es el tema de los delitos sexuales, y la experiencia unitaria al respecto, lo que abre una acción inédita de pluralismo y avance. Hay que recordar que durante las primeras dos décadas de su resurgimiento (1970 y 1980) el movimiento feminista se dedicó más a impugnar y denunciar las acciones estatales que a intentar establecer un diálogo con las autoridades. El antipriísmo de la mayor parte del movimiento feminista se tradujo en antigobiernismo y en un rechazo a cualquier acción conjunta con instancias estatales. Esta conducta dificultó la comprensión de la necesidad de incidir en la formulación de políticas públicas. Además, para las feministas mexicanas canalizar nuestros esfuerzos en conseguir un espacio y un reconocimiento político dentro de la izquierda tuvo un alto costo político: nos separamos de procesos políticos y sociales más amplios y nuestra perspectiva global se restringió. El movimiento vivió tres elecciones presidenciales (1976, 1982 y 1988) sin pronunciarse como movimiento, sin establecer alianzas ni cuestionar o apoyar candidatos. La capacidad de respuesta ante situaciones de coyuntura fue deficiente y sólo en contadas ocasiones logramos presencia política. Al no establecer relaciones políticas con otras fuerzas, la postura del movimiento fue desconocida o manipulada por los medios de comunicación. El movimiento se manejó dispersa e ineficientemente.

Aunque la propuesta inicial de un grupo de feministas[16] de trabajar conjuntamente con la Procuraduría de Justicia para abrir centros especializados de atención a mujeres violadas fue recibida con mucho rechazo por el movimiento feminista, éstas siguieron adelante con su proyecto. Ya abierta la primera Agencia Especializada en Delitos Sexuales (1989), la supervisión de su operación recolocó la discusión acerca de las posibles relaciones con el Estado. El canal abierto por esas feministas se amplió y la propia Procuraduría de Justicia convocó a la formación de un Grupo Plural, formado por feministas, mujeres de la política, funcionarias y diputadas de varios partidos, que trabajaron en un proyecto de reformas a la ley sobre delitos sexuales. La labor de convencimiento y negociación que una diputada feminista de izquierda[17] realizó en el interior de la Cámara con las mujeres diputadas de todos los partidos, inauguró una alianza entre mujeres parlamentarias inédita en ese espacio político. El proyecto de ley presentado por todas las diputadas fue aprobado en 1990.

La experiencia del "Grupo Plural" y la labor de negociación con diputadas llevaron a las feministas a un replanteamiento de la necesidad de alianzas con mujeres en el aparato estatal. Se discutió el pacto político entre las mujeres como un mecanismo democrático que tiende a ser una forma de legitimación y responsabilidad política. Aunque obviamente una redistribución equitativa de poder entre los sexos implica mucho más que un ingreso numérico de las mujeres a puestos políticos, se reconoció que el número es fundamental. Si bien la cantidad no garantiza el salto a la calidad, un grupo numeroso de mujeres, aunque todavía sea una minoría, puede constituir una "masa crítica"[18] importante, porque cuando las mujeres son pocas y están aisladas, es más difícil que tengan la fuerza y la posibilidad de ponerse en relación entre sí y de apoyarse. Aunque tener cuerpo de mujer no garantiza un pensamiento de mujer ni un compromiso con las mujeres, es crucial que haya más mujeres en puestos de decisión política. La facilidad con que las diputadas de todos los partidos lograron ponerse de acuerdo en el tema de la violencia sexual, a pesar de las burlas y la resistencia de sus compañeros, tuvo que ver con que *eran* mujeres. Por eso el siguiente objetivo sería tratar de introducir más candidatas mujeres para corregir la discriminación númerica existente.

Como la ley electoral impide la participación directa como movimiento social o simplemente como ciudadanas, el grupo Mujeres en Lucha por la Democracia convocó en marzo de 1991 a constituir una instancia unitaria con el objetivo de solicitar a los partidos sus registros para poder llevar mujeres que tuvieran un compromiso de género a puestos de representación popular. Así nació la Convención Nacional de Mujeres por la Democracia, CNMD, que proponía una amplia alianza que no se logró, pues ni las mujeres del PAN ni las del PRI participaron. Aunque los resultados generales fueron más bien pobres, pues en ningún partido creció la presencia femenina y en varios se redujo sustantivamente[19], lo relevante fue la participación de integrantes de la Coordinadora Feminista del D.F., ya que las feministas históricamente habían desdeñado la lucha electoral.

Así, a pesar de los magros resultados, la CNMD fue un proceso importante que abrió la posibilidad de reunir a militantes de partidos políticos, feministas, colonas. Fue un acierto político que la Coordinadora Feminista se incorporara a este esfuerzo de integrar la pluralidad de pensamientos y acciones de las mujeres, con el objetivo de incrementar la participación de las mujeres en el terreno electoral. Sin duda, lo más relevante fue constatar la voluntad política de muchas mujeres aspirantes a legisladoras de trabajar conjuntamente por leyes o por reformas a favor del género femenino, independientemente de su afiliación partidaria. El ejemplo de la CNMD logró repercutir en la vida política nacional. Aunque nació en Ciudad de México y no se estableció una táctica de conformación nacional, la CNMD se dio a conocer en el país e interesó a mujeres de varios estados de la república como una opción de participación electoral.

Junto a la experiencia electoral se dio el fracaso de la Coordinadora Feminista. Con un movimiento incapaz de definir su proyecto (o proyectos), todavía reducido a modos "privados" de acción, con prácticas sectarias y arraigado en una política de la identidad, la Coordinadora Feminista ha sido incapaz de establecer bases de negociación, pues no tiene nada que ofrecer ya que no hay base social; tampoco hay liderazgo, pues aunque se aceptó la existencia de representantes votadas democráticamente, las candidatas, a excepción de unas pocas, no eran las líderes del movimiento. Sumado a esto está el escaso crecimiento cuantitativo del movimiento y el hecho de que se vive una seria crisis generacional: las militantes feministas son mujeres de más de 35 años. Esta grave ausencia de jóvenes no es sólo un problema de ineficacia política de las feministas, pues se expresa en otros espacios como una resistencia ante formas organizativas que los jóvenes no consideran propias.

La Coordinadora no pudo rebasar los marcos fijados desde 1976, cuando se fundó la Coalición de Mujeres Feministas, la primer instancia unitaria del movimiento, que reunió a todos los grupos feministas en torno a la lucha por la despenalización del aborto, contra la violencia a las mujeres y por la libertad sexual. La Coordinadora se funda catorce años después (1990) alrededor de los mismos tres puntos de acuerdo, pero no logró tener la influencia que tuvo la Coalición en sus tiempos.

El cambio fundamental que se nota en los noventa es, por un lado, la aparición de diversos grupos de mujeres en el país; hay grupos feministas en la mayor parte de los treinta y dos estados; en unos se han abierto Casas de la Mujer, o servicios de consulta sobre sexualidad, o grupos de apoyo a trabajadoras, o consultorios de terapia para mujeres maltratadas; en otros, se implantaron programas de estudios de género en centros académicos. Lo interesante es que junto con esta proliferación de expresiones, se acrecentaron las relaciones regionales sin mediar el vínculo con Ciudad de México. Esto se evidenció durante el VII Encuentro Feminista en Acapulco (1992). Así como el de Chapingo fue un encuentro del centro con asistencia de provincia, en Acapulco la participación mayoritaria fue de los estados con mínima asistencia del centro.

El otro aspecto del cambio es que, con la revalorización del papel de la democracia representativa por parte de la izquierda, surgen las feministas dispuestas al pacto. La disposición a reformular la relación con el Estado lleva a la aparición de nuevos estilos organizativos y de liderazgo. Aunque pocas, hay funcionarias gubernamentales que se asumen como feministas, y muchas más que no se ponen la etiqueta pero actúan como feministas. Esto ha favorecido el establecimiento de redes de alianzas entre funcionarias, mujeres políticas y feministas. Claro que también hay oportunismo y entre algunas mujeres políticas se da un aprovechamiento de ciertos planteamientos feministas, pero sin llevarlos a sus últimas consecuencias. Por ejemplo, defienden las cuotas, pero sin llevar a cabo un debate serio sobre lo que implica la *acción afirmativa*. También ocurre que, en el orden de la política, la presencia de algunas figuras femeninas significativas sirve para argumentar que no hay trabas para la participación de la mujer y que no es necesaria su autoorganización.

BALANCE Y PERSPECTIVAS

En veintitrés años las feministas hemos impulsado el debate, desarrollado argumentaciones e influido en la sociedad. Carlos Monsiváis registra un "cambio de mentalidad" en México, debido a "la internacionalización cultural del país, el auge de la educación media y superior, la secularización generalizada que usa de la tolerancia como vía de desarrollo, y las teorías del feminismo"[20]. Aunque la proporción de feministas respecto de la población total femenina del país siempre ha sido irrisoria, el movimiento constituye una minoría activa cuyas prácticas y discursos generan preocupación política en varios ámbitos. Sin embargo, estamos ausentes de la política y de los puestos públicos.

En los años noventa el movimiento ha cristalizado su presencia en tres expresiones claras: la profesionalización, mediante financiamiento, de los grupos no gubernamentales con militantes feministas; la legitimación académica del tema *mujer*, con la proliferación de cursos, coloquios, foros e investigaciones; y la consolidación, en el ámbito político, de figuras con orientación feminista. Además también hay centenares de feministas que actúan desde diversos ámbitos profesionales y políticos. La creatividad del quehacer de estas feministas que, desde sus inscripciones laborales públicas y privadas, inciden e influyen en el diseño de programas gubernamentales que reconocen la diferencia sexual; que incluyen categorías feministas en los censos y encuestas, que desarrollan una crítica del sexismo en sus proyectos editoriales y educativos, y que realizan un trabajo artístico y cultural de gran calidad y radicalidad, contrasta con la pobreza del accionar público del movimiento que, como tal, está desorganizado y atomizado, y funciona como un *río subterráneo*[21].

Muy relacionado con este problema se encuentra la falta de una estructura organizativa estable, con posibilidades de representación y, al mismo tiempo, la casi desaparición del modelo de los pequeños grupos que dieron

fuerza al movimiento en sus primeros años. Sin pequeños grupos para llevar a cabo el proceso de toma de conciencia, y sin espacios para el debate y
la organización puntual de campañas o acciones, el movimiento sufre una
dispersión muy desalentadora. No hay espacios formales (ni políticos ni
culturales) de encuentro entre mujeres: no hay librerías feministas o cafés o
bares exclusivos de mujeres (además de los bares comerciales de lesbianas,
desde hace apenas un año hay un espacio de feministas lesbianas, El closet
de Sor Juana). No hay grupos feministas con oficinas abiertas al público, ni
hay un local o una instancia de coordinación de los grupos. Esta falta de
presencia pública es notable: si alguna mujer recién llegada a Ciudad de
México quiere entrar en contacto con el movimiento, requiere información
previa para localizar a sus integrantes.

Aunque ya hay grupos feministas que están trabajando de cara a la sociedad, estableciendo alianzas y decididos a "ganar espacios", todavía hay
un sector que vive muy intensamente el dilema de la participación en la
realpolitik. Como las formas modernas de la política y del Estado han sido
construidas sobre el dominio masculino, las mujeres, de entrada, enfrentamos el dilema de mejorar la posición femenina en el orden social y político
existente al mismo tiempo que pretendemos derribar ese orden para construir uno nuevo. Ante tal dilema María Luisa Boccia[22] plantea que la práctica feminista tiene que afirmar su ambivalencia para no debilitarse. Esto
significa, por ejemplo, mantener unidas participación y extrañeza respecto
de la política, o sea, luchar por tener una presencia y seguir cuestionando
esa presencia; participar, pero haciendo plenamente visible la posición de
"excentricidad, de no inscripción en el orden político". Como dice Boccia,
es necesario producir modificaciones concretas en la existencia femenina
reivindicando las libertades civiles y políticas a pesar de saber que la libertad femenina no se consigue mediante una ampliación de la justicia social o
los derechos ciudadanos.

Aunque muchas feministas se dedican a lograr un nivel parcial y específico de incidencia sobre la forma de resolver los numerosos problemas que
sufren cotidianamente las mujeres, el movimiento no ha logrado incidir las
políticas públicas para desarrollar opciones generalizadas. Además de las
complejidades derivadas de la *realpolitik* nacional, un obstáculo importante
radica en la propia actitud de algunas feministas, arraigadas en una política
de la identidad y con un discurso victimista muy autocomplaciente.

Si aceptamos que no existe una unidad natural de las mujeres, y que la
unidad tiene que ser construida políticamente, eso significa construir una
política de alianzas. Como dice Rossana Rossanda, "me parece que todo
está por hacer y que difícilmente lo harán los solitarios"; por eso tenemos

que participar activamente si queremos conseguir cambios. Sólo la maduración de prácticas políticas feministas llevará a una transformación del balance del poder entre hombres y mujeres. Esta tarea implica producir hechos y conceptualizaciones que, por una parte, afirmen en la sociedad la diferencia sexual y, por otra, transformen las relaciones entre las mujeres y con los hombres. Hay que evidenciar la contradicción entre trabajo y reproducción (entendida ésta en su sentido más amplio), para desde ahí desarrollar propuestas para *todas* las personas, aunque especialmente para aquellas que quedan fuera de las propuestas políticas tradicionales: madres, amas de casa, empleadas domésticas y prostitutas.

Es un hecho que en estos veintitrés años el movimiento feminista logró construirse una identidad en el espacio público. A pesar de la importancia de sus reivindicaciones, el movimiento feminista no pudo traducir sus propuestas al lenguaje de las transacciones políticas. Es con la consolidación del movimiento *amplio* de mujeres (a finales de los años ochenta) como el discurso feminista se generaliza y se hace comprensible para otros sectores. La reivindicación del derecho a la diferencia a principios de los noventa amplía la noción de democracia, rebasando los límites del discurso sobre democracia. Ya para entonces el feminismo gana respetabilidad o, al menos, pierde su estigma negativo inicial, y varias mujeres importantes en la política y la cultura se declaran feministas.

Lo que se ha ido aprendiendo con el tiempo abre nuevos cauces de participación. La revaloración de la autonomía y el pluralismo se deriva del reconocimiento de que ningún partido ha tomado en serio la perspectiva de género. Esto, aunado a la negativa generalizada a desarrollar *acciones afirmativas*, ha llevado a las feministas dentro de los partidos a establecer alianzas con las feministas independientes. La necesidad de una mayor presencia femenina en los centros de decisión del poder ha conducido a una política de *pactos* puntuales para conseguir cuotas para mujeres. A pesar de no ser una garantía, las cuotas parecen constituir un mecanismo efectivo para aminorar la brutal desventaja numérica en que se encuentran las mujeres[23].

Así, de cara al nuevo siglo, las feministas mexicanas enfrentamos el reto de construir un movimiento más estructurado y mejor organizado, capaz de desarrollar una influencia política más amplia: sobre el gobierno, para la definición de políticas públicas; sobre los partidos políticos, para que incorporen en sus programas de acción la perspectiva feminista y en sus listas electorales a más mujeres; sobre la opinión pública, para hacer visible la diferencia sexual y "generizar" los problemas; sobre los artistas, críticos e intelectuales, para impulsar la crítica cultural de creencias, ideas y valores sexistas; y, por último, sobre los grandes sectores de mujeres no movilizadas, que siguen padeciendo de manera aislada y silenciosa el machismo, sin vislumbrar que la acción colectiva es un camino fundamental para enfrentar los problemas de sus vidas cotidianas. Convertir la reivindicación política de *democracia* en una demanda social que plantee el reconocimiento y el respeto a las diferencias será la meta para los próximos años.

Ahora bien, para volvernos una fuerza política susceptible de alterar la balanza del poder político institucional es preciso crear alianzas y proponer objetivos que generen procesos de unificación. Creo que en México, las distintas tendencias feministas comprometidas en la construcción de un proyecto alternativo de nación podríamos trabajar alrededor de los principios políticos democráticos de igualdad y libertad, ubicándolos en la lucha por los derechos reproductivos. Esta lucha no es sustitutiva de otras ni constituye la exclusiva vía para enfrentar las múltiples formas de subordinación y explotación en nuestro país. Pero sí representa un paraguas para ir conformando una política ciudadana de oposición al proyecto neoliberal e incorporar a la lucha por la democracia a una población que resiente en su salud reproductiva las carencias y arbitrariedades generadas por la desigualdad clasista. Además de funcionar como elemento articulador, vinculando a diferentes grupos y personas, esta defensa de los derechos reproductivos serviría también para *establecer un conjunto de valores ético-políticos* para enfrentar el avance de la reacción, el fascismo y el fundamentalismo religioso. Defender los derechos reproductivos de las mujeres apunta a una cuestión fundamental: ¿*quién* va a *decidir* sobre nuestra vida y nuestro cuerpo? ¿El gobierno, las iglesias, o nosotras mismas, como ciudadanas? Este dilema nos ubica en el centro de los debates actuales relativos a la *calidad* de la vida, la *responsabilidad individual* y la *libertad de conciencia*.

NOTAS

1   Con antecedentes desde el siglo XIX, hubo un movimiento feminista desde la primera década del siglo, que sostuvo su fuerza hasta los años cuarenta. De ahí que hable de "resurgimiento".

2   En México movimiento feminista no ha sido sinónimo de movimiento de mujeres. Han existido movimientos de mujeres campesinas, de mujeres de colonias populares, etcétera, que sin enarbolar reivindicaciones feministas han puesto en escena a las mujeres como actores políticos. Un intento preliminar de clasificación de las luchas democráticas de las mujeres a partir del resurgimiento del nuevo feminismo en 1970 se encuentra en M. Acevedo, M. Lamas y A. L. Liguori, "Una de cal por las que van de arena", revista *Fem.*, No. 13, 1978. Esta descripción es limitada, ya que no incluye las movilizaciones de la derecha, como las manifestaciones antiaborto, ni las acciones de las activistas priistas.

Sólo se reconocen cinco grandes ejes; en el primero, las luchas laborales y sindicales de obreras y empleadas; en el segundo, las movilizaciones de mujeres campesinas por tierra, agua o medios de producción; en el tercero, las tradicionalmente emprendidas por mujeres al solidalizarse activamente con sus compañeros en conflicto, formando comisiones de apoyo o comités de madres de desaparecidos; en el cuarto se encuentran las movilizaciones por cuestiones específicamente femeninas, pero libradas de manera espontánea, sin una estructuración feminista; y en el quinto; las propiamente feministas. El término movimiento *amplio* de mujeres se usa para indicar la confluencia de varios movimientos, especialmente de los de mujeres campesinas, mujeres del sector urbano popular, mujeres trabajadoras asalariadas y mujeres feministas.

3   Este proceso está analizado en "Encuentros y desencuentros: el Movimiento Amplio de Mujeres en México, 1970-1993", documento de la Fundación Ford, elaborado por M. Lamas, A. Martínez, M. L. Tarrés y E. Tuñón.

4   D. F. son las iniciales del Distrito Federal, donde se encuentra Ciudad de México. Para los mexicanos, es lo mismo D. F. que Ciudad de México.

5   Para una visión del nuevo feminismo, *véase* un recuento en M. Acevedo *et al.*, "Piezas de un rompecabezas", revista *Fem.*, No. 5, 1978; Ana Lau Jaiven, *La nueva ola del feminismo en México*, México, Planeta, 1987, y Marta Lamas, "Venir de los diecisiete", revista *Fem.*, No. 58, octubre, 1987.

6   Mujeres en Acción Solidaria, MAS, que luego se dividiría en 1974, dando lugar al Movimiento de Liberación de la Mujer.

7   Rosario Castellanos, "La liberación de la mujer, aquí", en *Excélsior*, 5 de septiembre, 1970. Reproducida en *El uso de la palabra*, Ediciones de Excélsior, México, 1974.

8   Realizado por Cristina Laurel y presentado en la Conferencia del Cipactli por el MAS en 1972.

9   Constituido desde 1972 como asociación civil, el común denominador de las mujeres que lo promueven es muy distinto del de las militantes de otros grupos: son ejecutivas, profesionales de la publicidad y las publicaciones, sin vinculación con los partidos políticos de izquierda y algunas con nexos familiares con miembros del PRI o del PAN.

10 Estos eran: Movimiento de Liberación de la Mujer (MLM), Movimiento Nacional de Mujeres (MNM), La Revuelta (LR), Colectivo de Mujeres (CM), Movimiento Feminista Mexicano (MFM), Lucha Feminista (LF) y Grupo Autónomo de Mujeres Universitarias (GAMU).

11 Destacan Lesbos, Ácratas y Oikabeth. Luego aparecen el Seminario de Lesbianas Marxistas Leninistas y Cuarto Creciente

12 El VI Encuentro se realizó en Chapingo, en 1989.

13 Luis F. Aguilar Villanueva, "¿De quién es la política?", en *Debate Feminista*, No. 4, septiembre, 1991.

14 Muchas de estas mujeres habían impulsado en 1980 el I Encuentro de Mujeres de Sectores Populares, punto de arranque de espacios de debate y trabajo con mujeres de diferentes sectores.

15 *Véase Feminismo y sectores populares en América Latina*, jornadas feministas, México D. F. noviembre de 1976, editado por EMAS, CIDHAL, GEM, MAS, CEM, CAVAC, APIS, septiembre, 1987.

16 Este fue el MNM, el grupo que siempre había querido incidir estatalmente y se había frenado en aras de la unidad del movimiento. Convencido de que el problema de la atención a las víctimas de violación no podía ser asumido por el movimiento sino que

requería atención estatal, junto con una funcionaria de la Procuraduría de Justicia, elabora y presenta un proyecto para la creación de Agencias Especializadas en Delitos Sexuales. Cuando se dio a conocer su iniciativa, este grupo de feministas tuvo que afrontar una ola de agresiones verbales y cuestionamientos sobre su "colaboracionismo" y "priísmo".

17 Amalia García, del PRD, la misma que desempeñó un papel central en la presentación del proyecto de ley sobre Maternidad Voluntaria en 1980.

18 La expresión es de Drude Dahlerup, "De una pequeña a una gran minoría: una teoría de la 'masa crítica' en la política escandinava", *Debate Feminista*, No. 8, septiembre, 1993.

19 *Véase* el artículo de Sara Lovera, "Magro fruto de la batalla por lograr una bancada feminista", revista *Debate Feminista*, No. 4, septiembre, 1991.

20 Carlos Monsiváis, "De cómo amaneció un día Pro-vida", revista *Debate Feminista*, No. 3, marzo, 1990.

21 La expresión es de Luciana Castellina, una feminista italiana.

22 María Luisa Boccia, "La búsqueda de la diferencia", mimeo, sin fecha.

23 Ni el gobierno, ni el partido oficial (PRI) aceptan las cuotas; el único partido de oposición que sí las acepta (el PRD) hace todo lo posible porque no se cumplan. *Véase* "Las cuotas de mujeres en el PRD", Amalia García, Ifigenia Martínez y Nuria Fernández, *Debate Feminista*, No. 3, marzo, 1991.

Bibliografía

Acevedo, Marta *et al.*, "Piezas de un rompecabezas", en revista *Fem*. No. 5, 1978.

Acevedo, Marta, Marta Lamas y Ana Luisa Liguori, "Una de cal por las que van de arena", en revista *Fem.*, No. 13, 1978.

Aguilar, Villanueva, Luis F., "De quién es la política?", en *Debate Feminista*, No. 4, septiembre, 1991.

Boccia, María Luisa, "La búsqueda de la diferencia", mimeo, sin fecha.

Castellanos, Rosario "La liberación de la mujer, aquí", en *Excélsior*, 5 de septiembre, 1970. Reproducida en *El uso de la palabra*, México, Ediciones de Excélsior, 1974.

Dahlerup, Drude "De una pequeña a una gran minoría: una teoría de la 'masa crítica' en la política escandinava", *Debate Feminista* No. 8, septiembre, 1993.

EMAC, CIDUAL, GEM, MAS, CEM, COVAC, APIS, *Feminismo y sectores populares en América Latina*, Jornadas feministas, México D. F., noviembre de 1986.

García, Amalia, Ifigenia, Martínez y Nuria Fernández, "Las cuotas de mujeres en el BRDN, *Debate Feminista*, No. 0, 1991.

Lamas, Marta, "Venir de los diecisiete", revista *Fem.*, No. 58, octubre, 1987.

Lamas, Marta, Alicia Martínez, María Luisa Tarrés y Esperanza Tuñón, "Encuentros y desencuentros: el Movimiento Amplio de Mujeres en México, 1970-1993", documento de la Fundación Ford, México, diciembre de 1993.

Lau Jaiven, Ana, *La nueva ola del feminismo en México*, México, Planeta, 1987.

Lopera, Sara, "Magro fruto de la batalla por lograr una bancada feminista", en revista *Debate Feminista*, No. 4, septiembre, 1991.

Monsiváis, Carlos, "De cómo amaneció un día Pro-vida", en revista *Debate Feminista*, No. 3, marzo, 1990.

Tarrés, María Luisa con Gabriela Hita y Alicia Lozano, "Actitudes y estrategias de los diversos agentes sociales y políticos que participan en el debate sobre el aborto en la prensa mexicana, 1976-1989", mimeo, noviembre 1991.

ENTRE SACUDONES, GOLPES Y AMENAZAS. LAS VENEZOLANAS ORGANIZADAS Y LAS OTRAS

Gioconda Espina

Entre el 20 de mayo y el 20 de junio de 1993 Venezuela tuvo tres presidentes constitucionales: Carlos A. Pérez, elegido por el pueblo en diciembre de 1988; Octavio Lepage[1], encargado de la Presidencia por quince días al quedar suspendido Pérez de sus funciones mientras la Corte Suprema de Justicia le seguía juicio por peculado y malversación; y Ramón Velásquez, presidente encargado por el Congreso para culminar el quinquenio ocho meses después.

Apenas aceptó el cargo, Velásquez ratificó a algunos ministros y sustituyó al resto del gabinete por independientes comprometidos con el presidente a conducir, en paz, la transición hacia el próximo gobierno (iniciado en febrero de 1994). Todas las materias distintas de las económicas y financieras, que son urgentes[2], serían responsabilidad del próximo gobierno, advirtió Velásquez desde el primer momento. Pero también el presidente y el país sabían que no habría consenso alrededor de las medidas que tomaría el presidente, basado en los poderes especiales que le confirió una Ley Habilitante. Lo que distancia a Velásquez de Pérez es su trayectoria de intelectual, demócrata y honesto, pero el dilema ante el cual debió colocarse Velásquez al tomar el cargo fue el mismo que encaró Pérez desde febrero de 1989: establecer las políticas de ajuste sugeridas por el FMI y el Banco Mundial o buscar una salida alternativa.

Por optar desde el comienzo por el nuevo modelo económico, Pérez debió enfrentar, en febrero de 1989, aquellos días del "caracazo", nombre que los periodistas dieron al sacudón espontáneo y popular a través del cual muchos países supieron que Venezuela, además de petróleo y reinas de belleza, tenía un pueblo con capacidad de reacción. Por olvidar las razones del "caracazo", Pérez debió soportar un primer intento de golpe de jóvenes oficiales, liderados por los comandantes Chávez y Arias Cárdenas, entre otros, el 4 de febrero de 1992. Y por desatender al Consejo Consultivo, nombrado después de la intentona, Pérez volvió a tener en contra a los militares el 27 de noviembre del mismo año, esta vez almirantes y generales. Pero Pérez fue llevado a juicio por corrupto y tal medida, aunada al comienzo de la campaña electoral para elegir nuevo presidente y Parlamento, distendió el ambiente político y militar; esto permitió a Velásquez tomar las medidas para facilitar la implantación del paquete de ajustes económicos que Pérez no pudo llevar a cabo.

Cuando aún no se había aprobado la Ley Habilitante que daría poderes especiales al presidente en materia impositiva, social y económica[3], el presidente de la Federación de Cámaras de la Industria y el Comercio, Fedecámaras, saltó al ruedo con un telegrama que les envió la OIT en respaldo de su solicitud de revisar la Ley Orgánica del Trabajo, vigente apenas desde el 1o. de mayo de 1991. Esta ley contiene un título, el VI, "De la protección laboral de la maternidad y la familia", en cuya redacción las mujeres organizadas se comprometieron directamente desde 1985 hasta su aprobación. El Título VI garantiza a las mujeres trabajadoras inamovilidad de su cargo durante su embarazo y hasta un año después del parto, permisos pre y posnatal de 18 semanas en total y, lo más importante desde el punto de vista social, que todo patrón que ocupe a más de veinte trabajadores, hombres o mujeres, deberá mantener una guardería infantil donde puedan dejar a los menores de seis años durante la jornada de trabajo. El Título VI consagra otros derechos igualmente violados por los patronos (aunque hay excepciones), con la excusa de que el costo originaría mayor inflación.

Aunque el Título VI ha sido objetado por los empresarios desde el comienzo, las condiciones para ejercer el derecho a huelga y la Ley de Prestaciones vigente —que garantiza retroactividad y doble indemnización en caso de despido del trabajador— les produce más escozor. Pero no se abstendrían de solicitar la revisión del Título VI si se presenta una revisión total de esa ley. Fedecámaras pretendió incluir la materia en la Ley Habilitante de Velásquez. No lo logró, por los costos electorales que acarrearía dicha inclusión para los partidos mayoritarios en el Congreso. Pero después de febrero de 1994, al instalarse el nuevo gobierno, Fedecámaras volverá por sus fueros. Mientras este momento llega, ¿por dónde andan las mujeres organizadas que lucharon tanto por la aprobación del Título VI? Extendamos la pregunta para volver al "sacudón" de 1989 y a las intentonas de golpes militares de 1992 que, en buena parte, gestaron ese mes de 1993 en que hubo tres presidentes constitucionales: ¿dónde han estado las mujeres organizadas que, de 1985 a 1991, tanto lucharon por la aprobación del Título VI que los empresarios desacatan y pretenden eliminar en una próxima revisión de la ley?

LAS VENEZOLANAS TAMBIÉN PERDIERON EL MIEDO

Con frecuencia oímos decir que a partir del "caracazo" los venezolanos perdieron el miedo a denunciar irregularidades y a pelear por sus derechos. También aprendieron que los gobernantes sordos sólo entienden con acciones de calle, con acciones que "abochornen" internacionalmente al presidente[4]. Esto es verdad para hombres y mujeres de los más diversos sectores sociales. Las mujeres son la mayoría entre los familiares de los desaparecidos durante el "sacudón" del 27 y 28 de febrero de 1989; las mujeres están a la cabeza de los jubilados, los minusválidos y los vendedores ambulantes del centro de Caracas que vienen solicitando aumento de pensión hasta el sueldo mínimo de un trabajador urbano, una ley de protección a los minusválidos y seguridades de trabajo en lugares fijos, respectivamente. Mujeres son la mayoría de los maestros de escuela y del personal hospitalario —los gremios más combativos del quinquenio en la defensa de sus salarios y condiciones de trabajo—, así como de la seguridad personal en escuelas y hospitales que se hallan azotados por la delincuencia en ascenso en Caracas, precisamente desde 1989 cuando quedó demostrado que los delincuentes estaban mejor organizados y armados que las diversas policías, los guardias nacionales y los soldados del ejército.

Y mujeres son la mayoría de los vecinos que toman calles y accesos de autopistas para protestar porque a su barrio (mujeres pobres) o su urbanización (mujeres de clase media) no llega agua desde hace días o meses, o que hay un brote de aguas negras que pone en peligro la salud de los niños, o que la policía no ocupa su lugar en un módulo policial casi siempre vacío. Y también son mujeres la mayoría de los familiares de los militares detenidos y de los exiliados después del 4 de febrero y del 27 de noviembre de 1992. Para decirlo en los términos propuestos por Maxine Molyneaux[5]:

> Las mujeres están defendiendo sus intereses políticos y de clase, con frecuencia entrecruzados con los intereses prácticos de género: la libertad de sus esposos, hermanos e hijos; el derecho a enterrar a sus muertos desaparecidos; la salud y la seguridad personal propia y de su familia; los servicios públicos a los que tienen derecho porque los están pagando.

En ninguna de esas asociaciones de familiares de presos y desaparecidos, de vecinos, de jubilados, de maestros, de personal hospitalario, de vendedores ambulantes y minusválidos, las mujeres se están planteando —paralelamente— reivindicaciones estratégicas de género. Ni siquiera reconocen como suyos los intereses prácticos de género entrecruzados con los colectivos políticos y de clase. Más todavía, las mujeres organizadas alrededor de intereses específicos de género no tenemos conexión alguna con "las otras"[6]; esto es, con la mayoría de las mujeres. De manera que las feministas ni siquiera hemos tenido la oportunidad de intercambiar con ellas opiniones sobre los intereses prácticos de género entrecruzados para intentar "la politización de estos intereses prácticos y su transformación en intereses estratégicos"[7], que es la forma en que las mujeres podrían identificarse con ellos.

Nosotras, las mujeres organizadas alrededor de intereses específicos de género, estamos distantes de las otras, precisamente por razones de clase, políticas u otras, aunque no todas tenemos los mismos intereses ni estamos en el mismo lugar.

Las mujeres que militaron en el que fue partido de gobierno hasta el 20 de mayo de 1993 y en los otros tres partidos de significación nacional[8] suelen sobreponer los intereses de partido a los específicos de género, aunque han coincidido con las otras mujeres organizadas que tienen intereses específicos de género en luchas puntuales a las que nos referiremos más adelante. Los cuatro partidos tienen mujeres militantes en los concejos municipales, las alcaldías, las asambleas legislativas y el Parlamento, aunque constituyen un pequeño porcentaje en relación con los hombres militantes de las mismas organizaciones. Desde el gobierno de Luis Herrera Campins (1978-1983) las mujeres de AD, Copei y el MAS, así como algunas independientes, han sido asesoras de las ministras encargadas de los asuntos de las mujeres[9].

En cambio, no hay acuerdos formales entre las mujeres de AD, Copei y MAS y las de Causa R, por dos razones:

1. Causa R, partido de extracción proletaria, muy fuerte en Ciudad Guayana (polo industrial de Venezuela, situada en el estado Bolívar, al sur), hasta el punto que uno de sus fundadores ha sido gobernador del estado dos veces consecutivas, ha aumentado su prestigio y el apoyo de muchas otras regiones del país a raíz del primer golpe de Estado de 1992, por la actuación de sus parlamentarios en la confrontación con Pérez, su política económica y la corrupción propia y de su entorno. En diciembre, uno de esos diputados, Aristóbulo Istúriz, ganó la alcaldía al titular hasta entonces, del partido de gobierno.

2. La primera decisión que tomó Istúriz al llegar a la alcaldía de Caracas fue cambiar la nominación de Casa de la Mujer de Catia y convertirla en la Casa de la Gente, una propuesta que tiene adeptos entre quienes consideran que —como decían los comunistas y socialistas de los años sesenta— los espacios para sectores con intereses específicos dividen y no agrupan a los necesitados. Las mujeres de la Universidad Central de

Venezuela, que atendían casos y asesoraban la Casa, así como mujeres ligadas al MAS y la presidente del Conamu han criticado esa decisión de Causa R.

Exceptuando las declaraciones hechas sobre la necesidad de mantener espacios de atención a las mujeres y las otras (sobre el uso y el abuso de imágenes estereotipadas de la niña y la mujer en la publicidad, contra los corruptores que llevan engañadas a jóvenes a prostituirse en Canadá, sobre la prevención del embarazo en las adolescentes y el cáncer uterino), la actividad de la instancia gubernamental que debería hacer propuestas al gabinete, al Parlamento y al país, para intentar resolver problemas fundamentales de las mujeres, evita confrontar los intereses de sus partidos y se limita a organizar talleres, seminarios y el II Congreso de la Mujer (en marzo de 1991), millonario e inútil para la reflexión (más de dos mil mujeres), en el cual se pusieron de relieve los peores vicios del activismo machista, que las mujeres suelen duplicar: desorganización, autoritarismo, desprecio por las bases, malversación de los dineros públicos, competencia, saboteo a las intervenciones por mujeres "de otro" partido, e incluso de "la otra" tendencia del mismo partido.

Así mismo, durante este último quinquenio, la instancia gubernamental ha promovido la formalización de una red de centros de estudios de la mujer, de casas de la mujer, de centros contra la violencia y otras más. Intuimos que la figura jurídica de la red es la más adecuada para la captación de recursos de las agencias internacionales por parte de la instancia gubernamental, pero aclaramos que las organizaciones involucradas en cada red no han tenido participación alguna en la administración directa de esos recursos, cuyo monto es un misterio para las organizaciones en-red-adas.

Hay varias organizaciones no gubernamentales de mujeres en Caracas y otras ciudades del país, que se asociaron en 1985 en una organización paraguas, la Coordinadora de ONG de Mujeres[10], con la intención de elaborar un documento, alternativo al oficial, que hiciera el balance del trabajo no gubernamental realizado durante la Década de la Mujer, decretada por la ONU en 1975. De retorno de Nairobi, Kenya, y Bertioga, Brasil, donde se celebró el III Encuentro Feminista Latinoamericano y del Caribe, la Coordinadora concentró sus esfuerzos en discutir la proposición que Rafael Caldera, presidente de la Comisión Bicameral para la redacción de una Ley Orgánica del Trabajo, que sustituiría la de 1936, presentaba con relación a las mujeres trabajadoras.

La Coordinadora de ONG de mujeres no es la primera experiencia de frente de mujeres en Venezuela, como quedará claro en el siguiente punto, pero sí la primera que reunió a las organizaciones tradicionales de mujeres agrupadas alrededor de intereses prácticos de género —con las feministas, organizadas desde fines de los años sesenta, más interesadas en la reflexión sobre los orígenes y estrategias de superación de la subordinación, así como en los mecanismos de su reproducción.

Desde 1985 hasta 1988, la Coordinadora trabajó de modo conjunto con la ministra de la Familia, Virginia Olivo de Celli, para la aprobación del Título VI de la Ley del Trabajo. Después, el trabajo conjunto ha sido poco, pues el interés común quedó consagrado en la Ley aprobada y las reivindicaciones más radicales, como la despenalización del aborto, eran y son innombrables para la instancia responsabilizada de los asuntos de mujeres desde que asumió Pérez, en 1989. Debe decirse que tampoco la Coordinadora ha incluido en su agenda la discusión pública del aborto, y más bien sostiene una actividad declarativa coincidente con la del Conamu e igualmente alejada de las mujeres que están luchando con los hombres por reivindicaciones gremiales, laborales y comunales, de las cuales hablábamos al comienzo.

Los intereses que han reunido a las mujeres

Que las venezolanas se organizan con menos reservas cuando lo que está en juego es la vida, la libertad o mejores condiciones de vida para su familia, no es sólo después del "caracazo". Lo ratifica nuestra historia.

Durante los 27 años que Venezuela padeció la dictadura de Juan Vicente Gómez (1908 a 1935), al tiempo que hacían las diligencias por sus presos y clandestinos, las mujeres se fueron organizando en asociaciones exclusivamente femeninas que, a la muerte de Gómez, se legalizaron y trabajaron de manera abierta por los derechos de las mujeres trabajadoras y madres de familia, dos líneas de acción que hasta hoy han sido las más atendidas por las organizaciones de mujeres. Entre estas asociaciones estaban la Sociedad Patriótica de Venezuela, la Asociación Cultural Femenina, la Sociedad Protectora de la Infancia, la Asociación Venezolana de Mujeres, la Unión de Mujeres Americanas y la Asociación Cultural Interamericana. De todas, la Asociación Cultural Femenina fue la de mayor trascendencia, pues algunas de sus militantes eran ya muy conocidas por su compromiso político. A la ACF le interesó llevar el mensaje de la igualdad en el trabajo y en la familia hasta las amas de casa y las trabajadoras, así que mientras luchaba junto a otras asociaciones por la igualdad jurídica, un grupo de la ACF, coordinado por la periodista y escritora Carmen Clemente Traviesso, logró sacar cada miércoles y durante once años consecutivos (1937-1948) el suplemento

"Cultura de la Mujer" en el diario *Ahora*. También fue la ACF la organización que abrió la primera casa de la mujer en Venezuela: la Casa de la Cultura Obrera.

Resultado de la presión de las mujeres de la ACF y de las otras agrupaciones fue que la Ley del Trabajo de 1936 previera protección a la madre trabajadora, permisos pre y posnatales por tres meses en total e igualdad de sueldos y salarios por trabajos iguales realizados por hombres y mujeres. En 1942, debido a la presión conjunta que ellas hicieron desde el frente que llamaron Asociaciones Unidas Pro Reforma del Código Civil, éste fue modificado en relación con la administración de la patria potestad y los bienes de la sociedad conyugal, asuntos que serían de nuevo modificados en la reforma de julio de 1982, a raíz de las acciones de las mujeres de la Federación Venezolana de Abogadas, las concejales y parlamentarias de los distintos partidos con representación en esos organismos, así como del despacho de la ministra para la Participación de la Mujer en el Desarrollo. Las mujeres, organizadas desde 1936, lograron el voto en 1945. En 1947 obtuvieron el derecho a votar en las mismas condiciones previstas para los hombres.

Como dice Teresa Quiroz, refiriéndose a la lucha de las mujeres en esos años, el feminismo de entonces buscaba mejorar las condiciones de la doble jornada de las mujeres[11]. No cuestionaba, como se hizo desde los años setenta, que a las mujeres se les exigiera ser madres, heterosexuales, monógamas y únicas responsables de la crianza de los hijos, sino que estas exigencias se hicieran sin garantías sociales. Con todo, fue un avance: las mujeres del siglo XIX, cuyo único destino era ser la sombra de sus maridos o la amante de algún ilustre casado, fueron relevadas por estas de 1936 que obtuvieron para nosotras el derecho al voto y a la protesta, así como la posibilidad de actuar públicamente con eficacia: crear un frente organizado alrededor de una agenda de intereses prácticos comunes a todas las agrupaciones.

Con el golpe de Estado de 1948, las prioridades de las mujeres fueron, de nuevo, la vida propia y la de la familia. Pero como ya los partidos se habían dado cuenta de que las mujeres organizadas podían llegar a la calle con su mensaje dirigido a las trabajadoras y amas de casa, hecho que estaba vedado a los hombres, promovieron la creación de nuevas organizaciones de mujeres jóvenes que solicitaran derecho al estudio y al deporte. La Juventud y el Partido Comunista de Venezuela fundaron la Unión de Muchachas y la Organización de Mujeres Comunistas. Acción Democrática creó la Asociación Juvenil Femenina.

En 1953, cuando se organizó la resistencia conjunta contra la dictadura de Marcos Pérez Jiménez, estas organizaciones y otras más fundan la Unión

Nacional de Mujeres y la Junta Patriótica Femenina. El primer Día Internacional de la Mujer después de la caída de la dictadura, el 8 de marzo de 1958, se celebró con un gran mitin en el Nuevo Circo de Caracas, con Isabel Carmona (AD), Argelia Laya (PCV) y Rosa Ratto Ciarlo (URD) como oradoras principales.

Creada a instancias de los partidos obligados a permanecer en la clandestinidad, la UNM no pasó de respaldar sus consignas y proyectos generales, como el de la reforma agraria. Pasaría tiempo antes de que se rescataran las reivindicaciones específicas de las mujeres, por las que habían luchado desde 1936 hasta el golpe de 1948. La UNM se disolvió cuando el Partido Comunista y el MIR (una escisión de AD) pasaron a la clandestinidad e iniciaron la lucha armada. De nuevo, las mujeres que apoyan a las guerrillas se ocupan del apoyo en las ciudades, de los presos y de los clandestinos. Vuelven a las rifas, a las cestas de Navidad para las cárceles, a los comités por los derechos humanos, a buscar el abogado y el médico para el que anda huyendo. Vuelven a ser enlaces entre los fragmentos: entre el que se esconde y su mujer, entre el preso y su familia, entre la ciudad y el monte. Entre su trabajo remunerado y el doméstico encuentran tiempo para que sus camaradas puedan sobrevivir: triple jornada para la cual fueron criadas y que los partidos aprovechan en tiempos de guerra o de paz.

En 1967, cuando habían desaparecido casi todos los frentes guerrilleros, las únicas organizaciones de mujeres que subsistían eran la Federación Venezolana de Abogadas, la Asociación Venezolana de Mujeres y la Asociación Cultural Interamericana, las cuales convocaron al I Congreso de Evaluación de la Condición de la Mujer en Venezuela, en febrero de 1968. Animadas por este reencuentro, las mujeres del PCV y del MEP (una nueva escisión de AD) crearon la Legión de Mujeres Nacionalistas, de corta vida pues en 1972 ocurrió la división del PCV, de la cual nació el MAS.

En 1972 algunas mujeres del MAS crearon Mujeres socialistas y, mucho antes, mujeres de diversos grupos de izquierda habían fundado la Liga de Mujeres, de la cual surgiría, en plena renovación universitaria, el primer grupo venezolano que se autocalificó de feminista: el Movimiento de Liberación de la Mujer, heterogéneo tanto por las edades como por los credos de sus militantes. Con timidez, los dos primeros mencionados, y con agresividad —el MLM—, estos grupos fueron vanguardia de la rebelión contra el chantaje de las mayorías masculinas en partidos, sindicatos y movimientos de la renovación universitaria que —al igual que en la actualidad— pretendían que la discusión de la problemática específica de las mujeres fuera pospuesta en aras de la lucha de clases o de las reivindicaciones académicas.

Analizar los orígenes de la subordinación y no sólo los efectos y sus soluciones fue, como en otras partes del mundo, el aporte de los grupos feministas al movimiento de mujeres de Venezuela. En 1978 existían Persona, Miércoles, Movimiento de Mujeres de Mérida, Conjura y Liga Feminista de Maracaibo. En 1983 se creó el Grupo de Teatro en la Calle, 8 de Marzo, en Maracay; el 1984 surgió en Caracas la revista *La mala vida*. Hoy en día todos esos grupos desaparecieron, excepto Liga, de Maracaibo, y el Grupo de Teatro en la Calle, precisamente los dos grupos que plantearon realizar un trabajo con las otras mujeres, la mayoría de mujeres necesitadas de atención a sus problemas específicos. Liga y el Grupo de Teatro en la Calle coordinan dos casas de mujeres, en Maracaibo y Maracay, respectivamente, independientes de la alcaldía o del gobierno regional[12]. Las mujeres que hicieron parte de los demás grupos feministas están sumadas a otros proyectos colectivos, casi todos universitarios e intelectuales. Escriben, dan clases, pintan, danzan, estudian, siempre dando cuenta de su condición de mujeres. Lo que dejaron de lado fue la militancia en grupos feministas.

En vísperas de la campaña presidencial de 1973, un grupo de mujeres de partido e independientes crearon Planteamiento de la Mujer, con el fin de solicitar a los candidatos una Comisión Femenina Asesora de la Presidencia que, entre otras cosas, se encargara de los eventos del Año Internacional de la Mujer en 1975. Al asumir el gobierno en su primer período, Pérez cumplió la promesa electoral y nombró a la abogada Helena Fierro presidenta de la comisión. El procedimiento se repitió en 1978, cuando un Comité por los Derechos de la Mujer propuso al presidente electo, Luis Herrera Campins, la creación del primer ministerio de la mujer, que al final se denominó Ministerio para la Participación de la Mujer en el Desarrollo.

Hay que reconocer al Ministerio, presidido por Mercedes Pulido de Briceño durante todo el quinquenio (1979-1983), méritos en las siguientes tareas: la recolección de toda la información existente acerca de la situación real de las mujeres en todo el país y la realización de investigaciones en algunas áreas de interés; la publicación de una historia de Venezuela narrada por las mujeres que la protagonizaron[13] y de tomos que expresaban la situación de las mujeres, en estadísticas[14]; la convocatoria a una Primera (y última) Jornada sobre la Mano de Obra Femenina; y la participación en la defensa que, unitariamente, todas las mujeres venían haciendo de la reforma del Código Civil que, por fin, sería sancionada en 1982.

La reforma había sido llevada al Congreso por la Federación Venezolana de Abogadas con el respaldo de 20 mil firmas y, según la opinión de los parlamentarios de los partidos mayoritarios, de no haber sido por la presión conjunta de las mujeres que pasaron por encima de sus propias diferencias y de las opiniones de los hombres de sus propios partidos, ellos no se hubieran visto obligados a tomarse en serio la reforma que las mujeres habían colocado en la opinión pública por todos los medios: desde modestas reuniones en todas las ciudades y pueblos del país hasta los piquetes frente al Congreso y las concentraciones en plazas de la capital. El esquema de trabajo de 1936 había vuelto a funcionar: asociación sobre la base de una agenda específica.

Virginia Olivo, primero directora de la Oficina de Mujer y Familia y luego ministra de Familia, no olvidó la experiencia de la lucha por la reforma del Código Civil. Las otras mujeres tampoco y el 22 de marzo de 1985 crearon la Coordinadora de ONG de Mujeres, de la que hablamos antes, la cual trabajó estrechamente con el Ministerio de Familia en puntos coincidentes: promoción de la reforma del Código Civil de 1982 y discusión, redacción y defensa del Título VI de la Ley Orgánica del Trabajo, especialmente.

En octubre de 1984, Olivo convocó por primera vez a las mujeres que, organizadas o a título personal, habían trabajado por la reforma del Código Civil, para discutir un Programa de Defensa de la Familia de Maltratados que, al menos mientras ella estuvo al frente del Ministerio, trató de consolidarse a través de las jefaturas civiles del país. Luego, en febrero de 1985, un mes antes de que fundáramos la Coordinadora de ONG de Mujeres, volvió a convocarnos para discutir, con los redactores de un proyecto de reforma del Código Penal, asuntos específicamente referidos a las mujeres: aborto, violación, bigamia, adulterio y visita íntima a las reclusas. Las conclusiones fueron presentadas al Congreso para discutirlas en el momento en que se presentara el proyecto. Proyecto y propuestas reposan en alguna gaveta del Parlamento, esperando el día en que las mujeres consideremos suficientemente urgente la discusión de reformas en que deberá hablarse públicamente, y sin miedo a las iglesias, de sexualidad.

Podríamos resumir la historia de las mujeres organizadas y de las otras así:

1. Desde 1936 las mujeres se han planteado luchas por explícitas reivindicaciones prácticas de género.
2. Desde 1936, siempre que el ambiente político se ha enrarecido por la instalación de una dictadura o por la existencia de guerra de guerrillas, las mujeres organizadas en grupos con intereses prácticos de género han entrado en receso y pasado a las filas de organizaciones mixtas con intereses de sobrevivencia y solidaridad con sus copartidarios y, con más frecuencia, con sus familiares.

3. En los años de democracia (1958-1993), muy pocos grupos de mujeres con intereses prácticos o estratégicos de género han sostenido continuidad en su acción pública. Su asociación con los otros grupos se ha dado sobre la base de una reivindicación muy específica, especialmente de una reforma a las leyes.

4. El fenómeno de la organización comunitaria, en la cual las mujeres desempeñan importante papel, ha ocurrido como expresión de la incapacidad de los gobiernos y su clientela política para resolver los problemas del barrio y la urbanización en medio de la crisis, y ya se sabe que las mujeres son claves para llevar a cabo cualquier proyecto comunitario. De ahí que las agencias gubernamentales pongan en manos de las mujeres de los barrios la administración de algunos programas sociales. La participación de las mujeres en las comunidades, así como en los gremios y en los grupos en defensa de los derechos humanos, no debe leerse como expresión de una concientización de sus potencialidades como personas del género subordinado, pues esa visión optimista nos conduciría a un análisis equivocado. Prueba de ello es que las directivas de esos grupos comunitarios, gremiales y libertarios suelen estar en manos de hombres por delegación voluntaria de ellas.

5. En las organizaciones comunitarias, gremiales y por los derechos humanos se observa entre las mujeres un comportamiento similar al de las mujeres de organizaciones con intereses prácticos de género: una vez alcanzado el objetivo que las reunió, abandonan la escena y retornan a su rutina de dos jornadas (la remunerada y la doméstica). Claro está que cuando la crisis arrecia, los problemas se agravan y ellas se mantienen en la lucha.

6. Los grupos de mujeres con intereses prácticos de género que tienen más continuidad para realizar trabajos con mujeres son los grupos asalariados, que son las mujeres que trabajan en las instancias gubernamentales y en las ONG financiadas internacionalmente. Para ellas el trabajo con mujeres constituye su jornada remunerada.

7. Sólo dos organizaciones de mujeres con intereses estratégicos de género han logrado sobrevivir sin el financiamiento que permite a otras ONG pagar sueldos a sus responsables. Las dos (Liga Feminista de Maracaibo y Grupo de Teatro en la Calle, 8 de Marzo) sobreviven por la colaboración económica de algunas de las mujeres atendidas en las casas, una en Maracay y otra en Maracaibo. Lo más difícil es el paso de la asistencia de cada caso a la concientización colectiva de que hay que plantearse la superación de la división sexual del trabajo que consagra la subordinación de las mujeres, pero no han dejado de insistir en darlo. Puede de-

cirse que la Liga y el Grupo están integrados por mujeres con doble militancia, en la reformulación del término que —según Saporta, Navarro, Chuchryk y Álvarez— se está ensayando en Latinoamérica y el Caribe: militancia feminista y militancia en grupos de mujeres con intereses prácticos de género.

8. Aunque no puede hablarse en Venezuela de docenas de organizaciones populares de mujeres que hayan logrado combinar la lucha por los intereses prácticos con la reflexión sobre los intereses estratégicos de género, como dicen Amy Conger Lind y Virginia Vargas que sucede en Ecuador y Perú, puede asegurarse que algunos grupos de mujeres populares en Venezuela (como las cristianas de Compañeras, en Barquisimeto, y los Círculos Populares Femeninos) comienzan a dar ese paso, no en su actividad diaria sino en eventos especiales, como los que han convocado la Coordinadora de ONG de Mujeres, algunas organizaciones que son parte de la misma Coordinadora (como las feministas y la Unión de Mujeres Negras) u organismos regionales, como el Consejo de Educación de Adultos en América Latina, Ceaal.

9. En lo inmediato no existe ni se vislumbra una actividad conjunta de las mujeres que están luchando en Venezuela por reivindicaciones gremiales, comunitarias y políticas, con la Coordinadora de ONG de Mujeres y, mucho menos, con las mujeres del Consejo Nacional de la Mujer, las parlamentarias y concejales, en buena parte dedicadas a la campaña electoral de diciembre. Sin embargo, la historia reciente indica que la amenaza a la Ley Orgánica del Trabajo y a la Ley de Prestaciones Sociales podría ser la causa que reunifique a las venezolanas, incluida esa mayoría que lucha por distintas reivindicaciones y está confrontando la crisis que se ha profundizado desde 1989 con la puesta en marcha de las políticas de ajuste.

10. Aun si se logra la reactivación, a propósito de la defensa de la Ley del Trabajo o de las prestaciones sociales de los trabajadores, las mujeres que han estado o están organizadas alrededor de los intereses estratégicos de género deberían retomar los grupos de autoconciencia de los comienzos del movimiento feminista, rediscutir los orígenes y expresiones de la subordinación a la luz de un balance sincero de estas décadas pasadas. A esa reflexión deberíamos convocar a las mujeres asociadas en la Coordinadora, así como a las que trabajan en las casas de la mujer y en los centros de estudios de la mujer en las universidades. Incluso, a mujeres ligadas a la instancia gubernamental y a partidos, pero con demostrada vocación subversiva de las líneas que, como militantes, deberían acatar. Juntas y poco a poco, probablemente descubramos que, después de tan-

ta universidad, tanta lectura y tanto foro y encuentro, hasta ahora el inconsciente ha triunfado sobre nuestra voluntad, obligándonos a actuar igual que las señoras que toman la calle para exigir la libertad de sus hijos o agua en el barrio, pero delegan en los hombres la visita al alcalde y sólo desean que el agua llegue y el hijo salga de la cárcel para volver a su casa y a la dura jornada remunerada que no escogieron pero que la crisis les impuso, como les impuso luchar por la vida en el espacio tradicional de los hombres. Habrá que encontrarse con ese mar de fondo que ha impedido el trabajo continuo por las necesidades estratégicas de género, para no comenzar de cero cada vez que la amenaza a una conquista se nos viene encima, como a cualquier otra mujer.

NOTAS

1 Según la Constitución, el presidente suspendido debe ser remplazado interinamente por el presidente o el vicepresidente del Congreso, o por el presidente de la Corte Suprema de Justicia. Lepage era el presidente del Congreso el 20 de mayo de 1993.

2 En octubre de 1993 el déficit fiscal eran 300 mil millones de bolívares. El dólar se cotizaba a 98 bolívares.

3 Al final, la Ley Habilitante incluyó los siguientes proyectos: Impuesto General al Consumo, Impuesto a los Activos Empresariales, Reforma a la Ley General de Bancos y otros institutos de crédito, modificaciones a la Ley de Política Habitacional y a la Ley de Protección al Deudor Hipotecario, modificación a la Ley de Privatización y modificación a la Ley de Protección al Consumidor. El Impuesto al Valor Agregado, IVA, entra en vigencia el 1o. de octubre de 1993, en medio de críticas de todos los sectores.

4 Después del sacudón de 1989 y de cada una de las intentonas de golpe de 1992, Pérez se dirigió a la Nación hablando del "bochorno" que tales hechos debían producirnos. Estaba claro que le interesaba mucho más la imagen que se pudieran formar los inversionistas extranjeros que el destino de sus compatriotas.

5 Maxine Molyneaux, "Mobilization without emancipation? Women's interests, the State and Revolution in Nicaragua", en *Feminist Studies*, Vol. II, No. 2, Summer 1985, pp. 227-254.

6 Como llama Rossana Rossanda a la mayoría de las mujeres a las que nos referimos las activistas y las estudiosas de la problemática femenina.

7 Molyneaux, *Op. cit.*, p. 234.

8 Acción Democrática, Copei, Movimiento al Socialismo y Causa R.

9 En 1983 el presidente Lusinchi eliminó el Ministerio para la Participación de la Mujer en el Desarrollo y se inauguró una Oficina de la Mujer y la Familia en el Ministerio de la Juventud, luego rebautizado Ministerio de la Familia. Al asumir por segunda vez la Presidencia, Pérez creó un Ministerio para la Promoción de la Mujer y una Comisión Femenina Asesora de la Presidencia de la República, ahora disueltos y sustituidos en sus funciones por el Consejo Nacional de la Mujer, Conamu.

10   Las organizaciones que continúan activas en la Coordinadora de ONG de Mujeres son:
     la Federación Venezolana de Abogadas, la Alianza Panamericana de Mujeres Médicas,
     el Centro al Servicio de una Acción Popular, los Círculos Populares Femeninos, el Grupo
     de Teatro en la Calle, 8 de marzo, y la Casa de la Mujer Juana Ramírez la Avanzadora,
     de Maracay, la Liga Feminista y la Casa de la Mujer, de Maracaibo, el Colectivo Compa-
     ñeras, el Frente Continental de Mujeres contra la Intervención, la Unión de Mujeres Ne-
     gras, la Asociación Venezolana para una Educación Sexual Alternativa y la Asociación
     de Vendedoras Venezolanas del Mercado Cementerio, así como mujeres de los partidos
     MAS, PCV, Liga Socialista y MEP e independientes que trabajan a título personal.

11   Teresa Quiroz Martin, "Mujeres, movimientos populares y trabajo social en América
     Latina", en *Acción Crítica*, No. 17, Celats, Lima, agosto de 1985, pp. 25-44.

12   La mayor parte de las casas de la mujer del país dependen de las alcaldías y de los
     concejos municipales.

13   Despacho de la ministra de Estado para la Participación de la Mujer en el Desarrollo,
     Venezuela, biografía inacabada. Evolución social 1926-1983, Caracas, Banco Central de Vene-
     zuela, Año Bicentenario del Natalicio del Libertador.

14   Despacho de la ministra de Estado para la Participación de la Mujer en el Desarrollo,
     Estadísticas sociales, 2 tomos, Caracas, 1983.

EL CAMINO DE LA UTOPÍA FEMINISTA EN COLOMBIA, 1975-1991[1]

Norma Villarreal Méndez

INTRODUCCIÓN

Las reflexiones que guían este ensayo se enmarcan en la conceptualización de Joan Scott[2], según la cual el género "es un elemento constitutivo de las relaciones sociales, basadas en las diferencias que distinguen los sexos y... una forma primaria de relaciones de poder", que comprende los símbolos y los conceptos normativos; que se construye en las organizaciones e instituciones políticas y se expresa en la identidad subjetiva. En este sentido legitima los papeles que cumplen hombres y mujeres en la sociedad, que a su vez reproducen la ideología de la desigualdad social.

Las demandas de las mujeres y los espacios desde los cuales ellas se expresan constituyen una nueva dimensión del estudio de lo político y de su práctica[3], pues desde el movimiento feminista y en los movimientos sociales se explicitan las relaciones de poder contenidas en las relaciones de género.

Tradicionalmente excluidas de los órganos de representación de la política formal[4], las mujeres son incluidas y participan en la sociedad y la política como productoras de moral y de costumbres, desde el género. En los movimientos sociales luchan por el mejoramiento de las condiciones de vida: salud, educación y vivienda, en clara relación con deberes de género. Desde el Estado se les incluye para participar en programas de atención al menor. Lo que impulsa esta participación e intervención de las mujeres en la política es lo "político del género"[5] y en ella está presente un discurso maternalista que reconoce y legitima un poder maternal[6], que reproduce ideológicamente el sistema de género.

Señalamos aquí este proceso que, junto con la intervención e inclusión que hace el feminismo para hacer a las mujeres sujetos de su propia transformación, hace parte de la dinámica en que se mueve la participación de las mujeres en la sociedad colombiana de hoy.

EL MARCO SOCIAL Y POLÍTICO DE LA UTOPÍA FEMINISTA

El resurgimiento y la expansión del discurso feminista se produjeron en un período de reconstitución de la sociedad civil, de modernización del Estado y de la economía[7]. La movilización de las mujeres y la recreación de su identidad colectiva como sujetos del cambio social se dieron en un tiempo signado por la confrontación, la búsqueda y la construcción de formas democráticas para el Estado y la sociedad. El feminismo llevó a otros movimientos de mujeres y a todo el movimiento social su propuesta de nuevas formas de relación entre hombres y mujeres, su crítica a los viejos códigos que el género había inscrito y sus nuevas metodologías de trabajo. El feminismo ha venido abriéndose paso trabajosamente en una sociedad agotada por el miedo y cercada por distintas violencias[8]. Se expresó primero entre las mujeres de sectores medios, intelectuales y universitarias, como múltiples y simultáneas tomas de conciencia[9].

Se diferencian dos subperíodos: el primero de 1975 a 1982 y el segundo de 1983 a 1991. Durante el primero se produjo un auge de los movimientos sociales y el surgimiento de los nuevos grupos feministas en un marco de crisis económica, radicalización de la sociedad y surgimiento de movimientos sociales y frentes guerrilleros, junto a la reafirmación de un Estado represivo frente a la protesta social[10].

Durante el segundo, se hicieron intentos para darle una salida negociada al conflicto, pero la situación de violencia se intensificó, produciéndose una opinión generalizada sobre la necesidad del cambio institucional para abrir canales de participación y resolución política de los conflictos. Se inició con una convocatoria a la paz por el gobierno de Belisario Betancur, que tuvo una favorable respuesta en la población. Frente a la vía betancurista de recuperación de la unidad nacional, basada en una institucionalidad que permitiese reconstruir las funciones del Estado, la guerrilla, en una encrucijada política, optó por exigir reformas y reivindicaciones que el gobierno no estaba en capacidad de realizar, abortando la iniciativa gubernamental[11] y agudizando la espiral de la violencia.

El tráfico de drogas fue otro elemento que contribuyó a la aceleración de la violencia. El narcotráfico puso en jaque al Estado por su poder de corrupción y violencia, pero también por su capacidad para distorsionar la economía, creando polos de concentración de riqueza.

La coyuntura económica y política que se vivía en los primeros años de la década de los ochenta fue el marco de una estrategia de gobierno con inclusión de la mujer en programas sociales y en puestos de decisión política. Probablemente se combinaron muchos factores: una importante movilización de ellas junto a un candidato que agitaba un discurso moralizador[12]; la creciente participación femenina en la economía familiar urbana y rural y en la vida comunitaria, y la idea de un patrón moral "propio de la mujer", clave en los momentos de crisis.

La desvalorización del salario y el desempleo hicieron indispensable el aporte económico de las mujeres en los hogares[13], mientras que el desempleo aumentó. Se conformó un sector informal del cual ellas representaban un alto porcentaje[14]. La urgencia de reactivar la producción agropecuaria y el papel de la mujer rural en la oferta de alimentos llevó al gobierno a diseñar una política para la mujer campesina[15].

El narcotráfico, el terrorismo político, el surgimiento de grupos de justicia privada, el paramilitarismo y el clientelismo[16] crearon estructuras de poder más fuertes que el Estado[17]. El fracaso de la política de diálogo para conseguir la inserción de sectores de guerrilla a la vida civil, la debilidad del Estado para responder las demandas sociales y la permanencia de sectores excluidos disminuyeron las posibilidades de estrategias de desarrollo centradas en la equidad, la eliminación de la pobreza y la participación ciudadana[18].

Los movimientos sociales llevaron su crítica más allá del funcionamiento del Estado y de su capacidad de responder a las demandas ciudadanas. Cuestionaron el andamiaje jurídico que sustentaba al país y lograron que la centenaria Constitución de 1886 se pusiera en entredicho.

El significado de esta convergencia fue la legitimidad ganada por las propuestas ciudadanas. El feminismo adquirió visibilidad, lideró el Movimiento de Mujeres[19] y junto con otros movimientos sociales promovió el cambio constitucional.

La constitución de los grupos feministas

Para llegar a los orígenes del nuevo feminismo en Colombia hay que considerar la difusión de artículos en revistas y periódicos nacionales, que informaron desde antes de 1970 sobre las propuestas feministas y sus tendencias en Estados Unidos y Europa[20].

Los primeros grupos feministas fueron surgiendo desde 1975. Entre 1977 y 1978 aparecieron otros nuevos por la ruptura de mujeres con grupos de la izquierda y como resultado de la reflexión sobre el patriarcado y la lucha por espacios propios[21].

Al iniciar el cuestionamiento de las formas del ejercicio del poder, las feministas se autoconstruyen en la ruptura con los partidos y en la crítica al Estado y la academia. Los comienzos serán de posicionamientos rígidos ante el poder: "El principio diferenciador estaba constituido por la intransigencia frente a cualquiera expresión institucional"[22].

La propuesta de constitución de un Frente Amplio de Mujeres, en 1977, generó un debate sobre la autonomía que polarizó opiniones. Desde el inicio surgieron dos tendencias, las feministas con militancia en los partidos y las independientes, o pertenecientes al "feminismo autónomo". Para éstas —las feministas independientes que concurrieron a las reuniones en las que se promovió el Frente Amplio de Mujeres—, la tensión se originó cuando sintieron que iban a ser destinadas a tareas del partido, privilegiando intereses clasistas[23]. En las memorias del I Encuentro Feminista Latinoamericano se recogió la expresión de las feministas militantes así: "... las luchas de liberación del pueblo colombiano estaban por encima del problema de la mujer, la lucha por transformar la situación de la mujer era dividir las luchas de los sectores dominados"[24].

Los grupos de feministas autónomas se desarrollaron articulados en una identidad global de transformación de la condición de opresión de la mujer, dentro de distintas vías de acción. Para unos el trabajo había sido la "realización de los foros, discusiones, denuncias sobre la problemática de la familia, la sexualidad, la violencia sexual"[25].

Los grupos vivieron primero la etapa del autoconocimiento de las mujeres como seres subordinados; desde allí, se proyectaban al trabajo con sectores populares[26]. Se diferenciaban según su estructura organizacional: algunos eran fundaciones o corporaciones, lo que presupone una mayor capacidad operativa; otros eran grupos cuyas participantes se unían alrededor de tareas breves, lo cual hace inferir una precaria institucionalización[27]. Algunos grupos se originaron en la confrontación con la sociedad patriarcal en espacios autónomos; otros surgieron en espacios masculinos[28].

Como resultado del avance en la reflexión de género y de los distintos espacios creados por los programas de desarrollo, han ido apareciendo nuevos grupos, algunos más formalizados que se crean como organizaciones no gubernamentales (ONG), y otros, más informales, como grupos de reflexión. Los centros de atención y desarrollo feminista que prestan servicios de ayuda sicológica, asesoría médica y legal se han convertido dentro de su diversidad en centros de encuentros, intercambio y de convocatoria a sectores del Movimiento para preparar celebraciones, coordinar acciones internacionales o servir de interlocutores con legisladores y organismos nacionales e internacionales.

Muchos de estos centros han proyectado su acción en los sectores populares[29], especialmente en el área de salud reproductiva, contribuyendo a la elaboración de metodologías para trabajar con otras mujeres y al reconocimiento de las mujeres como sujetos políticos[30]. Otra línea de acción ha estado vinculada al área de la capacitación y participación comunitaria, adelantada por grupos feministas u ONG sensibles al tema[31].

Como espacios de intercambio han surgido los colectivos en varias ciudades que además cumplen un papel de coordinación para expresiones colectivas de las mujeres. Su funcionamiento ha sido dispar, pero en las cercanías a fechas y eventos constituyen un referente para los otros movimientos de mujeres y los medios de comunicación[32].

Cabe señalar la diversidad de acción y los desiguales niveles de desarrollo que se fueron dando en los grupos desde su nacimiento. Algunos se convirtieron rápidamente en organizaciones formales y otros, por el contrario, se mantuvieron en una casi total informalidad. Ello va a tener significado en la construcción del feminismo. El desigual nivel de desarrollo puede estar referido a distintas estrategias de sobrevivencia de los grupos y a sus prioridades en la acción social en su relación hacia afuera. Los que desde un primer momento pudieron consolidarse como organizaciones han institucionalizado su actividad dentro de una caracterización de ONG y han podido sobrevivir y convertirse en organismos no gubernamentales, relacionados con la ayuda de la Cooperación Internacional para el Desarrollo.

Esta institucionalización ha permitido al feminismo proyectar su propuesta de cambio en los sectores populares, profesionalizando a las feministas, consiguiendo una permanencia en el espacio público y facilitando el encuentro. Esto lo podríamos considerar el aspecto positivo. Al lado de esta institucionalización se pueden crear factores negativos y distorsiones. La institucionalización crea necesariamente espacios de poder, provocando tensiones entre distintas tendencias. La competencia por recursos escasos puede tornar en rivalidades las tensiones y contribuir a oscurecer el debate ideológico, imposibilitando la reflexión y disminuyendo la capacidad de acción y el poder de convocatoria del feminismo.

En suma, los niveles de desarrollo institucional pueden afectar la duración de las asociaciones de mujeres y su debate teórico; muchos grupos nacen y desaparecen y sus militantes recirculan en otros. Otras militantes se aíslan.

Posteriormente han aparecido grupos de reflexión teórica en los ámbitos universitarios, que están abriendo paso a la institucionalización de estudios sobre las mujeres en Bogotá y en Cali.

LAS MOVILIZACIONES FEMINISTAS

Casi de manera simultánea a la construcción de los nuevos grupos feministas, las herederas del sufragismo, aglutinadas en la Unión de Ciudadanas de Colombia, UCC, convocaron en 1977 una reunión en Medellín para conmemorar el ejercicio del voto. La conmemoración se hizo durante la celebración del Primer Encuentro Continental de la Mujer en el Trabajo. Estuvo presidido por Rosa Turizo[33], presidenta de la UCC. Participaron también en la mesa directiva Ana Sixta González de Cuadros[34], delegada titular del gobierno de Colombia, y Josefina Amézquita de Almeyda[35].

El evento, patrocinado por la Organización Internacional del Trabajo, OIT, buscaba identificar los factores que habían obstaculizado la igualdad, la baja participación de las trabajadoras en los sindicatos y las condiciones de trabajo de empleadas domésticas, vendedoras ambulantes, aseadoras, pensionadas y costureras. También se analizaron la incidencia del aborto y las experiencias de las actividades del voluntariado para crear puestos de trabajo[36].

En el discurso de clausura Rosa Turizo decía:

Aceptamos el reto histórico de luchar hasta el final por modificar profundamente las costumbres oprobiosas, las leyes injustas... La lucha es por promover una nueva sociedad en la cual mujeres y hombres juntos, entendiéndonos como un todo biológico y social, responsable de la conservación de la especie, transcurran su corto paso por la tierra en mejores condiciones de vida[37].

En diciembre de 1978, en el marco de una campaña internacional por el derecho al aborto y en contra de las esterilizaciones forzadas, se reunieron cerca de 300 mujeres de Medellín pertenecientes a la Unión de Mujeres Demócratas, el Frente Amplio de Mujeres, Cuéntame Tu Vida, el Frente Femenino de Fedeta y ocho grupos independientes de Bogotá, dos de Cali, dos de Medellín, así como de Cartagena y Barranquilla[38].

En la reunión se expresaron dos tendencias: la de las feministas que consideraban la opresión sexual como sobredeterminante y la de las feministas de partido que postulaban el papel de la explotación económica del capitalismo como el marco privilegiado de la opresión sexual[39].

En este encuentro, las feministas acordaron sumarse a la celebración del 31 de marzo como día internacional para el derecho al aborto y convocaron a mujeres de distintos sectores sociales a una movilización.

En el marco de un encuentro de la UCC, candidatas del Partido Socialista de los Trabajadores al Concejo de Bogotá propusieron una moción de respaldo al proyecto presentado al Congreso por la parlamentaria Consuelo Lleras para introducir supuestos que hicieran viable el aborto terapéutico, tales como la malformación congénita y el peligro de muerte de la madre. Así mismo, invitaron a la convocatoria de un foro nacional sobre el tema, antes de que se iniciaran las sesiones del Congreso[40].

Las peticiones de las feministas de distintas tendencias se centraron en defender la libre decisión sobre el cuerpo, en el rechazo a la prisión y en la exigencia de libertad para las presas por aborto. Simultáneamente señalaron la carencia de centros de atención médica, guarderías y preescolares para los hijos de las trabajadoras[41].

La candidatura a la Presidencia de la República de Socorro Ramírez en 1978, apoyada por una alianza de sectores de izquierda, reclamó para las mujeres el derecho al aborto y garantías para la salud reproductiva.

En 1981 se realizó el I Encuentro Feminista Latinoamericano, al cual asistieron grupos de Bogotá, Cali, Cartagena, Medellín y Manizales[42]. Grupos de otras ciudades como Sincelejo, Barranquilla, Pasto, Cartagena, probablemente no asistieron debido a las diferencias con respecto al carácter de la representación[43]. La confrontación sobre el carácter personal y no organizativo de la representación expresaba los debates sobre la doble militancia y la lucha por la autonomía.

En el taller sobre la lucha política se reconoció que, aunque el feminismo concierne a las mujeres, tiene que ver con toda la sociedad[44], por lo cual hubo coincidencia en la necesidad de un movimiento de mujeres como fuerza política clave para el cambio.

La autonomía del feminismo se planteó como algo estratégico, pues los espacios organizativos de los partidos y sindicatos no podían solucionar la contradicción de sexo. Un punto de reflexión y debate que interesa señalar fue el de la importancia de reconocer aliados en el movimiento social para impulsar propuestas de cambio[45]. Allí se acordó conmemorar el 25 de noviembre como día de la no violencia contra la mujer.

El feminismo colombiano se reconoció en ese momento, formado por sectores medios: "mujeres profesionales, estudiantes u otras mujeres que han tenido oportunidad de acceder a mejores condiciones económicas y sociales"[46], y caracterizado por el desempeño de acciones aisladas. A partir de estas reflexiones se inició un proceso de trabajo para llegar a las mujeres de sectores populares, tendencia que ha ido ganando fuerza con el tiempo.

En 1984, las organizaciones feministas y del Movimiento de Mujeres, aglutinadas en torno del Colectivo de Mujeres de Bogotá, se comprometieron con el proceso de paz que convocó el gobierno de Belisario Betancur y cuando la esperanza de conseguir la paz se perdió en la sangrienta toma del Palacio de Justicia por el Movimiento 19 de Abril, M-19, este colectivo se tomó las calles, el 25 de noviembre. Otras movilizaciones por la paz fueron objeto de convocatoria feminista en 1987 y luego en 1990. Esta última apareció convocada por Mujeres por Colombia, una organización *ad hoc* que integraba a mujeres de distintos sectores políticos.

En 1984 también se realizó un foro con el objeto de establecer una estrategia de intervención en razón a que se estaban adelantando políticas para las mujeres de los sectores populares: campesinas y trabajadoras de las flores. En él el Movimiento de Mujeres intentó crear un mecanismo de interlocución con el gobierno, que no pudo darse. La dificultad residía en determinar objetivos compatibles entre las diversas tendencias. Las feministas de sectores de la izquierda cuestionaron las acciones gubernamentales en el sector trabajo y en el sector rural. Algunas independientes o cercanas a grupos liberales estaban vinculadas a las acciones del Estado. Además, feministas vinculadas a organizaciones no gubernamentales expresaban temores de una posible manipulación estatal y una potencial cooptación.

En las elecciones de 1990[47], varias feministas decidieron participar en el debate electoral apoyando un proyecto de ley sobre aborto que ya había sido propuesto, sin éxito, en el Congreso [48].

Algunos grupos de mujeres del Movimiento consideraron esta propuesta inoportuna, pues se presentaba en un momento en que se hacían esfuerzos para movilizarse por el tema de la vida. Otros, en cambio, participaron apoyando la iniciativa con conferencias, publicando artículos en la prensa y contribuyendo a desbaratar acciones legales de la jerarquía eclesiástica[49]. El tema no parece comprometer públicamente aún a las mujeres, pues no obtuvo respaldo electoral.

OTROS MOVIMIENTOS DE MUJERES

Muchas mujeres han buscado construirse como sujetos asumiendo sus diferencias de clase, etnia, convicción política y origen geográfico cultural como factores para reivindicar derechos específicos. Muchos grupos han surgido por la puesta en marcha de políticas desarrollistas.

Las mujeres de los sectores populares han venido encontrándose con las feministas en las movilizaciones por la paz, en reclamaciones por los derechos de las mujeres, en labores que realizan las feministas en los barrios con las ONG o en los programas estatales en que participan mujeres populares y profesionales teóricas feministas. Van conformando movimientos que reclaman determinados derechos o servicios como madres, habitantes de los barrios o productoras campesinas, en un proceso similar al que ha acontecido en distintos países de Latinoamérica[50]. Así mismo, son convocadas por el gobierno para que, como madres, se apersonen de determinadas tareas en los barrios, lo que define su inclusión desde los programas del Estado.

En algunos movimientos políticos y sociales de izquierda en que las mujeres de los sectores populares han participado, no se integraba la reflexión sobre la subordinación de la mujer pues se consideraban prioritarias las reivindicaciones de clase.

Los propios deberes de género habían llevado a mujeres de los barrios, en este período de movilización por los servicios, a desempeñar un papel protagónico en las presiones por la vivienda y por el mejoramiento de la infraestructura de barrio alrededor de las juntas comunales y comités cívicos. La incorporación de estas mujeres en los movimientos sociales produce su inclusión política desde el género[51].

La vinculación de la Unión de Mujeres Demócratas, UMD, en las actividades y congresos de la Central Nacional Provivienda y sus acciones en pro de vivienda en los barrios, conduce a suponer también una inclusión política desde el género en los partidos de izquierda[52].

La realidad colombiana que convoca la presencia de la mujer en la comunidad crea una doble relación en el espacio público; por un lado, como beneficiaria de programas comunitarios, promovidos por el Estado en el marco de los programas de desarrollo; y, por otro, como gestora de estos programas. En zonas, barrios o regiones, las mujeres han conformado estructuras de base o han utilizado las existentes para gestar programas de autoayuda y desarrollo comunitario. Barbieri[53] señala que esta realidad, presente en todos los barrios deteriorados de las urbes latinoamericanas, ha llevado a que las mujeres deban afrontar las soluciones a los problemas locales y a que, en el proceso, creen micropoderes[54], derivados de su dedicación al mejoramiento de las condiciones de su familia y de la comunidad.

Los procesos organizativos en los barrios se han derivado de la organización en comités de trabajo de las juntas comunales, de organizaciones precooperativas, de grupos de amas de casa o de otros tipos de procesos organizativos. Han surgido del trabajo de las organizaciones pastorales, de organizaciones gubernamentales y de acciones del Estado. Muchos de ellos han permitido el crecimiento de grupos de mujeres, en una actividad de reflexión y coordinación que ha dado lugar a la Organización Femenina Popular[55].

Desde su perspectiva, se integran en las movilizaciones que se hacen desde el feminismo o desde el movimiento social. Con su experiencia de doble lucha han llegado a identificar su subordinación hasta formar colectivos feministas en los sectores populares[56], con lo cual su accionar tiene un doble sentido de participación política: por su debate frente a la desigualdad producida por el sistema de género y la desigualdad socioeconómica.

Algunos grupos populares, como la Organización Femenina Popular, han integrado la doble reivindicación en cartillas para multiplicar el sentido de la organización[57]. La acción de estas mujeres tiene una larga trayectoria en el movimiento social del departamento de Santander y está conectada a las asociaciones de los sectores populares de otras ciudades, con las cuales han participado en encuentros para intercambio y coordinación de acciones, como los realizados en Bogotá en 1982 y 1983[58].

El movimiento de mujeres de los sectores populares ha venido organizándose regionalmente y realizando encuentros y talleres alrededor del tema de los aspectos de la crisis que han ligado a la reflexión sobre su condición de subordinación, ampliando el marco de su acción a otros procesos del Movimiento de Mujeres y del Movimiento Social[59]. Integra en su práctica a grupos de mujeres que trabajan en comités de salud, madres de jardines y casa vecinales y también a madres comunitarias[60]. Específicamente el programa de Hogares de Bienestar que se ejecuta mediante la modalidad de madres comunitarias[61] ha supuesto la masiva aparición de mujeres en la escena pública, desempeñando tareas tradicionales de su rol, que ellas han realizado en el espacio privado. La posibilidad de intercambio, reuniones y cursos posibilita confrontar simultáneamente su situación de mujer y trabajadora precaria.

Hasta ahora las movilizaciones, tanto en Bogotá como en el resto del país, de muchas madres comunitarias o jardineras han estado limitadas a exigir al Estado la oportunidad en la provisión de alimentos o el pago de las bonificaciones pactadas, pero dada la reflexión que se ha venido generalizando en materia de apropiación del trabajo social y de la responsabilidad del Estado frente a la población infantil, de las oportunidades de intercambio con sectores de movimientos sociales y con la reflexión de feministas que han entrado en contacto con estas madres para compartir reflexiones de género, se empieza a vislumbrar una conciencia del proceso político en que están insertas como género y clase, dando lugar a organizaciones de ámbito nacional como Asociación de Madres Comunitarias por una Colombia Mejor, Amcolombia, a los sindicatos de Madres Comunitarias y a organizaciones locales para atención del niño y la salud[62].

El proceso que se está viviendo en el interior del movimiento comunal, en las asociaciones y federaciones de juntas comunales, es sugestivo con relación a la organización de las mujeres comunales. En 1985, el IX Congreso acordó realizar el Primer Encuentro de Mujeres de la Acción Comunal, previa la realización de talleres. Posteriormente, a través de otros encuentros, las mujeres comunales han demandado al Estado el cumplimiento de su responsabilidad en la reproducción social, que agobia a las mujeres de los barrios. Igualmente, han asumido responsabilidad para sacar al Movimiento de su postración[63] y han irrumpido contra la estructura patriarcal de dirección, representación y capacitación de las asociaciones comunales, que las relega y sólo les asigna tareas de apoyo[64].

En 1987 se produjeron en Bogotá y en otras ciudades movilizaciones de las trabajadoras del servicio doméstico para obtener respuesta del gobierno a sus demandas de eliminación de los obstáculos administrativos que dificultaban su inscripción como afiliadas a los Seguros Sociales. La manifestación de estas trabajadoras era otro signo del proceso gradual de toma de conciencia como sujetos de derecho que venía dándose en distintos colectivos, impulsado desde distintos espacios por mujeres comprometidas. En este caso, está vinculado a un proceso que se venía realizando desde 1981, a partir del "Proyecto acciones para transformar las condiciones sociolaborales del servicio doméstico en Colombia", organizado en las cinco más grandes ciudades colombianas por funcionarias de la Asociación Colombiana de Estudios de Población, ACEP[65]. El proyecto desarrolló acciones de capacitación y asesoría legal, orientadas a trabajadoras y patronas y enmarcadas en una doble perspectiva: crear acciones "que conduzcan a la transformación de las relaciones laborales y a la organización del gremio para la defensa de sus derechos" y simultáneamente "crear estrategias que impulsen el proceso de conciencia respecto de la identidad-autonomía personal"[66].

En el sector rural ha surgido un proceso movilizador para mejorar la inserción económica y social de la campesina, que ha devenido en movimiento social. Se ha ido perfilando desde múltiples influencias: la que se derivó de la ejecución de las políticas del Estado; la surgida desde la práctica de las campesinas en organizaciones comunales, cooperativas y en las organizaciones clasistas; y la resultante del trabajo de feministas con las mujeres rurales. Este proceso surgió en 1985 de una política sectorial del Ministerio de Agricultura, pero en 1987 logró su despegue y una creciente autonomía[67]. Ha mostrado un acelerado crecimiento como resultado de dos factores[68]: en primer lugar por su capacidad de articularse a procesos e intereses locales; y en segundo lugar por su organización y convocatoria nacional a las mujeres en cuanto tales, independientemente de la diversidad política. La inserción local le ha permitido conseguir avances económicos, sociales y políticos y representación. La reivindicación que convoca a todas las mujeres del campo es la representación en órganos de decisión de la política agraria y social para que se tomen en cuenta sus intereses en la formulación de las políticas globales y decisiones generales sobre mujeres.

La formación del movimiento de las mujeres campesinas se ha liderado desde la Asociación Nacional de Mujeres Campesinas e Indígenas de Colombia, Anmucic, y sus filiales en los departamentos y municipios, con la participación de distintas formas de organización de las mujeres del campo: cooperativas, usuarias, comunitarias o beneficiarias de programas del Estado y de la gran mayoría de las campesinas que no tenían pertenencia organizativa. Las experiencias que las mujeres populares han asumido dentro de papeles de género y que le confieren cierto poder, inducen a reflexiones. ¿En qué medida este poder, que se sustenta en deberes de género sublimizados, permitirá un cuestionamiento global de la subordinación? ¿Acaso no es susceptible de convertirse en una forma de reproducción del sistema de género, reproduciendo las estructuras y prácticas del poder autoritario entre las mujeres y velando su subordinación? ¿Acaso esos roles que asume y que mantienen la división sexual del trabajo social crean poder real? ¿No se tratará de un poder restringido, falsos poderes de las mujeres que se convierten en poder autoritario? El problema reside en que a partir de esos seudopoderes que adquieren las mujeres se presentan oportunidades de que ellas sean instrumentalizadas y, con ello se desarrolle una falsa conciencia mediante una ideología de participación. Ello sugiere la reflexión y convocatoria desde el feminismo para lograr que la creciente participación que tiene en la vida comunitaria haga viable un cambio real. El feminismo, que es el agente que puede ofrecer la nueva concepción del poder, tiene ante sí un gran reto. Estamos ante un conjunto de poderes surgidos desde distintos espacios y en distintos sectores de mujeres.

APERTURA POLÍTICA, PROPUESTAS DE LAS MUJERES Y NUEVA CONSTITUCIÓN: LA ESTRATEGIA FEMINISTA

En 1988, las feministas convocadas inicialmente por la UCC se movilizan otra vez y junto con ellas mujeres del movimiento. El Colectivo de las Mujeres de Bogotá, la UCC y feministas independientes respondieron al llamado del presidente Virgilio Barco Vargas[69] con una propuesta de reforma constitucional que respaldaron 18 organizaciones de Bogotá. Su presentación en la Comisión de Reforma Constitucional del Congreso inició la movilización por la inclusión política liderada por el feminismo, la cual fue asumida y ampliada por las mujeres de todo el país en los siguientes años.

Entre 1988 y 1990 se mantuvo la movilización para reflexionar sobre el proceso político. En 1990, comisiones del Movimiento de Mujeres hicieron parte del movimiento por la Constituyente, primero, y después de las Mesas de Trabajo, que constituyeron una especie de cabildos populares para formular las propuestas de cambio constitucional. La convocatoria a un Encuentro Nacional de Mujeres —el Abrazo Amoroso por la Vida— no pudo superar los alinderamientos de las feministas en sus partidos, lo que impidió la posibilidad de hacer una lista unitaria de mujeres para la Asamblea Constituyente. El movimiento feminista autónomo se comprometió en el proceso de recoger firmas para respaldar y lanzar una lista nacional que fue inscrita pero que no logró apoyo. Enfrentó problemas de acceso a los medios de comunicación y de recursos[70].

Los planteamientos que se hicieron en las Mesas de Trabajo, posiciones expuestas por el movimiento feminista autónomo, fueron desarrollos de la propuesta de 1988. Bajo la consigna "la democracia en el país y en la casa"[71], se hizo un manifiesto firmado por 35 organizaciones que demandaba: consagración de principios de igualdad de derechos y oportunidades; participación igualitaria de la mujer en instancias de decisión; solución de los conflictos en el espacio público y privado a través del diálogo y la negociación. Se reclamó la consagración de un artículo transitorio para garantizar la subsistencia digna de las mujeres, hijos, hijas, ancianos y ancianas víctimas de la violencia. Se pidió que se garantizara el trabajo doméstico, se protegiera la función social de la maternidad y la libre opción de la mujer a la maternidad y, finalmente, "como una expresión de la no discriminación" se propuso que la Constitución fuera redactada en femenino y masculino[72].

El Colectivo de Mujeres de Bogotá inició una tarea de sensibilización con las mujeres elegidas, que se extendió luego a otros constituyentes varones que resultaron a la postre con mayor compromiso al defender la libre opción de la mujer a la maternidad[73]. Con uno de los grupos asesores del constituyente elegido por la Organización Nacional Indígena, ONIC, se trabajó en la propuesta que ellos estaban preparando para incluir reivindicaciones para las mujeres.

Las organizaciones del Movimiento de Mujeres acordaron unir los esfuerzos que se venían haciendo para lograr una presencia eficaz ante la Asamblea Constituyente. De allí nació la Red Mujer Constituyente, que empezó con diez grupos de mujeres y rápidamente llegó a 85[74]. Las tareas de coordinación de la información entre constituyentes y Movimiento de Mujeres fueron desarrolladas por el Área Mujer del Servicio Universitario Mundial que apoyaba las acciones del grupo Palabra de Mujer, organismos promotores de la Red[75].

Para crear opinión favorable, se programaron foros y desayunos de trabajo con los constituyentes, iniciándose una acción de cabildeo que otros grupos de mujeres reforzaron. A través de sus contactos con constituyentes del Partido Conservador del Valle del Cauca, el grupo Mujeres por la Democracia, de Cali, consiguió su apoyo para incluir un parágrafo sobre participación adecuada de la mujer en los órganos decisorios del gobierno. La libre opción por la maternidad, a pesar de contar con simpatías entre los constituyentes, tuvo que ser negociada con constituyentes conservadores por la extensión de la legislación civil al matrimonio católico. Las mujeres de los barrios y las mujeres campesinas estuvieron presentes en las manifestaciones de presión[76]. La comunicación con el Movimiento se realizó por medio de una Boletina, pero sobre todo por las redes personales.

Al finalizar el trabajo de la Asamblea Constituyente, las mujeres lograron la consagración de derechos específicos de la mujer. En este reconocimiento desempeñaron un papel significativo tanto el proceso electoral preconstituyente como el trabajo durante el funcionamiento de la Asamblea.

La Constitución consagra la igualdad de derechos entre hombres y mujeres, señalando a las autoridades la función de garantizar participación decisoria en la administración pública. Consigna como objeto de posterior desarrollo medidas contra la violencia intrafamiliar; expresa la necesidad de proteger a las mujeres embarazadas y apoyar a las mujeres cabeza de familia. Las reglamentaciones de los artículos constitucionales es tarea a la cual ya se están dedicando las mujeres del Movimiento[77].

NOTA FINAL

Al finalizar el recorrido de movilizaciones y presiones de las mujeres por constituirse en sujetos políticos, podemos plantear como conclusión que la acción colectiva y la movilización de los grupos y organizaciones de mujeres se produce cuando se trata de conseguir la consagración de principios generales y leyes que orientan de manera global las transformaciones de género. Ellas se correlacionan positivamente con el grado de apertura institucional que presenta la sociedad y la capacidad del movimiento feminista de liderar el cambio político. Las demandas por la paz son compartidas por la sociedad, movilizan a distintos sectores de la población y han representado un proceso de inclusión de las mujeres en la vida del país. Pero la idea o imagen de la paz que se agita en el país ha llamado siempre a mantener las instituciones fundamentales, sustentándose en las cualidades "esenciales" de la mujer madre, lo que representa una contradicción con la subversión del orden patriarcal que el feminismo proyecta.

En razón de que en los movimientos de mujeres están presentes elementos de la ideología maternalista que las convoca y que hace parte de la cotidianidad de ellas, las inclusiones desde el gobierno y los partidos, y el clima de guerra que se ha vivido, han dificultado las posibilidades de una reflexión amplia alrededor de sus reivindicaciones específicas. Estas circunstancias y las derivadas de los desiguales niveles de desarrollo de las organizaciones y grupos que conforman el Movimiento, y las tensiones del proceso de institucionalización, se conjugan para debilitar el Movimiento.

Los nuevos espacios y posibilidades creados a partir del nuevo marco constitucional crean también retos a las distintas expresiones del Movimiento de Mujeres y en particular a los grupos feministas. De su capacidad para convertir los intereses de las mujeres en intereses generalizables al resto de los movimientos sociales y para establecer alianzas estratégicas que permitan la expansión de la conciencia del Movimiento y, simultáneamente, su inserción en las luchas globales de la sociedad, dependerá su inclusión definitiva en los procesos políticos de este fin de siglo. La iniciativa combinada de parlamentarias y mujeres del Movimiento ha iniciado el desarrollo legislativo de los principios constitucionales. Pero apenas se comienza. El diseño de una estrategia de participación en todas las esferas de decisión, tanto públicas como privadas, es un proceso que está en mora de debatirse, a partir de las más recientes experiencias.

NOTAS

1   Este ensayo forma parte del libro de Lola G. Luna y Norma Villarreal, *Historia, género y política. Movimientos de mujeres y participación política en Colombia, 1930-1991*, a su vez resultado parcial del proyecto de investigación de la Comisión Interministerial de Ciencia y Tecnología CICIY, AME90 0147 (España), publicado por el Seminario Interdiscipli nar Mujeres y Sociedad, Universidad de Barcelona, 1994. Agradezco a Lola G. Luna sus aportes teóricos, y a Magdalena León y María Eugenia Sánchez sus comentarios a la versión preliminar.

2   Joan W. Scott, "El género: una categoría útil para el análisis histórico", en J. S. Amelang y M. Nash (eds.), *Historia y género*, Valencia, Alfons el Magnanim, 1990, pp. 44-46.

3   Celi Regina Jardim Pinto, "Movimentos sociais: Espaços Privilegiados da Mulher enquanto Sujeito Político", en Albertina Oliveira y Cristina Bruschini, *Uma Questão de Género*, Rio de Janeiro, Rosa dos Tempos, Fundação Carlos Chagas, 1992.

4   Judith Astelarra, "Las mujeres y la política", en Judith Astelarra (comp.), *Participación política de las mujeres*, Madrid, Centro de Investigaciones Sociológicas CIS, 1990.

5   Lola G. Luna "Historia, género y política", en Lola G. Luna y Norma Villarreal, *Historia, género y política: 1930-1991*, Barcelona, Seminario Interdisciplinar Mujeres y Sociedad, Universidad de Barcelona, 1994.

6   Elsa M. Chaney, *Supermadre. La mujer dentro de la política en América Latina*, México, Fondo
     de Cultura Económica, 1983.
7   Durante el período (1975-1991) se profundiza la modernización del Estado que se había
     iniciado en 1968 en términos de descentralización administrativa, la reforma al régimen
     municipal, elección popular de alcaldes y creación de instancias de participación ciuda-
     dana. En este período se hicieron tres intentos de reforma constitucional. En 1990 una
     consulta popular permitió la convocatoria de elecciones para una Asamblea Constitu-
     yente que aprobó, en 1991, una Constitución que profundiza la participación popular.
     En la economía se acelera el tránsito a un régimen neoliberal de apertura, iniciado desde
     la década de los años setenta.
8   Sobre el tema de la violencia, entre otras obras *véanse* Comisión de Estudios sobre la
     Violencia, *Violencia y democracia en Colombia*, Bogotá, Universidad Nacional de Colombia,
     1987, y Gonzalo Sánchez y Ricardo Peñaranda (comps.), *Pasado y presente de la Violencia
     en Colombia*, Bogotá, Cerec, 1991.
9   Berty Vigoya, "¿Qué es el feminismo? ¿Qué es una posición feminista? ¿Qué es ser femi-
     nista?", en *Cuéntame Tu Vida*, No. 10, Cali, 1987, pp. 35-75.
10   Entre 1975 y 1980 se llevaron a cabo 87 paros cívicos regionales, 437 huelgas y 101 inva-
     siones campesinas. Durante el gobierno de Alfonso López Michelsen se declaró el estado
     de sitio y se aprobaron, en 1976, los decretos números 2193, 2194, 2195 para penalizar la
     perturbación del pacífico desarrollo de la actividad, las reuniones públicas sin permiso,
     la obstaculización del tránsito y la retención de personas. En agosto de 1977 se aprobó
     otro decreto contra quienes incitaran a paros, el 2004, y el 2 de septiembre se aprobó del
     decreto 2066 que censuró la información. El presidente Julio César Turbay, quien gober-
     nó de 1978 a 1982, un mes después de posesionarse puso en vigor el decreto 1923 o
     Estatuto de Seguridad. *Véase* Pedro Santana, *Desarrollo regional y paros cívicos*, Bogotá, Cinep,
     Editorial Presencia, 1983, Cuadro No. 22, p. 161.
11   Gilberto Naranjo, "Movimiento guerrillero y tregua", en *Movimientos sociales ante la crisis
     en Sudamérica, Op. cit.*, pp. 43-80, y Daniel Pécaut, *Crónica de dos décadas de la política
     colombiana: 1968-1988*, Bogotá, Siglo XXI, 1988.
12   Materiales para documentar este proceso están publicados en Comité Femenino del
     Nuevo Liberalismo, *Otra sociedad, otra mujer*, Bogotá, Editorial Presencia, 1982.
13   DNP, PNUD, Unicef, DANE, *La pobreza en Colombia*, Tomos I y II, Bogotá, 1989, y Unicef,
     Pobreza y desarrollo en Colombia. Su impacto sobre la infancia y la mujer, Bogotá, 1989.
14   La tasa de desempleo pasó de 9,3% a 10%. Los estudios indican que alrededor del 60%
     de las mujeres activas se ubican en el sector informal. DNP-UDS, *Características de la
     población femenina urbana y su participación en actividades laborales*, Bogotá, 1991.
15   Cecilia López M. y Fabiola Campillo C., "Problemas teóricos y operativos en la ejecución
     de una política para la mujer campesina", en Elsy Bonilla (comp.), *Mujer y familia en
     Colombia*, Bogotá, Plaza y Janés, 1985.
16   Francisco Leal y Andrés Ladrón de Guevara, *Clientelismo: el sistema político y su expresión
     regional*, Bogotá, Instituto de Estudios Políticos de la Universidad Nacional, Tercer Mun-
     do Editores, 1991.
17   Daniel Pécaut, *Crónica de dos décadas de política colombiana: 1968-1988*, Bogotá, Siglo XXI,
     1988, pp. 369-395.
18   Estas fueron las orientaciones de los planes de desarrollo de los gobiernos de Belisario
     Betancur (1982-1986) y Virgilio Barco Vargas (1986-1990).

19 Por Movimiento de Mujeres entendemos los distintos grupos y las reivindicaciones es-
    pecíficas que hacen distintas categorías de mujeres en razón de situación de género,
    clase, etnia, convicción religiosa, militancia política, problemática rural o urbana. El fe-
    minismo, por tanto, forma parte del Movimiento de Mujeres.

20 La revista *Mujer de América* estuvo publicando desde 1969 artículos que difundían la
    utopía feminista. Uno de ellos lo firma Helena Araújo, quien tradujo del francés una
    síntesis de "El oficio de mujer", de Gregoire Ménier, que se publicó en el No. 3 de 1969.
    En el No. 9 de diciembre de 1970, se publicó la traducción de un artículo de Gilda Kisner
    titulado "La mujer de hoy aspira a identidad propia", y en 1975, en el No. 14 de la revista
    hay un artículo de Flor Romero de Nohra que tituló "¿Ganarán las mujeres la batalla
    feminista?"; allí comenta los planteamientos de Kate Millet y las principales propuestas
    de las feministas.

21 Diana Medrano y Cristina Escobar, "Pasado y presente de las organizaciones femeninas
    en Colombia", en Elsy Bonilla (comp.), *Mujer y familia en Colombia*, Bogotá, Plaza y Janés,
    1985, y Luz Jaramillo, "Anotaciones sobre la doble militancia", en Magdalena León
    (edit.), *Debate sobre la mujer en América Latina y el Caribe*, Tomo I. *La realidad colombiana*,
    Bogotá, ACEP, 1982.

22 Luz Helena Sánchez, "Las mujeres en Colombia: las luchas por la autonomía", mimeo,
    Bogotá, octubre de 1989.

23 Son referencias de conversaciones con María Eugenia y Olga Amparo Sánchez, de la
    Casa de la Mujer en Bogotá, y quienes en 1978 eran parte de un grupo, Mujeres en la
    Lucha.

24 *I Encuentro Feminista Latinoamericano y del Caribe*, Isis, *Boletín Internacional de las Mujeres*,
    No. 9, Santiago, 1982, p. 7. Este evento se celebró en Bogotá y fue el inicio de la reflexión
    continental sobre el feminismo. Asistieron feministas latinoamericanas y europeas. La
    selección de las participantes colombianas dio lugar a la confrontación entre las tenden-
    cias existentes, con el triunfo del feminismo "autónomo".

25 Grupo Amplio para la Liberación de la Mujer, CAM, *Ibíd.*, p. 9.

26 María Eugenia Martínez, "Hacia un nuevo estilo de organización de las mujeres", en
    Grupo Mujer y Sociedad, *Mujer, amor y violencia*, Bogotá, Universidad Nacional, 1990,
    pp. 155-173.

27 Isis, *Op. cit.*, pp. 8-10.

28 Un ejemplo de ello fue el Grupo de Mujeres del Hospital Psiquiátrico de Tunja, que
    estaba interesado en identificar las relaciones entre enfermedad mental y la opresión de
    la mujer, a partir de lo cual cuestionaban los métodos tradicionales de terapia que se apli-
    caban, *Ibíd.*, p. 9.

29 Algunos de estos centros tienen su sede en Bogotá: la Fundación Diálogo Mujer, la Cor-
    poración Casa de la Mujer, Promujer y Centro de Información y Recursos para la Mujer
    (desaparecido). En Cali están la Fundación de Servicios Integrales para la Mujer y Sí
    Mujer. En los departamentos de Caldas y Valle del Cauca, el Centro de Atención a la
    Mujer y la Infancia, CAMI.

30 Al proceso de elaboración de metodologías han contribuido, entre otros, la Casa de la
    Mujer y el Taller de Recursos, Mujer y Futuro, y otros grupos que han desaparecido. La
    primera ha publicado varias cartillas sobre los derechos civiles y el Código Penal. Tam-
    bién ha publicado los libros *Nuevos desafíos* y *Otros retos* y, sobre violencia, *Lo impensable,
    lo impensado y violencia doméstica*. Conjuntamente con otras ONG participó en la experien-

cia de construir un proyecto denominado Viva la Ciudadanía, encargado de divulgar y debatir la nueva Constitución.

31 El Grupo Mujer y Futuro de Bucaramanga elaboró una cartilla para el trabajo con mujeres urbanas denominada *La increíble y triste historia de Lucho y Mechas*, y el Taller de Recursos de Bogotá publicó una revista sobre descentralización resultado de un trabajo de investigación-acción. La Fundación para el Desarrollo Alimentario, Fundali, publicó la cartilla *Mujeres, cuidemos nuestra salud*.

32 El Colectivo de Mujeres de Bogotá se va configurando como un espacio del feminismo autónomo. A sus reuniones habitualmente asisten representantes del Taller de Recursos para la Mujer, la Unión de Mujeres Demócratas, la Comisión de la Mujer de la Asociación de Educadores del Distrito Especial de Bogotá, ADE, la Casa de la Mujer y el Grupo Mujer y Sociedad de la Universidad Nacional. En Medellín existe el Colectivo de los Lunes. Algunos colectivos, como el Colectivo de Mujeres Participar, desaparecieron.

33 Abogada antioqueña y una de las más radicales feministas de la UCC. Posteriormente encabezó la lista de mujeres que se lanzó en alianza entre la UCC y el feminismo autónomo a la Asamblea Constituyente al final del período que nos ocupa.

34 Delegada titular del gobierno de Colombia ante la comisión de Naciones Unidas que estudiaba la condición jurídica y social de la mujer. Fue parlamentaria por el Partido Liberal. En 1982 hizo parte del Comité Femenino del Nuevo Liberalismo, disidencia del Partido Liberal. El Comité Femenino elaboró una propuesta desde las mujeres para participar en el movimiento, ratificada en una reunión de 1.200 mujeres.

35 Delegada titular del gobierno colombiano ante la Comisión Interamericana de Mujeres, CIM.

36 UCC, *Encuentro Continental Mujer en el Trabajo*, Tomo I, Medellín, 1977.

37 *Ibíd.*, p. 520.

38 ¿Opresión sexual o económica?" en *Alternativa*, No. 196, Bogotá, 1978.

39 Nazareth de Cruz, "La crisis de la familia patriarcal", en *Alternativa*, No. 176, Bogotá, 1978.

40 Patricia Lee y Gloria Cecilia Barney, "Proyecto de resolución de respaldo al proyecto de ley por la cual se protegen la salud y la vida de las mujeres que habitan en Colombia", mimeo, Bogotá, 1o. de diciembre de 1979.

41 Luz Jaramillo, *Op. cit.*, transcribe la "Declaración de las mujeres reclamando el derecho al aborto", lanzada en 1979.

42 Recuperamos los siguientes grupos: el Centro de Estudios de Investigación sobre la Mujer, CEIM, de Medellín; Cine Mujer, de Bogotá; Costurero, de Manizales; Corporación Mujer y Familia, de Bogotá; el Taller El Greco, Medellín; Grupo Amplio para la Liberación de la Mujer, CAM, Cali; Grupo de Mujeres del Hospital Siquiátrico de Tunja; Las Mujeres, Medellín; La Mujer Cartagenera; Mujer, Bogotá; Mujeres en la Lucha, Bogotá; Revista *Cuéntame Tu Vida*, Cali. De éstos existen hoy Cine Mujer; la Corporación Mujer y Familia se denomina hoy Casa de la Mujer, de Bogotá, y el Grupo Amplio para la Liberación de la Mujer, de Cali.

43 Marysa Navarro, "El primer encuentro feminista de Latinoamérica y el Caribe", en Magdalena León (ed.), *Op. cit.*, Tomo I, pp. 261-267.

44 Isis, *Op. cit.*, p. 30.

45 *Ibíd.*, p. 32.

46 *Ibíd.*, p. 7.

47 Esta elección tuvo elementos atípicos. Se convocaba para la segunda elección popular de alcaldes, de concejales municipales e intendenciales. Sirvió para la escogencia del candidato liberal a las elecciones presidenciales. Participaron los movimientos Alianza Democrática M-19, Esperanza Paz y Libertad (fracción desmovilizada del antiguo Ejército Popular de Liberación y el Quintín Lame). Los ciudadanos fueron invitados a manifestarse por la convocatoria a una Asamblea Nacional Constituyente frente a las imposibilidades de reforma constitucional por otras vías. Se produjo una polarización del país ante el endurecimiento del narcotráfico, la aparición de grupos de justicia privada y el asesinato de líderes políticos: Jaime Pardo Leal, candidato de la Unión Patriótica, UP; Luis Carlos Galán, del Nuevo Liberalismo, y Carlos Pizarro Leongómez, del M-19.

48 El proyecto de ley había sido propuesto en la legislatura anterior por el senador Emilio Urrea. Para el debate electoral la propuesta fue presentada por un grupo *ad hoc* que se inscribió como Federalismo Liberal. En la inscripción a los distintos órganos de representación (Senado, Cámara, Asamblea y Concejo) hubo 40 mujeres, bajo la consigna de "salud integral de las mujeres".

49 En la facultad de derecho de la Universidad Nacional hubo una mesa redonda con participación de feministas que apoyaban la propuesta, que tuvo una asistencia masiva. Por otro lado, Martha Tamayo apoyó con argumentaciones legales la justificación del proyecto de ley que hizo un grupo de mujeres ante órganos del poder judicial.

50 Lola G. Luna, "Feminismo: encuentro y diversidad en organizaciones de mujeres latinoamericanas, 1985-1990", *Boletín Americanista*, No. 44 (en prensa), Departamento de Historia, Universidad de Barcelona.

51 Lola G. Luna, *Op. cit.*

52 Desde que se iniciaron las invasiones en Bogotá en 1960 se registró la intervención de las mujeres. *Véase* Carlos Arango, *Las luchas por la vivienda en Colombia*, Bogotá, 1981, p. 83.

53 Teresita Barbieri y Orlandina Oliveira, *Las mujeres en América Latina. Análisis de una década*, Madrid, Editorial Iepala, 1990.

54 Una referencia teórica de estos procesos se encuentra en Ana Sojo, *Mujer y política. Ensayo sobre el feminismo y el sujeto popular*, San José, Cosmos, 1985, y Michel Foucault, *Microfísica del poder*, Madrid, Ediciones La Piqueta, 1985.

55 Medrano y Escobar, *op. cit.*, pp. 271-278.

56 Los grupos de mujeres de los barrios del suroriente de Bogotá, con trabajo de la Casa de la Mujer, tienen un colectivo llamado " Yo también soy mujer".

57 Cartillas de la Organización Femenina del Atlántico, OFA, y de la Organización Femenina Popular de Barrancabermeja, 1984.

58 Diana Medrano y Cristina Escobar, *Op. cit.*, p. 274, y Ciproc, Fecic, T. S., "Buscando caminos", Primer Seminario sobre la Participación de la Mujer en los Sectores Populares, Bogotá, 1982.

59 III Encuentro Regional de Mujeres de Sectores Populares, mimeo, junio de 1985. También Luz Socorro Ramírez Vargas, "La crisis económica y las respuestas de las mujeres a través de las organizaciones de supervivencia", en *La mujer latinoamericana ante el reto del siglo XXI*, IX Jornadas de Investigación Interdisciplinaria sobre la Mujer, Instituto Universitario de Estudios de la Mujer, Ediciones de la Universidad Autónoma de Madrid, 1993.

60 Yolanda Puyana, "Mujer y política social: el caso de los hogares infantiles", en *Mujer, amor y violencia*, Grupo Mujer y Sociedad, Bogotá, Universidad Nacional de Colombia, 1990.

61   El número de madres comunitarias vinculadas a los Hogares del ICBF pasan de 50.000. Ministerio de Asuntos Sociales, Flacso, *Colombia, mujeres latinoamericanas en cifras*, Santiago de Chile, 1993.

62   Entrevista con Mariela Aponte, de la junta directiva de la Organización Distrital de Salud, Odigrusa, Bogotá, 1992. Las mujeres de los sectores populares participan simultáneamente en distintas organizaciones y son convocadas por los movimientos sociales y por el gobierno.

63   *Talleres Piloto de Capacitación*, cartilla, sin fecha.

64   El encuentro más reciente se realizó en Ibagué en 1992 y a él asistieron como ponentes mujeres del movimiento feminista, dentro de un trabajo de intercambio que se está consolidando. Las mujeres comunales hacen parte de las discusiones que se dan en el Colectivo de Mujeres de Bogotá.

65   Magdalena León, "Estrategias para entender y transformar las relaciones entre trabajo doméstico y servicio doméstico", en Lola G. Luna (comp.), *Género, clase y raza en América Latina*, Seminario Interdisciplinar Mujeres y Sociedad, Universidad de Barcelona, Barcelona, 1991.

66   *Ibíd.*, p. 32.

67   Norma Villarreal, *De la organización de la mujer, al poder con equidad*, Bogotá, Unicef, 1990.

68   Están por indagar factores de orden estructural que han hecho viable este empoderamiento de las mujeres rurales. En seminarios sobre el sector agrícola se viene señalando una feminización de la agricultura que va más allá de la importancia de la mujer como productora de alimentos, base sobre la cual se formuló un conjunto de políticas agrarias. *Véanse* Cecilia López y Fabiola Campillo, *Op. cit.*, y Magdalena León, "Política agraria en Colombia y debates sobre la política de la mujer rural", en Magdalena León y Carmen Diana Deere (eds.), *La mujer y la política agraria en América Latina*, Bogotá, Siglo XXI, 1986.

69   El gobierno anunció que elaboraría una propuesta de reforma constitucional y quería integrar las demandas ciudadanas. Muchos grupos respondieron al llamado y presentaron sus demandas. Las mujeres redactaron un proyecto global de Constitución, que fue presentado en la Comisión de Reforma Constitucional, en un recinto que llenaron mujeres de distintas organizaciones. Se iniciaba así el camino de la inclusión política de la mujer por el feminismo.

70   Rosa Turizo encabezó por la UCC la lista de mujeres que se lanzó a la Asamblea Constituyente y el feminismo "autónomo" en segundo renglón inscribió a Norma Villarreal Méndez.

71   Esta consigna fue lanzada por las feministas chilenas en el proceso de presión por el retorno a la democracia, luego de la dictadura de Augusto Pinochet.

72   "Sin los derechos de la mujer, la democracia no va", aviso pagado, *El Tiempo*, Bogotá, abril 28 de 1991, p. 13.

73   En la actividad de contactos participaron, entre otras, mujeres de la Casa de la Mujer; de la Unión de Mujeres Demócratas, UMD; de la Comisión de Mujeres de la Asociación Distrital de Educadores, ADE; de la Corporación Ecomujer; del Equipo de Trabajo de Mujeres con Sectores Populares, y del Taller de Recursos.

74   Gloria de los Ríos, "Colombia. Mujer y constituyente", *Hojas de Warmi*, No. 2, Barcelona, 1991.

75   A la Organización se le facilitó la actividad en el recinto de la Constituyente por sus nexos con el movimiento Alianza Democrática M-19 que había sacado 25 constituyentes.

76 La Asociación Nacional de Mujeres Campesinas e Indígenas movilizó mujeres rurales de los departamentos de Cundinamarca, Meta y Tolima para asistir al concierto por los derechos constitucionales de las mujeres. Mujeres de las organizaciones comunitarias de Bogotá asistieron a distintos actos convocados durante esta etapa.

77 Constitución Política de Colombia, artículos 13, 40, 42, 43, 53, Santafé de Bogotá, Temis, 1991, pp. 11, 18, 19, 20, 24.

BIBLIOGRAFÍA

Arango, Carlos, *Las luchas por la vivienda en Colombia*, Bogotá, 1981.

Astelarra, Judith, "Las mujeres y la política", en Judith Astelarra (comp.), *Participación política de las mujeres*, Madrid, Centro de Investigaciones Sociológicas, CIS, 1990.

Barbieri, Teresita y Albertina Oliveira, *Las mujeres en América Latina: Análisis de una década*, Madrid, Editorial Iepala, 1990.

Barney, Gloria Cecilia y Patricia Lee, "Proyecto de resolución de respaldo al proyecto de ley, por la cual se protege la salud y la vida de las mujeres que habitan en Colombia", mimeo, Bogotá, 1o. de diciembre de 1979.

Casa de la Mujer, *Nuevos desafíos y otros retos*, Bogotá, Graciela Impresores, Editorial Presencia, 1986.

Ciproc, Fecic, T. S., "Buscando caminos", Primer seminario sobre la participación de la mujer en los sectores populares, Bogotá, 1982.

Comité Femenino del Nuevo Liberalismo, *Otra sociedad, otra mujer*, Bogotá, Editorial Presencia, 1982.

Cruz, Nazareth de, "La crisis de la familia patriarcal", en *Alternativa*, No. 176, Bogotá, 1978.

Chaney M., Elsa, *Supermadre: la mujer dentro de la política en América Latina*, México, Fondo de Cultura, 1988.

De los Ríos, Gloria, "Colombia, mujer y constituyente", en *Hojas de Warmi*, No. 2, Barcelona, 1991.

De Roux, Francisco y Cristina Escobar, "Una periodización de la movilización popular en los setenta", en *Movimientos sociales. Ante la crisis en Sudamérica*, Bogotá, Cinep, 1986.

DNP, *Cambio con equidad 1983-1986*, Bogotá, 1983

DNP-ICBF-Unicef, *Pobreza y desarrollo en Colombia. Su impacto sobre la mujer y la infancia*, Bogotá, 1988.

DNP-PNUD-DANE, *La pobreza en Colombia*, Tomos I y II, Bogotá, 1989.

DNP-UDS, *Características de la población femenina urbana y su participación en actividades laborales*, Bogotá, 1991.

Foucault, Michel, *Microfísica del poder*, Ediciones La Piqueta.

Isis, "Primer encuentro feminista latinoamericano y del Caribe", *Boletín Internacional*, No. 9, Santiago, 1982; Madrid, 1984.

Jaramillo, Luz, "Anotaciones sobre la doble militancia", en Magdalena León (ed.), *La realidad colombiana*, Vol. I, Debate sobre la mujer en América Latina y el Caribe, Bogotá, ACEP, 1982.

Jardim Pinto, Celi Regina, "Movimentos sociais espaços privilegiados da mulher enquanto sujeito político", en Albertina Oliveira y Cristina Bruschini (comps.), *Uma questão de género*, Rio de Janeiro, Rosa dos Tempos, Fundação Carlos Chagas, 1992.

Kisner, Gilda, "La mujer de hoy aspira a otra identidad", en *Mujer de América*, No. 9, 1970.

Leal, Francisco y Andrés Ladrón de Guevara, *Clientelismo: el sistema político regional*, Bogotá, Instituto de Estudios Políticos y Relaciones Internacionales de la Universidad Nacional y Tercer Mundo Editores, 1991.

León, Magdalena, "Política agraria en Colombia" y "Debate sobre políticas para la mujer rural", en Magdalena León y Carmen Diana Deere (eds.), *La mujer y la política agraria en América Latina*, Bogotá, Siglo XXI y ACEP, 1986.

López, Cecilia y Fabiola Campillo, "Problemas teóricos y operativos en la ejecución de una política para la mujer campesina", en Elsy Bonilla (comp.), *Mujer y familia en Colombia*, Bogotá, Plaza y Janés, 1985.

Luna, Lola G., "Historia, género y poder", en Lola G. Luna y Norma Villarreal Méndez, *Historia, género y política: movimientos de mujeres y participación política en Colombia 1930-1991*, Seminario Interdisciplinar Mujeres y Sociedad, Universidad de Barcelona, Barcelona, 1994.

___, "Feminismo: encuentro y diversidad en organizaciones de mujeres latinoamericanas: 1985-1990", *Boletín Americanista*, No. 44 (en prensa), Departamento de Historia, Universidad de Barcelona, Barcelona.

Martínez, María Eugenia, "Hacia un nuevo estilo de organización de las mujeres", en *Mujer, amor y violencia*, Bogotá, Grupo Mujer y Sociedad, Universidad Nacional, 1990.

Medrano, Diana y Cristina Escobar, "Pasado y presente de las organizaciones femeninas en Colombia", en Elsy Bonilla (comp.), *Mujer y familia en Colombia*, Bogotá, Plaza y Janés, 1985.

Menier, Gregoire, "El oficio de mujer", en *Mujer de América*, No. 3, Bogotá, 1969.

Ministerio de Asuntos Sociales-Flacso, *Colombia, mujeres latinoamericanas en cifras*, Santiago, Chile, 1993.

Naranjo, Gilberto, "Movimiento guerrillero y tregua", en *Movimientos sociales ante la crisis en Sudamérica*, Bogotá, Cinep, 1986.

Ocampo de Herrán, María Cristina, "Las mujeres dirigentes", en Helena Páez de Tavera, *et al.*, *Protagonismo de mujer*, Bogotá, Fundación Frederich Nauman-Prodemocracia, 1989.

Pécaut, Daniel, *Crónica de dos décadas de política colombiana: 1968-1988*, Bogotá, Siglo XXI, 1988.

Puyana, Yolanda, "Mujer y política social: el caso de los hogares infantiles", en *Mujer, amor y violencia*, Bogotá, Grupo Mujer y Sociedad, Universidad Nacional, 1990.

Ramírez Vargas, Luz Socorro, "La crisis económica y las respuestas de las mujeres a través de sus organizaciones de sobrevivencia", en *La mujer latinoamericana ante el reto del siglo XXI*, IX Jornada de investigación interdisciplinaria sobre la mujer, Madrid, Instituto de estudios de la mujer, Ediciones de la Universidad Autónoma, 1993.

Romero de Nohra, Flor, "¿Ganarán las mujeres la batalla feminista?", en *Mujer de América*, No. 14, Bogotá, 1975.

Sánchez, Gonzalo y Ricardo Peñaranda (comps.), *Pasado y presente de la violencia en Colombia*, Bogotá, Cerec, Siglo XXI, 1991.

Sánchez, Luz Helena, "Las mujeres en Colombia: las luchas por la autonomía", mimeo, Bogotá, 1989.

Santana, Pedro, *Desarrollo regional y paros cívicos*, Bogotá, Cinep, Editorial Presencia, 1983.

Scott W., Joan, "El género, una categoría útil para el análisis histórico", en J. S. Amelang y M. Nash (eds.), *Historia y género*, Valencia, Alfons el magnanim, 1990.

Soto, Ana, *Mujer y política: ensayo sobre el feminismo y el sujeto popular*, Departamento Ecuménico de Investigaciones y Ana Soto, San José de Costa Rica, Cosmos, 1985.

Unión de Ciudadanas de Colombia, UCC, II Encuentro Continental Mujer y Trabajo, Medellín, 1977.

Universidad Nacional de Colombia, *Violencia y democracia en Colombia*, Bogotá, 1987.

Vargas Valente, Virginia, *Cómo cambiar el mundo sin perdernos*, Lima, Ediciones Flora Tristán, 1992.

___, *El aporte de la rebeldía de las mujeres*, Lima, Ediciones Flora Tristán, 1989.

Vigoya, Berty, "¿Qué es el feminismo, qué es una posición feminista, qué es ser feminista?", en *Cuéntame Tu Vida*, No. 10, Cali, 1987.

Villarreal Méndez, Norma, "Las organizaciones femeninas", en Helena Páez de Tavera, *et al.*, *Protagonismo de mujer*, Bogotá, Frederich Nauman-Prodemocracia, 1989.

___, "Perspectiva 2000: de la organización de la mujer al poder con equidad", mimeo, Bogotá, Unicef, 1990.

PODER, GÉNERO Y DESARROLLO: LAS ORGANIZACIONES POPULARES DE MUJERES Y LA POLÍTICA DE NECESIDADES EN ECUADOR*

Amy Conger Lind

INTRODUCCIÓN

Las organizaciones populares de mujeres en toda América Latina se han convertido, durante la década pasada, en punto focal de la discusión de académicos y activistas, porque al igual que otras organizaciones de base, representan una lucha para lograr la autonomía ideológica de los partidos políticos, el Estado y el aparato de desarrollo. Por diversas razones, las mujeres pobres han estado al frente de las luchas para obtener mayor acceso a los servicios de infraestructura, tales como agua, electricidad, vivienda y servicios sociales. A través de la lucha colectiva, las mujeres han revelado y retado la existencia de relaciones de poder desiguales tal como se manifiestan en la esfera cotidiana, es decir, tal como se encarnan en las actividades reproductivas de hombres y mujeres tanto en lo cotidiano como en lo generacional. Dado que actividades tales como preparar los alimentos, cuidar a los niños y atender el hogar son "labores de la mujer", han sido las mujeres quienes se han organizado en forma colectiva para protestar contra las condiciones de pobreza puesto que son ellas las que tienen que poner los alimentos en la mesa, ya sea que contribuyan o no al ingreso familiar. Debido a la incapacidad de los mecanismos políticos tradicionales (vale decir, instituciones e intereses cuyos fundamentos son clasistas y/o masculinos) para satisfacer las necesidades específicas de género, muchas mujeres han optado por organizarse autónomamente de los hombres, con lo cual han puesto de presente que persiste una ideología de género en las estrategias y organizaciones políticas masculinas.

El surgimiento de estas organizaciones es también un resultado de la incapacidad del aparato del desarrollo (incluidas las agencias internacionales de desarrollo, el Estado y otras instituciones políticas) de abordar ade-

* Publicado originalmente en inglés en Escobar, Arturo y Álvarez, Sonia (eds.), *The Making of Social Movements in Latin America: Identity, Strategy and Democracy*, EU, Westview Press, 1992. Traducido al español por Patricia Prieto.

cuadamente las necesidades de los pobres y de cambiar las desigualdades del sistema.

El surgimiento y mayor visibilidad de las organizaciones populares de mujeres en Ecuador durante la década de 1980 es a la vez específico de la historia ecuatoriana y representativo de mayores luchas de resistencia que están emergiendo en toda América Latina. El surgimiento comparativamente tardío de las luchas basadas en el género en Ecuador debe entenderse dentro de una conceptualización más amplia de los movimientos sociales en el país y en otros países latinoamericanos. Aunque ha habido varias formas de resistencia a las manifestaciones de procesos de "desarrollo" colonialistas y poscolonialistas (por ejemplo, las luchas indigenistas, comunitarias, ambientalistas y las tradicionales de clase), las luchas ecuatorianas no han sido extendidas o visibles como las del Perú, Bolivia y otros países latinoamericanos. Además, en términos relativos, ha habido menos violencia que en Perú o Bolivia. Esto se debe en parte a la historia de autoritarismo y "democracia" en cada país, al papel del Estado en la economía internacional, al impacto del discurso colonialista sobre las culturas indígenas y al desarrollo subsecuente del pensamiento intelectual y su práctica en cada país. En Ecuador, las luchas de resistencia de las mujeres aparecieron inicialmente durante la dictadura militar de los años setenta. Sin embargo, no fue sino en la década de los años ochenta, cuando la infraestructura económica desarrollada durante los años de régimen militar se erosionó a raíz de una serie de crisis económicas, que las mujeres empezaron a organizarse en cantidades sin precedentes en la historia del país. A pesar de que hubo un regreso a la democracia en Ecuador, la lucha de las mujeres demuestra las formas bajo las cuales las relaciones al interior del hogar y las relaciones sociales entre hombres y mujeres en general no se han democratizado.

El hecho de que existan más de ochenta organizaciones populares de mujeres en Ecuador nos lleva a las siguientes preguntas: ¿Por qué las mujeres ecuatorianas han escogido organizarse en la esfera de la vida cotidiana? ¿Cómo ha incidido su historia particular en sus estrategias políticas? Las posibles respuestas a esas preguntas requieren el análisis del quiebre de los mecanismos políticos tradicionales, del discurso del desarrollo (especialmente tal como se representa en la crisis económica actual) y de la formación de una identidad colectiva basada en el género como principio estratégico para la organización.

Las organizaciones populares de mujeres representan, entonces, una lucha que se da en muchos niveles, que trasciende muchas falsas divisiones, propias de la tradición filosófica de Occidente, entre lo "privado" y lo "público". Representan una lucha contra formas de poder asociadas al género, tal como se encarnan en los sujetos masculinos y femeninos en la esfera cotidiana, así como una lucha contra las formas de poder institucionaliza-das inherentes a las instituciones políticas tradicionales basadas en la clase, y a la práctica del desarrollo dominante en Occidente. Esto no significa que todas estas preguntas sean abocadas por las mujeres cuando se organizan. Más bien, como lo demostraré, las relaciones de poder inherentes a las con-ceptualizaciones dominantes sobre género, política y, en este caso, "desarro-llo", son reconocidas en formas diversas e indirectas. Los retos a las relaciones de poder dan significado y provienen de la formación de una identidad colectiva.

Con base en este marco de referencia, demostraré cómo las relaciones de poder se manifiestan en la esfera de lo cotidiano y cómo las mujeres han escogido organizarse alrededor de sus actividades reproductivas bajo la fórmula de organizaciones colectivas de barriada. Es a través de la colecti-vización del trabajo reproductivo, a nivel de barrio, que las mujeres se han politizado más sobre los temas relacionados con la identidad de género y la subjetividad. Esto, a su vez, ha ilustrado e influenciado sus luchas políticas y moldeado sus percepciones sobre una sociedad más justa.

Mi análisis se fundamenta en el trabajo de campo que realicé en Quito, Ecuador, como investigadora y participante en las organizaciones popula-res de mujeres en enero de 1989 y junio a agosto de 1989.

LAS RELACIONES DE PODER Y GÉNERO EN LA ESFERA DE LA VIDA COTIDIANA: EL TRABAJO REPRODUCTIVO DE LAS MUJERES

El surgimiento de las organizaciones de base de mujeres en América Latina ha sido analizado en diversos términos, desde diferentes puntos de partida. En la literatura sobre el desarrollo, bajo el supuesto de que el desarrollo económico es necesario y deseable de una u otra forma, la movilización de las mujeres pobres ha sido en gran medida atribuida al papel inferior que las mujeres desempeñan en la economía (Elson, 1992; Benería y Roldán, 1987; Benería, 1989; Antrobus, 1988). Basándose en la idea de que el trabajo reproductivo de las mujeres sigue sin contabilizarse en términos económi-cos y sociales y que las mujeres son las responsables del mantenimiento del hogar y la familia a nivel diario y generacional, los trabajos de estas autoras sugieren que las mujeres pobres han elegido organizarse colectivamente pa-ra combatir las crecientes presiones económicas que se ciernen sobre los hogares y las comunidades. Retomando la noción marxista de lo "productivo", "improductivo" y "reproductivo", las científicas sociales feministas han analizado las organizaciones de mujeres pobres como un tipo de "estrategia de supervivencia", en la cual las mujeres colectivizan su trabajo a nivel comunitario para poder descargar parte de su carga como madres trabajadoras (Barrig, 1989b; Moser, 1989a-1989b; Benería y Feldman, eds., 1992). En otras palabras, estas científicas sociales han abordado el problema de género, política y desarrollo en términos de las intersecciones de clase y género y el papel del trabajo de las mujeres en la economía.

En este tipo de análisis, las mujeres se perciben como factor crucial en la reproducción social de sus comunidades. Ello en razón de que son las responsables de parir y cuidar los niños, ocuparse del hogar, además de trabajar para generar fuentes de ingresos primarias o secundarias para sostener el hogar en los niveles de vida actuales. Adicionalmente, el trabajo reproductivo (no remunerado) sostiene el hogar de forma que los hombres puedan trabajar en el mercado laboral. La posición de las mujeres pobres es, entonces, considerada inferior a la posición de sus contrapartes masculinos porque la mayor parte de las mujeres se ven obligadas a trabajar dentro y fuera de la casa. Puesto que la crisis económica ha alcanzado niveles sin precedentes en América Latina, las mujeres pobres han sido forzadas a incrementar tanto su trabajo doméstico, dado que no pueden seguir pagando servicio, como su trabajo remunerado (dado que los salarios de sus compañeros ya no son suficientes para sostener a sus familias). Además, con el aumento de la crisis económica, las mujeres pobres son quienes a diario han tenido que enfrentar los efectos devastadores de los incrementos de precios y la ausencia de servicio.

Con base en este análisis, las científicas sociales feministas han explicado el porqué fueron típicamente las mujeres quienes escogieron organizarse colectivamente, en organizaciones populares de mujeres y en otras redes informales en torno a actividades reproductivas tales como guarderías, para tener mayor acceso a recursos básicos como vivienda, alimentación y agua. La fortaleza de este enfoque, tal como lo sugieren las investigadoras, estriba en que revela las formas en las cuales el trabajo (no remunerado, invisible) de las mujeres es esencial para el mantenimiento y crecimiento de la economía. Dentro de los marcos de referencia del desarrollo económico, esto pone de manifiesto importantes vacíos en los análisis económicos tradicionales, en los cuales el trabajo de las mujeres permanece ignorado, permitiendo así que los investigadores lleguen a conclusiones y representaciones falsas acerca de los impactos de la crisis económica sobre los hogares. Más importante aún, tales análisis no toman en cuenta el hecho de que el trabajo femenino está *aumentando* como resultado de estrategias de desarrollo basadas en una percepción masculina, que excluyen el género como variable[1]. Todos estos factores contribuyen a explicar las razones por las cuales las mujeres decidieron formar redes informales y organizaciones de base.

El énfasis sobre género y clase no es exclusivo de la literatura sobre las estrategias de sobrevivencia de los hogares; con frecuencia, los científicos sociales han hecho énfasis sobre las motivaciones económicas como movilizadoras de los pobres (Eckstein, ed., 1989). En la literatura sobre el movimiento de mujeres en América Latina, como ejemplo, se han hecho distinciones entre "intereses prácticos de género" e "intereses estratégicos de género", implicando, o en algunos casos enunciando en forma explícita, que los movimientos de mujeres pobres con frecuencia se basan en "intereses prácticos" (es decir, se basan en sus necesidades prácticas, tales como ingresos y acceso a alimentos, agua, vivienda y salud) y que los movimientos feministas —típicamente de clase media— se basan con mayor frecuencia en "intereses estratégicos" (tales como la redefinición de los roles de género y sus implicaciones) (Molyneaux, 1986; Barrig, 1989b). Caroline Moser ha distinguido entre los "intereses de las mujeres" (a los cuales también se refiere como asuntos priorizados) y "necesidades de las mujeres" (los medios a través de los cuales los asuntos de las mujeres pueden ser satisfechos) (*véase* Moser, 1989b: 1802-1804). Luego diferenció entre "necesidades prácticas de género" e "intereses estratégicos de género" y planteó que los planeadores del desarrollo podrían evaluar mejor las necesidades y los intereses de las mujeres fundamentando sus políticas en estas categorías. Está implícito en este enfoque el supuesto de que las "necesidades básicas" de las mujeres son diferentes de sus "necesidades estratégicas" y que una "estrategia de sobrevivencia" o "práctica" no puede ser a la vez una estrategia política que rete el orden social. En este escenario, que constituye la base de muchas políticas y proyectos de desarrollo que se están aplicando en América Latina en la actualidad, se asume con mucha frecuencia que la mayor parte de las mujeres pobres solamente se preocupa por su supervivencia diaria y, por tanto, no tiene una agenda estratégica que vaya más allá de su bienestar económico. Por consiguiente, tales mujeres no están verdaderamente impugnando la división sexual del trabajo[2]. De nuevo, la lucha de las mujeres pobres organizadas se basa en una noción de lucha de clase/género, en la cual las mujeres luchan a favor de sus hogares en razón de sus roles reproductivos. Este tipo de análisis deja de lado las contribuciones y retos críticos que las mujeres pobres organizadas representan para el orden social. Muy rara vez se focaliza la discusión sobre la forma en que las mujeres pobres negocian el poder, constituyen identidades colectivas y desarrollan perspectivas críticas sobre el mundo en el cual conviven todos estos factores que impugnan las representaciones de género dominantes.

Además, este tipo de análisis no avanza lo suficiente en la explicación sobre el surgimiento de una política basada en la identidad. Los estudios sobre el trabajo de la mujer y la organización colectiva generalmente se basan en categorías dadas de género y clase. Pero tanto la realidad empírica como otras formas de teorización señalan nuevas directrices, las cuales discutiré en forma parcial. Aunque existen variaciones infinitas de estructuras de grupos, objetivos y motivaciones para organizarse, surge una estrategia de organización básica entre la mayor parte de las organizaciones de mujeres, la cual se fundamenta en la reconceptualización y politización de la identidad de género. La cuestión del porqué las mujeres se organizan como mujeres está basada en la idea de que los hombres y las mujeres son socializados en formas diferentes y tal vez tienen "identidades" diferentes[3]. Se cree que esta diferencia en la socialización está basada en las formas en que se produce y se representa el género en la sociedad y en cómo los individuos interpretan y encarnan estos roles en el nivel subjetivo.

Teniendo como punto de partida esta noción, se considera que los hombres y las mujeres tienen responsabilidades, expectativas, deseos y necesidades distintos, los cuales forman la conciencia e identidad de los individuos y, en última instancia, contribuyen a su comprensión del mundo. A la vez estas responsabilidades, expectativas, deseos y necesidades son representados en las prácticas cotidianas y en estructuras políticas, económicas y sociales mayores existentes, que se reproducen a través del tiempo. En este sentido, la producción de identidad es un proceso continuo, en el cual la identidad (en este caso el género) puede cambiar en el tiempo, de acuerdo con las formas en las cuales el género es representado a nivel social y personificado en el sujeto[4]. En virtud de entender el "género" como producto de representaciones, considero al "género" como una categoría socialmente construida y no como algo basado en nociones esencialistas sobre el ser. Adicionalmente, el género como categoría producida no es algo fijo: la identidad está constantemente fluctuando de acuerdo con las interpretaciones subjetivas de las representaciones dominantes de género, raza, cultura, edad y así sucesivamente.

De acuerdo con este enfoque, necesitamos problematizar la división histórica existente entre "producción" y "reproducción" inherente a la mayor parte de las teorías de las organizaciones colectivas de mujeres en América Latina. Dentro de este contexto, las mujeres se perciben solamente como unidades productivas y/o reproductivas y se establecen relaciones censales entre las actividades económicas de las mujeres y sus acciones colectivas. Iván Illich (1982), en su estudio antropológico sobre el género, diferenciaba entre "sexo" y "género" y planteaba que sólo en el campo del "sexo económico", en el cual los seres se consideran primordialmente como unidades económicas (fundamentalmente en sociedades industriales modernas), es posible que la división entre producción y reproducción se convierta en una posibilidad y tenga fuerza. T. Minh-ha Trinh elaboró este tema y su relación con la producción de identidades de las mujeres del tercer mundo, y demuestra la forma en la cual las conceptualizaciones occidentales dominantes de estas mujeres han reforzado los estereotipos acerca de la vinculación predominante entre las luchas de las mujeres pobres y sus roles económicos (Trinh, 1989: 105-116). Se podría extender este análisis al campo del "desarrollo según sexo", en el cual las mujeres pobres son definidas como "clientes" por el Estado y el aparato de desarrollo, y sus "necesidades" son interpretadas solamente como "económicas" o "domésticas". Nancy Fraser se ocupó de este aspecto de la "interpretación de la política de necesidades", tratándolo no sólo como un terreno en disputa, sino como un espacio en el cual convergen los dicursos experto/profesional, los procesos dominante/Estado y los movimientos sociales.

Las personas son definidas como "clientes" por el Estado mediante mecanismos que viabilizan tal definición, provistos por el conocimiento de los expertos. Sin embargo, los movimientos sociales politizan estas interpretaciones; es decir, se niegan a percibir las "necesidades" como solamente "económicas" o "domésticas" (A. Escobar, en imprenta; Fraser, 1989: Capítulo 8). Adelc Mueller analizó la relación entre investigadores feministas del primer mundo en el aparato del desarrollo (vale decir, organizaciones internacionales, instituciones académicas y programas estatales) y grupos de mujeres del tercer mundo que son investigadoras o son la "población objetivo" de proyectos de desarrollo (Mueller 1991). Plantea que las investigadoras y activistas feministas del primer mundo necesitan profundizar más sobre los roles de las mujeres en términos de su articulación a las estructuras de poder del aparato de desarrollo, especialmente dado que la investigación se lleva a cabo sobre otras mujeres, quienes son muy diferentes de las mujeres del primer mundo en el aparato de desarrollo. Adicionalmente, las diferencias entre mujeres deben ser reconocidas dentro del aparato de desarrollo dominante del primer mundo, dentro de las mujeres del tercer mundo y entre las mujeres del primero y tercer mundos.

Tal como lo sugiere buena parte de la literatura sobre la organización de las mujeres, las mujeres pobres en las áreas urbanas con frecuencia fundamentan sus políticas en un determinado conjunto de "necesidades" derivadas de sus roles reproductivos, tal como ellas los perciben. En la medida en que las mujeres descubren desigualdades en sus condiciones de vida, deciden organizarse con otras mujeres para 1) aliviar sus cargas como mujeres, madres y proveedoras de sus familias, y 2) ganar fuerza en términos numéricos, convirtiéndose así en una forma de contrarresistencia y habilitándose para percibir la identidad como algo que puede utilizarse en la lucha y, en algunos casos, cambiando conscientemente a través de la politización. En esta forma, la colectivización de las actividades reproductivas de las mujeres y el esfuerzo combinado para combatir las desigualdades de género en la sociedad llevan a la formación de nuevas identidades colectivas y nuevas definiciones de "necesidades". Estas nuevas identidades colectivas a su vez les presentan a los sujetos politizados y a la sociedad en general nuevas representaciones de género que impugnan los marcos de referencia existentes y posiblemente plantean retos a los sistemas de creencias establecidos. Aunque estos retos son formas de resistencia en el nivel micro, sin embargo exigen nuestra atención, puesto que claramente han cambiado la vida de las mujeres activistas y de quienes las rodean; esto también es cierto para las organizaciones populares de mujeres en Quito. Además, tales formas de resistencia en última instancia impugnan la elaboración de teoría y políticas macroinstitucionales. En el resto de este capítulo demostraré cómo esto está ocurriendo en Ecuador.

EL SURGIMIENTO DE UNA LUCHA VISIBLE DE LAS MUJERES

En Ecuador, las organizaciones populares de mujeres no se consideraban parte de un movimiento cohesionado sino hasta hace unos años. De hecho, la lucha visible de las mujeres en cualquier nivel de la sociedad es un fenómeno relativamente nuevo. Al igual que en muchos países latinoamericanos, las mujeres se movilizaron inicialmente durante los períodos de autoritarismo militar, que en el caso de Ecuador fue la década de 1970. Entre 1975 y 1978, hubo un amplio descontento con el régimen militar que llevó a un aumento de la movilización de masas en su contra. A lo largo de este proceso, el cual llevó a elecciones libres sobre la base de una nueva constitución y la elección de un gobierno democrático en 1979, las mujeres se convirtieron en participantes visibles en varias protestas. En este momento, se establecieron frentes de mujeres en sindicatos, organizaciones campesinas, organizaciones de barrio y en algunos partidos políticos.

En general, las organizaciones populares proliferaron durante el proceso de redemocratización, debido en parte a la falta de confianza popular en el sistema político formal, especialmente para resolver la creciente crisis económica. Fue durante este período que los actores sociales de la base forjaron bastiones colectivos y pluralistas para combatir la crisis, manteniendo simultáneamente su autonomía frente al Estado y a otras instituciones políticas tradicionales. Tales bastiones ofrecieron un espacio para que se organizaran sujetos históricamente marginados, tradicionalmente percibidos como "ajenos" al campo de la política formal.

A pesar de la participación femenina en las luchas nacionales a favor de la democracia, hubo poca discusión específicamente en torno a las demandas de las mujeres. Más bien, el "asunto femenino", como es típico en la historia de la mayor parte de los movimientos de mujeres en toda la región, se consideró "no importante" o "secundario" con relación a las cuestiones "reales" que se discutían en la lucha por los derechos humanos y la identidad nacional[5]. Solamente cuando las influencias internacionales, particularmente aquellas ejercidas sobre el Estado ecuatoriano como resultado de las exigencias que emanaron de la Década de las Naciones Unidas para la Mujer, se unieron con las experiencias y frustraciones de las activistas ecuatorianas que trabajaban en organizaciones patriarcales, fue que se empezó a desarrollar un movimiento autónomo de mujeres.

Las organizaciones populares de mujeres se hicieron particularmente visibles a finales de los años setenta y ochenta, en la medida en que mujeres pobres y de clase obrera ayudaron a organizar a otras mujeres en las comunidades vecinas; y las feministas realizaron talleres y formaron redes con las organizaciones de base existentes y aquellas que se empezaban a formar. Mi trabajo y participación en ocho organizaciones populares de mujeres en Quito sugiere que la mayoría de las mujeres apenas están comenzando a convertirse en activistas políticas en torno a los temas relativos a sus roles de clase y género. Además, la mayoría no ha sido politizada anteriormente sobre las tradicionales "cuestiones de clase" tal como se han tratado históricamente en las organizaciones y movimientos de la clase obrera. Más bien, la conciencia política recientemente formada de las participantes es típicamente moldeada por las confrontaciones que han tenido con las autoridades políticas en sus distritos municipales y por los subsiguientes antagonismos de género que surgen cuando a las mujeres se les niega su participación en la toma de decisiones a pesar de los papeles claves que desempeñan en la comunidad. Han sido expuestas a los partidos políticos principalmente durante las elecciones, cuando los candidatos tratan de conseguir un mayor electorado ofreciendo cambios sociales en sus vecindarios. Nuevamente, esto crea mayor antagonismo en vez de formas de solidaridad, en la medida

en que los políticos no prestan atención a los intereses de las mujeres y rara
vez cumplen sus promesas de campaña.

Conocimiento acerca de las mujeres y de sus intereses: política del Estado ecuatoriano

El Estado ecuatoriano no enfocó los "intereses de las mujeres" sino a finales
de los años setenta, después de iniciado el Decenio de las Naciones Unidas
para el Avance de la Mujer. La ausencia de presión ejercida sobre el Estado
por los grupos de interés, de una opinión informada y la lentitud de la investigación y las publicaciones sobre el tema, contribuyeron a la falta de
atención por parte del Estado a la "cuestión de la mujer"[6]. En este sentido,
el Estado ecuatoriano no difiere de casi todos los demás: la cuestión de la
mujer se introduce bajo presión desde abajo o desde afuera.

En 1970, la Comisión Interamericana de Mujeres de la Organización de
Estados Americanos, OEA, solicitó al gobierno ecuatoriano que creara una
oficina o departamento dentro de la estructura administrativa del Estado,
la cual definiría e implementaría políticas y estrategias dirigidas a las mujeres, teniendo en cuenta las características sociales, políticas, económicas y
culturales del Ecuador (CEIS, 1986: 62). Como respuesta a esta solicitud formal, el gobierno creó el Departamento Nacional de la Mujer, DNM, en febrero de 1970, subordinado a lo que se conocía entonces como el Ministerio
de Trabajo y Bienestar Social. El departamento "no tuvo vida más allá de su
existencia formal, pero fue el antecesor directo de la Oficina Nacional de la
Mujer, Ofnamu" (CEIS, 1986: 63). Bajo la administración Febres-Cordero
(1984-1988), la Oficina Nacional de la Mujer se convirtió en la Dirección
Nacional de la Mujer, Dinamu.

Entre los programas puestos en marcha por el Estado, muchos se han
orientado hacia las mujeres pobres en las zonas rural y urbana. Ejemplo de
ellos son la distribución de alimentos básicos en sectores pobres, tales como
el programa del Ministerio de Salud Pública de suplementos alimenticios
para madres e hijos, los desayunos escolares y la organización de cursos de
capacitación para mujeres en modistería, peluquería y belleza, secretariado,
contabilidad y muñequería. Estos programas han sido muy criticados por
las feministas en el movimiento de mujeres por ser "ineficaces" en la medida en que tienden a reforzar los roles femeninos tradicionales o a crear nuevos estereotipos de los roles femeninos, y no ofrecen visiones alternativas
de una sociedad más justa. Las feministas alegan que a través de estos programas las mujeres se vuelven dependientes del Estado en la obtención de

conocimientos y recursos y hay poco o ningún cuestionamiento de la identidad, lo cual típicamente se asocia con la politización de base.

Puesto que las prácticas ideológicas bienestaristas están presentes en las políticas de desarrollo y estatales en general, de igual forma existen en la esfera cotidiana, contribuyendo a la producción constante de desigualdades jerárquicas de género, las cuales se manifiestan en las actividades reproductivas. En este caso, aunque aparentemente apolíticos, los programas estatales legitiman las desigualdades existentes y frenan a las mujeres en su conceptualización de alternativas respecto a sus condiciones de vida actuales y a la posibilidad de organizarse autónomamente para el cambio social.

A finales de los años setenta, y como resultado parcial de las experiencias directas de las feministas que trabajaron en la DNM y su posterior salida de las agencias estatales para trabajar autónomamente en organizaciones de investigación y grupos activistas, el movimiento de mujeres se hizo mucho más visible y adquirió mayor cohesión.

A nivel estatal, el Plan Nacional de Desarrollo 1980-1984 adoptado por el gobierno democráticamente elegido de Jaime Roldós/Oswaldo Hurtado fue el primero en definir una Política Nacional para la Integración de la Mujer en el Proceso de Desarrollo[7]. Uno de sus objetivos se dirigía a garantizar la participación activa de las clases populares en el desarrollo social y económico. Fue como parte de esta política que surgieron nuevas formas de política social en las cuales se definían las mujeres y los sectores populares como grupos metas.

El Programa de Promoción Popular y, como parte de él, el Subprograma para Mujeres y Jóvenes, fueron los primeros proyectos de mujeres que se diseñaron y aplicaron dentro de un contexto de desarrollo. Estas políticas diferían de las políticas bienestaristas más obvias porque se dirigían a las organizaciones populares. Por lo tanto, las políticas estatales podrían contribuir a la movilización social, a aumentar el acceso de los pobres al conocimiento y los recursos y, en última instancia, a transformar las relaciones sociales. La política (retóricamente denominada la "promoción popular" de los pobres) generó discusiones acaloradas sobre la cuestión de la subordinación de las mujeres, tanto en las agencias estatales como en las organizaciones independientes de mujeres. Sin embargo, el plan aún se mantenía dentro de un marco liberal, desarrollista, y no impugnó en forma suficiente las desigualdades existentes. Además, el plan no se llevó a cabo en la forma en que se presentó originalmente. En realidad, muchos obstáculos impidieron que las agencias estatales cumplieran sus compromisos originales. La administración Hurtado, que puso en marcha el primer programa de estabilización acordado con el Fondo Monetario Internacional, FMI, en 1982, fue acusada de dar prioridad al pago de la deuda, a expensas de afrontar graves problemas sociales y económicos en el país. Al final, si acaso, algunos pocos objetivos originales se lograron.

El siguiente documento oficial de la Comisión Nacional de Desarrollo, Conade, fue el Esquema de una Estrategia para el Desarrollo de 1984, elaborado después de la posesión del nuevo gobierno conservador de León Febres-Cordero en 1984. Al igual que el Plan de 1980-1984, sugería que la política para la mujer se ubicara en un marco más general de política de "participación social". Aunque existe una diferencia sutil entre los conceptos de promoción popular y participación social, la propuesta básica era la misma en ambos casos: en resumen, que el trabajo productivo de las mujeres había sido subutilizado y que solamente cuando las mujeres "participaran" más en el desarrollo del país (vale decir, cuando la capacidad productiva de las mujeres fuera utilizada más eficientemente), el sistema dejaría de ser injusto y las mujeres dejarían de ocupar una posición subordinada con respecto a los hombres.

La Dirección Nacional de la Mujer es actualmente el organismo responsable de poner en práctica las políticas estatales dirigidas a las mujeres. Aunque la Oficina Nacional de la Mujer, como se denominó en un comienzo, se creó oficialmente a principios de los setenta durante la dictadura militar, fue con el régimen democrático del presidente Jaime Roldós que adquirió verdadera significación política[8]. Las labores iniciales de la Ofnamu fueron su consolidación institucional y el diseño de un plan de acción. Respecto a su consolidación institucional, los principales problemas encontrados fueron su falta de autonomía, la escasez de personal calificado y lo inadecuado del presupuesto. Incluso ahora, bajo la administración socialdemócrata de Rodrigo Borja (1988-presente), la oficina se ve abocada a problemas muy similares.

El plan de desarrollo más reciente, presentado en febrero de 1989, no tenía inicialmente una sección que discutiera los asuntos de la mujer. Sólo luego de la presión sobre el Conade, ejercida por DINAMU y por las organizaciones autónomas de mujeres, la comisión que diseñó el Plan 1988-1992 aceptó incluir un apéndice específicamente dirigido a la necesidad de integrar a la mujer al desarrollo. La ausencia de investigadoras y planeadoras feministas en el gobierno se refleja en el Plan Nacional de Desarrollo: los temas de las mujeres se agregaron a última hora al documento. Incluso en el anexo, el cual se presentó oficialmente en agosto de 1989, el marco de referencia conceptual no es significativamente diferente del marco liberal desarrollista utilizado en el Plan de 1984-1988. Como resultado de ésta y de anteriores decisiones tomadas en las agencias estatales, las feministas de clase media que habían participado en la formulación de políticas estatales reconocieron la necesidad de organizarse en forma autónoma del Estado y de otras instituciones políticas masculinas. Consecuentemente, se dio un viraje en los años ochenta, en la medida en que las feministas crearon su propia base autónoma al institucionalizar las organizaciones independientes de mujeres y trabajar en el establecimiento de redes a lo largo del país.

LA AUTONOMÍA Y LA POLÍTICA DE NECESIDADES

El desplazamiento hacia la autonomía ha sido clave en la formación de marcos de referencia y estrategias políticas feministas. Rocío Rosero (coordinadora de la Red de Mujeres del Consejo de Educación de Adultos de América Latina, Ceaal, y anterior directora del Centro María Quilla), Lilia Rodríguez (directora del Centro Ecuatoriano para la Promoción y Acción de la Mujer, Cepam) y Dolores Padilla (directora del Centro de Información y Apoyo de la Mujer, CIAM), líderes actuales del movimiento feminista, han trabajado en agencias estatales. Ellas, junto con muchas otras mujeres, decidieron crear sus propias organizaciones: el resultado ha sido la proliferación de centros de investigación independientes sobre la mujer, servicios legales, servicios de comunicación, organizaciones activistas, grupos de apoyo, un café de la mujer y organizaciones populares de mujeres. Los materiales publicados sobre la mujer son más accesibles, los estudios de la mujer se están promocionando a nivel universitario y las mujeres jóvenes han empezado a tener mayor participación en las organizaciones feministas.

El fortalecimiento del movimiento es también parcialmente el resultado del apoyo que las organizaciones ecuatorianas han recibido de otros grupos feministas latinoamericanos.

La influencia del movimiento de mujeres peruano, desde finales de los años setenta, ha sido un elemento movilizador clave del movimiento ecuatoriano. Igualmente importante ha sido el hecho de que, durante los últimos quince años, las mujeres ecuatorianas hayan podido impulsar sus esfuerzos de movilización como resultado de la creciente canalización de apoyo económico e ideológico de las organizaciones internacionales de desarrollo y los movimientos feministas de todo el mundo. Ello se debe principalmente al Decenio de las Naciones Unidas para el Avance de la Mujer (1975-1985) y el desarrollo ulterior de las Redes de Mujeres del Tercer Mundo e internacionales[9].

En 1987, varias feministas que habían participado en la protesta contra el gobierno represivo de Febres-Cordero crearon una nueva organización, la Acción por el Movimiento de Mujeres. Este grupo ha organizado varias marchas y protestas en Quito y Guayaquil, incluyendo la marcha anual del Día

Internacional de la Mujer, el 8 de mayo, y una serie de protestas frente al Citibank y otros bancos que hacen transacciones con el Estado ecuatoriano[10]. Aunque las mujeres del sector estatal y de los partidos políticos desempeñan un papel en la organización, ésta representa más los intereses del movimiento autónomo de mujeres que los de los partidos políticos tradicionales, o del Estado, los cuales tienen intereses centrados en valores masculinos.

Ha habido tres encuentros feministas (Taller Encuentro Nacional de Teoría Feminista) en 1986 , 1987 y 1989, en los cuales las mujeres de diversos sectores han participado en lo que ha sido el primer espacio de conferencias designado solamente con el propósito de dar sentido y reflexionar sobre el estado y los avances del movimiento de mujeres en el país. Estas conferencias han llegado a representar el inicio de un movimiento cohesionado, en el cual las feministas ecuatorianas han empezado a construir coaliciones más fuertes entre organizaciones de mujeres de clase media, clase obrera, partidos políticos, grupos indígenas y sindicatos[11]. También han servido como uno de los pocos espacios colectivos en los cuales las mujeres pobres y de clase media pueden establecer un diálogo y discutir acerca de las similitudes entre ellas, así como reconocer formas de poder en sus vidas diarias. Lo que se ha descubierto es que a pesar de que los temas son articulados de manera muy diferente por las mujeres pobres y de clase media, y aunque las estrategias entre las organizaciones de mujeres de diferentes clases sociales tienden a diferir, sus preocupaciones coinciden con alguna frecuencia. Por ejemplo, ha sido ampliamente reconocido que las mujeres se encuentran en posiciones inferiores respecto a los hombres y que los temas políticos y económicos del nivel macro tales como la crisis de la deuda y la represión política afectan a la mayor parte de la gente, si no a toda, en la esfera cotidiana. Las mujeres también han reconocido, irrespecto de su clase económica, raza o etnia, que tienen necesidades específicas en su calidad de mujeres, necesidades que se derivan de su identidad de género.

La politización de las "necesidades básicas" demuestra las formas en que estas "necesidades" van más allá del deseo de obtener pan y agua. En la medida en que las mujeres pobres fundamentan su política en sus roles reproductivos, impugnan el sentido de los roles de género adscritos al igual que las implicaciones que estos roles tienen en la reproducción de la sociedad. Luchan no sólo por tener acceso a los recursos, sino que también están impugnando las representaciones dominantes de género a la vez que incorporan este sentido a su política. La política estatal, por consiguiente, no puede fácilmente satisfacer las "necesidades" de las mujeres pobres dándoles solamente recursos económicos. Esto también cuestiona la división teórica entre "necesidades prácticas de género" y "necesidades estratégicas de género" en la medida en que las estrategias organizativas de las mujeres populares politicen las dominadas necesidades básicas e impugnen los límites dentro de los cuales se perciben sus necesidades como mujeres.

GÉNERO, PODER Y POLITIZACIÓN DE LA ESFERA COTIDIANA

El Centro Femenino 8 de Marzo, ubicado en el distrito de Chillogallo, es una de las docenas de organizaciones populares de mujeres existentes en Quito. El centro fue establecido en 1985 por un grupo de mujeres locales que tenían la triple necesidad de: 1) lograr un espacio colectivo como mujeres, en la estructura organizativa comunitaria ya existente, donde se discutían temas tales como la necesidad de obtener mejores servicios de infraestructura; 2) aprender oficios prácticos y colectivizar costos; 3) formar un grupo en el cual podrían relacionarse las unas con las otras y discutir sobre asuntos relacionados con sus vida como mujeres[12]. Esta última necesidad es tal vez la más importante en términos de entender la transformación y politización de la identidad de género que ocurre a través de la participación colectiva. La creación del Centro Femenino le ha dado a las mujeres una voz colectiva en el vecindario y ha obligado a la organización comunitaria tradicional (organización barrial) a tener en cuenta las necesidades de las mujeres[13]. De hecho, esta organización ha respondido en forma bastante positiva, prestando a las mujeres una casa para celebrar sus reuniones y talleres y guardar sus documentos. Ocasionalmente, se han llevado a cabo talleres con feministas invitadas; dentro de los temas tratados están la sexualidad, violencia doméstica y el Estado, así como capacitación para el empleo.

También se discuten y se acuerdan tácticas políticas, y la organización ha hecho varias demandas a la ciudad de Quito para que les mejoren las condiciones de vida de su vecindad[14]. Las mujeres compran los alimentos en forma colectiva y luego los dividen entre sus familias, en un intento de reducir costos. Actualmente están tratando de obtener la representación legal, registrando su organización ante las autoridades municipales.

El Centro Femenino tiene más de cuarenta miembros, y cerca de veinte participan regularmente. La mayoría de las mujeres a las cuales entrevisté (veintidós) se ha convertido en activistas políticas muy recientemente. Una de las organizadoras iniciales, Silvia Vega, es una excepción: terminó su educación universitaria, ha trabajado en un partido político y ha servido de nexo entre el Centro Femenino y organizaciones feministas de clase media en Quito. También es miembro de Acción por el Movimiento de Mujeres. Otras diez mujeres han participado en organizaciones barriales que no responden específicamente a las necesidades de las mujeres.

En estas organizaciones, las mujeres rara vez llegaban a posiciones de poder, ni sentían que se les ofrecía igualdad de oportunidades para participar en las decisiones que afectan a toda la comunidad. Allí descubrieron que sus necesidades no eran tenidas en cuenta ni siquiera en el nivel en el cual ellas tenían mayor control directo sobre sus vidas. El Centro Femenino ofreció un espacio que no tenía la organización tradicional. La construcción de una organización de mujeres requirió formas creativas y alternativas de plantear estrategias por parte de mujeres que tenían poca experiencia política y escasos nexos con partidos políticos y otros grupos con orientación masculina.

Se ha centrado bastante la atención en el tema de las luchas de las mujeres pobres, un tema de mucho interés para las feministas de clase media latinoamericana y para las feministas de Europa y Estados Unidos. Maruja Barrig, en su estudio sobre las organizaciones populares de mujeres en Lima, señaló que tales organizaciones no necesariamente retan la división sexual del trabajo existente: por el contrario, las organizaciones populares de mujeres con frecuencia se diseñan de tal forma que refuerzan los estereotipos de género y consecuentemente excluyen a la mujer de una mayor participación en la esfera de lo político y lo público (Barrig, 1989a, 1989b). Ya sean organizadas por las mujeres o por agencias de desarrollo, las organizaciones populares de mujeres hacen énfasis en el carácter voluntario del trabajo de la mujer en el desarrollo comunitario.

En consecuencia, muchas mujeres en Lima han tenido que trabajar más, tanto en el hogar como en la comunidad. A pesar de que algunas mujeres han entrado en contacto con funcionarios oficiales y que su presencia en los movimientos de resistencia ha aumentado, Barrig afirma que las mujeres no necesariamente han creado un nuevo espacio público-político para ellas, sino que más bien han expandido su espacio privado-doméstico a una esfera más amplia. En tal sentido, según Barrig, las mujeres no han destruido las barreras de género sino que han contribuido al reforzamiento de la división sexual del trabajo existente.

El análisis de Barrig se basó en el supuesto de que las mujeres pobres luchan principalmente por intereses prácticos y no estratégicos, de género. Aunque es cierto que las mujeres pobres y las de clase media tienen agendas políticas diferentes, basadas en las necesidades percibidas de ellas y sus comunidades, también lo es que las mujeres pobres tienen agendas y aunque sus ideas se articulan de forma diferente, con frecuencia coinciden con las de las feministas de clase media. En este sentido, la división entre "Intereses prácticos de género" e "Intereses estratégicos de género" malinterpreta las luchas de las mujeres pobres, quienes de hecho cuestionan o intentan cambiar el orden social (de género). Tales categorías mantienen barreras falsas en nuestro pensamiento acerca de las estrategias políticas y económicas de sobrevivencia y resistencia. Sería más útil entender el cambio tal como se sucede en la instancia de producción de identidad y en el nivel social, en la medida en que se representan nuevas conceptualizaciones sobre el género. Las estrategias organizativas de las organizaciones populares se basan en las necesidades de las mujeres participantes (y ellas incluyen necesidades materiales, así como necesidades relacionadas con la identidad, tales como mayor respeto y derechos para la mujer en la sociedad) y representan un reto inherente a la autoridad en su manifestación cotidiana. No se organizan solamente para "sobrevivir"; están recibiendo algo a cambio y esto es más que alimentos. Sea que las mujeres impugnen o no en forma directa la división sexual del trabajo, las transformaciones de la identidad que se suceden en el sujeto y las formas en que estas transformaciones son incorporadas a las estrategias organizativas son tan importantes como el que se produzca tal impugnación. En otras palabras, el trascender la división sexual del trabajo existente, la cual en el pasado se ha referido fundamentalmente al trabajo productivo y reproductivo de hombres y mujeres, es tan sólo un aspecto de las estrategias organizativas de las mujeres.

La concientización es una estrategia fundamental, usada por todas las organizaciones dentro de mi muestra: cada grupo se reunía semanalmente para discutir temas relativos a sus vidas como mujeres. La concientización fue inicialmente utilizada por las feministas como una forma de apoyo, así como una herramienta para politizar otras mujeres. En palabras de una mujer del Centro Femenino 8 de Marzo:

Me asocié al Centro Femenino 8 de Marzo porque quería dejar la rutina de la casa... También quería hacer nuevas amistades, aprender cosas nuevas que me ayudarían como mujer y como madre. Mi gran sueño es prepararme para poder ayudar a otras mujeres como yo que necesitan apoyo moral para que puedan continuar en su lucha dirigida a que otros respeten nuestros derechos y hacer que nos valoren como mujeres que pensamos, soñamos, tenemos fe y esperanza. Pasamos buenos ratos con nuestras compañeras compartiendo ideas nuevas y productivas que nos sirvan para lograr un futuro mejor para nuestra organización y la sociedad... continuar luchando por mejores ideales en el futuro... Por tal motivo, elevamos nuestro grito: "No más humillaciones y discriminación contra las mujeres, vivan las mujeres organizadas"[15].

La concientización es reconocida por las feministas de todas las clases como elemento esencial para el crecimiento del movimiento de mujeres. Estos grupos "son la creación más rica e importante del movimiento feminista porque constituyen el único espacio que nos ha permitido reconocernos a nosotras mismas como sujetos diferentes" (Camciam, 1988: 95). Además, las participantes reconocen que aunque las reuniones de concientización son espacios necesarios para las mujeres, es igualmente importante luchar como grupos de mujeres para que las visiones políticas e ideológicas de las mujeres tengan impacto en la sociedad en su conjunto.

El Centro Femenino 8 de Marzo y otras organizaciones populares de mujeres han aumentado consistentemente su participación en eventos, manifestaciones y marchas organizadas, manejadas por feministas de clase media. Aunque el liderazgo del movimiento está en manos de feministas de clase media, las organizaciones populares que se afilian al movimiento han ganado una voz y, en la pasada década, se ha dado prioridad a sus asuntos.

Adicionalmente, las mujeres pobres y las de clase obrera han creado sus propias redes de organizaciones barriales de mujeres. El Centro Femenino 8 de Marzo ha ayudado a organizar a otros tres grupos locales: Organización Buenaventura, Organización Ciudadela Ibarra y Organización Martha Bucaram, que son grupos pequeños (de cuatro a diez mujeres) con reuniones y talleres de artesanías semanales, dirigidos por mujeres del Centro Femenino 8 de Marzo. Estos esfuerzos por crear redes autónomas son críticos para la lucha, en especial en el movimiento popular, porque a medida que las mujeres se han desilusionado con las organizaciones barriales masculinas y que las mujeres de clase media se han concentrado en las reformas legales[16], las mujeres del movimiento popular han reconocido la necesidad de un espacio en la comunidad en el cual pueden definir y luchar por sus propias necesidades. Como ejemplo, varias mujeres en Chillogallo se unieron al Centro Femenino 8 de Marzo porque querían tener mayor poder de decisión en la comunidad. Reconocieron que su autonomía como mujeres pobres y de clase obrera era necesaria en la esfera cotidiana, es decir, directamente en Chillogallo. De la misma forma que la mayoría de las mujeres reconocen las formas de poder que se manifiestan en sus vidas diarias, también reconocen su propia carencia de poder. La construcción de identidad colectiva a través de la organización política es una manera de re-apropiarse de su propio sentido de poder e identidad.

CONCLUSIÓN: LA CONSTRUCCIÓN DE UNA IDENTIDAD COLECTIVA

Es a través de la construcción de una identidad colectiva como las mujeres han llegado a sentar una posición en contra de varias formas de poder presentes en su vida cotidiana. La falta de apoyo estatal, a pesar de la institucionalización de la Dinamu y otros proyectos de desarrollo nacional dirigidos a las mujeres, ha impulsado a las mujeres a plantear demandas directamente a la estructura política de la ciudad y la comunidad. El Plan Nacional de Desarrollo actual le otorga prioridad a las necesidades económicas de las mujeres, y aunque esto puede beneficiar en algo a sectores de mujeres, tales políticas no tienen en cuenta muchos de los asuntos que las mujeres pobres organizadas han hecho visibles en sus luchas: asuntos que van más allá de las causas y soluciones de tipo económico. Esto, conjuntamente con la creciente debilidad de los mecanismos políticos tradicionales tales como los partidos políticos locales, sindicatos y organizaciones barriales masculinas, ha obligado a las mujeres a crear su propio espacio. El agravamiento de la crisis económica, en la cual se ha aumentado el trabajo doméstico de las mujeres, asociado con la necesidad de que las mujeres complementen los ingresos (masculinos) del hogar, pone de presente la necesidad de las mujeres de organizarse en su propio tiempo, como madres, esposas y (a veces) asalariadas.

Por tanto, la lucha de las mujeres no se dirige solamente a satisfacer sus relaciones de trabajo reproductivo y de género/clase. También se dirige a superar su carencia de poder, fundamentalmente a través de la transformación y politización de la identidad. Las mujeres en el Centro Femenino 8 de Marzo reconocen que el poder es inherente a las actividades, discursos, lenguajes y movimientos cotidianos de las personas. Han reconocido formas de poder en sus relaciones familiares e interpersonales y las han puesto en evidencia políticamente al hacer énfasis en la "democracia dentro del hogar". Reconocen que la "democracia" existe solamente cuando también se democratizan las relaciones sociales al interior del hogar, de ahí la famosa frase de las feministas chilenas, que también se usa en Ecuador: "Democracia en el país y en la casa".

Adicionalmente, su politización como mujeres pobres —la construcción de una identidad colectiva basada en el género— sugiere que las necesidades básicas no están solamente ligadas a la sobrevivencia, sino a la construcción de las relaciones de poder y de la identidad. Esto impugna también el marco de referencia en el cual se interpretan las necesidades básicas, así como la división teórica que se hace entre necesidades prácticas y necesidades estratégicas de género.

El que el movimiento de mujeres sea muy localizado, es decir, las microfuentes de resistencia que han surgido en todo el país constituyendo lo que hemos llamado un movimiento social, tiene aspectos positivos y negativos. El hecho de que hayan sido las mujeres quienes se han movilizado a nivel barrial en torno a cuestiones como alimentos, vivienda y provisión de agua ha permitido que el Estado y las agencias de desarrollo les asignen una parte mayor de la carga reproductiva a través de proyectos de "autoayuda" y aquellos que se basan en el trabajo de las mujeres (Elson, próxima publicación). La formación de organizaciones autónomas de mujeres en la región demuestra la incapacidad de las instituciones políticas tradicionales para crear un espacio en el cual el movimiento de base pueda participar con algún poder de negociación. Las estrategias organizativas de las mujeres populares representan un reto a las formas en las cuales las representaciones dominantes de género han sido reproducidas en las relaciones sociales en el hogar y en la sociedad en su conjunto. Aunque tales organizaciones reconocen que sus comunidades necesitan mejor infraestructura y servicios sociales, no dejan de criticar los sesgos masculino-occidentales reproducidos en los marcos de referencia de las políticas de desarrollo puestas en marcha por las agencias estatales, los organismos no gubernamentales y otras instituciones para el desarrollo. En última instancia, impugnan la organización social de la sociedad.

NOTAS

* Quisiera agradecer a Silvia Vega y a otras integrantes del Centro de Planificación y Estudios Sociales, Ceplaes, en Quito, Ecuador, por su apoyo institucional en la realización de esta investigación. También quisiera agradecer a Lourdes Benería, Kim Berry y Susana Wappenstein por sus enriquecedores comentarios y sus estimulantes conversaciones, las cuales contribuyeron significativamente a este capítulo.

1 Para una discusión sobre cómo las políticas de desarrollo con sesgos masculinos dirigidos a mujeres pueden aumentar el trabajo reproductivo de las mujeres, *véase* Elson, de próxima publicación.

2 Para una mayor discusión sobre la diferencia ente "intereses" y "necesidades" y sobre cómo se han incorporado las "necesidades prácticas de género" a la política de Mujer en el Desarrollo Internacional (WID), *véase* Moser, 1989b. En lo que sigue del capítulo, me referiré a los "intereses prácticos y estratégicos de género". Para una historia general de la política WID, *véanse* Anderson y Chen, 1988; Goetz, 1988; Rathberger, 1990.

3 Para una discusión clásica sobre género y la construcción de la identidad, *véase* Chodorow, 1974, 1990. Sin embargo, la teoría de Chodorow ha sido refutada argumentando que su enfoque sobre la identidad es de tipo esencialista. Al articular la socialización de género al rol reproductivo de la mujer y centrar el análisis en la relación de hombres y mujeres con sus madres, Chodorow planteó una diferencia fundamental en la formación de la identidad masculina y femenina. Además, la teoría de Chodorow se refería solamente a la experiencia de mujeres occidentales, blancas, de clase media.

4 Para una discusión sobre género, identidad y representación, *véase* De Lauretis, ed., 1986, 1987; *véase* también Butler, 1990. Para una discusión sobre la producción de identidad y la política feminista, *véanse* Lugones y Spelman, 1983; Alarcón 1990.

5 *Véase* Saporta Sternbach *et al. Véase* también Chinchilla, Capítulo 3.

6 Para una historia completa sobre mujer y políticas de desarrollo en el Ecuador, *véase* CEIS, 1986.

7 En 1979, luego de casi diez años de dictadura militar, el populista Jaime Roldós fue elegido democráticamente. Después de su muerte en un accidente de aviación no aclarado, en 1981, el vicepresidente democratacristiano Oswaldo Hurtado asumió la Presidencia.

8 En esta sección, me apoyo sustantivamente en CEIS, 1986.

9 Alternativas de Desarrollo con las Mujeres para una Nueva Época (DAWN) es un poderoso ejemplo de una red de mujeres del tercer mundo, la cual ha creado una plataforma para abordar específicamente las formas en las cuales las políticas nacionales e internacionales de desarrollo pueden satisfacer más eficientemente las necesidades de las mujeres del tercer mundo. *Véanse* Sen y Grown, 1987.

10 La acción por el movimiento de mujeres efectuó una protesta frente al Citibank en mayo de 1989, luego de que éste apropió $80 millones de la cuenta estatal del Ecuador. El Citibank informó al Banco Central de Ecuador el 4 de mayo de 1989 que no aceptaría ninguna transacción realizada por el banco ecuatoriano porque éste no había pagado uno de sus préstamos.

   Los ecuatorianos consideraron como grave la situación puesto que la economía ya se encontraba en una situación bastante precaria. Adicionalmente, tal acción por parte de un banco donante podría sentar un precedente para otros acuerdos sobre ajuste estructural en América Latina. La situación finalmente se resolvió cuando el Citibank accedió a conceder otro préstamo a Ecuador, en mejores condiciones que las usuales.

11 El que las luchas de las mujeres contituyan un movimiento continúa siendo objeto de debate entre las activistas e investigadoras. Por ejemplo, Verdesoto (1986) argumentaba que la representación política de las mujeres en Ecuador se caracteriza más por la multiplicación y crecimiento de las organizaciones de mujeres que por cualquier forma de movimiento centralizado. Adicionalmente, plantea que las mujeres intencionalmente escogieron no crear un movimiento centralizado y jerárquico y que la etapa actual se caracteriza por la constitución de una identidad pluralista como mujeres, más que la institucionalización de un movimiento social centralizado.

12 En forma colectiva las mujeres escogieron el nombre de Centro Femenino 8 de Marzo por su asociación con el Día Internacional de la Mujer.

13 La organización barrial existente en Chillogallo, aunque no es oficialmente parte de la estructura política de Quito, es la organización que representa los intereses de Chillogallo frente a la administración municipal. En tal sentido, es la única organización en el distrito que ha tenido vínculos tradicionales con partidos políticos y con el Estado.

14 Hay una infraestructura física relativamente fuerte en Chillogallo, aunque no es adecuada y sigue siendo costosa. En mi muestra, más de la mitad de los hogares tienen electricidad y alcantarillado.

15 Testimonio de Beatriz Ortega, publicado en el periódico del Centro Femenino 8 de Marzo, *Nuestra voz*, en mayo de 1989.

16 Aunque la lucha por la reforma legal es esencial, las mujeres de sectores populares no necesariamente la perciben así. Las leyes son poco tenidas en cuenta, y creencias ideológicas muy difundidas sostienen mitos sobre la violencia contra la mujer, los derechos de la mujer en el trabajo y la participación política de la mujer, entre otros. Los sectores pobres en especial tienen poco acceso al conocimiento de la ley, lo cual los aísla aún más de esa arena política. Por tales razones, las mujeres de sectores populares no hacen én-

fasis sobre la reforma legal con relación a los derechos de la mujer dentro de sus políticas, sino en lo que se relaciona con la infraestructura comunitaria, los servicios sociales y cambios drásticos en la economía que afectan el nivel de vida y los presupuestos de los hogares. Para un análisis fuerte sobre la reforma legal y los derechos de las mujeres en el Ecuador, *véase* CAM, 1989.

LA (TRANS)FORMACIÓN DEL (LOS) FEMINISMO(S) Y LA POLÍTICA DE GÉNERO EN LA DEMOCRATIZACIÓN DEL BRASIL[1]

Sonia E. Álvarez

La política de transición desmontó temporalmente algunas de las barreras que habitualmente mantienen a las mujeres por fuera de la vida política. Cientos de miles de mujeres brasileñas de todas las clases sociales y grupos étnicos/raciales tomaron el baluarte de la oposición al régimen militar. Plantearé que las contradicciones políticas experimentadas por las mujeres activas en una gran variedad de organizaciones de oposición —tanto en la sociedad civil como en la política— fueron las que impulsaron a algunas mujeres a organizarse como feministas a mediados de los años setenta y a formular nuevas reivindicaciones fundamentadas en necesidades e identidades específicas de género.

Las feministas, en el Brasil al igual que en los demás casos discutidos en este volumen, han sido siempre un subconjunto del movimiento mayor de mujeres, el cual abarca un amplio espectro de organizaciones, estrategias, tácticas e ideologías. El "mosaico de diversidad"[2] evidenciado en las experiencias organizativas de las mujeres durante la transición del régimen autoritario en Brasil fue sorprendente: las mujeres encabezaron las protestas en contra de la violación de los derechos humanos por parte del régimen; las mujeres pobres y de clase obrera se ingeniaron soluciones creativas para las necesidades comunitarias como respuesta al descuido gubernamental total de los servicios básicos urbanos y sociales; las mujeres obreras engrosaron las filas del nuevo movimiento sindical brasileño; las mujeres rurales lucharon por sus derechos a la tierra, los cuales eran continuamente usurpados por las empresas agroexportadoras; las mujeres afrobrasileñas se unieron al Movimiento Negro Unificado y ayudaron a forjar otras expresiones organizadas de un creciente movimiento de conciencia negra, antirracista; las lesbianas brasileñas se unieron con los varones homosexuales para iniciar una lucha contra la homofobia; las mujeres jóvenes y las estudiantes universitarias formaron parte de los movimientos estudiantiles militantes; algunas tomaron las armas en contra del régimen militar, otras trabajaron en partidos de oposición legalmente reconocidos. En los años ochenta, miles de mujeres involucradas en éstas y otras luchas colectivas (también) se habían identificado como feministas.

Es imposible hacer un reconocimiento exhaustivo de todas estas formas de resistencia colectiva. La primera parte del ensayo busca, en cambio, explicar cómo surgió y se desarrolló una identidad política feminista clara a lo largo de los años setenta y principios de los ochenta, en medio de este complejo mosaico de las acciones colectivas de las mujeres. También ubicará la política feminista brasileña de esa década dentro del contexto más general de la política de transición, planteando que la política feminista colectiva y la agenda política con especificidades de género fueron también fruto de las múltiples tensiones que caracterizaron la íntima pero a la vez tortuosa relación del feminismo brasileño con la oposición política partidaria, especialmente la de izquierda, así como con los sectores progresistas de la Iglesia y otros actores colectivos, quienes empezaron a definir nuevos derechos en la sociedad y a exigírselos al Estado. Dadas las significativas diferencias regionales que caracterizan al vasto territorio nacional brasileño, debo especificar que la mayor parte de la siguiente discusión traza la trayectoria del (los) feminismo(s) en la parte metropolitana de São Paulo, señalando otros desarrollos regionales o nacionales donde sea posible.

La segunda sección de este capítulo hace un análisis de la cambiante relación del feminismo con la sociedad política y con el Estado. A lo largo de la particularmente prolongada transición del régimen autoritario en Brasil[3] las activistas feministas se vieron obligadas a repensar constantemente su relación con los partidos políticos dominados por los hombres y con un Estado masculino, capitalista y racista cuyos parámetros institucionales y agendas de políticas sufrieron transformaciones rápidas y a veces dramáticas a lo largo del período de transición. En el contexto del régimen militar, el Estado autoritario era visto como el enemigo principal del feminismo y de todos los demás movimientos sociales progresistas que surgieron durante los años sesenta y setenta. A comienzos de los ochenta, cuando la oposición obtuvo el control de varios gobiernos estaduales y aumentó su presencia en las instancias legislativas federales, estaduales y locales, las feministas y otras activistas progresistas repentinamente se encontraron con una arena política más permeable. En los primeros años de la "Nueva República" brasileña, pudieron promover una agenda política bastante radical con relativo éxito.

Desde mediados hasta finales de los años ochenta, las feministas que trabajaban dentro de los partidos políticos y el Estado, legitimadas y apoyadas por sus "circunscripciones electorales" de la sociedad civil —grupos feministas independientes y otras organizaciones del movimiento de muje-

res— lograron avances significativos para las mujeres en el campo de las
políticas y promovieron un debate público importante sobre el estatus de
las mujeres en la sociedad brasileña. Pero desde finales de la década, a medida que se consolidaba la hegemonía conservadora sobre la política nacional y estadual, las feministas han tenido que luchar para asegurar mayores
avances e impedir retrocesos en los logros obtenidos durante el período de
transición. Las implicaciones de este cierre (parcial) de la "apertura política
con especificidades de género" de mediados a finales de los años ochenta es
el tema de la sección final.

La formación de una identidad política feminista propia
dentro del movimiento de mujeres en el Brasil

Introduciendo el género a la oposición al régimen militar

La evolución del feminismo brasileño durante los años setenta estaba inex-
tricablemente ligada a la dinámica del desarrollo de la oposición al régimen
militar autoritario. Los discursos de la oposición sobre los derechos humanos, la justicia social, la igualdad y la liberación, aunados al surgimiento de
los discursos feministas en el plano internacional, implantaron las semillas
ideológicas que serían posteriormente cultivadas por las mujeres brasileñas
para diseminar discursos sobre los derechos de las mujeres, la justicia con
especificidad de género, la igualdad entre hombres y mujeres y, por último,
la liberación femenina. Puesto que los grupos de oposición vinculados a la
Iglesia y los seglares estaban dominados por los hombres, las discriminaciones sufridas por las mujeres en esos grupos desataron una incipiente conciencia de género entre muchas de las mujeres activas en la oposición. No
obstante, las redes políticas forjadas para oponerse al régimen militar ofrecieron recursos críticos para la movilización de las mujeres en su *condición
de mujeres*. Y, con posterioridad a 1974, la liberalización política permitió a
las mujeres articular públicamente sus reivindicaciones políticas con especificidades de género recientemente elaboradas.

La transformación política e institucional de la Iglesia católica brasileña
resultó ser un factor crítico en la génesis del feminismo contemporáneo. Al
igual que en otras naciones latinoamericanas, durante los años sesenta y
setenta, sectores de la Iglesia brasileña fueron progresivamente poniéndose
a favor de los pobres y en contra del régimen militar[4]. Al promover activamente la organización de las clases populares y crear nuevas "comunidades
de iguales" entre el "pueblo de Dios", la Iglesia progresista ofreció una som-

brilla organizativa vital para la oposición y cubrió sus actividades con un velo de legitimidad moral. La protección de la oposición por parte de la Iglesia llevó a activistas seglares de clase media e intelectuales, muchos de ellos mujeres, a las barriadas urbanas marginales y a las áreas rurales. Muchas de estas mujeres militantes empezaron a trabajar con miles de grupos de mujeres pobres y obreras, tales como los grupos de madres y las asociaciones de amas de casa, los cuales surgieron en Brasil en los años setenta y ochenta. Vinculados con frecuencia a la Iglesia o a organizaciones barriales seglares, estos grupos conforman lo que los brasileños comúnmente se refieren como el "Movimiento Femenino"[5].

Según Moema Viezzar, " muchos de estos clubes (de madres) y centros (de mujeres) se crearon bajo el esquema de la cooperación Norte-Sur, a través de grandes programas de asistencia o desarrollo cuyas poblaciones objetivo eran "grupos de bajos ingresos"[6]. Otros se crearon como grupos de mujeres auxiliares de las Comunidades Cristianas de base de la Iglesia o como vehículos para canalizar las actividades caritativas de la Legión Brasileña de Asistencia durante finales de los años sesenta y comienzos de los setenta[7]. Sin embargo, las organizaciones comunitarias de mujeres pronto asumieron una dinámica política propia. Las mujeres pobres y de clase obrera empezaron a organizarse en torno a sus necesidades de supervivencia inmediatas. En consonancia con sus roles socialmente adscritos de "esposas, madres y cuidadoras" de la familia y la comunidad, las mujeres de las clases populares estuvieron dentro de los primeros en protestar contra las políticas sociales y económicas regresivas del régimen autoritario. Se organizaron contra el alto costo de la vida, exigieron escuelas adecuadas, guarderías, agua potable, alcantarillado, electrificación y otras necesidades de infraestructura urbana y clamaron por su derecho de alimentar adecuadamente a sus familias, educar a sus hijos y ofrecerles una vida decente. Los clubes comunitarios de madres sirvieron de base organizativa para varios movimientos políticos que se expandieron a campañas políticas en las ciudades e incluso a nivel nacional. Lo que he denominado "maternidad militante" proveyó el referente de movilización para el Movimiento de Amnistía Femenino, el Movimiento del Costo de Vida y el Movimiento de Guarderías durante los años setenta y ochenta[8]. A través de organizaciones similares a los clubes de madres, cientos de miles de mujeres de clase obrera participaron en política comunitaria por primera vez. Esa participación a su vez confirió poder a muchas mujeres activistas, llevándolas algunas veces a cuestionar los desequilibrios de poder existentes en sus propios matrimonios, sus familias, sus comunidades y aun, sus parroquias[9].

Buena parte de la jerarquía de la Iglesia y parte del clero progresista se mantuvieron doctrinariamente opuestos, si no abiertamente hostiles, a las demandas feministas de autonomía sexual, cambios en la familia y libertad reproductiva[10]. No obstante, la politización del género dentro de los grupos comunitarios de mujeres vinculados con la Iglesia ofreció al naciente feminismo brasileño una extensa base de masas que no se encontró en otros países de América Latina.

La intransigencia de los sectores progresistas de la Iglesia católica con respecto a los temas que se convertirían en el núcleo de la agenda política feminista —divorcio, anticoncepción, aborto, sexualidad y demás— eventualmente impulsó a las feministas a radicalizar sus discursos precisamente sobre aquellos temas considerados sagrados por sus antiguos aliados de la Iglesia. Las feministas se envalentonaron más al encontrar que temas tales como la anticoncepción y la sexualidad tuvieron una resonancia sustancial entre las activistas pobres y de clase obrera de las asociaciones barriales de mujeres vinculadas a la Iglesia.

La rearticulación de la izquierda militante a raíz de la severa represión gubernamental de finales de los años sesenta y comienzos de los setenta fue el segundo factor que ayudó a galvanizar el naciente feminismo brasileño a mediados de los setenta. Muchas de las mujeres que se convertirían en los cuadros organizativos del movimiento feminista brasileño contemporáneo participaron activamente en organizaciones militantes de izquierda y en grupos estudiantiles. Y muchas de las feministas a quienes entrevisté discutieron su experiencia dentro de esas organizaciones en términos de haber sembrado en ellas las semillas de la conciencia feminista.

La izquierda revolucionaria apenas hizo una alusión pasajera al "asunto de las mujeres", dado que la lucha de clases y la lucha armada contra el régimen se consideraron prioritarias luego de que los militares de línea dura cerraron todos los canales de protesta pacíficos en 1968-1969. Además, la llegada del socialismo traería consigo la liberación de la mujer, así que los grupos de izquierda y las organizaciones del movimiento estudiantil militante instaron a las mujeres a participar en la lucha revolucionaria que eventualmente les daría su emancipación.

Pero para muchas mujeres militantes, la formulación que haría la oposición revolucionaria sobre la cuestión de la mujer, así como sus prácticas organizativas sexistas, dejaban mucho que desear.

Aunque la teoría revolucionaria guevarista planteaba que la presencia de "mujeres y ancianos" entre los combatientes podría entorpecer la efectividad de la guerrilla[11], el cuadro revolucionario brasileño modelo no tenía género. Según una antigua guerrillera, "yo era un militante, un soldado de la revolución, y un soldado no tiene sexo". No obstante, anotaba que en la práctica las relaciones entre los sexos eran "muy diferentes"[12]. La "uniformidad" de género de la teoría revolucionaria llevó a los revolucionarios a ignorar o negar las muy reales diferencias entre hombres y mujeres, con profundas implicaciones para las mujeres del movimiento de resistencia. Los revolucionarios debían dejar sus familias y su pasado atrás y dedicarse por completo a la lucha revolucionaria. Sin embargo, las mujeres revolucionarias, con frecuencia se veían "atrapadas" por sus responsabilidades de parto y crianza, responsabilidades que, de acuerdo con las quejas de muchas mujeres, no eran reconocidas ni compartidas por sus camaradas varones de lucha. Una mujer me contó, por ejemplo, que cuando una dirigente de su organización política quedó embarazada, el comité central convocó una reunión de emergencia para votar sobre si ella debía o no tener el niño. Otras tuvieron sus hijos y los criaron en la "clandestinidad", recibiendo poco o ningún apoyo (material o moral) de sus colegas varones.

Antiguas guerrilleras y activistas estudiantiles con las cuales conversé también se quejaron sobre el hecho de que muy rara vez se les daban posiciones de autoridad dentro de la izquierda militante. Al igual que en los partidos políticos tradicionales, a las militantes se les encargaba el trabajo "infraestructural" de la Nueva Izquierda Brasileña: las mujeres cuidaban de las casas de seguridad, trabajaban como mensajeras, cocinaban, curaban a los enfermos y heridos, y a veces se les pedía que usaran sus "encantos femeninos" para obtener información del enemigo. Muchas de estas mujeres resentían su relegación a posiciones de subordinación dentro de la estructura interna de poder de los grupos militantes. Pero, tal como lo sugirió una mujer, carecían de un lenguaje, un análisis que les permitiese entender este resentimiento en términos políticos:

> Durante mucho tiempo, no era consciente de la existencia de la opresión de la mujer dentro de los grupos políticos. Hoy, entiendo que la opresión existía y que estaba muy marcada por el tipo de estructura de poder existente dentro de las organizaciones políticas en general. Cuando estas organizaciones asumieron los principios leninistas del centralismo democrático, esto en la práctica se tradujo en jerarquías muy pronunciadas, donde había diferentes escalas y diferentes estructuras de poder, tenía que haber un jefe. Lo que sucedió fue que las mujeres casi siempre terminaron por ocupar posiciones inferiores dentro de esa estructura[13].

La ortodoxia economicista de muchas organizaciones políticas hacía difícil cuestionar las relaciones de poder existentes entre los géneros, y la tendencia hacia una rígida jerarquía también impedía a las mujeres trabajar sobre el rumbo de la teoría y la práctica revolucionarias. Pero cuando la izquierda decidió organizar una "base de masas" para la revolución en la periferia urbana del Brasil a mediados de los setenta, muchas exguerrilleras y activistas del movimiento estudiantil orientaron sus esfuerzos hacia las mujeres de las clases populares.

Algunas de las mujeres entrevistadas sugirieron que, casi inconscientemente, su experiencia de mujeres de izquierda las había llevado a trabajar como asesoras de los clubes de madres o grupos de jóvenes vinculados a la Iglesia. Ayudaron a las mujeres pobres y de clase obrera a conocer el "tinglado" de las instituciones políticas locales para que pudieran articular mejor sus demandas de infraestructura urbana adecuada, escuelas, salud y demás.

La experiencia de las mujeres jóvenes de clase media de izquierda también tuvo implicaciones directas para el surgimiento de las organizaciones del movimiento feminista en el Brasil contemporáneo. Las antiguas redes clandestinas y las redes establecidas entre las activistas del movimiento estudiantil se volvieron a movilizar en torno a los temas feministas durante el período comprendido entre mediados y finales de los años setenta. Las antiguas camaradas de la proyectada revolución brasileña se convirtieron en camaradas de una nueva lucha revolucionaria: una lucha que abarcaba la transformación de las relaciones de poder de clase y de género en la sociedad brasileña.

Muchas de las mujeres vinculadas a la oposición militante también formaron redes mientras se encontraban en el exilio en Europa durante la primera mitad de los años setenta. Y muchas estuvieron involucradas en los movimientos feministas que en esa época estaban en su apogeo en Occidente. El feminismo "importado" a Brasil en los años setenta, lo fue a través de la experiencia vivencial de estas mujeres exiladas, quienes a su vez eran activas en las organizaciones de oposición de los países anfitriones. En Chile hasta 1973, y en Francia e Italia hasta finales de los setenta, las mujeres brasileñas asociadas con la izquierda formaron sus propios grupos autónomos de mujeres, frecuentemente uniéndose a antiguas montoneras, tupamaras y otras guerrilleras hispanoamericanas también en el exilio. Aunque muchos de estos grupos de mujeres empezaron como "frentes" de las organizaciones políticas en el exilio, algunos, como el Círculo de Mujeres Brasileñas en París, desarrollaron una teoría y práctica feminista autónoma con la cual regresaron a Brasil después de que se concedió la amnistía política a finales de los setenta[14].

La rearticulación de la izquierda brasileña fue estratégicamente factible por la política vertical —de arriba hacia abajo— de liberalización política del régimen, la cual constituye el tercer factor contribuyente al resurgimiento del activismo feminista.

Cuando el general Ernesto Geisel asumió el poder en 1974, las justificaciones que habían apoyado la legitimidad del régimen autoritario a lo largo de los años sesenta y principios de los setenta ya no eran viables. La eliminación de los movimientos guerrilleros y de buena parte de la oposición radical por parte del aparato de seguridad del Estado había disipado los temores de la clase media sobre la inminencia del "peligro comunista", los cuales habían sido la justificación central del "proyecto defensivo" del Estado durante las administraciones anteriores. El "milagro económico" parecía menos milagroso después de recibir el impacto de la crisis petrolera de 1973 y de la excesiva expansión monetaria bajo el ministro de Planeación, Delfim Neto. El creciente estatismo del ofensivo proyecto económico del régimen hizo que muchos de sus aliados burgueses de la sociedad civil se unieran con sectores populares de la oposición[15].

La liberalización política representó lo que Doug Mc Adam denominó como un cambio en la "estructura de las oportunidades políticas" disponible para los sectores de la sociedad civil y política excluidos del poder. Según Mc Adam, "los movimientos no surgen en el vacío. Más bien, son profundamente moldeados por una amplia gama de factores ambientales que condicionan tanto las posibilidades objetivas de una protesta exitosa como la percepción popular de los proyectos de insurgencia"[16]. Las "posibilidades objetivas" para la protesta política y las demandas fueron alteradas con Geisel cuando se frenaron los excesos del aparato represivo del Estado y se abrieron vías para un posible diálogo entre el Estado y la sociedad civil, por primera vez desde 1968-1969. La "percepción popular" de las posibilidades de una protesta exitosa también cambió drásticamente con la distensión de Geisel, ahora que el régimen autoritario por lo menos blandía un nuevo discurso "democrático".

Así, aunque la distensión no generó la movilización política, sin dudas la alimentó. Sin el clima político más flexible de la descompresión, el clima de temor reinante bajo Medici (1970-1974) hubiera podido prevalecer y habría diluido muchas de las iniciativas para la movilización de los nacientes movimientos sociales.

Una consideración adicional permite explicar el surgimiento de los grupos feministas y de las organizaciones barriales de mujeres. La creencia inculcada de que a las mujeres les es indiferente la política puede haber inducido a los gobernantes militares del Brasil a creer que todo lo que hacen las mujeres es "intrínsecamente" apolítico[17]. Así, aun cuando las mujeres empezaron a organizar campañas contra el alza en el costo de la vida o a favor de los derechos humanos en el Brasil, los militares parecen haber sido más laxos políticamente con las asociaciones de mujeres que con las organizaciones militantes de izquierda, estudiantiles y obreras, las cuales eran consideradas como una amenaza mayor a la "seguridad nacional"[18]. La celebración del Día Internacional de la Mujer en 1975 fue, entonces, una de las primeras asambleas públicas permitidas desde las movilizaciones de masas de 1967-1968. El Movimiento Femenino de Amnistía se pudo organizar a mediados de los años setenta, cuando era probable que un movimiento convencional de esa naturaleza hubiese sido activamente reprimido. En resumen, la separación institucionalizada entre lo público y lo privado puede haber ayudado, paradójicamente, a impulsar a las mujeres a la cabeza de la oposición en el Brasil.

Finalmente, a mediados de los años setenta, en parte debido a las presiones políticas ejercidas por las redes feministas internacionales y las promotoras de políticas feministas en el Tercer Mundo, la cooperación internacional y las instituciones para el desarrollo empezaron a insistir en que los gobiernos "integraran a la mujer al desarrollo", señalando la desigualdad de la mujer y los "valores tradicionales" como obstáculos para lograr un crecimiento y desarrollo capitalista productivo. Estas nuevas presiones internacionales alimentaron el crecimiento del incipiente movimiento de mujeres en la medida en que ofrecieron a las mujeres del Brasil y de otras partes del Tercer Mundo dos recursos claves: nuevos fondos para los proyectos de mujeres (incluidos los "clubes de madres" ya mencionados) y nuevos discursos del desarrollo sobre el género, los cuales legitimaban algunas de las reivindicaciones feministas que estaban surgiendo, aun dentro del contexto político autoritario del Brasil.

LOS INICIOS DE LOS MOVIMIENTOS CONTEMPORÁNEOS DE MUJERES, 1964-1978

Durante los años sesenta y comienzos de los setenta, se crearon los clubes de madres en la periferia urbana de São Paulo como resultado directo de los esfuerzos comunitarios de autoayuda promovidos por la Iglesia católica. Los indicios de una conciencia feminista incipiente eran evidentes entre las mujeres de clase media de São Paulo[19]. Las mujeres participantes en las organizaciones del movimiento estudiantil y de las organizaciones militantes de la izquierda empezaron a reunirse en pequeños grupos, generalmente para discutir sobre textos marxistas-feministas traducidos provenientes de los Estados Unidos y Europa, a la vez que se desarrolló un debate en la prensa alternativa sobre la especificidad de la opresión de la mujer[20].

Sin embargo, desde el principio, algunos brasileños hicieron una distinción entre un feminismo brasileño "legítimo", el cual se ocupaba de la discriminación sexual dentro del contexto mayor de la lucha de clases, y un segundo tipo, que fue descartado como una instancia más del "imperialismo ideológico". Cuando la feminista norteamericana Betty Friedan visitó Brasil en 1971, fue ridiculizada tanto por la prensa tradicional como por la prensa alternativa en términos de ser una "burguesa fea, que odia a los hombres". Durante una conferencia en 1972, Muraro denunció el tipo de feminismo de Friedan, planteando que:

> Hay dos tipos de feminismo: uno más antiguo (el cual está) dentro del sistema y favorece al sistema, el cual enfrenta a la mujer contra el hombre, es una expresión neurótica del resentimiento del dominado; ése solamente aumenta el antagonismo existente (contra el feminismo. Más esquizofrenia). Pero existe otro que percibe la opresión de la mujer dentro de una lucha social, global y que sintetiza dialécticamente esa lucha por la justicia. Y ese es el sentido en el cual me ubico (como feminista)[21].

En forma similar, el prominente economista Paul Singer planteaba en un artículo publicado en la prensa alternativa en 1973, que:

> Es necesario que... no hagamos un simple trasplante de la problemática feminista desarrollada en los países industrializados a nuestro contexto... La gran mayoría de las mujeres brasileñas no tienen las condiciones con las cuales liberarse de la sujeción económica de sus esposos... hasta que esas condiciones sean radicalmente alteradas (y en esto están igualmente interesados hombres y mujeres), el movimiento feminista en el Brasil tendrá que enfrentar el problema vital del trabajo de la mujer, si no quiere hablar en nombre de un grupo limitado, el cual, bajo las actuales condiciones, goza de una situación privilegiada[22].

Cuando la descompresión política del presidente Geisel permitió las conmemoraciones públicas del Año Internacional de la Mujer en São Paulo, Rio de Janeiro y Belo Horizonte en 1975, este feminismo, más "aceptable políticamente" (desde el punto de vista de la oposición política progresista), se desarrolló plenamente en términos organizativos y predominó dentro del naciente movimiento feminista brasileño hasta fines de los años setenta. La proclamación de las Naciones Unidas en 1975 del Año Internacional de la Mujer y la decisión del régimen de respaldar sus tres objetivos básicos de "igualdad, desarrollo y paz", permitió a las mujeres preocupadas por la desigualdad de géneros en la sociedad brasileña, organizarse públicamente por primera vez y ofreció un foro para la acción política a la oposición de izquierda, aún reprimida políticamente.

Bajo el auspicio de las Naciones Unidas y del Tribunal Metropolitano Episcopal de São Paulo, en octubre de 1975 se realizó el Encuentro para el Diagnóstico de la Mujer Paulista. Aunque solamente participaron unas 30 ó 40 personas, entre ellas miembros de las asociaciones barriales, sindicatos, asociaciones vinculadas con la Iglesia, partidos políticos e instituciones académicas y de investigación, el encuentro representó un primer paso en la articulación de las reivindicaciones políticas de las mujeres de la ciudad[23].

El documento final, resultado de este encuentro histórico, identificó un conjunto de temas objeto de posterior debate, investigación y acción política, temas centrados en la participación política de las mujeres y en su rol en la producción.

Estos temas estaban enmarcados en una concepción marxista ortodoxa paradigmática de la "cuestión de la mujer", concepción compartida por igual por activistas de la oposición seglares y religiosos, incluyendo a muchas mujeres militantes.

El punto de vista ortodoxo puede resumirse así:

La desigualdad entre los sexos tiene su origen en la propiedad privada de los medios de producción y la división sexual del trabajo; por consiguiente, la subordinación de la mujer solamente puede ser superada por medio de la lucha anticapitalista y la transformación socialista. Las implicaciones prácticas de este punto de vista teórico pueden caracterizarse como *integracionistas*: las mujeres deben ser *integradas* a la fuerza de trabajo asalariada para que puedan obtener una conciencia de clase y ser *incorporadas* en la lucha revolucionaria para que eventualmente ayuden a asegurar su propia liberación como mujeres[24].

En concordancia con las admoniciones de Singer y Muraro sobre feminismos "inapropiados", todas las áreas de acción e investigación propuestas que surgieron de esta Reunión pionera se centraron en el "problema vital del trabajo de la mujer". En ella se presentó la necesidad de que las mujeres se organizaran "dentro de una lucha social más global", negando cualquier necesidad de que las mujeres se organizaran en su calidad de *mujeres y trabajadoras*.

Las conclusiones del encuentro se centraron exclusivamente en la dimensión económica de la discriminación sufrida por las mujeres[25].

Esta dimensión se convirtió en el núcleo del Centro de Desarrollo de la Mujer Brasileña, CDMB, la organización fundada por algunas de las participantes del encuentro para promover las propuestas allí formuladas, así como las de otras organizaciones feministas de clase media de São Paulo, surgidas en los meses subsiguientes.

Así mismo, en octubre de 1975, *Brasil Mulher*, el primer periódico de mujeres del movimiento contemporáneo en el Brasil fue fundado en la ciudad de Londrina en el Estado de Paraná. Los primeros ejemplares del periódico, vinculado al Movimiento Femenino de Amnistía y creado por prisioneras políticas recientemente liberadas, se centraron en la participación de la mujer en los movimientos a favor del cambio social y político, y especialmente en la necesidad de que las mujeres se reorganizaran a nivel de base para lograr la amnistía política. Los editores privilegiaron a las mujeres de clase obrera, las "ciudadanas de tercera clase" de la sociedad brasileña, como su audiencia objetivo:

> Este no es un periódico de mujeres. Su objetivo es ser una voz más en la búsqueda y reconquista de la igualdad perdida. El trabajo está destinado para ambos, hombres y mujeres. No queremos refugiarnos en las diferencias biológicas para beneficiarnos de pequeños favores masculinos, al mismo tiempo que el Estado, constituido en forma masculina, nos deja en un lugar comparable al reservado para los incompetentes mentales. Queremos hablar de los problemas comunes a todas las mujeres del mundo. También queremos hablar sobre las soluciones que se han encontrado acá y en lugares distantes; no obstante, queremos discutirlos dentro del contexto de nuestra realidad brasileña y latinoamericana[26].

A finales de 1975 y comienzos de 1976, el CDMB sostuvo una serie de debates sobre la "cuestión de la mujer" en el Sindicato de Periodistas en São Paulo. Un grupo de mujeres universitarias y de antiguos miembros del movimiento estudiantil presente en esos debates fundó el periódico de mujeres *Nós Mulheres* a principios de 1976. *Nós Mulheres* fue el primer grupo en el Brasil contemporáneo en referirse abiertamente a sí mismo como "feminista". Ellas, al igual que *Brasil Mulher*, definieron a las mujeres pobres y de clase obrera como sus principales lectoras. Pero a diferencia de las primeras organizadoras de *Brasil Mulher*, *Nós Mulheres* también insistió en que las mujeres debían organizar su propio espacio político dentro de la lucha general por la emancipación y hacía énfasis en la necesidad de contar con una prensa feminista dentro de la prensa progresista alternativa.

Después de 1978, estos dos periódicos se convirtieron en las principales voces del creciente movimiento feminista del Brasil. A través de la red política del Movimiento Feminista de Amnistía, *Brasil Mulher* creó subgrupos en varias de las grandes ciudades, y luego en 1976 también se identificó abiertamente con el feminismo.

La mayor parte de las feministas que entrevisté a principios de los años ochenta recordaban los años 1975-1978 como un "período de un feminismo muy elemental, indefinido... esencialmente economicista y confinado a las categorías de análisis marxistas establecidas". La pregunta principal que debían encarar estas feministas era cómo articular las necesidades específicas de las mujeres a las necesidades de una transformación social general (a lo cual las activistas feministas brasileñas se refieren típicamente como la tensión entre lo general y lo específico)[27]. Esta cuestión se solucionó, en buena parte, concentrándose en "lo general" y subsumiendo "lo específico" hasta después de la revolución, o más frecuentemente, tratando de "feminizar las luchas populares":

Creíamos que no podíamos plantear el tema de la anticoncepción, por ejemplo, y llamarla feminista... pensábamos que la lucha era una lucha por los "derechos" porque las mujeres de la periferia estaban involucradas en la lucha por agua potable, por guarderías, por escuelas, etc., porque ellas trabajaban con los valores que tenían, derivados de sus roles de mujeres. Así que nuestro rol (en *Brasil Mulher*) en esas luchas era el de "feminizarlas"... esa era nuestra teoría... Nuestro rol era el de reflexionar sobre las razones por las cuales ellas (las mujeres de clase obrera) estaban involucradas en ese tipo de luchas... Nos veíamos como la vanguardia... éramos las que teníamos la información, las que podíamos reflexionar y teorizar, y nuestro rol era el de apoyar a las organizaciones de mujeres donde surgieran y ayudar a las mujeres a desarrollar un análisis sobre el porqué eran las mujeres las que se comprometían con esas luchas cotidianas[28].

Las primeras feministas se veían a sí mismas como la "vanguardia" de lo que sería un movimiento brasileño de mujeres, unido, de masas y que trascendía los límites de clase. La herencia de la izquierda había llevado a las primeras feministas a conceptualizar la opresión de las mujeres solamente en términos de clase y a promover la expansión del movimiento de base de las mujeres, el cual a mediados de los años setenta ya se estaba haciendo sentir en toda la periferia urbana. Moraes ha denominado este período de activismo feminista en São Paulo "el feminismo de las otras mujeres" (*feminismo da outra*). Trabajando desde una óptica marxista ortodoxa, las feministas se centraron en las luchas de las mujeres pobres y de clase obrera más que en reflexionar sobre sus propias vidas o en los temas específicos de género que compartían con las mujeres de clase obrera, temas que habrían podido constituir una base más orgánica para la construcción de alianzas interclasistas[29]. Ambos periódicos feministas publicaron entre 1975 y 1978 entrevistas con trabajadoras fabriles, empleadas domésticas, trabajadoras agrícolas y demás, a pesar de que, como lo señala Moraes, sus contactos organizativos principales eran con los clubes de madres y las asociaciones de amas de casa cuyas participantes generalmente no trabajaban fuera de casa[30]. En la medida en que fueron creciendo los movimientos de guarderías, costo de la vida y de amnistía femeninos, también creció la determinación feminista de captar la significación política de esas luchas y articularlas a la oposición global.

Pero había otra dimensión importante en las organizaciones populares de mujeres, la cual comenzó a ser percibida por algunas feministas a medida que iban trabajando más estrechamente con estos grupos a lo largo de los años setenta. Las organizaciones de mujeres de la periferia urbana habían ofrecido un nuevo contexto dentro del cual las mujeres pobres y de clase obrera podían compartir sus experiencias no solamente como residentes de la periferia sino también como esposas, madres, amantes, como mujeres. Cuando tenían la oportunidad o el "espacio ideológico", las participantes en los movimientos de base discutían los problemas que compartían en sus matrimonios, sus vidas sexuales, sus deseos de controlar su fertilidad, sus deseos de obtener más información sobre el mundo más allá de la esfera doméstica, y sus relaciones con la familia y la comunidad: temas que las feministas de clase media inicialmente pensaron serían "tabú" entre las mujeres de las clases populares.

Muchas de las mujeres que entrevisté en el Jardín Myriam y en otros barrios periféricos de São Paulo me dijeron, por ejemplo, que sus esposos no querían que participaran en las actividades comunitarias.

Una mujer le explicaba a Teresa Caldeira que esto se debía a que "una mujer que participa es la dueña de su propia nariz", y que la independencia con frecuencia generaba nuevos conflictos en sus matrimonios[31]. Mientras que la prensa feminista trataba de presentar la lucha de las mujeres como parte de la "lucha unida de hombres y mujeres de las clases populares por una vida mejor", las mujeres de clase obrera entrevistadas continuamente mostraban su conocimiento de que el género limitaba sus vidas en determinadas formas que no eran compartidas con los hombres de su clase. Cuando *Brasil Mulher* publicó los resultados del Primer Congreso de Mujeres del sector Metalmecánico, realizado en 1978, por ejemplo, las mismas entrevistadas subrayaron la especificidad de la opresión de las mujeres dentro de la explotación de clase en forma mucho más clara que las periodistas feministas que cubrían el evento:

No hay unidad entre las mujeres. Los hombres son más fuertes, y por eso es que las mujeres están abajo... son todos hombres y se protegen los unos a los otros.

El dueño de la fábrica es un hombre y cree que los hombres trabajan más... La mujer trabaja en la fábrica y en el hogar, se agota más, envejece. Y él se sienta a mirar como una muñeca... los hombres hacen el trabajo doméstico solamente cuando no tienen a una mujer para que se los haga... Creo que el trabajo doméstico debe dividirse entre el esposo y la esposa si la esposa trabaja fuera del hogar[32].

En 1977-1978, algunas feministas de clase media de São Paulo comenzaron a diferenciar entre el análisis y la práctica feminista socialista y la de la izquierda ortodoxa, para explicar la subordinación de la mujer, tanto en términos de clase como de género. En un editorial de 1977, las mujeres de *Nós Mulheres* advertían a sus lectoras que no debían subsumir la lucha feminista dentro de la lucha de clases en sus esfuerzos por "demostrar que no estamos contra los hombres, que no estamos contra esto o aquello". Trataron de definir en términos más positivos la necesidad de la emancipación de las mujeres, "como parte integral de la lucha por una sociedad más justa y democrática".

El editorial también le dio la vuelta a la pregunta sobre "¿cómo se relaciona el feminismo con la lucha de clases?", tan prevalente entre las activistas de izquierda, intelectuales y algunas feministas, al preguntar "¿cómo se relaciona la lucha de clases con la verdadera liberación de la mujer?"

El hecho es que la lucha feminista no es solamente eso, va más allá. La mujer también sufre de una opresión específica por el simple hecho de ser mujer. Tiene más dificultad para encontrar empleo, especialmente si es casada y tiene hijos, es despedida del trabajo si se casa o queda embarazada, cuando trabaja fuera del hogar tiene una doble jornada, ella es la única responsable del trabajo doméstico y de la educación de sus hijos (una tarea que en muchos casos debería ser asumida por el Estado, y en otros por la pareja). Ella sufre constantemente el asedio sexual, en la casa, en la calle, en el sitio de trabajo. En resumen, la mujer no es tratada como un ser que tiene los mismos derechos y deberes que el hombre. Hay muchos hombres que creen que la mujer es y debe ser tratada como un ser igual al hombre. Pero solamente serán las mujeres, porque son las directamente afectadas, organizadas y luchando por sus reivindicaciones específicas, quienes tengan la fuerza necesaria para cambiar esta situación. Sabemos que solamente en una sociedad donde se garanticen buenas condiciones de existencia, trabajo, estudio, libertad e independencia para organizarse libremente... se darían las condiciones para lograr una verdadera emancipación de las mujeres. En ese sentido también se puede decir que la lucha por ese tipo de sociedad es una parte integral de la lucha por la emancipación de las mujeres...[33].

La celebración del Día Internacional de la Mujer, DIM, en 1978 ofreció una base para la naciente "plataforma política de las mujeres". Junto con la gama de temas relativos a la parte "femenina" de la lucha de clases brasileña (el importante papel de la mujer en la lucha por la democracia, la amnistía política, el creciente costo de la vida, mejores servicios sociales, infraestructura urbana, la necesidad de una distribución más justa del ingreso, la ausencia de igual remuneración por igual trabajo y así sucesivamente), el movimiento de mujeres empezó a llamar la atención sobre la política de la esfera privada, la política de la familia y de la reproducción. Las participantes en el DIM exigieron cambios en las leyes que reglamentaban el matrimonio, apoyo estatal para las mujeres jefes de familia, la socialización del trabajo doméstico mediante la creación de guarderías, centros de recreación y escuelas que tuvieran jornadas completas y dieran la alimentación a los niños, lavanderías públicas, restaurantes y colectivos de consumidores auspiciados por el Estado. Protestaron contra los programas de "planificación familiar" propuestos por el Estado, denunciándolos como antinatalistas, y afirmaban que "el conocimiento y uso de los métodos anticonceptivos deberían ser una conquista de las mujeres"[34].

Surgieron nuevos grupos feministas en 1978, los cuales reflejaban la diversidad de intereses a los cuales se dirigían las definiciones ampliadas de la lucha feminista.

Otras ramas del movimiento brasileño de mujeres habían aflorado en São Paulo hacia 1978. Las mujeres en el nuevamente militante movimiento sindical realizaban congresos para mujeres de varias categorías ocupacionales. En enero de 1978, se realizó el Primer Congreso de Mujeres Trabajadoras del Sector Metalmecánico en Osasco y en junio las mujeres de las industrias químicas y farmacéuticas celebraron su primer congreso. Al igual que las conmemoraciones iniciadas a partir del 8 de marzo, estos congresos protestaron contra las condiciones generales de la clase obrera brasileña y denunciaron las condiciones de injusticia y desigualdad del trabajo de las mujeres. Las mujeres sindicalizadas denunciaron la ausencia de igualdad salarial, la falta de oportunidades de ascenso ocupacional para las mujeres, el hecho de que las mujeres eran las últimas en ser contratadas y las primeras en ser despedidas (especialmente si se casaban o quedaban embarazadas), y el desconocimiento descarado que se hacía de la legislación laboral con especificidad de género, la cual establecía los derechos de las trabajadoras a la licencia de maternidad remunerada y a las salacunas en los lugares de trabajo. Exigieron el establecimiento de departamentos de mujeres dentro de los sindicatos[35].

En 1978-1979, dos nuevos movimientos de liberación se unieron a las feministas para proclamar su derecho a articular reivindicaciones "específicas" dentro de la lucha "general" por la democracia y la justicia social. Los afrobrasileños se organizaron para retar el mito de la democracia racial y disputar la subsunción de la lucha por la igualdad racial dentro de la lucha de clases "mayor"[36]. Los homosexuales brasileños también elevaron su voz de protesta contra el silenciamiento de su opresión sexual[37]. Y las mujeres, claro está, se unieron a las filas de ambas luchas. No obstante, muchas mujeres negras militantes inicialmente rechazaron los grupos feministas, los cuales eran predominantemente blancos y casi nunca tenían en cuenta la especificidad de la opresión de las mujeres negras en este primer período de la organización feminista, aunque apoyaran el "feminismo de las otras mujeres" en términos de clase. En forma similar, las lesbianas al comienzo se sentían renuentes a discutir abiertamente su estilo de vida dentro de las organizaciones feministas existentes, puesto que las primeras discusiones feministas sobre la sexualidad cuidadosamente eludían el asunto del lesbianismo, en parte debido a los esfuerzos hechos por aplacar a los aliados masculinos de la Iglesia y de la izquierda y en parte debido a una homofobia rampante (a veces internalizada)[38].

En resumen, a finales de los años setenta, una panoplia de movimientos sociales y políticos, todos opuestos a la continuación del régimen militar, empezaron a rehacer el mapa de la sociedad civil brasileña. Y esta movilización social y política generalizada tuvo consecuencias importantes para las organizaciones del movimiento de mujeres, a la vez que ayudó a redefinir sus demandas políticas. En la medida en que el clima político se fue abriendo a las demandas de cambio social, el enfoque de la mayoría de las organizaciones del movimiento de mujeres se hizo más estrecho. En parte la razón por la cual los primeros grupos de mujeres, tanto feministas como no feministas, habían enfocado su atención sobre temas generales y temas específicos de género, era que el número de foros públicos para la protesta era en extremo limitado. Cuando el Año Internacional de la Mujer ofreció la oportunidad para que las mujeres se organizaran como mujeres, otros temas de gran importancia para la sociedad brasileña en su conjunto fueron objeto de la atención de las nuevas organizaciones de mujeres.

Sin embargo, a finales de los años setenta, sectores importantes de la clase obrera[39] y de las clases media y media alta habían empezado a presionar para que se terminara el autoritarismo militar y sus políticas sociales y económicas represivas. Mientras las organizaciones del movimiento de mujeres continuaban oponiéndose al régimen militar y a la explotación capitalista, las feministas empezaron a centrar su atención en temas tales como los derechos reproductivos, la violencia contra las mujeres, la sexualidad, temas ignorados con demasiada frecuencia por la oposición dominada por los varones.

Muchos grupos barriales de mujeres también comenzaron a enfocar temas con especificidad de género, tales como las guarderías y el trabajo doméstico después de 1978. Este cambio fue parcialmente el resultado de la práctica política cambiante de esos grupos y de la resistencia que a veces encontraron por parte de organizaciones comunitarias paralelas, dominadas por los varones y la Iglesia. Hacia 1978, la politización de género entre los grupos populares de mujeres también podía atribuirse en parte a su creciente contacto con grupos feministas de clase media. Varias organizaciones barriales de mujeres, tales como la Asociación de Amas de Casa, con más de 400 miembros en la zona oriental de São Paulo a finales de los años setenta, trabajaban estrechamente con los grupos feministas después de 1975.

LA CONSOLIDACIÓN DE UNA IDENTIDAD POLÍTICA FEMINISTA, 1979-1981

Según la mayoría de los observadores y participantes, los años comprendidos entre 1979 y 1981 representaron el apogeo de la movilización del movimiento de mujeres contemporáneo del Brasil. Proliferaron nuevos grupos feministas en todas las grandes ciudades del Brasil, llegando casi a cien en 1981. Florecieron docenas de nuevas asociaciones barriales de mujeres en la periferia urbana brasileña.

Los grupos feministas, junto con otras ramas del movimiento de mujeres, organizaron congresos de mujeres en la ciudad, a los cuales asistieron miles de mujeres de todas las clases sociales y afiliaciones políticas. Esos congresos y otras actividades del movimiento llamaron la atención tanto de la prensa central como de los medios alternativos sobre la movilización política de las mujeres y sus reivindicaciones políticas con especificidad de género. Los medios en su conjunto le dedicaron un buen cubrimiento a la mayor parte de los eventos y protestas del movimiento de mujeres después de 1979, desde conferencias académicas feministas o simposios hasta protestas populares, exigiendo guarderías en la oficina del alcalde. Las redes de televisión y las estaciones de radio crearon nuevos "programas de mujeres", los cuales, además del enfoque tradicional sobre la cocina, la moda, el maquillaje, a veces publicaron entrevistas con mujeres activas en los grupos de mujeres o en el movimiento a favor de las guarderías, o documentales y editoriales dirigidos a temas anteriormente "intocables", tales como la sexualidad, la virginidad, la anticoncepción y el divorcio[40].

Mientras los medios extendían su cobertura a los "temas de las mujeres", la oposición política intensificó su alcance hacia las organizaciones de mujeres de todo tipo. A medida que crecían los movimientos de mujeres, también lo hacía la determinación de la oposición dominada por los hombres de sacar ventaja del capital político representado por los electorados femeninos organizados. Hacia 1979, el movimiento de mujeres era un movimiento político floreciente que parecía incluir a mujeres de todas las clases sociales, razas e ideologías. Las celebraciones del Día Internacional de la Mujer en 1979 simbolizaron su creciente alcance social y político. Los eventos del DIM se celebraron en Salvador, Rio de Janeiro, Belo Horizonte y se organizaron tres eventos en São Paulo (se hicieron otras conmemoraciones en Campinas y São Carlos en el Estado de São Paulo).

El primer Congreso de Mujeres Paulistas congregó a casi mil participantes. El programa de la comisión organizadora resaltaba los temas de "la vida diaria de las mujeres": el trabajo doméstico; la discriminación en el lugar de trabajo y la capacitación ocupacional para las mujeres; el control de la fertilidad; la sexualidad; la falta de guarderías; y la participación política de las mujeres. En grupos de concientización pequeños, las participantes discutieron los temas que se habían convertido en las banderas corrientes de los grupos feministas, las asociaciones barriales de mujeres, las mujeres sindicalistas y otras ramas del movimiento de mujeres; igual salario por igual trabajo, mejores escuelas, infraestructura urbana, etc., pero, como lo señalaba la *Folha de São Paulo*, "por primera vez se discutió la cuestión de la sexualidad femenina, hasta ahora considerada tema de segundo plano en función de problemas tales como el trabajo, las guarderías, la participación política"[41]. Por primera vez en una reunión pública grande, las mujeres supieron de sus sentimientos compartidos respecto a la insatisfacción o falta de realización en sus relaciones sexuales, sobre problemas comunes para controlar la fertilidad, y empezaron a identificar las relaciones de poder entre los hombres y mujeres como una de las fuentes principales de esos "problemas".

Las mujeres de las clases populares también señalaron las condiciones de vida inadecuadas existentes en la periferia urbana y el trabajo agotador que ellas y sus esposos realizaban como razones para explicar la ausencia de satisfacción sexual. Pero todas insistieron en que el "acondicionamiento social" como hombres y mujeres agravaba los problemas materiales. Los temas específicos de género más radicales fueron planteados por las mujeres de las clases populares, las mismas mujeres sobre las cuales la Iglesia y la izquierda insistían que no tenían interés en temas tales como la sexualidad o la anticoncepción[42]. Algunas de sus declaraciones durante el Congreso fueron reproducidas en el periódico alternativo *Em Tempo*:

Las mujeres sufren mucho más con los problemas de sexo. Me casé cuando tenía 14 años. Mi padre dijo que era tres años mayor en los documentos. He estado viviendo con mi esposo durante treinta años. Algunas veces me rebelo y me pregunto por qué me casé. Cuando nacieron las niñas, yo dormía con ellas, después de trabajar como un perro todo el día. Él nunca me ayudó, dormía en el otro cuarto. Luego, cuando las niñas estaban sosegadas, venía por mí. Lograba su satisfacción y eso era todo. Yo, nunca. Sé que siempre he reprimido esa parte, el sexo. Por mis hijas, me aguanto todo. Vivo por ellas[43].

Em Tempo también describió el surgimiento de otros temas "privados" durante el Congreso de Mujeres:

Luego, apareció la opresión sexual; de la doble moral, la cual permite a los hombres practicar la no monogamia, y castiga a las mujeres basándose en el estigma del madresolterismo; de los doctores sádicos del Hospital das Clinicas (entre otros), quienes practican el curetaje a sangre fría, cada vez que sospechan que una paciente que ha sido internada por hemorragia ha inducido un aborto. La existencia del machismo representado por la existencia de la violencia física que soportan muchas mujeres y la existencia misma de una categoría profesional conocida como prostitución, es decir, en mujeres que venden sus propios cuerpos... Machismo que impone el peso de la anticoncepción en la mujer, que la usa como objeto sexual, como un artículo para la cama y la mesa...[44].

Y al resumir el "significado político" del Congreso, el mismo artículo proclamó:

Las propuestas presentadas fueron innumerables: reflejaban la necesidad de una revolución cultural, el complemento inseparable de la transformación económica. Al denunciar que la mujer brasileña no tiene garantías cuando queda embarazada, dada la desnutrición y la falta de atención médica, muchas voces en el Congreso declararon que la mujer brasileña no tiene derecho a escoger y que frente a un embarazo no deseado, el aborto clandestino es su única alternativa, practicado por teguas en el caso de las mujeres que carecen de recursos (es decir, la inmensa mayoría de las mujeres brasileñas), o en clínicas que cobran precios exorbitantes... La capacidad de crear un clima de entusiasmo, solidaridad y confianza, y también de conmover las emociones de las participantes... llevó a la formulación de demandas espontáneas... no podemos despedirnos ahora... no podemos esperar hasta el próximo Congreso: debemos continuar luchando juntas[45].

El Congreso de 1979 resaltó una de las contribuciones más significativas del movimiento de mujeres a la lucha por la democracia en el Brasil, al proclamar que las relaciones de poder en la familia, la vida diaria, la sociedad civil, y no solamente el Estado y la sociedad política, deben democratizarse. Después de 1979, el movimiento empezó a expandir los horizontes del proyecto político feminista, trascendiendo las soluciones paradigmáticas ofrecidas por el marxismo ortodoxo a la cuestión de la mujer y comenzó a exigir la transformación cultural, al igual que política y económica, de la sociedad brasileña.

Se formó una Coordinación de los grupos de mujeres de São Paulo para promover las conclusiones del Primer Congreso de Mujeres y consolidar los lazos de solidaridad establecidos durante ese evento sin precedentes. Los temas más radicales planteados durante el congreso no fueron incluidos en el documento final, debido a los temores de las participantes de perder importantes aliados de la Iglesia y la izquierda[46].

Ese documento resaltaba tres áreas que constituirían los ejes de las acciones unificadas y concertadas del movimiento para 1980: la lucha por guarderías financiadas con recursos públicos; la demanda de igual salario por igual trabajo; y la protesta contra un programa propuesto para la "Prevención del Embarazo de Alto Riesgo", a la par que se reivindicaban "el derecho y las condiciones sociales que verdaderamente permitieran a las mujeres la opción de tener o no tener hijos"[47].

La demanda de guarderías inmediatamente repercutió por toda la periferia urbana de São Paulo. Las mujeres de la recién creada Coordinación se pusieron en contacto con todas las asociaciones de mujeres que habían estado trabajando aisladamente a favor de las guarderías y convocaron a una reunión en la ciudad, a la cual asistieron cientos de mujeres de clase media y clase obrera. Se formaron coordinaciones regionales, correspondientes a las principales regiones administrativas de la ciudad, y se celebraron reuniones semanales para desarrollar una estrategia unificada que fortaleciera los esfuerzos locales dispersos para lograr los servicios de guarderías públicas. El confinamiento de las mujeres en la esfera doméstica y su exclusiva responsabilidad social de "cuidar a los trabajadores del mañana" se convirtieron en el eje de las reivindicaciones políticas del recién unificado movimiento, y el Estado se convirtió en el objetivo principal de las demandas del Movimiento de Lucha por las Guarderías, MLC.

El Primer Congreso también estimuló la creación de nuevas organizaciones de base de mujeres en São Paulo. Se crearon veintinueve nuevas asociaciones barriales de mujeres sólo en la zona oriental de São Paulo entre 1979 y 1980[48]. El MLC apoyó la formación de nuevos grupos de guarderías en la periferia urbana y politizó el tema de las guarderías dentro de los clubes de madres y de las asociaciones de amas de casa. El número de participantes en los grupos feministas existentes también aumentó considerablemente luego del congreso de 1979. También se crearon nuevas organizaciones feministas. Entre éstas se encontraba el Frente de Mujeres Feministas, un grupo que venía de las redes de mujeres profesionales y académicas, cuyo trabajo era la diseminación de las ideas feministas a través de los medios de comunicación, las artes y la academia. Así mismo, las lesbianas activas tanto en el movimiento *gay* como en el feminista, fundaron el Grupo de Acción Lésbica-Feminista, GALF; la sexualidad y el derecho al placer sexual ocupaban un lugar destacado en la agenda política del GALF, el cual también se propuso impugnar el sexismo prevaleciente entre los hombres homosexuaes y la homofobia existente entre muchas feministas en São Paulo.

Las paulistas llevaron las propuestas de su congreso al Primer Congreso Nacional de Mujeres, organizado por las feministas de Rio de Janeiro, al cual concurrieron más de 30 grupos provenientes de varias de las grandes ciudades. El Congreso Nacional de Mujeres apoyó las banderas políticas esgrimidas en el congreso de São Paulo, colocando a las organizaciones de mujeres paulistas a la cabeza del naciente movimiento brasileño de mujeres.

En 1979, la concesión del régimen a las demandas de la oposición con relación a la amnistía política, encabezadas por el Movimiento Femenino de Amnistía, así como la expansión que hizo la administración Figueredo de la descompresión de Geisel (llamada ahora apertura), dieron nuevas energías políticas a todas las corrientes de la oposición, incluido el movimiento feminista. Tal como lo expresa una de las feministas que se quedó en Brasil, "las exiliadas que regresaron literalmente inundaron los grupos feministas de São Paulo". Las feministas que "se quedaron", algunas veces sometidas a la persecución política y el exilio interno, expresaron algo de resentimiento hacia las "supuestamente sofisticadas europeas" recién llegadas. Pero el resentimiento pronto dio paso a la colaboración, en la medida en que las exiliadas compartieron sus experiencias sobre actividades feministas desconocidas en el Brasil hasta finales de los años setenta. Las exiliadas "francesas" e "italianas", por ejemplo, habían participado en movimientos a favor del derecho a decidir sobre la reproducción en países predominantemente católicos y habían enfrentado la resistencia de la Iglesia contra los temas más radicales planteados por el feminismo.

Las exiliadas que regresaron elaboraron el concepto de la autonomía del movimiento, el cual fue rápidamente acogido entre las feministas brasileñas que estaban luchando por definir su relación con la oposición política en su conjunto. En 1979, en un folleto titulado *El movimiento de mujeres en Brasil*, la Asociación de Mujeres explicaba el porqué algunas organizaciones feministas brasileñas percibían la autonomía organizativa del movimiento de mujeres como esencial.

> Cuando afirmamos que el movimiento feminista busca sus formas organizativas propias, tenemos en mente la articulación de dos iniciativas esenciales e inseparables. De una parte, la discusión —entre mujeres— de cuestiones que

nos atañen directamente, nuestra sexualidad y la imagen que hemos construido de nosotras mismas, así como nuestro papel en la familia y nuestra inserción en el proceso de producción. De otra, la generalización de estas discusiones —y las demandas que surgen de ellas— dentro del conjunto de la sociedad. Pero, por encima de todo, creemos que este movimiento debe ser autónomo, porque tenemos la certeza de que ninguna forma de opresión podrá ser superada hasta que aquellos directamente interesados en superarla se abanderen de la lucha[49].

La Coordinación del movimiento de mujeres de São Paulo, establecida por los grupos que auspiciaron el Primer Congreso, continuó reuniéndose semanalmente a lo largo de 1979. Conformada inicialmente por 15 ó 20 mujeres representantes de cerca de una docena de organizaciones feministas, la coordinación acogió entre 150 y 200 mujeres provenientes de 56 grupos de otros movimientos de mujeres. A principios de 1980, incluía grupos que trabajaban en cualquier tipo de actividad política, sindical, profesional o comunitaria que tuviese que ver con la mujer[50].

Muchas de las organizaciones sindicales, profesionales y comunitarias que se asociaron a la Coordinación en 1979 estaban directamente vinculadas (ideológica y estructuralmente) a varias tendencias políticas de izquierda, tales como el Movimiento Revolucionario 8 de Octubre, el Partido Comunista del Brasil y otros (muchos de los cuales eran parte del frente electoral del MDB), que habían surgido con mucha fuerza después de la amnistía política concedida en 1979. Éstos percibieron el Segundo Congreso de Mujeres de 1980 y el creciente Movimiento de Mujeres en su conjunto como una oportunidad para reclutar nuevos miembros dentro de un electorado no aprovechado anteriormente: las organizaciones de mujeres[51]. De acuerdo con uno de los primeros miembros de CDMD (después de 1980 el Centro de la Mujer Brasileña, sector São Paulo, o CMB), "las propias feministas se convirtieron en la minoría (dentro de la Coordinación) a pesar de que nosotras hicimos casi todo el trabajo organizativo"[52].

En consecuencia, definir la agenda del Segundo Congreso se convirtió en una lucha política e ideológica entre la multitud de agrupaciones políticas y ramas del movimiento de mujeres representadas en la Coordinación. Las feministas de todas las estirpes políticas insistieron en que el Segundo Congreso debería avanzar sobre los temas planteados en el Primer Congreso y movilizar a las mujeres en torno a nuevos temas que habían surgido dentro del movimiento de mujeres en el transcurso de 1979-1980. La violencia contra la mujer era uno de esos temas. Varios "crímenes pasionales" perpetrados por hombres célebres, asesinatos de mujeres por parte de maridos o amantes celosos alegando una supuesta infidelidad, cometidos en "defensa del honor (masculino)" provocaron una indignación generalizada y la protesta vehemente de los grupos feministas en varias de las principales ciudades del Brasil[53].

No obstante, otros grupos "mixtos" (por ejemplo masculinos y femeninos, tales como el MR-8, cuyo frente legal era el periódico *Hora del Pueblo* o *HP*) insistieron en que el Congreso debería movilizar a las mujeres en torno a temas políticos generales, prioritarios, tales como la convocatoria de una "Asamblea Soberana Nacional Constituyente" para deponer el régimen autoritario. Como respuesta, las representantes de algunas asociaciones de mujeres de base y de grupos feministas plantearon que la DIM era el único foro importante para articular las reivindicaciones políticas específicas del movimiento de mujeres, y que además, en 1980, existían ya numerosos espacios políticos dentro de la oposición para que hombres y mujeres juntos pudieran discutir temas tales como la Asamblea Constituyente.

En contraste con la mayor unidad y homogeneidad política del Primer Congreso, hubo muchas líneas políticas que dividieron las discusiones durante el segundo. Los miembros del MR-8 y otras tendencias políticas se apoderaron de muchos de los grupos de discusión, a pesar de que la Coordinación había nombrado a los moderadores de los grupos con semanas de anticipación, y orientaron las discusiones hacia los temas de sus agendas políticas, definidas con anterioridad. La Iglesia también intervino en forma organizada, llenando las mesas de discusión sobre la anticoncepción y el aborto con miembros de los grupos vinculados a la Iglesia tales como los CEB, los clubes de madres y la Acción Católica de Trabajadores, quienes se oponían a cualquier forma de planificación familiar "artificial".

Los hechos ocurridos durante el segundo día del congreso de 1980 diferenciaron la posición de la izquierda ortodoxa sobre el "asunto de la mujer" de la "cuestión feminista socialista" de una vez por todas, con implicaciones perdurables para las estrategias políticas de los movimientos de mujeres paulistas. La agenda del día era la "participación política de las mujeres". Después de haber leído las propuestas de los grupos de discusión del día anterior, las representantes de los grupos sindicales, con vinculaciones conocidas con el *HP* y otros grupos salidos del Partido Comunista del Brasil, pidieron la palabra. Plantearon que "las voces de las mujeres trabajadoras no habían sido escuchadas en el congreso", que "las mujeres de la periferia se están muriendo de hambre y nadie les pone atención"[54] y que, por consiguiente, la agenda del día debía centrarse en la Asamblea Constituyente, el desempleo general y otros temas que estaban incluidos en las plataformas de sus organizaciones sectarias. Estas mujeres fueron "abucheadas" por la inmensa mayoría de las participantes en el congreso, quienes estaban impacientes por proseguir con la agenda preestablecida. Acompañadas por varios hombres de sus grupos, las mujeres sectarias intentaron forzar su acceso al micrófono principal y se formó un forcejeo cuando las otras mujeres intentaron evitarlo. La sesión se suspendió temporalmente. Después de este caótico incidente, varios grupos feministas paulistas formularon una resolución conjunta, condenando las acciones de las tendencias sectarias políticas, la cual debería ser leída en la clausura del Segundo Congreso[55]. La moción "contra los intentos de manipulación político-partidista y de distorsión de los objetivos del congreso" fue firmada por la gran mayoría de organizaciones presentes (incluidas algunas de las responsables de la manipulación y la distorsión) y recibió una ovación cerrada durante la plenaria final. Tal como lo señaló la periodista Maria Carneiro da Cunha:

> El propósito de este congreso era la discusión de los temas específicos de las mujeres. Pero al reunir un número tan grande de personas, muchas de ellas con intereses políticos divergentes, se hizo prácticamente "imposible" evitar que se presentaran intentos de manipulación por parte "de diversas corrientes político-partidistas", más preocupados por hacerle propaganda a sus "slogans" que por discutir la problemática de la mujer, a pesar de los esfuerzos de varios miembros de la Coordinación por impedir que esto sucediera. Es decir, que las mujeres sirven, una vez más, como masa de maniobra para intereses que no son los propios[56].

La consolidación de una identidad política feminista propia dentro del conjunto del movimiento de mujeres comenzó como una consecuencia directa de los conflictos que se presentaron durante el Segundo Congreso. Si bien a principios de los años setenta la izquierda brasileña había identificado dos clases de feminismo —uno aceptable y otro inaceptable—, las feministas socialistas brasileñas ahora empezaban a distinguir entre dos clases de izquierda: una aceptable, que reconocía la especificidad de la opresión de las mujeres y respetaba la autonomía organizativa del movimiento, y otra inaceptable, que subsumía la lucha de las mujeres dentro de la lucha de clases e intentaba manipular las organizaciones del movimiento de mujeres. Después del Segundo Congreso, esta identidad política feminista se solidificó en una reunión feminista estadual, realizada en Valinhos en junio de 1980, a la cual asistieron cerca de 150 mujeres. Después de Valinhos, las feministas asumieron nuevos tipos de actividades políticas. Las actividades "genéricas" de años anteriores fueron reemplazadas por otras con más "especificidad de género". Las mujeres de todos los grupos feministas existentes se reunieron en torno a las tres banderas políticas planteadas en la reunión de Valinhos. Crearon una organización sombrilla para ofrecer servicios sociales y asesoría a las víctimas del abuso sexual y la violencia doméstica, la cual se convirtió posteriormente en un nuevo grupo feminista, SOS-Mulher. Se formó una comisión feminista para la planificación familiar y contra el control de población. Se fundó también un nuevo periódico de mujeres, *Mulherio*, el cual reflejaba el cambio producido en la perspectiva política del movimiento feminista.

En 1980, las feministas paulistas realizaron protestas a favor de las prostitutas y en solidaridad con las Madres de la Plaza de Mayo de Argentina. También se unieron a los movimientos *gay* y negro para protestar contra las acciones del jefe de policía de São Paulo dirigidas a "limpiar" las calles del centro de la ciudad de homosexuales, negros, prostitutas, travestistas y otros "indeseables". Otros grupos SOS fueron creados en siete grandes ciudades en los años subsiguientes. Las mujeres de Recife crearon un SOS-Corpo, donde se ofrecía asesoría ginecológica y en anticoncepción a las mujeres de los barrios pobres y obreros. En forma explícita, surgieron grupos feministas en ciudades de las regiones que están por fuera del "triángulo industrial" del Brasil, tales como Goiänia, Fortaleza, Porto Alegre, Curitiba, Florianópolis, Salvador y muchas otras.

Aunque los movimientos a favor de la Amnistía y Costo de la Vida habían sido absorbidos por la oposición política después de las elecciones de 1978, el Movimiento de Lucha por las Guarderías continuó creciendo en 1980 y logró concesiones significativas de los funcionarios del gobierno local. Las organizaciones populares de mujeres también proliferaron en el Brasil urbano y se dieron los primeros pasos para organizar a las trabajadoras rurales del interior.

Durante 1980-1981, las feministas de São Paulo asentaron una identidad política y un propósito claramente diferenciados de la izquierda ortodoxa, consolidaron vínculos con las asociaciones populares de mujeres y lograron una mayor aceptación pública (la cual se reflejó en un cubrimiento de prensa más favorable hacia el movimiento).

LA INCORPORACIÓN DEL CONTENIDO DE GÉNERO A LA TRANSICIÓN DEMOCRÁTICA: LA ARTICULACIÓN DE LAS REIVINDICACIONES FEMINISTAS CON LOS PARTIDOS POLÍTICOS Y EL ESTADO, 1981-1988

Durante los años setenta, el terreno político formal no se consideró relevante para el proyecto de transformación feminista. La política feminista se centró en el trabajo con las organizaciones populares de mujeres y en la continuación de la lucha en la sociedad civil contra el orden social, político y económico autoritario. Pero en la medida en que la oposición política legal empezó a ganar fuerza electoral después de 1974, y especialmente después de que los partidos políticos de oposición lograron el control de algunos gobiernos estaduales y municipales en 1982, las feministas tuvieron que repensar su posición frente a la política institucional. De repente, parecía viable avanzar en la formulación de algún tipo de agenda política feminista, por lo menos en los niveles estaduales y locales.

Algunas feministas "autónomas", quienes después del Segundo Congreso de Mujeres y de la Reunión de Valinhos habían cortado los nexos organizativos, aunque no necesariamente los ideológicos, con los partidos militantes de izquierda y con las organizaciones de la oposición por fuera de la legalidad, se afiliaron a los partidos de oposición legal que tenían éxito electoral a principios de los años ochenta. Las activistas feministas de los partidos sostenían que si éstos traducían las reivindicaciones feministas "históricas", tales como igual salario por igual trabajo, guarderías financiadas con fondos públicos, planificación familiar segura, accesible y sin coerción, en objetivos programáticos, tal vez podrían, con la ayuda de las feministas, llegar a movilizar esta base política femenina. Dado que los rígidos controles autoritarios habían estado funcionando a lo largo de los años sesenta y setenta, los partidos de oposición aún tenían unas bases sociales muy precarias y por lo tanto estaban muy interesados en obtener el apoyo del movimiento de mujeres incorporando algunos de los temas más digeribles de la agenda feminista a las plataformas partidistas. El "cortejamiento" de los partidos hacia los movimientos de mujeres confundió a las feministas activistas, quienes por primera vez desde el comienzo del feminismo de los años setenta, tuvieron que plantearse el dilema sobre la utilidad de los partidos y de las elecciones como medidas para luchar contra la subordinación de las mujeres.

FEMINISMO, PARTIDOS Y ELECCIONES, 1981-1982

La creciente importancia de la política electoral después de 1980 tuvo dos consecuencias significativas para el movimiento feminista del Brasil. Las viejas divisiones políticas y partidistas existentes entre las participantes del movimiento resurgieron, convirtiéndose en nuevas formas de lucha ideológica dentro del movimiento feminista. Y, en la medida en que los partidos políticos de la recientemente dividida oposición se apresuraban a conseguir votos para las elecciones de 1982, se renovó la lucha partidista por conquistar los electorados organizados y el potencial de movilización que ofrecía el movimiento de mujeres[57].

El partido de oposición, el MDB (Movimiento Democrático Brasileño) había ido ganando fuerza electoral desde 1974. En un esfuerzo por frenar su ascenso electoral, el presidente Figueredo decretó una nueva ley para los partidos en 1979, disolviendo el sistema bipartidista existente desde 1966[58], dividiendo forzosamente la oposición partidista.

Mientras los nuevos partidos se movían rápidamente para consolidar sus bases sociales de apoyo, los sectores de la oposición se alinearon básicamente en dos estrategias diferentes y a veces antagónicas: 1) Manteniendo la unidad en un frente de oposición ideológicamente diverso con el propósito de derrotar electoralmente al régimen en 1982 y asegurar la transición hacia una democracia liberal; o 2) creando partidos de oposición con diferencias ideológicas cuyos programas se dirigirían a los temas sustantivos de interés de los diversos grupos sociales y que por consiguiente consolidarían todo el espectro de las tendencias de la oposición en la sociedad civil. Entre las organizaciones de mujeres y otros grupos del movimiento social en São Paulo, estas dos estrategias políticas se convertían en apoyo ya fuera para el Partido do Movimento Democrático Brasileiro, PMDB, el "frente democrático", que se convirtió en el heredero político directo del MDB, o el PT (Partido de los Trabajadores), un partido político nuevo que tenía raíces en el "sindicalismo nuevo" de finales de los años setenta.

Hacia fines de 1981, las rivalidades partidistas habían agravado una serie de tensiones políticas subyacentes dentro de las organizaciones del movimiento feminista[59]. En marzo de 1981, por ejemplo, se celebraron simultáneamente dos eventos del Día Internacional de la Mujer en São Paulo. Uno de ellos fue organizado por las activistas partidistas y mujeres vinculadas a los grupos sectarios que habían interrumpido las sesiones del Segundo Congreso (conocidas como las "políticas"), y el otro, por las organizaciones "autónomas" de mujeres. Las diferencias estratégicas e ideológicas también generaron divisiones en algunos grupos y la disolución de otros. Las divisiones dentro del movimiento feminista a partir de 1981 no se basaron necesariamente en diferencias "partidistas" o en concepciones diferentes sobre el feminismo (excepto en el caso de los grupos vinculados específicamente a los distintos partidos comunistas). La base real de las divisiones parece haber sido el desacuerdo en torno a la estrategia de corto plazo más apropiada para lograr el cambio social fundamentado en el género, dada la obligada fragmentación de la oposición política y las elecciones inminentes.

Algunas feministas pensaron que la democracia liberal debía consolidarse primero, antes de poderse alcanzar otros logros relativos a los derechos de la mujer, y que las feministas podrían promover un cambio significativo solamente en un gobierno estadual democráticamente elegido. Estas mujeres tendieron a apoyar al PMDB en São Paulo, puesto que parecía ser el medio político más pragmático para completar la transición democrática. Numerosas mujeres que habían llegado al movimiento a través de las redes profesionales o académicas eran el apoyo feminista principal del PMDB.

Otras feministas, muchas de las cuales habían tenido una experiencia política anterior en la nueva izquierda y en los movimientos estudiantiles de fines de los años sesenta y comienzos de los setenta, percibieron al PT como la expresión potencial de los movimientos sociales a nivel de la política institucional, como la "retomada dum sonho" (la retomada de un sueño) de la lucha de clases que había sido aplastado por el aparato represivo del Estado a principios de los años setenta. Otras participantes del movimiento feminista desconfiaban de cualquier opción partidista, temiendo que se subordinara el movimiento de mujeres a las metas de los partidos políticos[60]. Ellas defendieron ahincadamente la autonomía política, ideológica y organizativa absoluta del movimiento de mujeres.

Con la intensificación de las rivalidades partidistas, varias organizaciones del movimiento feminista empezaron a sentir la tensión. Algunos grupos, tales como el Centro da Mulher Brasileira, Frente de Mulheres Feministas y Sociedad de Brasil-Mulher, fueron casi totalmente desmovilizados y las tensiones partidistas contribuyeron a la disolución total de otros grupos como la Associação das Mulheres. Las organizaciones feministas más adversamente afectados por las rivalidades partidistas fueron las "federaciones" u "organizaciones sombrillas" que habían servido para llevar a cabo una gran variedad de actividades políticas, y cada cual guiada por concepciones diferentes sobre "la transformación social general".

Los grupos que sobrevivieron a las tensiones políticas fueron aquellos que tenían proyectos especializados o que se ocupaban de un solo tema, tales como Centro Informação Mulher, SOS- Mulher, Grupo Ação Lésbica-Feminista y Sexualidade e Política. Estos grupos estuvieron en mejores condiciones de resistir la polarización partidista, como consecuencia de metas organizativas compartidas y concretas, tales como combatir la violencia contra la mujer en el caso de SOS-Mulher, o combatir el heterosexismo, como en el caso del Grupo Ação Lésbica-Feminista[61].

Las tensiones partidistas también fueron menos intensas a nivel de las organizaciones barriales de mujeres. De hecho, los partidos hicieron pocos esfuerzos por reclutar mujeres en las agrupaciones partidistas locales de la periferia urbana. Los que sí lo intentaron tuvieron poco éxito puesto que las mujeres del movimiento obrero continuaban creyendo que la política partidista era "asunto de hombres".

A medida que las feministas de clase media reclamaban espacio político dentro de los nuevos partidos políticos de la oposición, muchas empezaron a utilizar tácticas tradicionales tales como el *lobbying* y los grupos de interés. Sus vínculos con los grupos barriales de mujeres eventualmente se debilitaron. Como resultado, una fuente clave de la legitimidad y de la influencia política del feminismo —su alianza de género con los clubes de madres y otras organizaciones de mujeres trabajadoras— fue parcialmente debilitada. El feminismo orientado hacia el movimiento de la última mitad de los años setenta estaba empezando a ceder terreno a favor de las estrategias de los grupos de interés feministas que prevalecerían en los años ochenta.

Después de 1980, el terreno de la lucha de género se amplió rápidamente a medida que las activistas del movimiento empezaron a articular sus demandas en una gran variedad de ambientes institucionales y no institucionales. En la segunda mitad de los años setenta, el movimiento de mujeres había intentado centralizar y unificar su trabajo político a través de mecanismos poco afortunados, tales como la coordinación de los grupos de mujeres de São Paulo. Su doble participación en las organizaciones progresistas, conocida como la *dupla militancia* o doble militancia, se consideraba una "doble carga política". Se trabajaba en las organizaciones políticas generales para lograr el cambio social "general" y se trabajaba también en los grupos de mujeres para mejorar la opresión "específica" de las mujeres. A principios de los años ochenta, las feministas incorporaron sus reivindicaciones específicas de género a su trabajo con las organizaciones comunitarias, a los grupos de liberación negros y homosexuales, al movimiento ecologista, a las asociaciones profesionales y a los partidos políticos. Con posterioridad a 1983, muchas incorporaron esta nueva comprensión de la "doble militancia" a su trabajo en los nuevos gobiernos estaduales y municipales, dirigidos por la oposición.

Es de resaltar que otras activistas del movimiento se organizaron en grupos compuestos solamente de mujeres, alrededor de "temas de la mujer". Después de múltiples confrontaciones y años de lucha en torno a los temas feministas dentro de las organizaciones sexistas "progresistas", desconfiaban de los partidos dominados por los hombres e insistieron en tener autonomía organizativa e ideológica frente a los partidos y al Estado. Esta posición permitió que los movimientos de mujeres no fueran completamente "absorbidos" o institucionalizados por la oposición democrática. La persistencia de esfuerzos organizativos feministas autónomos facilitó a las mujeres que trabajaban dentro de los partidos políticos y el Estado contar con un electorado político que las legitimaba.

A principios de los años ochenta, todo el espectro de los partidos de oposición había respaldado plenamente aspectos centrales de la agenda feminista. Si bien los nuevos partidos políticos cortejaban a los centenares de organizaciones de base de mujeres y competían por la adhesión del electorado femenino, también buscaron el apoyo de las feministas de clase media que habían venido trabajando con las organizaciones populares de mujeres desde principios de los años setenta. El feminismo de los grupos de interés encontró nuevo poder político.

Durante la campaña electoral de 1982, todos los partidos de oposición prestaron una atención sin precedentes tanto al electorado femenino como a los electorados organizados de mujeres.

Los candidatos de la oposición para cargos locales, estaduales y nacionales, muy conscientes del activo electoral que representaban los centenares de grupos de base de mujeres y las docenas de organizaciones feministas, incluyeron en sus materiales de campaña temas tales como guarderías, planificación familiar, salud de la mujer, igual salario por igual trabajo, trabajo doméstico, entre otros.

Inclusive el partido de gobierno reconstituido, el PDS (Partido Democrático Social) se montó al tren "a favor de la mujer". Crearon una división nacional de la mujer, cooptaron el discurso feminista y declararon ser un viejo aliado de la causa feminista. En el estado de São Paulo, el candidato del PDS a la gobernación y antiguo alcalde, Reynaldo de Barros, se proclamó como el abanderado de la lucha de las mujeres trabajadoras a favor de las guarderías. A fines de la administración de Barros, se habían constituido 141 guarderías (denominadas "creches diretas" financiadas en su totalidad por el gobierno municipal) en el distrito de São Paulo. De Barros convirtió las guarderías en el grito de batalla de su campaña, diciendo en sus materiales proselitistas que "cuando Reynaldo de Barros fue elegido, São Paulo tenía solamente tres guarderías. Ahora São Paulo tiene 333". Las 333 estaban en la etapa de planificación en el mejor de los casos, aunque De Barros promovió aún más sus aspiraciones políticas al estilo neopopulista clásico, nombrando por adelantado a los directores de todas las guarderías por construir.

La mayor parte de los partidos de oposición también formaron divisiones para la mujer. Pero gracias a los esfuerzos de las feministas activas en la oposición, éstas no se parecieron a los "comités femeninos" creados por el partido de gobierno y otros partidos políticos en el pasado. Varios partidos, en especial el PDMB y el PT, presentaron mujeres como candidatas para las elecciones de 1982 —y varias de estas candidatas tenían una amplia experiencia o vínculos con las organizaciones del movimiento de mujeres[62].

LA INCORPORACIÓN DEL FEMINISMO AL ESTADO, 1983-1985

Durante la campaña de 1982, un subgrupo de la División de la Mujer del PMDB, el Grupo de Estudio sobre la Situación de la Mujer, había formulado específicamente una "Propuesta de las mujeres del PMDB al Gobierno Montoro-Quercia". La propuesta debía ser aplicada y supervisada por un Conselho da Condição Feminina (Consejo sobre la Condición de la Mujer, al cual se hará referencia como el Consejo), un consejo asesor estatal nuevo que "serviría como instrumento de una política global destinada a eliminar la discriminación contra las mujeres"[63]. Las cuatro áreas de acción propuestas incluían el trabajo de la mujer y la eliminación de la discriminación salarial y laboral, la salud y los derechos reproductivos de la mujer, guarderías y la protección de la mujer contra la violencia.

Después de la victoria arrolladora del PMDB en São Paulo, las discusiones acerca de la conformación del Consejo, de las ventajas de tener un Departamento de la Mujer en vez de un Consejo, y sobre cuáles áreas de las políticas con especificidad de género tendrían prioridad en la nueva administración, se quedaron en discusiones partidistas cerradas al interior del PMDB. Aquellos sectores del movimiento de mujeres que habían apoyado al PMDB durante la campaña se encontraban ahora en el "poder" y las mujeres de la "oposición" (miembros o simpatizantes del PT) y las activistas del movimiento de mujeres sin filiación partidista se vieron a sí mismas como marginadas del proceso de toma de decisiones que debía definir la política de la nueva administración con respecto a las mujeres.

El resultado fue que antes de que el PMDB hubiese presentado oficialmente su plan de acción, ya se estaba formando una fuente de oposición al Consejo, venida de las filas de los grupos de base feministas, los grupos de mujeres de barrio más politizados y del movimiento de guarderías. Esta posición incipiente criticaba al Consejo por ser posiblemente una cooptación del movimiento de mujeres por parte del Estado y catalogó a las feministas que participaron en la formulación de políticas como "no representativas" del movimiento de mujeres.

El Conselho Estadual da Condição Feminina, creado por el gobernador Montoro el 4 de abril de 1983, tenía amplios poderes "consultivos" pero carecía de poderes ejecutivos o de aplicación propios. Tampoco tenía presupuesto propio, pues dependía completamente del gabinete civil del gober-

nador para obtener asistencia financiera y técnica. El decreto no menciona-
ba el Programa de Estado para Defender los Derechos de la Mujer, desarrollado y propuesto por las feministas del PMDB. En cambio, al Consejo se le
facultaba para: proponer medidas y actividades dirigidas a defender los
derechos de las mujeres en la vida socioeconómica, política y cultural...; incorporar las preocupaciones y sugerencias manifestadas por la sociedad y
opinar sobre las denuncias que se le presentan...; apoyar proyectos desarrollados por órganos gubernamentales o no, que tengan que ver con las mujeres, y promover acuerdos con organizaciones e instituciones similares[64].

El propósito declarado del Consejo era otorgar a las mujeres la capacidad de influir sobre varias ramas de la administración estatal en vez de
aislarlas en un "departamento de mujeres". La inclusión en el Consejo de
"representantes de la sociedad civil" y de representantes de varios departamentos ejecutivos claves, lo convertía en un mecanismo gubernamental innovador para la promoción del cambio social con especificidad de género.
Sin embargo, puesto que no se le confirieron poderes ejecutivos, la influencia del Consejo en asuntos de política fue muy limitada, aunque el hecho de
su creación sin duda alguna representó un avance para las mujeres, en comparación con la administración previa del PDS[65].

Durante la vigencia oficial del Consejo, las mujeres que originalmente lo
conformaron eran conscientes de la naturaleza problemática de la relación
entre el Consejo y el aparato estatal dominado por los hombres, y el movimiento autónomo de mujeres. En una de las primeras publicaciones
oficiales, Eva Blay, entonces presidenta del Consejo, se refirió al carácter
contradictorio de este nuevo "espacio de las mujeres" dentro del aparato del
Estado:

> Otra cuestión que debe ser considerada con profundidad se refiere a la forma
> político-administrativa escogida (para representar los intereses de la mujer en
> el nuevo gobierno): un Consejo. Los movimientos sociales y, entre ellos, los
> movimientos de mujeres, desean y deben garantizar su autonomía frente al
> Estado. Ser parte del aparato del Estado para poder utilizarlo desde adentro y
> al mismo tiempo mantener la libertad de criticarlo es una cuestión sumamente
> compleja. No obstante, esta dificultad no debe constituir un obstáculo que pa-
> ralice el proceso participativo. La forma (político-administrativa) diseñada pa-
> ra evitar la reproducción de los vicios típicos de la estructura (política) tradicio-
> nal es la creación de un Consejo que tiene una representación mayoritaria de
> sectores de la sociedad civil. Los mecanismos de selección (de dichos repre-
> sentantes) están aún por definirse puesto que se espera que los grupos organi-
> zados o las feministas independientes se pronunciarán sobre el tema...[66].

La misma creación del Consejo movilizó de nuevo el movimiento de mujeres en São Paulo. Las organizaciones del movimiento feminista y otros grupos de mujeres tuvieron que replantear sus prioridades políticas para que pudieran ser canalizadas eficientemente a través del Consejo, o correr el riesgo de que sus reivindicaciones fueran manipuladas por la nueva administración del PMDB para su propio beneficio político.

Estas estrategias feministas, aparentemente divergentes, demostraron ser complementarias. Aunque inicialmente surgieron de discrepancias tácticas significativas entre las activistas feministas, dado que algunas llevaron su lucha a los partidos y al Estado y otras continuaron centrando sus energías en la lucha contra las desigualdades de poder entre los géneros existentes en la sociedad, se formó una estrategia "dual" a lo largo de la segunda mitad de los años ochenta, la cual les permitió a las feministas brasileñas ejercer una considerable influencia política.

Las mujeres que ganaron un acceso mínimo al Estado a través del activismo partidista del PMDB se movilizaron para consolidar e institucionalizar los logros políticos alcanzados durante el período preelectoral. Siguieron una estrategia orientada hacia los grupos de interés, similar a la que tipifica a los grupos de presión feministas en Estados Unidos y Europa Occidental. El Consejo se convirtió en su punto de acceso principal al terreno de la formulación de políticas estatales.

Aunque un pequeño sector del movimiento organizado continuó considerando al Consejo como una instancia de cooptación estatal, la mayoría de las activistas feministas reformularon sus objetivos de política y replantearon la relación del movimiento con el Estado y la sociedad política. Se han concentrado en nuevas estrategias para influir sobre la política del Consejo y prevenir la cooptación estatal. Después de 1983, las feministas "por fuera" del Estado presionaron al Consejo y a la administración del PMDB de São Paulo para que promovieran las metas más radicales del movimiento. Esta presión mantuvo a los miembros del Consejo atentos al electorado de base (e indirectamente legitimaron las reivindicaciones de las mujeres que trabajaban en el Estado). Continuaron ocupándose de la política de base o del movimiento, apoyándose en las acciones de protesta, peticiones, manifestaciones y otras formas de organización autónoma, más que en el contacto directo con quienes formulan las políticas o con los políticos.

Como resultado de esta doble estrategia, el feminismo tuvo un impacto subversivo sobre algunas políticas que afectaban a las mujeres. Por ejemplo, bajo presión del FMI y de las agencias internacionales de cooperación, el gobierno federal, aún bajo control militar, empezó a formular lo que la oposición (tanto feminista como no feminista) empezó a percibir como un programa global de control de población. Como contraofensiva, el movimiento autónomo de mujeres organizó una serie de grupos de estudio, acciones de protesta y conferencias dirigidas a prevenir los abusos en la anticoncepción, tales como la distribución arbitraria de píldoras anticonceptivas entre las mujeres pobres.

En julio de 1984, el Cuarto Encuentro Nacional Feminista, celebrado en São Paulo y al cual asistieron 97 mujeres de 33 organizaciones feministas, se centró en los temas de la salud de la mujer y la planificación familiar para elaborar una posición feminista sobre los derechos reproductivos y rechazar las propuestas de políticas antinatalistas en los niveles estatales y nacionales. La posición feminista empezó a tomar forma durante los meses restantes de 1984[67].

En septiembre y octubre de 1984, se organizaron reuniones regionales de seguimiento en Rio y São Paulo y en noviembre del mismo año, varios grupos feministas de São Paulo organizaron la Primera Reunión Nacional sobre Salud de la Mujer, celebrada en Itapercerica a, la cual asistieron más de 400 mujeres brasileñas de 19 estados del Brasil. La Carta de Itapercerica, elaborada por las participantes en la conferencia, exigía la "participación de los grupos de mujeres en la elaboración, ejecución y supervisión de los programas de salud de la mujer, educación sexual para toda la población, la reivindicación de la sabiduría popular y feminista frente a la medicalización excesiva (de la salud de la mujer) y la revaloralización de formas naturales de vida y salud"[68].

El Consejo de São Paulo apoyó las iniciativas del movimiento y sistemáticamente se opuso al control de población estatal, promoviendo, en cambio, una planificación familiar segura, accesible y no coercitiva. La Comisión para la Salud de la Mujer, creada por el Consejo, planteaba que si el Programa de Salud de la Mujer, auspiciado por el Estado (el cual hacía énfasis en la anticoncepción) fuese adecuadamente administrado y acompañado con educación popular, promovería la condición de la mujer al facilitar a todas las clases sociales tomar decisiones informadas sobre la reproducción. Como consecuencia directa de los esfuerzos constantes del Consejo, el Departamento de Salud de São Paulo convirtió el Programa de Salud de la Mujer en una de sus prioridades programáticas y presupuestarias en 1985.

Luego de meses de deliberaciones en el Consejo, se acordó que los representantes de la planificación familiar, entrenados y supervisados por el Departamento de Salud, conjuntamente con la Comisión para la Salud de la Mujer del Consejo, supervisarían la aplicación del Programa de Salud de la Mujer en todas las 17 subdivisiones del Estado de São Paulo. El Consejo también apoyó al movimiento de mujeres para que lograra acceso al proceso de aplicación de la política, alentando al Departamento de Salud para que realizara foros públicos mensuales con el objeto de reunir a los planificadores gubernamentales de salud, a los funcionarios de la red de salud pública y a las participantes activas del movimiento en actividades de educación sexual en la base, para discutir el desarrollo del programa[69]. El Consejo de São Paulo también presionó al Ministerio de Salud para que creara una "Comisión sobre Derechos Reproductivos" con el propósito de promover una política federal de planificación familiar segura, accesible y no coercitiva.

Al supervisar la aplicación de la política de planificación familiar al nivel estatal, el primer Consejo logró lo que el movimiento autónomo de mujeres no hubiera podido hacer por su propia cuenta por encontrarse por fuera del Estado. A su vez, el movimiento de mujeres organizó numerosos debates sobre planificación familiar y supervisó las discusiones y propuestas de política efectuadas por el Consejo, el Departamento y Ministerio de Salud. Sin duda alguna, esta presión política consistente y con conciencia de género ejercida desde la sociedad civil, hizo que el gobierno estadual del PMDB fuese más sensible a las propuestas del Consejo.

El Consejo, a su vez, supervisó una serie de políticas públicas innovadoras dirigidas a satisfacer las necesidades e intereses de las mujeres paulistas, manteniendo una presión política consistente, organizada y con especificidad de género dentro del aparato local del Estado. Además de la iniciativa política ya mencionada, por ejemplo, la Comisión sobre Violencia contra la Mujer, del Consejo, convenció al secretario estatal de Justicia para que creara una Delegacia da Mulher en agosto de 1985: una comisaría de policía, la totalidad de cuyos funcionarios eran mujeres con capacitación especializada para procesar casos de violación, abuso sexual y violencia doméstica[70]. El reconocimiento totalmente innovador por parte del Estado de este aspecto específico de género en el "crimen" no tenía precedentes en el Brasil; de hecho, la estructura de una "comisaría de mujeres" no tiene paralelo en el mundo. Nuevamente, la eficiencia del Consejo para promover políticas que se dirigieran específicamente a las necesidades concretas de las mujeres paulistas en su condición de mujeres se debió en parte a las acciones de protesta permanentes y a las campañas de educación pública realizadas por el movimiento de mujeres sobre el tema de la violencia contra la mujer.

Debido a la fluidez de la coyuntura política de transición, después de 1983 se implementaron varias políticas innovadoras para beneficio de las mujeres a nivel estadual y local. Luego de la instalación de once gobiernos estaduales controlados por la oposición en marzo de 1983, las feministas aseguraron "espacios de las mujeres" dentro de las estructuras gubernamentales locales; se establecieron Consejos sobre la Condición de la Mujer no solamente en São Paulo, sino también en Minas Gerais en 1983 y en cerca de 36 estados y municipios. El 19 de diciembre de 1986, la Asamblea Estadual de São Paulo votó a favor de la institucionalización del Consejo Estadual Sobre la Condición de la Mujer, convirtiéndolo en un órgano permanente del gobierno estadual.

Cuando se posesionó el primer presidente civil en 21 años, José Sarney, en 1985, se creó el Consejo Nacional de los Derechos de la Mujer, CNDM, como parte del Ministerio de Justicia y las mujeres que tenían una larga vinculación con los grupos feministas y otras organizaciones del movimiento de mujeres en el Brasil ocuparon la mayoría de los cargos en este nuevo órgano gubernamental.

Aunque en algunos casos estos consejos se crearon como vitrinas políticas para fortalecer el apoyo a políticos hombres, en otros representaron concesiones legítimas a las organizaciones del movimiento de mujeres que habían logrado acceso al proceso de formulación de políticas estatales a través de los consejos. Estas incursiones feministas de "transición" en la política formal fueron muy importantes para el éxito relativo que tuvieron las políticas del movimiento en la segunda mitad de los años ochenta. Entre 1985-1988, estos fueron los puntos de entrada al Estado y a la sociedad política utilizados por las feministas para promover nuevas políticas.

En el período 1985-1988 el Consejo Nacional intervino a favor de las mujeres en las deliberaciones federales sobre la reforma agraria, promovió una política nacional de guarderías, aplicó reformas educativas antisexistas y amplió su cobertura a las mujeres de la sociedad civil, a través de su acceso a los medios de comunicación controlados por los gobiernos.

Entre 1986-1988, cuando la nueva constitución democrática de Brasil se estaba formulando en el Congreso, el CNDM trabajó con feministas independientes y otras organizaciones del movimiento de mujeres en todo el Brasil con el propósito de desarrollar una "agenda de mujeres" que sería incluida en la Constitución. En 1986, la "Carta de las Mujeres a la Asamblea Constituyente", de amplia circulación, pedía una ampliación de la definición de democracia que incluyera la democratización tanto de la vida pública como de la privada:

> Para nosotras las mujeres, el ejercicio pleno de la ciudadanía significa, sí, el derecho a la representación, a tener voz y un papel en la vida pública, pero a la vez, también implica la dignidad en la vida cotidiana, que la ley puede inspirar y debe garantizar, el derecho a la educación, a la salud, a la seguridad, a una

vida familiar libre de traumas. El voto de las mujeres trae consigo una doble exigencia: un sistema político igualitario y una vida civil no autoritaria.

Nosotras, las mujeres, somos conscientes del hecho de que este país será verdaderamente democrático y sus ciudadanos verdaderamente libres sólo cuando, sin prejuicio de sexo, raza, color, clase, orientación sexual, credo religioso o político, condición física o edad, la igualdad en el trato y la igualdad de oportunidades se garanticen en las calles, el escenario político, los talleres, las fábricas, las oficinas, las asambleas y los palacios de gobierno[71].

Para resumir, durante la última mitad de los años ochenta, el CNDM y algunos consejos estaduales y municipales trabajaron con miras a fortalecer el movimiento autónomo de mujeres, ofreciendo subsidios directos e indirectos a los grupos independientes de mujeres, coordinando campañas nacionales sobre los temas de la mujer y facilitando nuevos puntos de acceso a las instancias de formulación de políticas estatales. En los primeros años de gobierno civil, el CNDM se convirtió en la instancia más importante para el desarrollo de una política feminista basada en los grupos de presión aparecida en los años ochenta en el Brasil, a la vez que el Consejo promovió, con éxito, una agenda política bastante radical[72]. Por ejemplo, por medio de un *lobbying* intenso del Consejo, junto con movilizaciones masivas organizadas por el movimiento de mujeres, pliegos petitorios, e inclusive manifestaciones en el Congreso, se logró que muchos temas de la "agenda de las mujeres" se incluyeran en la nueva Constitución. Prevé la igualdad formal entre los sexos y extiende nuevos derechos y beneficios sociales a las mujeres, incluida una ampliación de la licencia de maternidad (de 90 a 120 días), prevé la licencia de paternidad (aunque no especifica su duración), expande los beneficios sociales y los derechos laborales para las trabajadoras domésticas y "amplía" los servicios de guarderías ya existentes como obligación de los patronos, pasando a ser una responsabilidad general del Estado el proveer "cuidado gratuito para los niños de 0-6 años, en guarderías y jardines preescolares"[73].

Además, la Constitución incorpora la especificidad de género en los derechos de la familia y la reproducción; como lo señala Florisa Verucci, "por fin deroga la noción del marido como jefe de la unidad conyugal" y convierte la planificación familiar en un "derecho constitucional", si bien respeta las decisiones individuales respecto a la reproducción[74].

A pesar de los esfuerzos incansables tanto del CNDM como del movimiento feminista de derechos reproductivos, los cuales propusieron varias "enmiendas populares" sobre el aborto y la planificación familiar[75] y contrarrestaron la oposición de la Iglesia católica y de la derecha al señalar los riesgos que para la salud de las mujeres representaba el aborto ilegal, este "respeto" constitucional hacia las decisiones reproductivas individuales no se extendió a los derechos de aborto. Lograr un aborto seguro y legal ha sido una reivindicación de vieja data y una preocupación creciente de las feministas brasileñas. Brasil tiene liderazgo mundial en lo que concierne a los abortos ilegales: un estudio dio la cifra de 1.5 millones anuales, aproximadamente el mismo número que se practica legalmente en los Estados Unidos, cuya población supera a la del Brasil en cien millones. Este mismo estudio encontró que el "curetaje era el procedimiento médico que ocupaba el cuarto lugar en los hospitales públicos brasileños en 1991, donde la operación se practicó en 432.000 mujeres"[76].

En vista de estos indicadores preocupantes, no fue sorprendente que las feministas, sin amedrentarse por la posible oposición conservadora y religiosa, lucharan por persuadir al Congreso Constituyente de que esta atroz situación debía ser tenida en cuenta. Según Leila Linhares:

> En 1987, a principios de la discusión sobre la elaboración de la nueva Constitución Federal, los grupos de mujeres empezaron a articularse a nivel nacional para fijar una estrategia de acercamiento a los miembros del Congreso Constitucional sobre el tema del derecho al aborto. Al principio, las feministas tenían la intención de que el derecho al aborto quedara incorporado en la nueva constitución. Oponiéndose a esta propuesta, la Iglesia Católica y los congresistas evangélicos intentaron que el aborto fuese declarado como un crimen[77].

Este *lobby* pronatalista finalmente mostró ser infranqueable, así que moviéndose estratégicamente para impedir un retroceso en el desarrollo del derecho al aborto, "la presión feminista, organizada por el Consejo Nacional de los Derechos de la Mujer y grupos autónomos de todo el país, logró cambiar la redacción propuesta por los grupos religiosos para el artículo 5 de la Constitución, el cual defendía 'la inviolabilidad del derecho a la vida desde la concepción'. La redacción final aprobada del artículo en la Constitución solamente dice "la inviolabilidad del derecho a la vida, libertad..."[78].

La habilidad de las feministas para frenar este ataque conservador contra los derechos reproductivos de las mujeres y para asegurar logros significativos para las mujeres en la Constitución de 1988 fue el resultado de las acciones coordinadas de las feministas que trabajaban dentro y fuera del Estado; no se debió a la generosidad y/o la ilustración de los políticos. Se lograron a través de duras batallas políticas libradas por las feministas activas en el Estado y en los partidos políticos. Estas batallas no fueron solamente cuestiones intrapartidistas; debido a los lazos existentes entre las mujeres que trabajaban en el Estado y los partidos políticos y las feministas independientes, éstas podían ser movilizadas para persuadir a los partidos y a quienes formulaban políticas sobre la importancia de las reivindicaciones de las mujeres.

Entre 1985-1988, esta interacción dinámica entre las feministas activas dentro y "fuera" del Estado fue de primera importancia. Las incursiones de las feministas en el Estado y los partidos políticos, aunadas a la vitalidad permanente de las organizaciones de mujeres de la sociedad civil, permitió a las feministas adelantar con éxito una agenda política y evitar retrocesos serios en la política de género. Las feministas brasileñas respondieron en forma flexible y con bastante agilidad a un contexto político cambiante en el cual, en pocos años, sus otrora ridiculizadas reivindicaciones se convirtieron en principios de derecho constitucional y ocuparon un sitio prominente en las plataformas partidistas.

¿EL CIERRE DE UNA APERTURA CON ESPECIFICIDAD DE GÉNERO? LAS DISYUNTIVAS ACTUALES EN LA POLÍTICA FEMINISTA BRASILEÑA

La euforia reformista de los primeros años de gobierno civil dio paso a una desilusión amplia a finales de los años ochenta. Las nuevas "instituciones de las mujeres" se convirtieron en fuentes de desencanto para las feministas brasileñas, aún para algunas de las "madres fundadoras" de los consejos y las comisarías. La apertura política con especificidad de género, permitida en la primera fase de la política de transición, se cerró parcialmente durante la fase de consolidación democrática.

Para consternación de las feministas, quienes habían trabajado asiduamente para conquistar "espacios de las mujeres" dentro del aparato del Estado durante la transición, a finales de los años ochenta muchas de estas instituciones para la mujer parecían haber caído en manos de la manipulación partidista y habían perdido buena parte de su ya limitado poder político. En São Paulo, entre 1986-1990, la administración de centro-derecha de Orestes Quercia, perteneciente al PMDB, nombró en el Consejo a mujeres de su maquinaria política, redujo en forma significativa su personal y recursos y lo marginó de las instancias de formulación de políticas. El giro a la derecha que se dio en el nivel federal a finales de los años ochenta obligó al CNDM a someterse a los caprichos de la política clientelista y también redujo su eficacia política. En palabras de Jacqueline Pitanguy, otrora presidenta del CNDM, en 1990:

A partir de 1988, los complejos órganos de gobierno, que a comienzos de la llamada Nueva República presentaban perfiles políticos no estructurados y altamente flexibles, se han adaptado al carácter predominantemente conservador de la rama ejecutiva. El CNDM sufrió una serie de presiones... especialmente después de febrero de 1989, con la llegada al Ministerio de Justicia de un ministro en extremo conservador... Paralizado desde ese momento, el CNDM simboliza simultáneamente lo relevante de las acciones de transformación desde el Estado y la fragilidad que entraña el establecimiento de políticas de largo y mediano plazo en sociedades dominadas por componentes políticos coyunturales[79].

Con toda certeza, las instituciones de mujeres vinculadas a la rama ejecutiva mostraron ser muy vulnerables a los cambios en las alianzas partidistas y su eficacia en el campo de la política decayó en proporción a la disminución de su influencia dentro del aparato de Estado.

Las estrategias centradas en el Ejecutivo también demostraron ser ineficaces para la aplicación de una política de género progresista en las casi 36 administraciones municipales gobernadas por el PT entre 1988-1992. Las feministas del PT hacía tiempo eran críticas de los consejos de mujeres inspirados por el PMDB y trataron de rediseñar el mecanismo a través del cual se podrían promover políticas públicas con especificidad de género en el nivel local. En São Paulo, al igual que en otras administraciones municipales del PT, el mecanismo que se diseñó fue una Coordinadora Especial de la Mujer, un órgano típicamente vinculado con el gabinete del alcalde, conformado por mujeres que tenían lazos con diferentes sectores del movimiento autónomo de mujeres y quienes, a diferencia de sus contrapartes del PMDB, eran empleadas municipales pagadas, abandonando de esta forma lo que el PT consideraba como el "pretexto" de representación encarnado en la composición "híbrida" de los consejos:

La experiencia del PT pretendía superar las propuestas del Consejo de los Derechos de la Mujer que se habían instituido en muchas ciudades y en algunos gobiernos estaduales, buscando avanzar en el reconocimiento de la discriminación contra la mujer y hacer responsables a los gobiernos de la aplicación de las políticas por las mujeres. Trató de superar radicalmente la visión del PMDB relativa a que era al movimiento de mujeres al que correspondía organizar y exigir, y que las mujeres en instancias del gobierno representaran a los movimientos[80].

Estos deberían ser explícitamente órganos ejecutivos, no instituciones que putativamente "representaran" el movimiento de mujeres. Trabajarían en forma "articulada con diferentes programas de acción... en los departamentos del municipio y otros órganos municipales" para "formular, coordinar y seguir políticas y directrices, así como desarrollar proyectos, dirigidos a combatir la discriminación sexual, defender los derechos de la mujer y garantizar la plena realización de las capacidades de las mujeres"[81].

Pero las Coordinadoras pronto se encontraron marginadas de los debates de política "mayores" de las administraciones del PT. Con frecuencia insuficientemente dotadas de personal y recursos financieros, lucharon por obtener reconocimiento y apoyo ejecutivo para muchas de las metas de la política feminista. Según una coordinadora de São Paulo a finales de 1991:

> Una se agota trabajando acá, tienes que pelear por todo, tienes que pelear para poder trabajar... por ejemplo, la última reunión a la cual asistió un secretario le dijimos: tenemos que pelear hasta para conseguir una cuchara para la Casa Abrigo (un albergue para las mujeres golpeadas), tú sabes, esa sola cuchara se obtiene luchando[82].

La relegación de las iniciativas de políticas de género a un plano secundario dentro del partido demócrata-radical de izquierda, aún dominado por los hombres, impulsó a las feministas del PT a buscar (y finalmente asegurar) el establecimiento de cuotas del 30% para garantizar que las mujeres estarían representadas en el liderazgo de todos los niveles del partido.

Las feministas del PT no estaban solas en su crítica del carácter recalcitrante de su partido. Para finales de los años ochenta, continuaba el cortejamiento de los electorados femeninos por parte de los partidos. Pero ahora las feministas no estaban muy interesadas en el cortejo. Después de la liberalización de la legislación sobre los partidos y la inclusión de los analfabetas como votantes en 1985, mas de 30 partidos competían por el apoyo del numeroso electorado brasileño. Casi todos de los nuevos partidos incorporaron "temas de mujeres" a sus plataformas y crearon comités o departamentos femeninos. También hay alguna evidencia de que los partidos asignaron más renglones para candidatas mujeres; por ejemplo, hubo quince veces más mujeres candidatas en el estado de São Paulo en las elecciones para Congreso en 1986 que las que hubo en 1982[83].

Pero las activistas feministas aún debían afrontar obstáculos sexistas dentro de las organizaciones partidistas, según las militantes de los partidos que entrevisté a finales de los años ochenta y comienzos de los noventa. La mayoría afirmó que los partidos seguían teniendo una resistencia ideológica a la agenda política feminista y consideraban las organizaciones de mujeres como "abono electoral". Muchas también se quejaron de que los partidos se resistían a apoyar plenamente a las candidatas identificadas como feministas y no concedieron verdadero poder a los comités o divisiones femeninos. Tanto en los partidos antiguos como en los nuevos, el espacio político concedido a las mujeres y a los temas de las mujeres siguió siendo minúsculo.

Varias activistas feministas señalaron cómo ahora estaba "de moda" que los políticos y los partidos estuvieran de acuerdo —de dientes para afuera— con los temas de la desigualdad de género y que hablar sobre los asuntos de la mujer confería "legitimidad democrática" a los políticos de la Nueva República. No obstante, la marginalización de las mujeres y de sus temas, así como su manipulación para propósitos electorales, fueron característicos de todo el espectro político de izquierda a derecha. En una reunión de nivel estatal celebrada en junio de 1988 por mujeres activistas del PT, escuché muchas de las mismas quejas expresadas por las feministas del PT a comienzos de los ochenta: "demasiados activistas consideran que la cuestión de la mujer es secundaria"; "el partido no apoya o subsidia el movimiento de mujeres"; "el partido debe crear un espacio para la reflexión política sobre los temas feministas y entrenar cuadros sobre la especificidad de la opresión de género"; "la comisión de la mujer no es consultada sobre asuntos programáticos claves"[84].

En vista de las continuas contradicciones experimentadas por las feministas del PT, la cuota del 30% es un avance importante para las mujeres militantes del partido y, a pesar de las múltiples limitaciones que enfrentaron las feministas que trabajaban en las municipalidades controladas por el PT, lograron avances notables. En Santo André, la Assesoria dos Direitos da Mulher estableció programas educativos especiales para sensibilizar a los empleados municipales y a la guardia civil (una fuerza de seguridad encargada de proteger los servicios municipales) sobre los temas de las mujeres, facilitó a la comisaría de mujeres local trabajadoras sociales entrenadas para asistir a las mujeres víctimas de la violencia y creó albergues para las mujeres golpeadas financiados por el municipio[85]. En São Paulo, la Coordinadora convenció al Departamento de Salud de que ofreciera servicios de atención al aborto en un hospital municipal según lo permitido por la ley (el aborto es legal en caso de violación, incesto o peligro de la vida de la mujer) y, al igual que en Santos y Santo André, también estableció servicios de asesoría y remisión (tales como la Casa Eliane de Grammont) y dos albergues para mujeres víctimas de violencia doméstica[86].

Este enfoque de servicios para las víctimas de violencia doméstica y sexual fue inspirado a su vez por la creciente insatisfacción de las feministas con las Comisarías o Delegacías de Mujeres (DDM), que llegaban a 53 en el estado de São Paulo y ascendían a 80 a nivel nacional en 1991. Aunque el personal de las comisarías estaba conformado por mujeres oficiales de policía, las delegacías con frecuencia repetían muchas de las prácticas sexistas existentes en las estaciones de policía corrientes donde se atendían a las mujeres víctimas de la violencia. Si bien a mediados de los años ochenta las académicas y las activistas feministas eran quienes entrenaban al personal de policía femenino de estas comisarías, hacia finales de los años ochenta las feministas habían sido marginadas de la mayor parte de ellas y las oficiales mujeres de las DDM no recibieron capacitación especializada. Tal como anota Sara Nelson:

> Denunciar una violación o una golpiza ante una oficial mujer en una oficina privada no garantiza que la mujer víctima reciba un tratamiento mejor en una comisaría de mujeres que el que recibiría en una estación totalmente masculina. La clave está en que las víctimas sean atendidas por oficiales que hayan sido entrenadas para que sean sensibles a las cuestiones específicas inherentes a la violencia contra la mujer[87].

Adicionalmente, las mismas contradicciones presentes en otros "espacios de mujeres" dentro del Estado masculino también lo eran en las delegacías. Nelson plantea que:

> La capacidad de las DDM para realizar muchos de sus objetivos iniciales se ve necesariamente limitada por su problemática posición dentro de la burocracia de la policía, problemática porque las DDM fueron creadas a pesar de la resistencia del sistema de justicia criminal, con dominación masculina, dentro del cual están ubicadas[88].

Las limitaciones de las DDM, sumadas a los bajos índices de juicios y fallos contra los agresores violentos de mujeres, impulsaron una renovación del activismo feminista en torno a este tema. En marzo de 1993, el Coletivo de Mulheres Negras da Baixada Santista (Colectivo de Mujeres Negras de Santos) y la União de Mulheres de São Paulo (Unión de Mujeres de São Paulo) organizaron la Primera Conferencia Nacional de Organizaciones Populares contra la Violencia hacia las Mujeres, realizada en Praia Grande, São Paulo, con la participación de más de 300 mujeres. La conferencia lanzó una campaña de movilización nacional con el lema de "la impunidad es el cómplice de la violencia", lo cual representaba un nuevo giro en la campaña feminista iniciada por SOS-Mulher en 1980 (el silencio es el cómplice de la violencia), donde se reflejaba la conciencia feminista sobre la eficiencia limitada de las acciones estatales en este y en otros campos de importancia vital para las mujeres. Esta nueva conciencia se percibe claramente en el manifiesto aprobado por la Conferencia de Praia Grande y merece ser citada en extenso:

"El silencio es el cómplice de la violencia" ha sido nuestro grito de batalla desde 1980. En esta década las mujeres denunciaron la violencia sexual y doméstica. Las cifras, a pesar de ser subregistradas, revelan la tragedia diaria: 500.000 mujeres brasileñas denuncian anualmente en las comisarías las golpizas, las violaciones y las amenazas de muerte a que son sometidas. Les gustaría hacernos creer que son solamente los hombres negros y pobres quienes golpean, violan y asesinan mujeres. Nosotras revelamos la verdad. La violencia contra la mujer ocurre en todas las clases sociales. Los hombres blancos también cometen actos de violencia... Pero la realidad del número de incidentes de la violencia sexual, doméstica y racial no ha conmovido a las autoridades públicas. El Estado permanece inmutable y omiso, permitiendo que se perpetúen los hechos de violencia contra la mujer.

La impunidad de los crímenes violentos contra las mujeres ha continuado. Aquellos que golpean, asesinan y violan a las mujeres rara vez son llevados a los tribunales y condenados. Y cuando lo son, son puestos en libertad y continúan representando un peligro constante para la sociedad.

Nosotras las mujeres hemos cambiado de actitud. Hemos dejado atrás el silencio para asumir la denuncia pública. Hemos tenido el valor de exponernos y mostrar las huellas de nuestra tortura. Pero ni las autoridades públicas ni específicamente el sistema judicial han cambiado. Continúan absolviendo a los criminales. Y la carga de la prueba todavía recae en nosotras... de aquí en adelante lanzamos un grito: la impunidad es cómplice de la violencia. Con esta campaña conminamos a toda la sociedad a que también exija que el Estado cumpla con su obligación de garantizar nuestro derecho a la vida con dignidad[89].

Las abogadas feministas intentaron mejorar los índices de juicios y redoblaron su larga lucha para promover reformas en los códigos civil y penal, porque estas reformas "que se derivan de la Constitución de 1988, están estancadas en la Asamblea Nacional, dejando a las mujeres brasileñas en el precario estado de tener derechos constitucionales que no se reflejan en los códigos diseñados para hacer cumplir estos derechos"[90]. El Código Penal, por ejemplo, aún define la violación "como un crimen contra la costumbre y no como un crimen contra una persona individual; la sociedad y no la mujer es quien resulta ser la parte ultrajada". Entroniza la "defensa del honor (masculino)" como legítima defensa de los asesinos de esposas y considera la mayor parte de otros crímenes sexuales como "crímenes solamente si la víctima es una 'virgen' o mujer 'honesta' "[91].

Pero a principios de los años noventa, las feministas independientes rara vez tomaron en cuenta a los muy debilitados consejos y coordinadoras como campos en los cuales se deberían procesar estas y otras reformas. Se puede plantear que esta posición política privó, en forma no intencionada, a estas instituciones de mujeres de un electorado que las legitimara dentro de la sociedad civil y así disminuyó aún mas su poder dentro de las instancias estatales de formulación de políticas. Y, aunque las feministas independientes continuaban movilizándose en torno a la violencia doméstica y sexual, los derechos reproductivos y otros temas cruciales para superar el desequilibrio en las relaciones de poder entre los géneros, en la medida en que la apertura política con especificidad de género se cerró, muchas de las iniciativas de política lanzadas por el CNDM y otros consejos sobre la situación de la mujer a mediados de los años ochenta fueron bloqueadas o, en el mejor de los casos, quedaron estancadas en el clima político conservador de los años ochenta y principios de los noventa.

En vez de promover legislación y políticas públicas de género nuevas, algunas feministas que trabajaban dentro y fuera de estos precarios "espacios de mujeres" del Estado orientaron sus esfuerzos a asegurar la aplicación de la legislación y políticas públicas de género ya existentes. Bajo el lema "Respeto: lo conquistamos en la ley, lo conquistaremos en la práctica", el Consejo de São Paulo, de alguna manera revitalizado bajo la administración Fleury (1991-1995), proclamó 1991 como el "Año de la Aplicación de la Legislación para la Igualdad". Promocionó docenas de eventos y discusiones en todo el estado para sensibilizar a la opinión pública y a los funcionarios públicos locales sobre la disparidad entre la igualdad de género legalmente establecida y las notorias desigualdades que continuaban limitando la vida de las mujeres[92]. En septiembre de 1992, el Consejo promulgó la "Convención Paulista sobre la Eliminación de Todas las Formas de Discriminación contra la Mujer", suscrita ceremoniosamente por docenas de alcaldes en un evento oficial de gala presidido por el gobernador Fleury[93].

Algunas feministas, muchas de ellas antiguas funcionarias de "los espacios de las mujeres" estatales de los años ochenta, establecieron organizaciones no gubernamentales feministas, grupos de presión feministas y centros de estudios políticos a principios de los años noventa. Por ejemplo, varias de las mujeres que salieron del CNDM después de la "toma" conservadora del Consejo Nacional por parte de mujeres de las redes clientelistas de centro-derecha, fundaron el Centro Feminista de Estudios e Assessoria, Cfemea, en Brasília, para hacer seguimiento a la reglamentación de los derechos garantizados en la Constitución a través de la promulgación de leyes ordinarias y complementarias en el Congreso nacional[94]. La antigua presidenta del CNDM, Jacqueline Pitanguy, trabaja ahora con la ONG feminista Cidadania, Estudos, Pesquisa, Informação e Ação (Ciudadanía, Estudios, Investigación, Información y Acción, Cepia) de Rio de Janeiro, que entre otros proyectos está realizando un estudio a nivel nacional sobre la respuesta del sistema judicial a los crímenes contra las mujeres y está evaluando sistemáticamente las posibles estrategias para ampliar los derechos reproductivos.

La transformación y multiplicación de los feminismos en el Brasil posterior al autoritarismo

La política feminista del tipo grupo de presión, ubicada antes casi exclusivamente dentro de los partidos políticos y el Estado, actualmente es promovida por ONG feministas "profesionalizadas", las cuales buscan influenciar las políticas públicas. La "reducción" de los espacios políticos limitados conquistados por las mujeres durante la transición también inspiró a otras feministas para que renovaran y redoblaran sus esfuerzos por sacar adelante un proyecto de transformación feminista "mas allá" del Estado, en los terrenos de la sociedad y de la cultura.

Varias de las feministas del movimiento entrevistadas en 1991 y 1992 estaban preocupadas por la hegemonía de las ONG en el movimiento feminista, de la misma forma que otras se preocuparon por su "institucionalización" y/o cooptación por parte de los partidos o el Estado. Veían críticamente lo que consideraban estrategias de tipo elitista y excesivamente centradas que restaban importancia a la continuidad de los esfuerzos feministas dirigidos a fomentar una conciencia de género y a impugnar las normas culturales patriarcales. Muchas de estas mujeres estaban evitando al Estado como el terreno más eficaz para la lucha feminista y estaban dirigiendo sus esfuerzos a la construcción de proyectos feministas culturales "contrahegemónicos". En la medida en que el feminismo se fue oficializando, profesionalizando e institucionalizando en el Brasil posterior al autoritarismo, un número creciente de activistas feministas empezó a entender el feminismo "genuino" como una concepción del mundo o punto de vista sobre todos los aspectos de la vida, de la cultura y de la política y no solamente como una "lucha política" en el sentido clásico: que requiere de la participación en política institucional formal o "revolucionaria" según la acepción convencional. La reciente y pródiga aparición de colectivos, de video feministas, publicaciones alternativas, librerías, una editorial feminista y una publicación académica explícitamente feminista; los más de dos docenas de núcleos de estudio feministas existentes en las universidades brasileñas; las conferencias o "encuentros" feministas anuales; las reuniones regulares de las mujeres afrobrasileñas, las feministas ecologistas, las lesbianas y las feministas "populares"; las nuevas redes nacionales y regionales de feministas que se establecieron formalmente entre las activistas de los derechos reproductivos y de la salud de las mujeres y otras feministas que trabajan en temas específicos tales como la violencia; y los esfuerzos revitalizados a favor de la movilización, tales como la campaña "la impunidad es el cómplice de la violencia", son todos testimonios de la vitalidad del pensamiento y acción feminista autónomos, centrados en la sociedad brasileña posterior al autoritarismo.

En los años noventa estas incursiones feministas, al igual que las actividades del número creciente de ONG feministas centradas en cuestiones de políticas, rara vez llegaron a los titulares de la prensa central o de la alternativa, como había sido el caso durante la impetuosa época de la política de transición a finales de los años setenta e inicios de los ochenta. Las feministas eran menos "visibles" y tal vez menos "militantes" que durante los turbulentos años de los ahora infames Primer, Segundo y Tercer Congresos de Mujeres Paulistas, cuando muchos otros sectores de la sociedad civil brasileña también plantearon sus reivindicaciones y realizaron movilizaciones de masa en contra del régimen militar. Sin embargo, en el Brasil que se está democratizando, se han multiplicado nuevas modalidades de organización feminista, nuevas formas de articulación de las estrategias feministas y nuevas ramas del feminismo.

Las mujeres pobres y de clase obrera están reivindicando el feminismo como propio. Los grupos de base de mujeres afiliados a Rede Mulher, União de Mulheres de São Paulo, las secciones femeninas de las centrales sindicales tales como la Central Unica dos Trabalhadores, CUT, bajo la influencia del PT, y varias "Casas da Mulher" en la periferia urbana de São Paulo, por ejemplo, han ampliado la agenda feminista para (re)afirmar la interrelación existente entre la opresión de clase y género en las vidas de las mujeres pobres y de clase obrera, un núcleo del discurso feminista y de la organización en la época del "feminismo de las otras mujeres" que está siendo apropiado y rearticulado por sus sujetos.

El feminismo popular fue, de muchas formas, el resultado de la politización de las mujeres activas en las luchas de barrio y sindicales arriba mencionadas. Fortalecidas por su participación en las luchas libradas en la comunidad y en los sitios de trabajo, muchas mujeres pobres y de clase obrera retaron el desequilibrio de poder entre los géneros al interior de sus familias, grupos de barrio y sindicatos. Si bien la mayoría de los clubes de madres y asociaciones de mujeres creados en los años setenta se centraron en temas relacionados con el género tales como el costo de vida o los servicios urbanos, los discursos políticos de las feministas populares examinan en forma crítica la razón por la cual son las mujeres quienes lideran las luchas por la "supervivencia". Esta identidad política feminista centrada en la clase se formó en la interacción dinámica con las luchas no feministas de las mujeres en los barrios. Criticaba a las feministas "históricas", quienes según las feministas "populares" entrevistadas en 1991, se habían preocupado más por influenciar a los partidos y al Estado y habían trabajado menos con las mujeres pobres en las luchas de base (a las cuales las feministas populares querían convertir en más feministas).

Las organizaciones feministas negras también están creciendo y ampliando la agenda política feminista. Las mujeres afrobrasileñas han sido siempre participantes integrales del movimiento negro más amplio y de las asociaciones religiosas y culturales negras. Las mujeres activistas negras también fueron fundadoras del movimiento feminista predominantemente blanco de la segunda oleada. A principios de los años ochenta, algunas empezaron a darse cuenta de que sus necesidades y preocupaciones no estaban siendo adecuadamente articuladas ni por el movimiento negro, dominado por los hombres, ni por el movimiento feminista, dominado por las blancas. El racismo en el movimiento de mujeres y el sexismo en el movimiento negro las llevaron a establecer grupos autónomos de mujeres negras en Rio, São Paulo y Santos en la primera mitad de los años ochenta.

A comienzos de los años noventa, el creciente movimiento de mujeres negras, al igual que el movimiento de mujeres brasileñas en su conjunto, era ideológicamente muy diverso. Muchas de las militantes en los grupos de mujeres negras rechazaban el calificativo de feministas. Su repudio al feminismo venía de diferentes fuentes: algunas temían perder aliados claves entre los hombres afrobrasileños, quienes, al igual que algunos hombres blancos de la izquierda, aún consideraban el género como una "contradicción secundaria" y creían que el feminismo era un asunto burgués, de las mujeres blancas. Otros creían que las mujeres negras debían trabajar junto con los hombres negros para combatir la opresión racial. Para muchas, el racismo que había en los primeros grupos feministas había perjudicado, en forma irreparable, la credibilidad del feminismo[95]. No obstante, otras mujeres afrobrasileñas estaban reclamando el calificativo de feministas y estaban trabajando para ampliar los parámetros de la lucha feminista, argumentando que no podría haber una jerarquía de opresiones, que la raza, la clase y el género moldean las vidas de las mujeres negras en formas inseparables. Esta comprensión le dio un carácter propio a su lucha, diferente de la de los hombres negros y de la de las mujeres blancas.

En la ciudad costera de Santos, las feministas negras fundaron el Coletivo de Mulheres Negras da Baixada Santista en 1986, con el propósito de "combatir todo tipo de discriminación basada en el color, sexo, edad, religión o raza, y a la vez animar a las mujeres negras a participar, ocupar espacios, conscientes de su condición como mujer y persona negra en una sociedad machista y racista que discrimina por partida doble contra ellas[96].

El colectivo se centró en la diseminación de información sobre la discriminación racial y de género y sobre la cultura negra en escuelas, sindicatos y movimientos populares. Desarrolló un archivo/biblioteca y produjo una serie de publicaciones sobre la historia y la situación de las mujeres afrobrasileñas. Aunque los miembros frecuentemente le hicieron *lobby* a los legisladores y a quienes formulan políticas sobre temas de particular interés para las mujeres (por ejemplo, abuso de la esterilización), su enfoque concurrente sobre la lucha cultural se reflejó en varias de sus actividades: manejaban un restaurante de cocina africana y afrobrasileña para poder subsidiar sus actividades políticas y coordinaban un grupo musical de mujeres, Pagode, un grupo de teatro de mujeres negras, una coral de niños llamada la Coral Infantil Omo Oya, Niños de Ianza, y un conjunto de danzas africanas, el Grupo de Dança Afro Ajaína.

Fundado en São Paulo en 1988 por mujeres afrobrasileñas militantes en los movimientos feministas o negro, algunas de las cuales habían trabajado con las Comisiones de Mujeres Negras del Consejo de Mujeres de São Paulo y el CNDM, el Geledes-Instituto da Mulher Negra tenía como propósito ampliar una ciudadanía con sentido sexual, cultural y con especificidad de género para las mujeres afrobrasileñas. Uno de sus proyectos, SOS-Racismo, ofrecía asistencia legal a las víctimas de la discriminación racial, el primer servicio de esta naturaleza en Brasil. El Geledes también montó un amplio programa en el campo de la salud de la mujer negra, planteando:

> La salud de las mujeres negras es el resultado de nuestras condiciones reales de existencia. La pobreza, la educación insuficiente, el desempleo, la discriminación racial y sexual, son condiciones que favorecen el desarrollo de enfermedades. Como seres humanos, nosotras las mujeres negras nos enfermamos como cualquier otro grupo racial. Pero lo que nos diferencia son los procesos a través de los cuales nos enfermamos, los cuales se derivan de la intensidad de la opresión desatada por el racismo y el sexismo experimentados en nuestras vidas diarias[97].

Sus actividades en este campo abarcaban desde la promoción de grupos de autoayuda y talleres para las mujeres negras hasta la presión ejercida sobre el sistema de salud pública para que incorporara las necesidades específicas de las mujeres afrobrasileñas.

El Geledes también trabajó sobre los derechos reproductivos y el tema del abuso de la esterilización, esto último en razón de los preocupantes resultados arrojados por un estudio de 1986 donde se revelaba que la esterilización femenina era el método anticonceptivo más ampliamente utilizado en el Brasil (empleado por el 44% del total de mujeres). El Geledes asumió una posición controvertida y propia en la cual se planteaba que algunas mujeres escogían la esterilización, que el abuso médico y la coerción eran los verdaderos problemas y que la esterilización no era solamente una cuestión de "control de población" dirigida a la comunidad negra (argumento histórico del movimiento negro), planteamiento que lo diferenciaba de otros sectores del movimiento feminista de la salud de las mujeres. En este contexto, el Geledes apoyó la aprobación de legislación federal específica para reglamentar el abuso en la esterilización, acompañando esta iniciativa con una movilización política continua dirigida a denunciar el abuso generalizado:

> La esterilización masiva de las mujeres en el Brasil ha sido denunciada sistemáticamente por el movimiento de mujeres y el movimiento negro durante los últimos 15 años. Como resultado de esta acción se hicieron innumerables estudios, diagnósticos, folletos, divulgados ampliamente a nivel nacional e internacional, pero que infortunadamente no han impedido que la esterilización de las mujeres alcance los índices que confirmamos hoy. Tal vez podemos suponer que estos índices hubiesen sido mayores de no haber sido por las batallas políticas libradas por el movimiento de mujeres y otros sectores sociales durante este período... Queremos resaltar que la construcción de un instrumento legal, junto con la continuidad de las actividades de denuncia, servirán para cambiar esta situación de abuso e impunidad[98].

Geledes, el Colectivo de Santos y otras organizaciones feministas negras auspiciaron la realización de conferencias nacionales y regionales de mujeres afrobrasileñas y también participaron y colaboraron con otras redes feministas y encuentros. A fines de los años ochenta, la especificidad de la opresión de las mujeres negras ha sido crecientemente incorporada al discurso y a la política feminista brasileña. La inclusión de la violencia racial y la discriminación en el Manifiesto de Praia Grande (ya citados) son claros ejemplos de la conciencia incipiente pero creciente sobre el racismo presente en la mayor parte de las ramas del movimiento feminista.

La preferencia sexual y las discriminaciones específicas que afectaban a las lesbianas también han tenido mayor resonancia en la política feminista de años recientes, y la lucha contra la homofobia ha sido abiertamente asumida por un número creciente de organizaciones feministas. Varios grupos feministas nuevos de lesbianas se fundaron a finales de los años ochenta y comienzos de los noventa: mujeres provenientes de seis grupos feministas lesbianos del estado de São Paulo, incluido un grupo de mujeres jóvenes de la ciudad obrera de Santo André que se proclamaban como "feministas anarquistas lesbianas *PUNKS*", organizaron una conferencia regional a principios de 1993; se publicaron varios boletines feministas lesbianos, tales

como el *Lesbertária* de São Paulo; y las lesbianas han denunciando el heterosexismo en los eventos y foros públicos del movimiento. En la conferencia
de Praia Grande, por ejemplo, las participantes lesbianas redactaron un manifiesto que fue leído en la plenaria de clausura, denunciando que:

> La heterosexualidad obligatoria impuesta como modelo sobre las mujeres es
> violencia sexual que se ejerce contra todas las mujeres. Puesto que es absoluta-
> mente indispensable atacar todas las bases de la violencia sexual, convocamos
> a todas las mujeres a negar que la heterosexualidad es la única sexualidad vá-
> lida para todas nosotras[99].

En los años noventa, la existencia de muchos feminismos era ampliamente reconocida, así como la diversidad de puntos de vista, enfoques, formas
organizativas y prioridades estratégicas feministas que lograron mayor respeto dentro del movimiento. Con el crecimiento del "feminismo popular", la
dicotomía entre las luchas femeninas y feministas se ha venido borrando. Las
diferentes piezas de este "mosaico feminista" se han combinado una y otra
vez en diversas formas y foros: las reuniones nacionales y regionales unieron
a las diferentes ramas del feminismo con otros sectores del movimiento amplio de mujeres. Los grupos que trabajan con la salud de la mujer y los derechos reproductivos crearon la Red Nacional Feminista de Saúde (Red
Nacional Feminista de Salud) con el fin de coordinar sus actividades. Las
feministas ecológicas coordinaron sus insumos para la Conferencia de Naciones Unidas sobre Medio Ambiente, celebrada en Rio en junio de 1992,
auspiciando una serie de actividades en un espacio propio de las mujeres, el
Planeta Femea (Planeta Femenino) durante esa importante reunión mundial,
y formalizaron su Red en diciembre de 1992, formando la Coalição de ONG's
de Mujeres Brasileiras para o Meio Ambiente, a População e o Desenvolvi-
miento (Coalición de ONG de Mujeres para el Medio Ambiente, la Población
y el Desarrollo). Los núcleos de estudios del norte y nordeste formaron una
red regional de estudios feministas y los centros de documentación feministas planeaban formar su propia red de información computarizada. Estas
formas y foros de organización feminista, más fluidos, y la articulación de
múltiples proyectos de transformación feminista en los años noventa parecían estar reemplazando a las "coordinaciones" más formalistas y llenas de
tensiones, características del Primer y Segundo Congresos de Mujeres.

REFLEXIONES PARA CONCLUIR

Aunque las barreras patriarcales habían sido nuevamente erigidas en los
dominios de los partidos y del Estado, el feminismo brasileño siguió vivo y

activo dentro de la sociedad civil. No obstante, en los años noventa, el desencanto con el medio político formal que afectó en forma general a muchas fuerzas progresistas de la sociedad brasileña también afectó la política de género. Las limitaciones, contradicciones y vulnerabilidades de los "espacios de mujeres" en un Estado patriarcal, racista y capitalista neoliberal se hicieron cada vez más evidentes. Aunque en los años ochenta algunos consejos de mujeres mostraron ser medios eficientes para articular las reivindicaciones de género dentro del Estado, los años noventa mostraron que los espacios de mujeres también podían ser fácilmente relegados a la oscuridad burocrática y verse enredados en las vicisitudes corrientes de la política masculina. A principios de los años noventa, pocas de las propuestas de política progresistas promovidas por las feministas en los años ochenta habían sido aplicadas. Muy pocos de los derechos de las mujeres tan difícilmente ganados habían sido puestos en práctica. Y, claro está, seguían existiendo serias limitaciones al ejercicio de una ciudadanía con especificidad de género en un contexto en el cual el ejercicio de una ciudadanía con pleno sentido social, político, civil, cultural y sexual seguía estando restringido a unos pocos privilegiados.

Durante los años ochenta, el Estado pasó de ser lo que he denominado "el peor enemigo de las mujeres" a representarse a sí mismo como "el mejor amigo de las mujeres"[100] apropiándose de elementos selectivos de los discursos y reivindicaciones feministas históricos. Al responder a las feministas militantes en los partidos de oposición, los gobiernos convirtieron muchos temas básicos de la agenda política feminista en propuestas de políticas públicas. Los nuevos "espacios de las mujeres", tales como los consejos sobre la situación de la mujer y las comisarías para las mujeres, se crearon dentro del aparato del Estado a nivel local, estadual y federal, y las mujeres conquistaron nuevos derechos sociales y políticos en el Brasil posterior al autoritarismo. Con relación al respeto por los derechos de las mujeres, la Constitución Federal de Brasil de 1988 puede ser una de las más progresistas existentes en el mundo. Gracias a los esfuerzos incansables de las activistas feministas que trabajaban dentro y fuera de los partidos y del Estado, se aprobó un vendaval de legislación progresista de género en la década de 1980 y parecía que las mujeres brasileñas habían logrado asegurar los avances hechos durante la transición y las etapas iniciales del régimen civil.

Pero a medida que se asentaba la política de transición y el Brasil volvía a la "política de costumbre", el Estado brasileño empezó a parecerse cada vez menos al "mejor amigo de las mujeres" y mucho mas a un "amigo alejado": alguien a quien se pensó que se conocía bien pero que actualmente se frecuenta poco o con el que ya no se puede contar.

Muchas feministas brasileñas están revaluando su relación con el Estado; algunas de las cuestiones más debatidas en este contexto son: ¿Cómo pueden las feministas continuar dependiendo de un Estado que cada vez demuestra ser menos confiable? ¿Cuáles aspectos de la política feminista pueden ser aún promovidos desde el Estado? ¿Dónde, dentro del Estado (por ejemplo, el Ejecutivo, la burocracia, la legislatura, el sistema judicial) deben ubicarse los esfuerzos feministas? ¿Cuáles serían las estrategias necesarias para asegurar la puesta en práctica y aplicación de los derechos de las mujeres conquistados en teoría a lo largo de las dos últimas décadas? ¿Cómo pueden las mujeres de todos los grupos étnicos, clases sociales y orientaciones sexuales llegar a disfrutar de una ciudadanía mas plena en términos políticos, sociales, culturales y sexuales?

He resaltado tres desarrollos prometedores dentro del movimiento feminista, los cuales pueden alterar o, en última instancia, hacer contrapeso a esta desafortunada situación en la cual se encuentran las cuestiones de género en el Estado. Incluyen la influencia sobre la política desde "fuera" del Estado y la formación de centros de formulación de políticas, ONG que se ocupan de las políticas y *lobbies* feministas independientes, así como la revitalización de esfuerzos dirigidos a asegurar derechos y promover la conciencia de género en los dominios de la sociedad y de la cultura. Los feminismos se han multiplicado desde finales de los años ochenta; las organizaciones feministas negras, los grupos "populares feministas", las feministas lesbianas y otras ramas feministas articularon la identidad política feminista forjada durante el período de transición, inyectaron nueva vida y dieron una nueva dinámica a la política de género brasileña en los terrenos del Estado y la sociedad.

NOTAS

1   La versión original de este capítulo fue escrita a finales de 1986 y tuvo como base un trabajo de campo realizado principalmente en el área metropolitana de São Paulo durante noviembre-diciembre de 1981, de octubre de 1982 a octubre de 1983 y en julio-agosto de 1985. Esta investigación fue apoyada por becas de investigación para disertación doctoral de Fulbright-Hays, la Fundación Inter-Americana y el Consejo de Investigación en Ciencias Sociales. Esta versión revisada y actualizada (escrita originalmente en inglés y traducida por Patricia Prieto) se acerca más a trabajo de campo posterior realizado en São Paulo y Brasília durante julio-agosto de 1988, y en São Paulo y varias otras ciudades brasileñas durante agosto-septiembre de 1991 y julio-diciembre de 1992, y durante un breve viaje a Rio y São Paulo en mayo de 1993. La investigación llevada a cabo en 1988

y 1991 fue apoyada por becas de la Universidad de California y en 1992 por un premio a conferencista-investigador de Fulbright-CIES. Una versión de este trabajo se publicó en Jaquette, Jane (ed.), *The Women's Movement in Latin America*, E.U., Hyman, 1994. Para una discusión más detallada de muchos de los temas analizados a continuación, *véase* mi *Engendering Democracy in Brazil: Women's Movements in Transition Politics*, Princeton, N.J., Princeton University Press, 1990.

Muchas activistas, amigos y colegas en Brasil me brindaron invaluable información y apoyo durante varios años y quisiera expresar mi profundo agradecimiento a todos y cada uno de ellos. En particular, quiero reconocer aquí mi más profunda deuda de gratitud con aquellos amigos que acompañaron de manera tan cercana mi investigación sobre los movimientos de las mujeres brasileñas y política de género durante una década y sin cuya infinita generosidad y constante aliento mi trabajo hubiera sido mucho menos intelectualmente productivo y gratificante: Miriam Botassi, Maria Teresa Arão, Roberto Ronchezel, Vera Soares, Maria Amelia de Almeida Teles, Regina Stella, Silvia Artacho, Sonia Calió, Ruth Cardoso y Teresa Caldeira.

2   Tomo prestada esta metáfora de Fernando Calderón, Alejandro Piscitelli y José Luis Reyna, quienes discuten el "mosaico de la diversidad latinoamericana", el cual se manifiesta en la variedad de formas regionales de acción colectiva contemporánea. "Social movements: Actors, theories, expectations", en *The Making of Social Movements in Latin America: Identity, Strategy and Democracy*, editado por Arturo Escobar y Sonia E. Álvarez, Boulder, Col., Westview Press, 1992, p. 22.

3   Para un excelente análisis sobre la dinámica de las relaciones Estado-oposición en regímenes autoritarios y el proceso de apertura, *véase* María Helena Moreira Alves, *State and Opposition in Brazil, 1964 - 1984*, Austin, University of Texas Press, 1985; *véase* también Alfred Stepan (ed.), *Democratising Brazil*, Nueva York, Oxford University Press, 1989. Para un análisis sobre las negociaciones entre élites que limitaron el alcance de la democratización brasileña, *véase*, en especial, Frances Hagopian, "Democracy by Undemocratic Means? Elites, Political Pacts , and Regime Transition in Brazil", en *Comparative Political Studies 23*, No. 2, julio 1990: 147-170; María Helena Moreira Alves, "Dilemmas of the Consolidation of Democracy from the Top: Political Analysis" en *Latin American Perspectives 15*, No. 3, verano 1988: 47-63; y William C. Smith, "The Political Transition in Brazil: From Authoritarian Liberation to Elite Conciliation to Democratization", en Enrique Balorya (ed.), *Comparing New Democracies: Transition and Consolidation in Mediterranean Europe and the Southern Cone*, Boulder, Col., Westview Press, 1987.

4   Para un análisis incisivo de la transformación política e institucional de la Iglesia católica brasileña, *véase* Scott Mainwaring, *The Catholic Church and Politics in Brazil, 1916-1985*, Stanford, Stanford University Press, 1986.

5   La distinción entre organizaciones de movimientos de mujeres "femeninos" y "feministas" tiende a ser hecha tanto por participantes en el movimiento como por científicos sociales en América Latina. Paul Singer aclara el uso de estos conceptos: "Las luchas contra la carestía o por las escuelas, guarderías, etc., al igual que medidas específicas para proteger a las mujeres que trabajan interesan mucho a las mujeres y es posible, entonces, considerarlas reivindicaciones femeninas. Pero no son feministas en la medida en que no cuestionan la forma en que las mujeres se incorporan al contexto social". "O Femenino e O Feminismo", en *São Paulo: O Povo em Movimento*, editado por P. Singer y V. C. Brant, Petrópolis, Vôzes, 1980, pp. 116-117.

6   Moema Viezzer, *O Problema não Esta na Mulher*, São Paulo, Cortez, 1989, p. 60.

7   De acuerdo con un estudio de investigación-acción participativa sobre clubes de madres
     conducido por Rede Mulher entre 1983 y 1985, "cuatro instituciones principales organi-
     zaron mujeres en clubes de madres y grupos de mujeres: la Iglesia católica (67%); el LBA
     (13.8%); el Movimiento de Salud (5.1%), y la prefectura municipal, a través de sus centros
     de salud. Únicamente dos (2.1%) de los clubes registrados se consideraban a sí mismos
     autónomos. Los demás (7.2%) estaban ligados a partidos políticos, Sociedades de Ami-
     gos del Barrio y organizaciones filantrópicas privadas", *Ibíd.*, p. 61.

8   Sobre el Movimento Femenino pela Anistia, *véase* Therezinha Godoy Zerbini, *Anistia:
     Semente da Liberdade São Paulo*, Escolas Professionais Salesianas, 1979. Sobre el Movimen-
     to Custo de Vida, *véase* Tilman Evers, "Os Movimentos Sociais Urbanos: O Caso Do
     Movimento Do Custo Da vida", en *Alternativas Populares da Democracia*, editado por J. A.
     Moises *et al.*, Petrópolis, Vôzes, 1982. Sobre el Movimento da Luta por Creches, *véase*
     Maria da Gloria Marcondes Gohm, "O Movimento de Luta por Creches em São Paulo:
     Reconstitução Histórica e Algumas Considerações Teóricas", documento presentado en
     el V Encontro Anual da Associação Nacional de Pós-Graduação e Pesquisa em Ciências
     Sociais, Nova Friburgo, Rio de Janeiro, octubre 1981; Carmen Barroso, *Mulher, Sociedade e
     Estado no Brasil*, São Paulo, Brasiliense, 1982, especialmente pp. 151-54 y 167-68; y "Creche",
     Suplemento dos *Cadernos de Pesquisa* 43, Fundação Carlos Chagas, noviembre, 1982.

9   Un análisis más matizado de las complejas dinámicas de organizaciones de mujeres de
     base en Brasil está más allá del alcance del presente capítulo y ha sido discutido exten-
     samente en otras partes. *Véase*, especialmente, Sonia E. Álvarez, "Women's participation
     in the brazilian 'people's church': A critical appraisal", *Feminist Studies* 16, No. 2, verano
     1990; y *Engendering Democracy in Brazil*. Para una discusión general de este fenómeno,
     véanse también Eva Alterman Blay, "Movimentos Sociais: Autonomia e Estado - Uma
     Analise Teórica dos Movimentos de Mulheres entre 1964-1983", documento presentado
     en la VI Reunião Anual da Associação Nacional de Pós-Graduação em Ciências Sociais,
     Aguas de São Pedro, Brasil, octubre 24-27, 1983, y "Mulheres e Movimentos Sociais Ur-
     banos: Anisitia, Custo de Vida e Creches", *Encontros com a Civilização Brasileira-Mulher
     Hoje*, número especial, 1980. *Véase* también "A luta das maes por um Brasil melhor",
     Cadernos do CEAS 58, noviembre-diciembre, 1978, pp. 19-27. Para una discusión de los
     cambios en la política económica doméstica de las clases trabajadoras bajo el autoritaris-
     mo, *véase* Ana Maria Q. Fausto Neto, *Familia Operaria e Reprodução da Força de Trabalho*,
     Petrópolis, Vôzes, 1982.

     Para una reconceptualización especialmente perspicaz y provocativa de las organizacio-
     nes populares de mujeres e intereses de las mujeres pobres y trabajadoras en América
     Latina, *véase* Amy Conger Lind, "Power, gender, and development: Popular women's
     organizations and the politics of needs in Ecuador", en *The Making of Social Movements
     in Latin America: Identity, Strategy, and Democracy*, editado por Arturo Escobar y Sonia E.
     Álvarez, Boulder, Colorado, Westview Press, 1992. Sobre la dimensión transformadora
     personal de la participación de las mujeres en luchas comunitarias, *véase* Teresa Caldeira,
     "Women, daily life, and politics", en *Women and Social Change in Latin America*, editado
     por Elizabeth Jelin, Londres, Unrisd y Zed Books, 1990.

10   Para una crítica de organizaciones de mujeres ligadas a la Iglesia, *véase* Jany Chiriac y
     Solange Padilla, "Caracteristicas e Limites das Organizações de Base Femininas", en *Tra-
     balhadoras do Brasil*, editado por Maria Christina A. Bruschini, y Fulvia Rosemberg, São
     Paulo, Brasiliense, 1982. *Véase* también Sonia E. Álvarez, "Women's participation in the
     brazilian 'people's church' ", *Op. cit.*

11 *Véase*, por ejemplo, Che Guevara, *Guerrilla Warfare*, con una Introducción y Estudios de caso por Brian Loveman y Thomas M. Davies Jr., Lincoln, University of Nebraska Press, 1985, pp. 132-134.

12 Testimonio en *Memorias das Mulheres do Exilio*, Rio de Janeiro, Paz e Terra, 1980, p. 248, citado por Annette Goldberg, "Feminismo em Regime Autoritario: A Experiencia do Movimento de Mulheres no Rio de Janeiro", documento presentado en el XII Congreso Mundial da Associação Internacional de Ciencias Políticas, Rio de Janeiro, agosto 9-14, 1982, pp. 10-11.

13 *Ibíd.*, p. 11.

14 Buena parte de la información precedente sobre mujeres en la izquierda militante, tanto en Brasil como en el exilio, tiene como base extensas entrevistas formales e informales con antiguas militantes femeninas actualmente activas en movimientos femeninos. Y, en consecuencia, a pesar de no ser representativas de las mujeres de la izquierda en general, su análisis sobre sus experiencias dentro de las organizaciones de resistencia fue clave para el desarrollo del movimiento feminista. Como muchas de las mujeres entrevistadas pueden ser comprometidas políticamente si sus nombres fueran revelados (aun en la Nueva República), sus nombres no serán mencionados ni aquí ni posteriormente. *Véase* Angela Neves-Xavier de Brito, "Brazilian women in exile: The quest for an identity", *Latin American Perspectives*, 13:2, primavera, 1986, pp. 58-80. Sobre la participación de mujeres en las guerrillas brasileñas y las implicaciones de esta relación para el feminismo, *véase* también Maria Amelia de Almeida Teles, *Breve Historia do Feminismo no Brasil*, São Paulo, Brasiliense, 1993, capítulo titulado "A luta armada: um aprendizado para a mulher".

15 Alfred Stepan, "State power and the strength of civil society in the Southern Cone of Latin America", en *Bringing the State Back In*, pp. 334-338, editado por Peter B. Evans, Dietrich Rueschemeyer y Theda Skockpol, New York, Cambridge University Press.

16 Doug Mc Adam, *Political Process and the Development of Black Insurgency, 1930-1970*, Chicago, University of Chicago Press, 1982, p. 11.

17 *Véase* Michele Mattelart, "Chile: The femenine side of the coup d'état", en *Sex and Class in Latin America*, editado por June Nash y H. I. Safa, New York, Praeger, 1976, pp. 279-301, sobre una dinámica similar en Chile en 1973. Para un análisis amplio y sugestivo sobre políticas de género bajo el gobierno autoritario en Chile, *véase* Patricia Chuchryk, "Protest, politics and personal life: The emergence of feminism in a military dictatorship, Chile 1973-1983", Ph.D. Dissertation, York University, 1984.

18 Esto no quiere decir que las mujeres han condonado la brutalidad del aparato represivo del Estado. En los aspectos específicos sobre género de la represión estatal, *véase* Ximena Bunster-Burroto, "Surviving beyond fear: Women and torture in Latin America", en June Nash y Helen Safa (eds.), *Women and Change in Latin America*, South Hadley, MA., Bergin and Garvey, 1986. Alves argumenta que dentro del proceso de liberalización política determinados sectores sociales fueron considerados más políticamente problemáticos que otros. Por tanto, mientras el régimen negociaba cada vez más con sectores élite de la oposición (políticos del MDB, el Colegio de Abogados de Brasil, etc.), continuaba la represión de la clase trabajadora militante y la oposición progresiva. *Véase* Maria Elena Moreira Alves, *Estado, Oposição No Brasil (1964-84)*, Petrópolis, Võzes, 1985.

19 Buena parte de la siguiente discusión sobre el (los) feminismo(s) brasileño(s) se basa en trabajo de campo, investigación en archivos y entrevistas formales e informales con activistas de movimientos, militantes de partidos, políticos y formuladores de política conducidas entre 1981 y 1983 y es elaborada en mayor detalle en mi *Engendering Democracy*

in Brazil. Sobre el desarrollo del movimiento feminista brasileño, *véanse* también Maria Amelia de Almeida Teles, *Breve Historia do Feminismo no Brasil*; Moema Viezzer, *O Problema Não Esta na Mulher*; Elizabeth Souza Lobo, *A Classe Operaria Tem Dois Sexos*, São Paulo: Brasiliense, 1992; Elizabeth Sussekind, "The brazilian woman during the 1980's: A view from feminist groups", *Beyond Laws/Más Allá del Derecho* 2, No. 5, julio 1992, pp. 11-74; Heleieth Iara Bongiovani Saffioti, "Feminismos e Seus Frutos no Brasil", en *Movimentos Sociais na Transição Democrâtica*, editado por Emir Sader, São Paulo, Cortez, 1987; Cynthia Sarti, "The panorama of feminism in Brazil", *New Left Review* 173, enero-febrero 1989, pp. 75-90; Maria Lygia Quartim de Moraes, *Mulheres em Movimento*, São Paulo, Nobel y Conselho da Condição Feminina, 1985, y "Familia e Feminismo: Reflexões sobre Papeis Femininos no Imprensa para Mulheres", disertación Ph.D., Universidad de São Paulo, 1981; Annette Goldberg, "Feminismo em Regime Autoritário: A Experiência do Movimento de Mulheres no Rio de Janeiro", documento presentado en el XII Congreso de la Asociación Internacional de Ciencia Política, Rio de Janeiro, agosto 1982; y Ana Alice Costa Pinheiro, "Avances y definiciones del movimiento feminista en el Brasil", tesis de maestría, Colegio de México, 1981.

20   Entre aquellos que recibieron considerable atención en los círculos de la izquierda brasileña se encuentra "Women: The longest revolution", de Juliet Mitchell, y "El segundo sexo", de Simone de Beauvoir.

21   Citado en Annette Goldberg, "Feminismo em Regime Autoritário", pp. 14-15. Como argumenta Goldberg, "la idea de que existían dos feminismos comenzó a tomar forma entre los intelectuales: uno aceptable, que podía ser invitado a tomar asiento entre las fuerzas de la izquierda que intentaba reorganizar el país; otro, completamente inaceptable, extraño, la lucha de las lesbianas burguesas contra los hombres". *Véase* Annette Goldberg, "Feminismo em Regime Autoritário", p. 23.

22   Paul Singer, "Caminhos Brasileiros para o Movimento Feminista", *Opiniao* 24, abril 16, 1973, citado en Annette Goldberg, "Feminismo em Regime Autoritário", pp. 17-18.

23   Commissão Organizadora, "Encontro para o Diagnóstico da Mulher Paulista", Carta-Proposta da Mulher Paulista, São Paulo, diciembre 1975, p. 1.

24   Sonia Álvarez, *Engendering Democracy in Brazil*, p. 93. Para una recopilación crítica de la evolución del pensamiento marxista sobre la emancipación de la mujer, *véase* Zuleika Alambert, *Feminismo: O Ponto de Vista Marxista*, São Paulo, Nobel, 1986.

25   Moraes Nehring plantea que este enfoque economicista fue el resultado del hecho de que el "espacio político (del Encontro) estaba ocupado por la corriente política ortodoxa comunista... que había sido salvada del terror represivo por su oposición a la lucha armada y que no rechazaba, como la nueva izquierda había rechazado incorrectamente por un lapso de tiempo, las oportunidades legales para el trabajo político". *Véase* Maria Lygia Quartim de Moraes Nehring, "Familia e Feminismo: Reflexões sobre Papeis Femeninos na Imprensa para Mulheres", disertación Ph.D., Universidad de São Paulo, 1981, p. 203.

26   Editorial, *Brasil Mulher*, año 1, No. 10, octubre 1975.

27   Dada la censura y represión gubernamentales, "transformación social general" se utilizó ampliamente como una frase código para el cambio radical democrático o revolucionario socialista.

28   Entrevista con una de las primeras participantes de *Brasil Mulher*, São Paulo, 18 de agosto, 1983.

29   Moraes, "Familia e Feminismo", hace un excelente y detallado análisis de la evolución del pensamiento y la práctica política feminista en São Paulo que da luz sobre este "otro"

aspecto del temprano feminismo brasileño. La mayor parte de los principales documentos de los primeros años del movimiento feminista en São Paulo están enteramente reproducidos en su disertación.

30 Moraes Nehring, "Familia e Feminismo", pp. 201-203. Moraes dedica una sección de su disertación al análisis de la prensa feminista. *Véanse* pp. 286-305.

31 Teresa Caldeira, comunicación personal con la autora. *Véase* también Teresa Caldeira, "Women, daily life and politics" y *A Política dos Outros: O Cotidiano dos Moradores da Periferia e o Que Pensam do Poder e dos Poderosos*, São Paulo, Brasiliense, 1984.

32 *Brasil Mulher*, No. 11, marzo 1978.

33 Editorial, *Nós Mulheres*, agosto 1977.

34 "Encarte Especial - Por Liberdades Democráticas", *Brasil Mulher*, 3:12, mayo, 1978.

35 Para una descripción de estos dos congresos, *véase Nós Mulheres* 7, marzo, 1978, 4-10, y 3:13, junio 1978, p. 13.

36 Sobre el movimiento negro brasileño de los años setenta y ochenta, *véanse* Hamilton B. Cardoso, "Límites do Confronto Racial e Aspectos da Experiencia Negra do Brasil - Reflexões", en *Movimentos Sociais na Transição Democratica*, editado por Emir Sader, São Paulo, Cortez, 1987; Leila González, "The unified black movement: A new stage in black political mobilization", y Michael Mitchell, "Blacks and the Abertura Democratica", en *Race, Class and Power in Brazil*, editado por Pierre-Michel Fontaine, Los Ángeles, Universidad de California en Los Ángeles, Centro de Estudios Afro-Americanos, 1985; y Howard Winant, "The other side of the process: Racial formation in contemporary Brazil", en *On Edge: The Crisis of Contemporary Culture*, editado por George Yudice, Jean Franco y Juan Flores, Minneapolis, University of Minnesota Press, 1992. Para una amplia y precisa historia de las relaciones de raza en Brasil y de los movimientos afrobrasileños, *véase* George Reid Andrews, *Blacks and Whites in São Paulo, Brazil, 1888-1988*, Madison, University of Wisconsin Press, 1991.

37 Sobre el movimiento *gay*, *véase* Edward MacRae, "Homosexual identities in brazilian transition politics", en *The Making of Social Movements in Latin America: Identity, Strategy, and Democracy*, editado por Arturo Escobar y Sonia E. Álvarez, Boulder, Colo., Westview Press, 1992; *véase* también James N. Green, "The emergence of the brazilian gay liberation movement: 1977-1981", documento presentado en el XIV Congreso Internacional de la Sociedad de Estudios Latinoamericanos, Los Ángeles, California, septiembre 1992.

38 Los términos negro, feminista, homosexual/lesbiana o clase trabajadora, para este efecto, son, por supuesto, difícilmente excluyentes. Realmente, las contradicciones más dolorosas dentro de los nuevos movimientos de liberación fueron experimentadas por lesbianas y *gays* no-blancos y/o de clase trabajadora, quienes se sintieron marginados de, o acallado dentro, tanto de los movimientos feministas como de los afrobrasileños.

39 Para una excelente discusión sobre el movimiento trabajador y el nuevo sindicalismo en Brasil, *véase* Margaret Keck, "Workers in the brazilian abertura process", en *Democratizing Brazil*, Alfred Stepan (ed.). *Véase* también Maria Herminia Tavares do Almeida, "O Sindicalismo Brasileiro entre a Conservação e a Mundança", en *Sociedade e Política no Brasil Pós-64*, B. Sorj y M. H. Tavares de Almeida (eds.), São Paulo, Brasiliensse, 1983, pp. 191-214.

40 La cantidad de atención dada por los medios de comunicación a las mujeres es parcialmente atribuible a los esfuerzos de periodistas feministas brasileñas como Carmen da Silva, Irede Cardoso y Maria Carneiro da Cunha, quienes presionaron a los principales

periódicos y canales para que otorgaran mayor espacio a las voces de las mujeres y a los temas de las mujeres.

41 *Folha de São Paulo*, marzo 8, 1979.

42 *Brasil Mulher* había dedicado una edición especial al congreso, que incluyó una presentación sobre "placer sexual, anticoncepción y relaciones maritales... Además de arroz, fríjoles, cuidar los niños y salarios, estas cosas también conciernen a las mujeres trabajadoras, amas de casa, madres". *Véase Brasil Mulher*, edición especial, marzo 1979.

43 *Em Tempo*, marzo 1979, citado en Moraes Nehring, "Familia e Feminismo", p. 246.

44 *Ibíd.*

45 *Ibíd.*

46 Moraes sostiene que algunas de las mujeres directamente vinculadas a tendencias de extrema izquierda "limpiaron" el documento final de su contenido más radical y de género. *Véase* Moraes Nehring, "Familia e Feminismo", p. 250.

47 "I Congreso da Mulher Paulista", documento final, marzo 1979. También reimpreso en *Brasil Mulher*, abril 1979.

48 *Rede Mulher*, "Retrato dos Clubes de Maes", p. 17.

49 Associação das Mulheres, en "O Movimento de Mulheres no Brasil", *Cadernos da Associação das Mulheres* 3, agosto 1979: otros seis grupos tocaron el tema de la autonomía en este momento. Este importante documento de movimiento, ampliamente distribuido entre sectores de la oposición y movimientos organizados en São Paulo, contiene "documentos de posición" sobre la naturaleza, contenido y dirección de la lucha de las mujeres tal como fue concebida por organizaciones feministas y femeninas en São Paulo y Rio de Janeiro.

50 A principios de 1980, las reuniones semanales de la Coordinación incluyeron representantes de nueve organizaciones explícitamente feministas, de 21 asociaciones vecinales de mujeres (incluyendo organizaciones como el actual movimiento unido de la Lucha por Guarderías, el Movimiento del Costo de Vida y la Asociación de Amas de Casa, cada uno de los cuales representaba docenas de grupos de la ciudad), de once sindicatos, entre ellos varios de oposición, de cinco asociaciones profesionales, de dos organizaciones comunitarias, de tres asociaciones de estudiantes, de dos divisiones de mujeres de partidos políticos (el único partido político legal de oposición, el MDB, y la Convergencia Socialista Trotskysta), de dos grupos de movimientos sanitarios y de la división de mujeres del Movimiento Negro Unificado.

51 Muchas de las feministas con las que hablé creían que existían varias "organizaciones fantasmas" entre las 56 representadas en la Coordinación, grupos sin ninguna base social real formados exclusivamente con el propósito de inundar la Coordinación con miembros adicionales de una tendencia particular.

52 Entrevista con un miembro fundador del CMB, participante en la Coordinación del I, II y III Congresos de Mujeres Paulistas, y miembro del Centro Informação Mulher, São Paulo, agosto 10, 1983.

53 Para un análisis sobre el sancionamiento de la violencia contra la mujer en nombre del "honor" en la ley brasileña, *véase* Mariza Correa, *Morte em Familia: Representações Jurídicas de Papeis Sexuais*, Rio de Janeiro, Graal, 1983, y *Crimes de Paixao*, São Paulo, Brasiliense, 1981. *Véase* también Danielle Ardaillon y Guita Frin Debert, *Quando a Vitima e Mulher: Analise de Julgamentos de Crimes de Estupro, Espancamento e Homicidio*, São Paulo y Brasília, Cedac y Conselho Nacional dos Direitos da Mulher, 1987; y, Americas Watch, *Criminal Injustice: Violence Against Women in Brazil*, New York, Americas Watch, 1991.

54 Citado en *Jornal do Brasil*, marzo 10, 1980. Esta demanda fue hecha a pesar de que las mujeres pobres y trabajadoras constituían la mayoría de las participantes y que las representantes de los grupos vecinales de mujeres y de organizaciones sindicales formaban parte del panel que presidía el Congreso. Cuando la Asociación de Trabajadoras Domésticas y mujeres del Movimiento Negro Unificado pidieron representación en el panel, una representante de cada uno fue invitada inmediatamente a tomar asiento entre aquellas que presidían el congreso.

55 Moraes, "Familia e Feminismo", pp. 265-277, provee una discusión detallada de estos controversiales eventos. Mi propio recuento del II Congreso recae principalmente en innumerables conversaciones con participantes de movimientos feministas en São Paulo y entrevistas con mujeres involucradas con una de las tendencias políticas tenidas como responsables de los disturbios, como también un completo resumen de la cobertura de los eventos y de documentos internos de la Coordinación.

56 Maria Carneiro da Cunha, "Tumultos e Polemica no 2o. Congresso da Mulher", *Folha de São Paulo*, marzo 10, 1980.

57 Esta distinción crucial respecto a luchas "sobre" y luchas "dentro" de movimientos sociales en el contexto brasileño es desarrollada por Margaret Kreck en su incisivo análisis de las dinámicas del nuevo sindicalismo en los años setenta. *Véase* su "Labor in the brazilian transition", en *Democratizing Brazil*.

58 Los militares habían disuelto los partidos anteriores al golpe en 1965 y crearon dos partidos nuevos: Alianza de Renovación Nacional, Arena, el partido oficial del gobierno, y el Movimiento Democrático Brasileño, MDB, el partido "oficial" de oposición. Sobre el rol de los partidos y las elecciones en la transición brasileña, *véase* Bolivan Lamounier, "Authoritarian Brazil revisited: The impact of elections on the abertura", en *Democratizing Brazil*. *Véase* también David Fleischer, "De la distensión a la apertura político-electoral en Brasil", *Revista Mexicana de Sociología*, 44:3, julio-septiembre, 1982, pp. 961-998.

59 Estas tensiones fueron impulsadas deliberadamente por el régimen, el cual en noviembre de 1981 decretó que el voto por listas únicas sería obligatorio. Por tanto, participantes del movimiento no pudieron apoyar candidatos de partidos diferentes.

60 Varias de mis entrevistadas que se comprometieron en políticas de partido sugirieron que muchas de estas mujeres, no obstante, eran simpatizantes activas del PT o bien del PMDB, así defendieran ferozmente la autonomía del movimiento.

61 La polarización del movimiento difirió en otros estados brasileños donde el PT no emergió como una fuerza política significativa. Por ejemplo, las lealtades de los movimientos de mujeres fueron divididas entre el PMDB, PT y PDT (el partido social-demócrata encabezado por Leonel Brizola) tanto en Rio de Janeiro como en Rio Grande do Sul.

62 Sobre la relación entre movimientos de mujeres y partidos políticos, *véase* Iara Matia Ilgenfritz da Silva, "Movimentos de Mulheres e Partidos Políticos: Antagonismos e Contradições", documento presentado en el V Encontro Anual de Anpocs, Nova Friburgo, Rio de Janeiro, 1981; Fanny Tabak y Silvia Sánchez, "Movimentos Feministas e Partidos Políticos", documento presentado en el mismo Encontro, 1981; Silvia Pimentel, "A Necessaria Participação Política no Brasil", documento presentado en la XII Conferencia Internacional de la Asociación de Estudios Latinoamericanos, Albuquerque, Nuevo México, abril 1985. Para una discusión completa sobre movilizaciones de partido de mujeres y "plataformas de mujeres" partidarias, *véase* Sonia E. Álvarez, *Engendering Democracy in Brazil*, capítulos 6 y 7.

63 "Proposta das Mulheres do PMDB para o Governo", 1982.

64 Goberno do Estado de São Paulo, Decreto No. 20, 892, Diario Oficial, abril 5, 1983.

65 Montoro no asignaba mujeres a ninguno de los 24 puestos de su gabinete de Estado, y sólo dos fueron nombradas en el gabinete municipal, en puestos que tradicionalmente han sido ocupados por mujeres en democracias liberales: la Secretaría Municipal de Bienestar Social y de la Familia (Secretaria Municipal da Familia e Bemestar Social) y la Secretaría Municipal de Educación (Secretaria Municipal de Educação).

66 Governo do Estado de São Paulo, Conselho da Condição Feminina, boletín sin título, 1984.

67 Coletivo Feminista Sexualidade e Saúde, "Brasil: Mujeres y Salud", en *La salud de las mujeres: la experiencia de Brasil, reflexiones y acciones internacionales*, editado por ISIS Internacional, Santiago, Chile, ISIS, 1985, p. 11.

68 *Ibíd.*

69 Entrevista informal con Ana Maria P. Pluciennik, coordinadora del Programa de Salud para la Mujer, Secretar de Saúde, São Paulo, 21 de agosto, 1985.

70 Desde su creación, la Delegacia ha reportado estar recibiendo entre 200 y 300 quejas por día, para un total de más de 6.000 en su primer año de operación. Similares "precintos de mujeres" han sido instalados en otras partes del gran São Paulo y en otras ciudades brasileñas.

71 "Carta das Mulheres aos Constituintes de 1987", *Conselho Nacional dos Direitos da Mulher*, panfleto, diciembre 1986.

72 Para un análisis detallado de los desarrollos de la política de género en los años ochenta, *véase* Sonia E. Álvarez, *Engendering Democracy in Brazil*, capítulos 8-10.

73 Florisa Verucci, "Women and the New Brazilian Constitution", *Feminist Studies*, 17, No. 3, otoño 1991, p. 559.

74 *Ibíd.*, p. 562.

75 Sobre las estrategias de CNDM y movimientos feministas para influir sobre la Asamblea Constituyente y el proceso de reforma popular, *véase* mi *Engendering Democracy in Brazil*, pp. 251-255.

76 James Brookes, "Ulcer drug tied to numerous abortions in Brazil", *The New York Times*, mayo 19, 1993.

77 Leila de Andrade Linhares Barsted, "Legalization and decriminalization of abortion in Brazil: Ten years of feminist struggle", *Estudios Feministas*, Vol. 0, No. 0, 1992, p. 180.

78 *Ibíd.*, p. 181.

79 Jacqueline Pitanguy, "Políticas públicas y ciudadanía", en *Transiciones: mujeres en los procesos democráticos*, editado por ISIS Internacional, 1990, p. 21. Sobre las múltiples contradicciones que confrontaron los consejos y delegaciones, *véase* Engendering Democracy in Brazil, Capítulo 10. *Véase* también Danielle Ardaillon, "Estado e Mulher-Conselhos dos Direitos da Mulher e Delegacias de Defesa da Mulher" (manuscrito sin publicar, 1989), y Sonia E, Álvarez, "Contradictions of a 'woman space' in a male-dominant state: The political role of the commissions on the status of women in postauthoritarian Brazil", en *Women, International Development, and Politics: The Bureaucratic Mire*, editado por Kathleen Staudt, Philadelphia, Temple University Press, 1990.

80 Jorge Bitar (ed.), *O Modo Petista de Governar*, São Paulo: Secretaria Nacional de Assuntos Institucionais, 1992, p. 188.

81 *Coordenadoria Especial da Mulher*, Secretaria de Negocios Extraordinarios, Prefeitura do Municipio de São Paulo, panfleto, 1990.

82 Entrevista con Teres Verardo, coordinadora del sector de Violencia contra la Mujer de la Coordenadoria de São Paulo, septiembre 11, 1991.

83 *Mulheiro*, diciembre 1986-febrero 1987.

84 Basado en observación participativa en el Encontro Estadual das Mulheres do PT, organizado por la Comissao de Mulheres do PT, São Paulo, junio 25, 1988.

85 Entrevista con Ivete García, directora, Assessoria dos Direitos da Mulher, Gabinete do Prefeito, Prefeitura Municipal de Santo Andre, septiembre 19, 1992; y con Sonia Calió, consultora de la Assessoria, septiembre 17, 1991.

86 Entrevistas con Liege de Pauli y Teresa Verardo de la Coordenadoria Especial da Mulher, Prefeitura Municipal de São Paulo, septiembre 11, 1991; y, con Cibele Simao Lacerda, directora, Coordenadoria Especial da Mulher, Prefeitura Municipal de Santos, septiembre 4, 1991.

87 Sara Nelson, "Women's Police Stations in Brazil: The dynamics of institutional resistance", documento presentado en el Foro sobre la Mujer y el Estado en Brasil, Universidad de California en Berkeley, febrero 19, 1993, p. 19.

88 *Ibíd.*, p. 17.

89 Reproducido en la cubierta posterior de *Enfoque Feminista*, una publicación producida y editada conjuntamente por seis grupos feministas de São Paulo, Vol. 3, No. 4, abril 1993.

90 America's Watch, *Criminal Injustice in Brazil*, p. 4.

91 *Ibíd.*

92 Conselho Estadual da Condição Feminina, *Respeito: Conquistamos na Lei, Conquistaremos na Practica*, São Paulo, CECF, 1991. Esta discusión también abarca entrevistas formales con Maria Teresa Augusti, presidente, Conselho Estadual da Condição Feminina, y miembros de la Comisión sobre Violencia del CECF, São Paulo, septiembre 18, 1991.

93 Conselho Estadual da Condição Feminina, *A Lei e a Vida: Convenção Paulista sobre a Eliminação de Todas as Formas de Discriminação contra a Mulher*, São Paulo, CECF, 1992.

94 En 1993, Cfemea publicó un amplio estudio sobre legislación pendiente en el Congreso en las áreas de violencia, trabajo, bienestar, salud y educación, con el objetivo de unir activistas de movimientos de mujeres para ejercer presión sobre el Congreso en estas materias y otras áreas de política de interés para las mujeres, las cuales estaban estancadas. *Véase* Cfemea, *Pensando Nossa Cidadania: Propostas para uma Legislação Não Discriminatória*, Brasília, D.F., Cfemea, 1993.

95 Esta discusión se basa en entrevistas formales con Edna Roland, miembro del Colectivo de Mujeres Negras de São Paulo y de la Comisión de Mujeres Negras del Consejo Estatal de São Paulo sobre el Estatus de la Mujer, São Paulo, junio 24, 1988; Sueli Carneiro, igualmente miembro del Colectivo y directora del Programa de Mujeres Negras del CNDM, Brasília, junio 29, 1988; Nilza Iraci, miembro del Geledes-Instituto de Mulher Negra, São Paulo, septiembre 27, 1991; y dos miembros del Coletivo de Mulheres Negras da Baixada Santista y de la Casa de Cultura da Mulher Negra, Santos, octubre 6, 1991.

96 Coletivo de Mulheres Negras da Baixada Santista, *Boletim*, No. 0, sin fecha.

97 Geledes-Instituto da Mulher Negra, *Programa de Saúde*, panfleto, sin fecha.

98 Geledes-Instituto da Mulher Negra, Programa de Saúde, *Cadernos Geledes* 2: "Esterilização: Impunidade ou Regulamentação?", São Paulo, Geledes, 1991.

99 *Lesbertária* 1, No. 1, mayo 1993, p. 3, énfasis en el original.

100 Para una elaboración teórica sobre género y Estado en Brasil y el Cono Sur, *véase* mi *Engendering Democracy in Brazil*, especialmente los capítulos 1, 10 y 11.

Movimiento de mujeres y producción de conocimientos de género: Chile, 1978-1989[*]

Teresa Valdés E.

La producción de conocimientos sobre la condición o la discriminación de la mujer está relacionada en Chile con los acontecimientos nacionales, así como con el contexto latinoamericano y mundial en que surge la temática de género, entendido como la construcción social del ser mujer u hombre, que da origen a una división sexual del trabajo y a la jerarquización entre los sexos. El movimiento de mujeres, en uno y otro lugar, ha sido el impulsor de la creación de conocimientos de la realidad en que viven las mujeres, los cuales permitirían un cambio de su situación histórica de opresión.

Aquí se intenta develar las relaciones entre movimiento social de mujeres y la producción y utilización de conocimientos de género en Chile, y cómo ese movimiento constituye un campo específico de circulación de conocimientos articulado con el desarrollo de la investigación en las ciencias sociales entre 1978 y 1989.

Movimiento de mujeres, movimiento social

Entendemos el movimiento de mujeres como un proceso social amplio que, involucrando innumerables actoras, individuales y colectivas, da origen a un actor social a partir de un conflicto, de una identidad y de una voluntad de acción transformadora. El movimiento social de mujeres está constituido por el conjunto de experiencias colectivas más o menos estructuradas, desarrolladas por mujeres, que se expresan en un sistema de acciones que abarca dimensiones tanto comunitarias como sociales y públicas y que se plantea en lo individual y en lo colectivo[1]. Apunta a un conflicto con la organización jerárquica de las relaciones entre los sexos, desde el espacio considerado privado a toda la sociedad. Propone el cambio cultural y social, pero no tiene un proyecto social-político construido de antemano. El senti-

* Este artículo resume los resultados de uno de los estudios de caso de la investigación realizada por Flacso, "Distribución y usos del conocimiento producido por la investigación social en Chile, 1978-1989", publicados en el Documento de Trabajo "El movimiento social de mujeres y la producción de conocimientos sobre la condición de la mujer", en marzo de 1993.

do de su acción es la producción de una cultura igualitaria que se expresa y prefigura en realidades concretas: grupos, organizaciones, colectivos, redes, centros, casas, espacios, etc., de mujeres. La propuesta inscrita en su práctica transformadora tiene muchas caras, herramientas y esferas de desarrollo, desde la relación de la pareja humana hasta el poder social global. En cada una se constituyen actoras particulares, con instrumentos propios de esa esfera. El cambio personal, que parte de la autovaloración, es constitutivo del movimiento. De este modo el movimiento actúa colectivamente en lo personal.

Este movimiento no es homogéneo, pero tiene, como un momento básico de su existencia, la "experiencia de igualdad compartida" y los espacios de creación de iniciativa, donde se supera la dicotomía masculino-femenino. La construcción de identidad, personal y colectiva, y de solidaridad son procesos sustantivos en la existencia del movimiento y sus componentes. La identidad permite situarse y reconocerse en un "nosotras", hacerse cargo de los costos de la acción colectiva y constituirla; la solidaridad es el medio de garantizar la identidad. En su desarrollo hay momentos de visibilidad y articulación y tiempos de latencia en que el cambio que propone vive y se prefigura en la multiplicidad de pequeñas instancias que lo conforman. Las mujeres del movimiento rompen en sus prácticas con los límites del orden en que se sitúan, cuestionan reglas, normas, formas de opresión y subordinación.

Aun cuando la completa transformación de la cultura también involucra el cambio en el poder constituido, mantenemos aquí una mirada que abarca toda la gama de prácticas sociales y conductas colectivas, desde las pequeñas prácticas grupales hasta aquellas que se encaminan a la obtención de cuotas de poder en el marco de un conflicto institucionalizado. Esta noción nos permite dar cuenta de la dinámica interna del movimiento, más allá de su visibilidad o inserción en el escenario de actores políticos. El movimiento de mujeres, visto así, no privilegia lugares de acción en la medida en que la apropiación del sentido y de la motivación de la acción es la apuesta de sus integrantes.

Este concepto de movimiento social incluye el movimiento feminista como un polo de su corporeidad. Su acción puede ser leída como la "vanguardia" de un proceso, como construcción racional de su utopía o de su "imaginario", que va desplazando los límites de lo posible establecido por la cultura hegemónica encarnada en el sentido común. Ha cumplido y cumple un rol de primordial importancia en cuanto ha definido una "política" de mujeres, estableciendo temas y reivindicaciones que han hecho parte hoy día del sentido común. Sin embargo, el movimiento de mujeres no se agota en él.

En cuanto proceso social, el movimiento de mujeres tiene historicidad, se sitúa en el tiempo y en el espacio y ha adquirido particularidades y rasgos específicos. Expresión de este movimiento, a partir de la década de los años sesenta, es el desarrollo de un pensamiento científico y político feminista que posee múltiples variantes y expresiones, y que hoy día cuenta con centros académicos en muchos países, programas de formación sistemática sobre la condición femenina, así como desarrollos en la psicología, sociología, ciencia política, historia, medicina.

Movimiento de mujeres en Chile (1973-1993)[2]

Chile vio nacer en la segunda mitad de los años setenta un movimiento social creativo y dinámico. Su recorrido siguió diferentes momentos a partir de 1973. Tras el golpe militar de ese año, en una primera etapa (1973-1976), las mujeres se organizaron principalmente en defensa de la vida, para responder a la violación de los derechos humanos, el desempleo y la represión. A través de diversas instituciones religiosas se crearon organismos de defensa y protección de los derechos humanos[3]. Estas instancias dieron la posibilidad de agruparse y organizarse a las mujeres. Las parroquias crearon los primeros comedores infantiles y los talleres laborales que se multiplicaron y originaron otros grupos: ollas comunes, talleres artesanales y solidarios, grupos de salud, centros de atención de preescolares, etcétera.

Asimismo, las mujeres con familiares víctimas de la represión se agruparon y crearon organizaciones[4] que han demandado verdad y justicia durante la dictadura y la transición. Como organización de apoyo surgió la Agrupación de Mujeres Democráticas, que combinó el apoyo económico con la denuncia y la reivindicación política.

Las mujeres trabajadoras de partidos políticos de la oposición crearon el Departamento Femenino de la Coordinadora Nacional Sindical, de gran relevancia en la articulación de un movimiento de mujeres.

En un segundo período (1977-1981), las mujeres comenzaron a preguntarse por su problemática específica, tomaron conciencia de su condición de discriminadas y realizaron acciones para denunciar y modificar esta situación. En 1977 se constituyeron los primeros núcleos de profesionales feministas que se reunían a estudiar la situación de la mujer en Chile, que posteriormente formaron el Círculo de Estudios de la Mujer. Se inició entonces la producción de conocimientos con documentos de trabajo y de discusión. En 1979 nació la Comisión de Derechos de la Mujer, a partir de la Comisión Chilena de Derechos Humanos, para elaborar material de apoyo y capacitar a grupos de mujeres sobre su condición en el marco jurídico vigente.

En los sectores populares también se conformaron grupos de pobladoras, a partir de las organizaciones de base existentes, con el objeto de incorporar mujeres a la acción y reflexión sobre su condición[5].

En una tercera etapa (1982-1986), las mujeres se movilizaron por la democracia con sus demandas específicas. Es el período de auge del movimiento de mujeres, con gran cantidad de grupos, una abrumadora participación nacional, ocupación de diferentes espacios y presencia en las "protestas nacionales" contra la dictadura.

En la esfera académica y profesional se crearon diversos centros especializados en el trabajo con y para mujeres, redes de comunicación y varios programas de investigación y apoyo en organismos no gubernamentales, ONG; programas estrechamente ligados con la capacitación a sectores populares realizados por mujeres del movimiento. Se acumularon folletos, cartillas, documentos de trabajo y algunos libros. En seminarios y jornadas se intercambiaron experiencias y se introdujeron al debate y la reflexión, temas surgidos de la voluntad de transformar la condición femenina y las vivencias cotidianas de opresión.

En el movimiento se constituyeron nuevos grupos y organizaciones que se aglutinaron mayoritariamente en la coordinadora Memch 83 (Movimiento pro Emancipación de la Mujer Chilena)[6]. El año 1983 marcó un hito al constituirse los principales entes de articulación de organizaciones, el Memch 83 y Mujeres por la Vida, que tuvieron una marcada presencia dentro del movimiento nacional de lucha contra la dictadura.

En varios partidos políticos las mujeres crearon instancias de participación, los profesionales constituyeron nuevos grupos de reflexión y surgió el Movimiento Feminista. Las trabajadoras mantuvieron su acción a través de la Coordinadora Nacional Sindical y la Comisión Nacional Campesina.

Muchos de estos grupos abrieron casas para mujeres, como La Morada, el Memch 83, el Colectivo de Mujeres de Peñalolén, que desarrollaron escuelas de verano, boletines, talleres de capacitación y autoconciencia para relacionar a profesionales y mujeres de base. En este período se elevan demandas y pliegos que sintetizaban las reivindicaciones femeninas, tanto en el marco del Decenio de Naciones Unidas para la Mujer (Nairobi, 1985) como en el ámbito nacional para la Asamblea de la Civilidad (1986).

En un cuarto período (1987-1989), las mujeres formularon sus propuestas para la democracia con base en los diagnósticos acumulados, declinaron las actividades públicas y ante la coyuntura del plebiscito de 1988, se involucraron en su preparación y para asegurar la victoria del NO —no sin enfrentar conflictos debido a las diversas posturas político-partidistas respecto de dicho evento—. En este contexto el Movimiento Feminista publicó las "Demandas de las mujeres a la democracia".

Con las elecciones presidenciales y parlamentarias como horizonte, las organizaciones de mujeres se articularon en la Coordinación de Organizaciones Sociales de Mujeres y, en el ámbito partidario, en la Concertación de Mujeres por la Democracia (ambas creadas a fines de 1988). Dicha concertación creó comisiones temáticas en las que participaron decenas de profesionales, políticas y feministas que elaboraron un Programa de Gobierno para la Mujer[7]. En este período de fuertes negociaciones políticas para definir candidaturas y cargos en el futuro gobierno, surgieron mayores dificultades y tensiones entre el movimiento social y los partidos políticos, así como en la capacidad del movimiento de mujeres de hacer valer sus reivindicaciones y posiciones frente a la coyuntura y a los proyectos políticos generales[8].

Por último, a contar de 1990 las mujeres se incorporaron al proceso de transición. Con el triunfo del presidente Aylwin se instaló un gobierno que ha tenido la tarea de redemocratizar la sociedad a partir del modelo autoritario impuesto y la Constitución Política que lo consagraba, y se puso en marcha un programa de gobierno que incluía las propuestas de las mujeres. En el Parlamento fueron elegidas siete diputadas y dos senadoras, y en el poder ejecutivo sólo se designaron tres subsecretarias. Sin embargo, a poco andar se inició el proceso de creación, mediante ley de la República, del Servicio Nacional de la Mujer, Sernam, propuesto por las mujeres. Una vez creado, su directora se incorporó al gabinete ministerial por tener rango de ministro. Fue un tiempo de grandes desafíos y aprendizajes, en lo institucional, lo legal, en la formulación de políticas y en la ocupación de los nuevos espacios. Fue un proceso de difícil adaptación por el cambio del escenario político institucional y el restablecimiento del privilegio a los partidos por sobre los movimientos sociales. Las organizaciones femeninas de base son las únicas que sobreviven en el sector popular. Algunas mujeres de las ONG y los centros académicos asumen cargos en el gobierno y se crean oficinas de la mujer en los municipios democratizados y otros organismos. No hay visibilidad del movimiento, pero se mantiene su acción. La producción de conocimientos se multiplica y apunta de manera creciente a la formulación de políticas y programas para la mujer, al tiempo que se abren algunas cátedras en universidades tradicionales. Varias mujeres de los partidos luchan y obtienen cuotas de participación en cargos directivos y compiten en las candidaturas a cargos de representación. Se multiplican las escuelas para el liderazgo femenino fundadas por mujeres de las ONG y centros académicos. Una mujer es elegida vicepresidenta en la Central Unitaria de Trabajadores.

Se crea en Santiago una Radio para la Mujer y se abren numerosos espacios en medios de comunicación.

LA PRODUCCIÓN DE CONOCIMIENTOS DE GÉNERO (1978-1989)[9]

En Chile, sólo a partir de mediados de los años setenta comienza una producción sistemática de conocimientos sobre la condición de la mujer[10]. Dicha producción —investigaciones, estudios y análisis— surge y se relaciona con la situación de autoritarismo por la que atravesó el país[11], aunque tiene sus raíces en el movimiento feminista de los años sesenta y su lucha organizada que permitió hacer visible la situación subordinada y discriminada en que se encuentra la mujer, así como la constitución del género como objeto de estudio. Al decir de Eugenia Hola, en Chile, tras el golpe militar:

> Se gesta un espacio de articulación de las luchas por los derechos humanos y la democracia con la lucha por la liberación de la mujer que integra a diversos segmentos de clase (profesionales, pobladoras, obreras, etc.). Las resistencias y contrarrespuestas que se proyectan desde las mujeres al ámbito de la lucha social requirieron no sólo de formas orgánicas, métodos y estilos más diferentes y más democráticos de realizar la política sino, a la vez, de un tipo de reflexión académica que recogiera los temas fundamentales desde una óptica feminista, la diversidad en tanto grupo social y la realidad de un país en desarrollo signado por una crisis multidimensional; esto es, se ponen en juego teorías, actores y contexto sociopolítico[12].

No obstante, como en todo desarrollo científico, fue necesario el surgimiento de un recurso humano capaz de producir esos conocimientos. En este caso no hubo una formación previa de científicas o científicos especializados, sino que objeto de estudio y analista fueron construyéndose mutuamente, recogiendo lo producido en otras latitudes, haciéndose nuevas preguntas desde una percepción o sensibilidad diferentes, en especial buscando hacer visible una dimensión de la realidad silenciada, negada. Este proceso de producción fue posible, además, por la existencia de financiamiento y porque al institucionalizarse generó condiciones de prestigio, difusión y utilización de los conocimientos de género.

El nacimiento de esta nueva temática se dio cuando las universidades habían sido intervenidas y muchos académicos fueron exonerados o enviados al exilio por la dictadura; entonces surgieron "centros académicos independientes" u "organismos no gubernamentales"[13]. El estudio de la condición/discriminación femenina, salvo contadas excepciones, no se presentó en el marco de los espacios tradicionales de producción científica, sino en este nuevo ámbito "informal" de las ciencias sociales que se creó con dificultad y que depende, casi por completo, de recursos financieros y apoyo extranjeros. De hecho, la situación política académica de las universidades históricas se tradujo en una fuerte segmentación de la investigación; esto originó que ciertas temáticas quedaran circunscritas y prácticamente confinadas al ámbito no universitario, como el caso estudiado.

Las productoras de conocimientos generan desde su propia experiencia e interés las preguntas que dan origen a la investigación y lo hacen desde el movimiento social de mujeres más que desde espacios académicos. Este proceso sigue un itinerario que comienza con la creación de espacios de reflexión de mujeres profesionales, del Círculo de Estudios de la Mujer de la Academia de Humanismo Cristiano (1979) y posteriormente el Centro de Estudios de la Mujer (CEM, 1984). Este hilo conductor da cuenta al mismo tiempo de un proceso más amplio que se traduce primero en la realización —en otros espacios institucionales— de investigaciones aisladas y después en programas de acción e investigación sobre la condición femenina.

En la medida en que el impulso viene desde las mujeres y no desde la "intelligentsia" socialmente constituida y hegemónica, se trata de un proceso difícil que expresa una vez más la invisibilidad femenina y su marginalidad. Con frecuencia se ha tratado de iniciativas personales fragmentarias y aisladas de profesionales de algunas instituciones, desarrolladas con gran despliegue de energías y escasos recursos.

Sin embargo, el hecho que las mujeres comenzaran a ser consideradas un grupo destinatario específico de la cooperación internacional no gubernamental posibilitó la materialización de muchas iniciativas hacia ellas y algunos centros académicos o instituciones de promoción social incorporaron el tema de la mujer, si bien como una forma de lograr financiamiento y no como una política institucional prioritaria.

El proceso de producción de conocimientos, la especialización de investigadoras o investigadores y profesionales, así como la identificación de un rol de acompañamiento respecto al movimiento de mujeres, trajeron una acumulación y profundización del conocimiento de la condición femenina. Por otra parte, el aumento de programas y del interés por investigar en esta área temática creó condiciones de competitividad frente al financiamiento internacional; el sistema de evaluaciones, que forma parte de la práctica normal de estos centros académicos, favoreció el mejoramiento de la calidad del trabajo académico.

Sin embargo, la escasez de recursos financieros y las necesidades de acción de las propias mujeres impide que la producción de conocimientos se traduzca en la publicación de los mismos; además, no son temas prioritarios para las editoriales. A esto se suma el fuerte impuesto que sufrieron los libros en nuestro país.

Los conocimientos sobre la condición de la mujer[14] se encuentran en diveros formatos: investigaciones, análisis, monografías, sistematizaciones, así como ponencias, informes de encuentros y seminarios, guías y material educativo, y propuestas de cambio o proyectos de ley que se asocian a las etapas de producción, difusión y utilización de los mismos.

En la medida en que producción y distribución de conocimientos están estrechamente ligados al movimiento de mujeres, una misma investigación da origen a libros y artículos y debates académicos, pero también a folletos, presentaciones en talleres y foros, organizados por el movimiento. La acción educativa o de promoción con grupos de mujeres —la práctica social del movimiento en sus grupos de base popular— genera también otro tipo de conocimientos recogidos por la ciencia social: las sistematizaciones de proyectos de acción.

El Cuadro 1 muestra la distribución de las 443 fichas agrupadas por año, según área temática. Las que tienen mayor volumen de producción son: organizaciones sociales y actores sociales, salud, economía y trabajo, políticas, sistemas y procesos, legislación, violencia en contra de la mujer, educación y capacitación, cultura, movimientos sociales, identidad de la mujer y teoría y análisis. Estas áreas temáticas coinciden con el quehacer y el desarrollo del movimiento de mujeres en el período: se refieren al diagnóstico de la condición —de discriminación/opresión— femenina (economía y trabajo, política, legislación, educación, ciclos de vida), a la elaboración de identidad, a sus propias actividades como movimiento social (organización social y actores sociales, identidad de la mujer, movimiento social, ideología) y a aquellos nudos de la condición femenina que necesitan una urgente transformación personal y social, además de las necesidades que surgen del diagnóstico más estructural y legal (violencia en contra de la mujer, salud reproductiva, salud mental, sexualidad, participación en el mercado laboral y situación jurídica).

La categoría organizaciones sociales y actores sociales reúne gran número de registros bibliográficos y representa el ámbito de mayor estudio y reflexión de las mujeres. Podemos suponer que esta numerosa producción refleja el esfuerzo de las mujeres por transmitir, dar cuenta de, y analizar sus acciones y organización, y que apunta a la necesidad de legitimar espacios y roles como actor social en la sociedad civil y en la vida política. Sus autores son en su mayoría mujeres, predominan las investigadoras a quienes reconocemos activas en el movimiento de mujeres, muchas de ellas feministas, seguidas de investigadoras que son a la vez feministas y políticas, algunas son mujeres que retornaron del exilio y otras, dirigentes de organizaciones sociales. Su producción se inicia en 1980 y va aumentando lentamente hasta transformarse en un tema de primera relevancia a partir de 1986.

CUADRO 1
REGISTROS BIBLIOGRÁFICOS POR AÑO SEGÚN ÁREA TEMÁTICA
(Valores absolutos)

	1978	1979	1980	1981	1982	1983	1984	1985	1986	1987	1988	1989	S/F	Total
1. Organización social y actores sociales	-	-	1	1	1	4	3	4	16	12	10	20	4	76
2. Salud	-	-	-	-	1	1	3	6	8	5	17	6	1	48
3. Economía y trabajo	-	1	1	-	1	-	9	4	4	7	8	9	4	48
4. Política. Sistemas y procesos	-	-	-	-	-	1	2	2	9	4	6	10	-	34
5. Legislación	-	-	-	-	1	2	2	3	7	2	11	2		30
6. Violencia en contra de la mujer	-	-	-	-	-	-	-	-	3	7	10	9	1	30
7. Educación y capacitación	1	-	-	-	-	-	-	5	1	4	4	10	2	-	27
8. Cultura	-	-	-	-	-	-	-	5	2	2	-	-	12	1	22
9. Movimientos sociales	-	-	1	-	-	1	-	-	5	6	1	1	3	18
10. Identidad de la mujer. Teoría y análisis	-	-	-	2	-	-	2	5	2	2	2	3	-	18
11. Familia y pareja	-	-	-	-	-	-	2	2	8	-	2	-	-	14
12. Sexualidad	-	-	-	-	-	-	-	2	3	1	3	2	1	12
13. Agricultura y desarrollo rural	-	-	-	1	-	-	1	1	1	2	2	-	8
14. Cooperación para el desarrollo	-	-	-	1	-	1	-	3	-	1	1	1	8
15. Metodología de trabajo con grupos	-	-	-	-	-	-	2	1	3	-	-	-	1	7
16. Ideologías	-	-	1	-	1	-	-	1	3	1	-	-	-	7
17. Comunicación e información	-	-	-	-	-	1	-	1	2	-	-	2	1	7
18. Ciclos de vida	-	-	-	1	-	1	-	1	1	1	-	1	-	6
19. Alimentación, nutrición y lactancia	-	-	-	-	-	-	-	1	-	2	1	2	-	6
20. Demografía	-	-	-	-	-	-	1	-	-	1	1	1	-	4
21. Investigación, desarrollo científico y nuevas tecnologías	-	-	-	-	-	-	-	-	3	-	1	-	-	4
22. Violencia social	-	1	-	-	-	-	-	-	-	-	-	1	-	2
23. Derechos humanos	-	-	-	-	-	-	-	-	-	1	1	-	-	2
24. Bibliografías, directorios	-	-	-	-	-	-	-	1	1	-	-	-	-	1
25. Consumo	-	-	-	-	-	-	-	-	-	-	1	-	-	1
26. Paz y desarme	-	-	-	-	-	-	-	-	-	1	-	-	-	1
27. Medio ambiente y urbanismo	-	-	-	-	-	-	-	-	-	-	1	-	-	1
Total	1	2	4	4	6	10	37	37	85	62	80	95	20	443

En su conjunto, la distribución temporal de la producción/publicación sobre la mujer en Chile refleja el proceso de acumulación de conocimientos sobre la condición femenina. Ésta comienza en 1978, con un texto de gran relevancia[15] que tiene el mérito de haber reunido artículos y análisis variados existentes hasta la fecha, más algunos estudios especialmente encomendados que muestran la situación de la mujer en Chile —sus organizaciones, su situación jurídica, educacional, cultural, laboral—. La producción se incrementa lentamente y alza el vuelo a partir de 1984. En este proceso confluyen dos grandes corrientes: el impacto del Decenio de Naciones Unidas para la Mujer y el desarrollo del Movimiento de Mujeres Chileno a través de sus organizaciones y los programas e instituciones especializadas, articuladas de uno u otro modo con él. En 1985 culmina el Decenio con una gran Conferencia y Foro en Nairobi, Kenia, y 1986 es el año de mayor movilización de mujeres en nuestro país en el marco de la acción antidictatorial. En el Cuadro 1 se marca, en estas fechas, un salto en la producción que refleja la maduración y acumulación de un trabajo de varios años. Corresponde también al aumento de espacios institucionales desde los cuales se aborda la problemática de la mujer (académicamente y en programas de acción).

Por otra parte, la proximidad del retorno a la democracia, con el incremento de la actividad social y política, sus debates, propuestas y demandas, también se refleja en esta progresión: en 1988 y 1989 hay elevados niveles de producción, especialmente en los temas de organización, salud, economía y trabajo, política, legislación, violencia en contra de la mujer y cultura.

Los autores o las autoras provienen en su mayoría del mundo de las ciencias sociales. También hay profesionales de la salud y de ciencias básicas. La casi totalidad está integrada a instituciones que actúan como editoras: nacionales, internacionales y extranjeras, agrupaciones y organizaciones de diverso tipo, revistas y diarios y algunos programas o proyectos de duración limitada. La autoría de organizaciones de mujeres es baja.

La inserción institucional de las productoras, de acuerdo con el número de registros, se da en centros académicos especializados en el tema o en programas de la mujer, en ONG que trabajan con mujeres y también en algunas universidades y organismos de Naciones Unidas que cuentan con unidades de la mujer o análogos. Los conocimientos acerca de la realidad de la mujer emanan de las propias interesadas y de los programas e instituciones que ellas constituyen. Por tanto, ellas son el principal circuito de valoración de sus productos. Las universidades chilenas, lentamente van integrando estas temáticas, dando cabida a tesis de grado, investigaciones y en ocasiones a propuestas de cambio[16].

Respecto del tipo de publicación a que corresponden las fichas bibliográficas, existen diversos factores que inciden en los formatos: tipo de institución editora (centro académico, universidad, ONG de acción, etc.), disponibilidad y tipo de financiamiento (para investigación académica o para la acción social), tipo de evento (seminario, congreso, jornada), patrocinio, acceso a revistas o a los medios de comunicación. Todos estos factores, unidos a las necesidades de los usuarios o las usuarias dan como resultado la producción que aquí analizamos. Para estos efectos hemos clasificado las fichas y organizado el conjunto de categorías en torno a las fases del circuito producción-difusión-utilización de conocimientos, aun cuando esas etapas no son excluyentes.

El Cuadro 2 muestra la distribución de los registros según su formato y la etapa en el proceso de producción/distribución/usos del conocimiento a que corresponden.

Es interesante observar que el 60,5% de los registros se relacionan directamente con la producción de conocimientos, mientras el 22,1% lo hace con formas y situaciones concretas de difusión. Las fichas que se aproximan a la utilización, en cuanto acciones específicas hacia el cambio de la situación, alcanzan al 17,4%. Sin duda, las condiciones en que se generan los conocimientos influyen poderosamente: la imposibilidad de incidir en las políticas o en los programas concretos gubernamentales facilita un énfasis en las denuncias, los análisis totales y experiencias de acción de organizaciones no oficiales llevadas a cabo por las ONG y los centros académicos independientes.

El Cuadro 3 sintetiza las publicaciones a que hemos hecho referencia, considera su ubicación en el proceso, las presenta desagregadas por áreas temáticas y permite apreciar los énfasis existentes en las distintas áreas temáticas respecto de la fase del proceso al que apuntan y, eventualmente, los déficit en cuanto a difusión y utilización de los conocimientos generados.

Para evaluar los conocimientos producidos examinamos las investigaciones, los análisis y las sistematizaciones.

Las investigaciones, independientemente del ámbito o de la disciplina dentro de la cual se enmarcan, son en su mayor parte estudios empíricos con énfasis descriptivo. El interés que subyace en estas investigaciones es superar la "invisibilidad" de las mujeres, de su acción y de su condición de subordinación. Los temas tratados son: vida cotidiana de mujeres populares, campesinas y mapuches, la doble jornada de trabajo de las mujeres insertas en el mercado laboral, el comportamiento reproductivo, las luchas de las mujeres durante la dictadura, los ámbitos simbólicos, aspectos de reproducción y sexualidad y participación política de las mujeres.

CUADRO 2
REGISTROS BIBLIOGRÁFICOS SEGÚN TIPO DE PUBLICACIÓN Y ETAPA EN
EL PROCESO DE PRODUCCIÓN-DIFUSIÓN-USOS DE CONOCIMIENTOS
(Valores absolutos y porcentajes)

	No.	%
Productos de la investigación		
Investigación	88	19,9
Análisis	139	31,4
Sistematización	26	5,9
Monografía	1	0,2
Evaluación	2	0,5
Testimonios/relatos de vida	10	2,3
Cronología	2	0,5
Subtotal	268	60,5
Difusión de conocimientos		
Ponencia	40	9,0
Informe de seminario	2	0,5
Folleto	15	3,4
Directorio	10	2,3
Compendio/compilación	19	4,3
Reportaje	12	2,7
Subtotal	98	22,1
Acciones resultantes		
Guías	43	9,7
Informe de encuentro/jornada	12	2,7
Informe programa	14	3,2
Propuesta	7	1,6
Ley	1	0,2
Subtotal	77	17,4
Total	443	100,0

La línea más importante de investigación se refiere a la discriminación
en que vive la mujer, la opresión y subordinación de género, a un orden o
cultura patriarcal, a la división social y sexual del trabajo, así como a los
roles tradicionales asignados a la mujer, o el modelo que le ofrece la cultura
(la "madre", etc.), a la socialización patriarcal y reproducción de estos elementos. De esta manera, se describe, constata y documenta la vigencia de
un orden y una cultura patriarcales.

Sin embargo, este esfuerzo descriptivo no va acompañado de una elaboración teórica propia, sino que se utilizan ciertos supuestos teóricos como
presupuestos básicos y orientación metodológica.

CUADRO 3
REGISTROS POR ETAPA DEL PROCESO PRODUCCIÓN-DIFUSIÓN-USO
SEGÚN ÁREA TEMÁTICA
(Valores absolutos y porcentajes)

Áreas temáticas	Producto investigación		Difusión Conocimientos		Acciones		Total
	No.	%	No.	%	No.	%	No.
1. Organización social y actores sociales	49	64,5	16	21,1	11	14,5	76
2. Salud	20	41,7	15	31,3	13	27,0	48
– salud	9	31,0	9	31,0	11	37,9	29
– salud reproductiva	8	72,7	3	27,3	-	-	11
– salud mental	3	37,5	3	37.5	2	25,0	8
3. Economía y trabajo	30	62,5	10	20,8	8	16,7	48
4. Política. Sistemas y procesos	26	76,5	4	11,8	4	11,8	34
5. Legislación	9	30,0	13	43,3	8	26,7	30
6. Violencia en contra de la mujer	12	40,0	13	43,3	5	16,7	30
7. Educación y capacitación	18	66,7	1	3,7	8	29,6	27
8. Cultura	10	45,5	11	50,0	1	4,5	22
9. Movimientos sociales	13	72,2	5	27,8	-	-	18
10. Identidad de la mujer. Teoría y análisis	17	94,4	1	5,6	-	-	18
11. Familia y pareja	13	92,9	1	7,1	-	-	14
12. Sexualidad	10	83,3	-	-	2	16,7	12
13. Agricultura y desarrollo rural	7	87,5	1	12,5	-	-	8
14. Cooperación para el desarrollo Programas y proyectos	3	37,5	1	12,5	4	50,0	8
15. Metodología de trabajo con grupos	5	71,4	-	-	2	28,6	7
16. Ideologías	4	57,1	2	28,6	1	14,3	7
17. Comunicación e información	3	42,9	1	14,3	3	42,9	7
18. Ciclos de vida	6	100,0	-	-	-	-	6
19. Alimentación, nutrición y lactancia	1	16,7	-	-	5	83,3	6
20. Demografía	4	100,0	-	-	-	-	4
21. Investigación desarrollo científico y nuevas tecnologías	3	75,0	1	25,0	-	-	4
22. Violencia social	2	100,0	-	-	-	-	2
23. Derechos humanos	2	100,0	-	-	-	-	2
24. Bibliografías, directorios	-	-	2	100,0	-	-	2
25. Paz y desarme	-	-	-	-	1	100,0	1
26. Consumo	-	-	-	-	1	100,0	1
27. Medio ambiente y urbanismo	1	100,0	-	-	-	-	1
Total	268	60,5	98	22,1	77	17,4	443

Un tercio de las investigaciones corresponde a estudios de casos y un 44% a entrevistas en profundidad o semiestructuradas, y se da un claro predominio al material cualitativo, hecho que se relaciona con la dificultad de encontrar financiamiento para investigación cuantitativa y con las circunstancias políticas por las que atravesó el país: la necesidad de obtener permisos para la realización de encuestas, el temor frente a los cuestionarios. Por otra parte, en los países del Norte las feministas han cuestionado las metodologías tradicionales (concepto de objetividad, entre otros) y han propuesto elementos para una "metodología de investigación feminista" que pretende romper con la tradición académica. Estos cuestionamientos son retomados por algunas de las investigaciones analizadas postulando un rescate del mundo subjetivo y afectivo.

Los análisis tienen diversas perspectivas y enfoques: antropológico, sociológico, histórico, feminista, legislativo, ideológico, político y político electoral, así como análisis económicos y de indicadores demográficos o de salud. Muchos corresponden a etapas posteriores de reflexión sobre una acumulación de conocimientos y son realizados por las mismas autoras que han efectuado dichas investigaciones.

Hay aquí gran cantidad de formulaciones hipotéticas y menciones a categorías analíticas como género y clase, patriarcado, división social y sexual del trabajo y la no valoración del trabajo doméstico.

Las temáticas más tratadas corresponden a participación política de las mujeres, sus organizaciones y el movimiento de mujeres. Se estudian las relaciones entre el Estado y la sociedad civil, entre patriarcado y régimen militar (o autoritarismo), así como el "disciplinamiento" de las mujeres por parte del Estado autoritario. También existen trabajos acerca del modelo cultural que se asigna a la mujer y sus espacios de acción. El feminismo se hace presente con trabajos sobre su historia, acciones, relaciones con la política y sus propuestas de cambio, y sus luchas políticas durante la dictadura militar.

Los temas de economía y trabajo hacen referencia a los modos de producción y su articulación al desarrollo capitalista en el campo (proletarización), división sexual del trabajo, inserción laboral de las mujeres, etc.

Estos textos expresan la crítica al sistema patriarcal y muestran la crisis por la que atraviesan en la actualidad las instituciones (familia, educación, sistemas jurídico y político).

La sistematización de experiencias de investigación, acción y capacitación apunta a las metodologías participativas, a la "educación popular" y aproximaciones metodológicas afines para el trabajo con mujeres en la perspectiva de la transformación de su condición. Es el caso del énfasis puesto en enfoques integrales, en colocar a la mujer como sujeto de su propia historia, en la valoración de la mujer como persona y el apoyo a su capacidad de aprendizaje en diversos ámbitos, en la relación entre sujetos y "objetos" de la acción. Algunas de estas actividades se fundamentan en perspectivas teóricas (subordinación, machismo) para avanzar hasta un cambio de actitud, y otras agregan opciones metodológicas feministas (grupos de conciencia). Son pocos los trabajos referidos a sistematización de experiencias de trabajo profesional entre profesionales e investigadores o investigadoras. Se caracterizan por contener un componente evaluativo y otro propositivo en términos de replicabilidad, perfeccionamiento y diseminación de resultados.

En relación con los paradigmas en que se inserta esta producción de conocimientos, una mirada amplia muestra el propósito emancipador del conjunto de estos productos de la ciencia social que nacen del movimiento de mujeres; descubrimos un "interés de conocimiento emancipador" —en sentido habermasiano muy laxo— en cuanto búsqueda de comprensión y explicación de los mecanismos de la opresión patriarcal, de liberación de la conciencia de su dependencia de fuerzas reificadas, momento de autoconciencia que permite hacer la crítica a las instituciones y a sus bases de poder[17].

Por otra parte, las necesidades del movimiento también dan origen a una concepción de "socialización", entendida como la necesidad de organización de la conciencia en un grupo social para la comprensión de sus intereses históricos y su lucha colectiva. Es aquella producción que acompaña "desde adentro" el movimiento de mujeres y que lo dota de un discurso y elementos de identidad para su afianzamiento intelectual como actor social.

La "igualdad" de oportunidades o la extensión de la igualdad, que se inserta en el discurso de la "modernidad", son abordados desde una perspectiva instrumental en que la información y la medición de los fenómenos, bien sustentadas, constituyen la base de acción.

Movimiento de mujeres, producción y uso de conocimientos de género

Los conocimientos de género producidos por las ciencias sociales cumplen, en Chile, un rol de gran relevancia en la existencia y desarrollo del movimiento de mujeres. Su identidad se edifica, en gran medida, a partir de ellos. Asimismo, su ideario, su utopía, su construcción racional se alimentan de esa producción. Las dinámicas del movimiento y de la producción y uso de conocimientos están estrechamente ligadas. El movimiento constituye una red de circulación de los conocimientos, un circuito que incluye tanto a productoras como difusoras y consumidoras de los mismos. Los conocimientos son también el resultado de la relación permanente entre reflexión y acción.

El movimiento de mujeres se relaciona con la producción de conocimientos de género mediante una demanda, una necesidad de creación de saberes, la que a su vez difunde y utiliza al ser devueltos a la fuente originaria (las mujeres con sus demandas).

El entramado de este proceso incluye los siguientes elementos que se entrelazan para dar lugar a la producción actual. Como primer paso está la articulación de mujeres investigadoras y profesionales que se reúnen a reflexionar su condición e inician la producción de conocimiento. En condiciones de dictadura se lleva a cabo la promoción y asistencia de éstas a grupos de mujeres populares, que a su vez crean en estas mujeres la necesidad de un cuestionamiento de su condición. De esta manera se constituyen organizaciones de mujeres para obtener un cambio en su situación. Es una fase de activa divulgación de esta problemática, a la que se suma el aporte de la experiencia de las chilenas exiliadas que retornan al país, paralela al desarrollo del movimiento feminista latinoamericano. En este momento se crean redes de información y comunicación. Como etapas finales se encuentran la articulación del movimiento y mujeres de partidos y la elaboración de propuestas de programa para el gobierno democrático. Todo este ciclo se encuentra influido por el impacto que tienen las Naciones Unidas en la creación de conciencia de género y en la asignación de recursos para la producción, difusión y uso de conocimientos sobre la condición femenina.

Podemos decir que el movimiento de mujeres, en cuanto sistema de acción colectiva, genera en su interior una diversidad de circuitos de producción-divulgación-utilización-demanda, entre los que distinguimos, por su dinamismo, los siguientes:

- La articulación de mujeres investigadoras y profesionales feministas para la creación de espacios institucionales de investigación de género.
- La articulación de profesionales feministas con grupos populares a través de la promoción y asistencia y el proceso de toma de conciencia de su condición por parte de esos grupos.
- El surgimiento y desarrollo de organizaciones de mujeres que tienen como objetivo el cambio de su condición de género.
- El trabajo de las abogadas y otras profesionales feministas que estudian la situación jurídica de la mujer y elaboran propuestas de cambio.

- La experiencia que aportan las chilenas que vuelven del exilio al integrarse a las organizaciones y programas de investigación y acción con mujeres.
- La formación de "redes" de información, comunicación y articulación en áreas específicas de trabajo.
- La articulación de feministas y mujeres políticas para la elaboración de propuestas de cambio desde el gobierno elegido democráticamente.
- La acción de Naciones Unidas para el progreso de la mujer (Decenio de la Mujer, Convención de todas las formas de Discriminación en contra de la Mujer, Comité de Vigilancia del cumplimiento de dicha Convención).
- El movimiento feminista latinoamericano, las redes a que da origen y sus encuentros periódicos que consolidan y difunden su pensamiento.

Destacamos la expresión institucional más relevante en cada momento del proceso, que revela la profunda articulación con el movimiento de mujeres.

Centro de Estudios de la Mujer: producción y difusión[18]

El Centro de Estudios de la Mujer, CEM, fue el primer centro académico, y uno de los principales, especializado en esta área de conocimientos en el país. Ha desarrollado un proceso sistemático de investigación abordando diferentes temáticas que permitan conformar un diagnóstico acabado de la condición femenina, con un elevado nivel académico. Tras nueve años de actividades, está inserto plenamente en la comunidad intelectual tanto nacional como internacional, con más de 20 mujeres profesionales de distintas disciplinas, la mayoría vinculada a las ciencias sociales; centrado en la producción de conocimientos sobre la condición femenina, da origen a innumerables actividades de divulgación así como a programas de promoción y desarrollo de organizaciones y sectores específicos de mujeres.

Fue creado por académicas e integrantes del movimiento de mujeres en 1984, como una continuación del Círculo de Estudios de la Mujer de la Academia de Humanismo Cristiano, fundado en 1979. Desde su creación se halla conectado al núcleo pensante del movimiento de mujeres y ha hecho grandes aportes a la construcción racional feminista.

Para cumplir con sus objetivos, el CEM trabaja en varios ámbitos interrelacionados: investigación, difusión de conocimientos, capacitación, respaldo a la acción de grupos de mujeres.

La orientación de este centro de investigación se dirige a la reflexión para explicar las relaciones que subyacen en la discriminación y opresión de género y a mostrar cómo se expresan en el quehacer nacional. De este modo, intenta entregar interpretaciones integrales de estos fenómenos para poder configurar un saber para la acción y transformación de la sociedad chilena. Desarrolla una investigación crítica, concebida no sólo como una forma de conocimiento sino también como una denuncia de la situación de la mujer. Por lo tanto, privilegia la investigación orientada hacia la acción de políticas de género.

Las investigaciones originan libros, documentos de trabajo, documentos de capacitación y audiovisuales, además de artículos en libros colectivos y otras publicaciones.

Isis Internacional: difusión y servicios

Isis Internacional se define como un servicio de información y comunicación de las Mujeres, un organismo internacional no gubernamental. Sus actividades buscan promover la formación de redes y canales de comunicación que faciliten el intercambio de ideas y experiencias entre mujeres, organizaciones de mujeres y otros grupos locales, nacionales e internacionales. Su interés es contribuir a la toma de conciencia de la situación de las mujeres y estimular la organización, en especial entre las mujeres del tercer mundo, para que así puedan participar de manera activa en la construcción de una sociedad más justa para todos. Sus objetivos apuntan a promover las capacidades y participación de las mujeres en el desarrollo, los canales de comunicación a través de redes de difusión (nacionales, regionales e internacionales) y la capacitación para el pleno desarrollo de la mujer.

En la actualidad trabaja con una red de más de 50.000 contactos en 150 países, que incluye grupos de mujeres, instituciones y personas. En 1974 se crea la sede de Roma (actualmente ha sido transferida a Manila, Filipinas) y diez años después, en Chile, la oficina destinada a coordinar las actividades dirigidas a América Latina y el Caribe. Desde entonces ha desarrollado varios programas, ha realizado una serie de publicaciones, algunas periódicas, y ha abierto sus puertas a organizaciones de mujeres, investigadoras, estudiantes, políticos y políticas. Entre sus logros destacamos el Programa de Centros de Documentación e Información, la Red de Salud de las Mujeres Latinoamericanas y del Caribe, el Programa Mujer y Violencia, Información y Políticas, así como algunas publicaciones y apoyo a eventos del movimiento de mujeres.

Isis Internacional se encuentra ligada al movimiento de mujeres chileno puesto que en su seno da cabida a organizaciones de base de mujeres y se interesa por recoger, relacionar y difundir dichas experiencias con otros grupos organizados en el campo nacional o en el internacional.

Concertación Nacional de Mujeres por la Democracia: utilización de conocimientos

Considerando la concepción de "movimiento social de mujeres" adoptada en este trabajo, cobra importancia la confección del programa que presenta al país la Concertación de Partidos por la Democracia, en el supuesto que la inclusión de propuestas de transformación de la situación femenina venga a ser una aplicación concreta de los conocimientos generados por la investigación social, nacida del quehacer de ese mismo movimiento.

A fines de 1988, tras el triunfo opositor en el plebiscito, algunas militantes de partidos políticos y profesionales independientes, en su mayoría integrantes del movimiento de mujeres y con una elevada conciencia de la condición femenina en Chile, crearon la Concertación Nacional de Mujeres por la Democracia, instancia política y social, independiente de los partidos en cuanto a su composición y dinámica, pero articulada a la Concertación de Partidos por la Democracia a través de su Comisión Técnica. Su objetivo fue hacer presente la problemática de la mujer en la escena política nacional, destacar figuras femeninas y formular un programa específico para el futuro gobierno democrático, destinado al mejoramiento de la condición femenina.

Con ese fin, este núcleo instituyó una Comisión de Programa, la que a su vez creó once subcomisiones temáticas: empleo, educación, salud, familia, comunicaciones, arte y cultura, participación, mujer campesina e indígena, mujeres pobladoras, legislación e institucionalidad para la mujer. A estas subcomisiones se integraron gran cantidad de profesionales (80 aproximadamente) especialistas en esas materias, muchas de ellas también activistas y dirigentas del movimiento de mujeres. Los informes emanados de dichas subcomisiones fueron el principal soporte para elaborar las propuestas definitivas integradas al programa de Patricio Aylwin.

La creación de la Concertación de Mujeres y su Comisión de Programa revela que el movimiento de mujeres se encontraba en una nueva etapa de desarrollo por cuanto, tras años de acción, elaboración y debate, había consolidado una generación de profesionales que buscaba alternativas para modificar la condición femenina, desde sus especialidades.

La elaboración de las propuestas fue posible gracias a la acumulación de conocimientos que aportaba un diagnóstico de la situación de la mujer, que incluía no sólo información sistemática sino también las experiencias surgidas de la acción, es decir, las demandas incorporadas por quienes venían actuando en el movimiento de mujeres.

Las coordinadoras y las demás participantes en subcomisiones vivieron, a través del intercambio de experiencias e información y la creación de lazos de confianza, un proceso que fue factor vital para la obtención de un consenso programático y para la conformación posterior de un equipo de mujeres que participara en el gobierno. Para todas se hace visible el aporte recíproco del movimiento de mujeres y su acumulación de experiencia y conocimientos, así como de la constitución de Concertación de Mujeres como espacio de inserción política de sus demandas. Se legitimaron entonces, en los partidos políticos, las demandas y los quehaceres del movimiento.

El diagnóstico —punto de partida— de las subcomisiones es la situación de desigualdad y discriminación en que vive la mujer chilena, así como su creciente incorporación como actora capaz de transformar su realidad personal, familiar y colectiva. Las propuestas, que consultaron diversas fuentes —la experiencia y saber individual, investigaciones y elaboraciones sobre la mujer disponibles y la acumulación social de las experiencias del movimiento de mujeres en los últimos diecisiete años—, revelan un vacío en relación con su materialización o puesta en práctica y su gestión. Son amplias y van desde aspectos muy generales a cuestiones puntuales.

Estas propuestas se incorporaron al programa de gobierno y se realizaron eventos importantes de discusión con dirigentas políticas de todo el país y profesionales de ONG que habían participado en la confección del programa, los cuales dieron origen a dos publicaciones, útiles como herramienta de trabajo para las mujeres de organizaciones sociales, partidos políticos y también de gobierno (junio de 1990).

Una vez instalado el gobierno, las prioridades definidas han sido puestas en práctica por el Servicio Nacional de la Mujer, Sernam, creado por ley de la República en enero de 1991 y fruto también del programa de las mujeres.

PLANTEAMIENTOS FINALES

Hemos intentado mostrar la interrelación entre un movimiento social y la producción, difusión y uso de conocimientos sobre el conflicto que le da origen y las alternativas para su transformación y cambio. Desde la misma constitución del objeto de estudio —la condición/discriminación de la mujer— se produce esta conexión con el movimiento; objeto y sujeto de estudio surgen simultáneamente a medida que las investigadoras, desde su propia experiencia de opresión o discriminación, la sistematizan, analizan y hacen visible a la sociedad mediante estudios de diverso tipo y a través de su participación en un quehacer colectivo. Al mismo tiempo, generan espacios institucionales, programas y centros especializados que estudian y trabajan con mujeres, como el caso del Centro de Estudios de la Mujer.

Se entrelazan la producción de conocimientos con el desarrollo del movimiento porque éste requiere conocimientos, las investigadoras-militantes los proveen, y cuanto mayores conocimientos se acumulan, más se desarrolla el movimiento, mayor profundidad adquiere su comprensión y capacidad de plantear propuestas de cambio. Al crecer el movimiento, aumenta el contingente de productoras que se inserta o aumenta la cantidad de investigaciones, programas y otros espacios institucionales.

Los temas de investigación surgen, en gran medida, de la reflexión del movimiento, de sus necesidades de identidad y de su agenda política; lo que se aprecia plenamente al analizar la distribución temática a través del tiempo. Temas como la salud reproductiva, la violencia doméstica contra la mujer —práctica centenaria, por decir lo menos—, o el embarazo en las adolescentes, nacen en el escenario de las ciencias sociales y posteriormente en la opinión pública, como parte del quehacer del movimiento, a raíz de un encuentro feminista o cuando se crea una red temática. Se incrementan los conocimientos sobre la situación legal de la mujer o sobre su acción colectiva a medida que se eleva la movilización social y se acerca en el horizonte la posibilidad de un cambio político y social. Así, el movimiento actúa como campo de uso y de producción. También cumple un rol central en la difusión de los conocimientos. Por esto podemos decir que los conocimientos que interesan al movimiento circulan con una gran velocidad, puesto que apenas se concluyen estudios y proyectos, éstos son dados a conocer por las propias investigadoras —integrantes del movimiento— para ser utilizados, trátese de diagnósticos, instrumentos o metodologías de trabajo, o alternativas factibles de acción. Las investigadoras o productoras de conocimientos van más allá del medio académico acortando el trecho entre la producción y la utilización. Dichas autoras —en su mayoría— tienen en su quehacer un compromiso significativo con la denuncia o la acción del movimiento. Desde el movimiento se crean espacios institucionales y formas de articulación destinadas a la difusión de los conocimientos, como el caso de Isis Internacional con su centro de documentación, bases de datos y publicaciones, y las redes temáticas, nacionales e internacionales.

Esta necesidad de difusión también pesa sobre los formatos de las publicaciones: cantidades de cartillas, boletines, artículos y documentos de trabajo o discusión reproducen esos conocimientos para ponerlos al alcance del más variado público: jornadas, talleres, escuelas y seminarios les dan cabida para su difusión y discusión.

Por otra parte, el movimiento chileno hace parte de una realidad latinoamericana y mundial. Las temáticas estudiadas avanzan como un reguero de un punto al otro del continente, así también los marcos conceptuales y las herramientas metodológicas. Los elementos que orientan u organizan los estudios surgen —en gran medida— de vertientes externas, a veces incorporadas por investigadoras que vuelven del exilio, por profesionales especializadas en otros países o que participan de redes internacionales, o a través del intercambio académico tradicional. La comunidad intelectual feminista del mundo aporta a nuestro quehacer una acumulación conceptual y metodológica. Esos aportes —a lo largo de los años objeto de esta investigación— han sido examinados, utilizados, verificados o puestos a prueba en nuestra realidad particular, o se han acumulado más antecedentes o evidencias relativas a un determinado hallazgo. No es de extrañar que el aporte teórico en nuestro país sea aún tímido, con la excepción de aquellos centros académicos de mayor trayectoria que cuentan con una acumulación significativa en estudios de género.

El avance y la inserción del movimiento en el sistema político institucional fijan también límites o especifican el conocimiento acumulado: el tipo de estudio que encontramos en el período analizado se concentra en el diagnóstico necesario para la denuncia o visualización de la realidad que se desea modificar, no en el desarrollo de los instrumentos necesarios para llevar a cabo esos cambios. Esto se manifiesta con claridad al evaluar las propias profesionales, encargadas de las subcomisiones que elaboraron el programa para la mujer del actual gobierno, la utilidad y los problemas de los estudios que tuvieron a la vista en su trabjo. La acumulación de conocimientos estaba en los grandes diagnósticos, en la comprensión de mecanismos de reproducción de la discriminación o subordinación, pero se notaba un vacío de cuantificaciones y propuestas materializables en programas específicos a corto plazo. Sólo en la medida en que se acercaba en el horizonte el cambio de gobierno, aparecieron estudios sobre políticas públicas para la mujer.

Este hecho y la experiencia de otros países nos ha llevado a formular como hipótesis que hay un nexo entre el tipo de conocimiento producido y la relación existente entre el movimiento social y el sistema político institucional. Es decir, estando el movimiento excluido del poder o del sistema político, los conocimientos hacen énfasis en aspectos relativos a la denuncia de la opresión y sus formas de operar, así como en la acción transformadora desde el movimiento mismo. En cambio, en la medida en que el movimiento accede —aunque sea parcialmente— a posiciones de poder, el tipo de conocimientos producido se tornará más instrumental.

Esto nos lleva de lleno a la discusión sobre los paradigmas. Podemos hipotetizar, en trazos muy gruesos, que las diferentes opciones paradigmáticas tienen que ver con la relación entre los productores o productoras, el movimiento social y el poder institucionalizado, y con la conformación del movimiento social propiamente tal. De esta manera podríamos decir que el movimiento social en formación y excluido da origen a conocimientos en un paradigma emancipatorio o de socialización y que al obtener éste una cuota en el poder institucional, los conocimientos tienden a un paradigma instrumental-tecnológico.

Postulamos que la producción que analizamos corresponde a una etapa en la relación conocimientos-movimiento social en que éste ha estado excluido del poder institucional y que, a medida que se produzca una mayor incorporación de la problemática de la mujer en esas esferas, irá requiriendo enfoques más técnico-instrumentales[19]. El acceso a posiciones de poder en el sistema institucional define un nuevo interés de conocimiento instrumental que alienta una producción de marcado énfasis técnico, que apunta al cambio en el marco del sistema vigente utilizando las herramientas posibles dentro de él.

Al completar estas reflexiones, han transcurrido tres años del cambio de gobierno y las propuestas de las mujeres debieron traspasar los niveles de la denuncia para convertirse en políticas públicas, aplicables mediante los mecanismos de esta institucionalidad. Lo dicho anteriormente se ha visto refrendado del todo y el Servicio Nacional de la Mujer ha encargado, a las mismas profesionales que trabajaron en el programa, estudios que cuantifiquen algunas de las situaciones que se desean resolver mediante programas focalizados, como es el caso de las mujeres jefas de hogar, de la violencia intrafamiliar, del sexismo en los textos escolares, o la disgregación de información sobre la situación femenina para apoyar el trabajo de sus directoras regionales.

Por último, cabe señalar algunos comentarios e hipótesis acerca de la inserción institucional de los estudios de género y de los efectos de la creación del Servicio Nacional de la Mujer, como expresión de la legitimación de la lucha del movimiento de mujeres.

Como hemos expuesto en este trabajo, en sus inicios y primer desarrollo, los estudios de género se realizan en su mayor parte en el extrasistema universitario, en centros académicos independientes y ONG, y se llevan a cabo con recursos materiales y humanos escasos, a partir de la iniciativa individual de las investigadoras, lo que los mantiene en condiciones de marginalidad con respecto a la oficialidad académica, las editoriales y otros mecanismos de legitimación. En el seno de centros y ONG no especializados en el estudio y trabajo con mujeres, también conservan una situación bastante marginal.

Sin embargo, en la medida en que el movimiento consigue permear los partidos de la Concertación Democrática y después entrar en la institucionalidad y llegar a la opinión pública con sus temas y preocupaciones, se legitima su quehacer y se auspicia una nueva etapa en la producción de conocimientos de género. Desde el acceso a nuevos espacios institucionales —la Universidad de Chile inaugura cátedras sobre mujer y realiza cursos de extensión relativos a problemas de género— hasta la invitación por reparticiones de gobierno a académicas y pensadoras en áreas específicas, es evidente que se amplía el ámbito de producción de conocimientos, se enriquece el debate y se posibilitan mayores acumulación y desarrollo teórico. Paralelamente, se ha generado una demanda de nuevos conocimientos enfocados a las políticas públicas, los cuales también redundarán en mejoramiento del conocimiento acumulado.

Por otra parte, la existencia del Sernam ha abierto un campo para el trabajo profesional con mujeres, desde organismos del Estado hasta el gobierno local, al abrirse oficinas de la mujer en diversos municipios. Se produce una demanda importante de recursos humanos especializados en esta área que también cambiará el sentido con respecto al trabajo de quienes fueron pioneras al abrir dicho campo profesional y debieron trabajar en la marginalidad y con recursos exiguos. Se encuentran urgencias crecientes que llevarán a desarrollar programas académicos o de capacitación de funcionarios o funcionarias públicos para cumplir con las políticas y programas propuestos por el movimiento de mujeres. En universidades y centros académicos, estos programas contarán, sin duda, con respaldo presupuestario proveniente del Estado o de otras fuentes de financiamiento. Podemos afirmar entonces que se ha abierto un nuevo campo profesional especializado que funcionará probablemente como cualquier otro que, aunque no se articule explícitamente al sistema de acción colectiva que constituye el movimiento de mujeres, es el fruto de su desarrollo.

NOTAS

1   Seguimos los trabajos de Alberto Melucci. Entre ellos "¿Um objetivo para os movimentos sociais?", en *Lua Nova*, No. 17, São Paulo, 1989.

2   Seguimos el trabajo de S. Palestro, "Mujeres en movimiento. 1973-1989", Documento de Trabajo, Serie Estudios Sociales, No. 14, Flacso, Santiago, 1991.

3   El Comité de Ayuda a los Refugiados, Conar —posteriormente Fundación de Ayuda Social de las Iglesias Cristianas, Fasic— y el Comité de Cooperación para la Paz de Chile, Copachi, más tarde Vicaría de la Solidaridad del Arzobispado de Santiago (1975).

4   Las agrupaciones de familiares de detenidos-desaparecidos, de presos políticos, de ejecutados políticos y el Comité Prorretorno de los Exiliados.

5   El Momupo (Movimiento de Mujeres Pobladoras) en 1978; en 1980, el grupo Reflexión de San Miguel que posteriormente se transformó en Las Domitilas; también el Frente de Liberación Femenina, el Comité de Defensa de los Derechos de la Mujer (Codem) y Mujeres de Chile (Mudechi), grupos poblacionales de mujeres ligadas a partidos políticos de izquierda.

6   El Memch 83 retomó el nombre del viejo movimiento sufragista de los años treinta.

7   S. Montecino y J. Rossetti (eds.), *Tramas para un nuevo destino. Propuestas de la Concertación de Mujeres por la Democracia*, Santiago, 1990.

8   El proceso descrito se refiere básicamente a Santiago. En el resto del país se dio un proceso similar, que se inició más tarde y caminó más lento. Tanto frente a las violaciones de los derechos humanos como a la satisfacción de necesidades básicas, mujeres de otras ciudades, al igual que en Santiago, constituyeron importantes coordinaciones de características similares a las del Memch 83 y a Mujeres por la Vida.

9   Este capítulo examina la producción de conocimientos sobre la condición de la mujer entre los años 1978 y 1989. Para ello se delimitó un cuerpo de conocimientos consistente en publicaciones al alcance del público. Hacemos referencia a un nuevo "punto de vista" que apunta, no a la mujer, sino a su condición construida socialmente. Es decir, no estamos afirmando que con anterioridad a 1975 no existiera en Chile investigación que tuviera como objeto de estudio a la mujer; sí existió, pero desde otros puntos de vista. El punto de demarcación inicial de este proceso es la celebración del Año y Conferencia Internacional de la Mujer (México, 1975) y su Plan de Acción para la Década de la Mujer. Pese a los pobres avances obtenidos según la evaluación realizada en Nairobi (1985), la implementación de la década tuvo consecuencias indiscutibles, como socializar y legitimar las preocupaciones por la discriminación de género, lograr el compromiso de los estados miembros en cuanto a buscar su superación, la destinación de recursos humanos y materiales para apoyar actividades que incorporen plenamente a la mujer al desarrollo social, y la aprobación de una Convención sobre la Eliminación de todas las formas de Discriminación contra la Mujer (1979). Este impulso, el más importante para la producción de conocimientos específicos, posibilitó que otros organismos y agencias de cooperación, desde distintas perspectivas, dieran prioridad al tema "mujer" en sus programas de promoción científica y social.

10   Aun cuando en 1968 se publicó el trabajo de M. y A. Mattelart, "La mujer chilena en una nueva sociedad", Editorial del Pacífico, Santiago.

11   *Véanse*, entre otras, E. Hola, "Mujer, dominación y crisis", en CEM, *Mundo de mujer. Continuidad y cambio*, Ediciones CEM, Santiago, 1988; A. M. Arteaga y E. Largo, "Los ONG en el área de la mujer y la cooperación al desarrollo", en Taller de Cooperación al Desarrollo, *Una puerta que se abre. Los organismos no gubernamentales en la cooperación al desarrollo*, Servicio Editorial, Santiago, 1989.

12   E. Hola, "El estado de la investigación feminista en Chile", mimeo, CEM, Santiago, 1991.

13   Para una descripción de este proceso y su impacto en el desarrollo de las ciencias sociales chilenas, *véase* J. J. Brünner, *Informe sobre la educación superior en Chile*, Flacso, Santiago, 1986.

14   Para delimitar el cuerpo de conocimientos, se revisaron las publicaciones de las principales bibliotecas de ciencias sociales de Santiago y se elaboraron fichas de ellas, para identificar textos y autores. Tras una evaluación del material existente optamos por analizar los registros bibliográficos del Centro de Documentación de Isis Internacional sobre "mujer en Chile", a los que se incorporaron los textos reunidos. Sumaron 443 ingresos para el período 1978-1989, clasificados en las categorías temáticas que Isis ha conceptualizado y que se encuentran en la publicación "Listados de descriptores en el tema de la mujer".

15   Se trata del libro *Chile, mujer y sociedad*, coeditado por Paz Covarrubias y Rolando Franco a solicitud de Unicef con motivo del Año Internacional de la Mujer (1975) (Unicef, 1978). Su orientación es heterogénea y sólo algunos artículos apuntan a una perspectiva de análisis de la discriminación de la mujer chilena.

16   La excepción se produce en el área biológica, por cuanto existe en Chile una tradición en la investigación universitaria en embarazo, parto, puerperio, lactancia materna y nutrición infantil. También durante una época se investigó sobre comportamiento reproductivo y utilización de anticonceptivos, en un marco social, político y teórico diferente del que nos interesa aquí. Otros estudios universitarios previos a 1978 dan cuenta de las condiciones de vida de sectores de mujeres, particularmente "marginales" urbanas y rurales y de conductas femeninas "delictivas" o cuasidelictivas (prostitución, alcoholismo, etc.).

17   Seguimos, en cierto sentido, los postulados de G. Radnitzky, "The scientific enterprise viewed at the level of anthropology of knowledge", en *Continental Schools of Metascience*, Scandinavian University Books, Sweden, 1968, pp. 4-11.

18   *Véanse* M. T. Lladser, *Centros privados de investigación en ciencias sociales en Chile*, Academia de Humanismo Cristiano, Flacso, Santiago, 1986, y *CEM. Cinco años del Centro de Estudios de la Mujer. 1984-1989*, Santiago, s.f., y A. M. Arteaga E. Largo, "Los ONG en el área de la mujer y la cooperación al desarrollo", en Taller de Cooperación al Desarrollo, *Una puerta que se abre*, Servicio Editorial, Santiago, 1989.

19   De hecho, la conclusión de las encargadas de las subcomisiones que elaboraron el programa de gobierno de la Concertación de Mujeres fue que la literatura para la elaboración de propuestas existente hasta esa fecha era insuficiente en cuanto a un diagnóstico cuantitativo. Posteriormente, al iniciar su trabajo el Servicio Nacional de la Mujer, uno de sus primeros tropiezos fue no contar con información técnica adecuada para la elaboración de programas dirigidos a las mujeres, según las prioridades definidas.

BIBLIOGRAFÍA

Agurto, I., "Perspectivas de desarrollo de las Organizaciones No Gubernamentales chilenas bajo el régimen de transición. Dossier" (mimeo), Flacso, Santiago, 1990.

Agurto, I. y C. Piña, "Informe de investigación" (manuscrito por publicarse), Flacso, Santiago, s.f.

___, "Las organizaciones no gubernamentales de promoción y desarrollo urbano en Chile. Una propuesta de investigación", en *Material de Discusión*, No. 110, Flacso, Santiago, 1988.

Arteaga, A. M., *Mujeres populares. 20 años de investigaciónen en Chile*, Ediciones CEM, Santiago, 1985.

Arteaga, A. M. y E. Largo, *La mujer en Chile. Bibliografía comentada*, Ediciones CEM, Santiago, 1986.

___, "Los ONG en el área de la mujer y la cooperación al desarrollo", en Taller de Cooperación al Desarrollo, *Una puerta que se abre. Los organismos no gubernamentales en la cooperación al desarrollo*, Servicio Editorial, Santiago, 1989.

Berger, P. y Th. Luckmann, *La construcción social de la realidad*, Amorrortu Editores, Buenos Aires, 1968.

Bertoni, N., S. Pezoa y J. Salinas, *Las ONG de salud en Chile. Una contribución a la estrategia de atención primaria*, Prosaps/Corsaps, Santiago, 1991.

Brünner, J. J., *Informe sobre la educación superior en Chile*, Flacso, Santiago, 1986.

CEM, *CEM. Cinco años del Centro de Estudios de la Mujer. 1984-1989*, Santiago, s.f.

Cepal, "La mujer en los ONGs y las organizaciones en Chile: una aproximación", División de Desarrollo Social, Santiago, 1990.

Comisión Mujer y Familia del Proyecto Alternativo, "Seminario Mujer y Familia en la futura democracia", Santiago, 1989.

Covarrubias, P., "El movimiento feminista", en Covarrubias, P. y R. Franco (eds.), *Chile, mujer y sociedad*, Unicef, Santiago, 1978.

Covarrubias, P. y R. Franco (eds.), *Chile, mujer y sociedad*, Unicef, Santiago, 1978.

De Beauvoir, S., *El segundo sexo*, Siglo Veinte, Buenos Aires, 1987.

Eisler, R., *El cáliz y la espada*, Editorial Cuatro Vientos, Santiago, 1990.

Gaviola, E. et al., *Queremos votar en las próximas elecciones. Historia del movimiento femenino chileno 1913-1952*, La Morada, Fempress/ILET, Isis, Librería Lila, Pemci/CEM, Santiago, 1985.

Hola, E., "Mujer, dominación y crisis", en CEM, *Mundo de mujer. Continuidad y cambio*, Ediciones CEM, Santiago, 1988.

___, "El estado de la investigación feminista en Chile", mimeo, CEM, Santiago, 1991.

Isis Internacional, *Isis Internacional Annual Report 1989*, Rome, Italy, Santiago, Chile, 1989.

Koschützke, A., "Feminismo y Nueva Sociedad. Observaciones e interrogantes", en *Y hasta cuando esperaremos Mandan-dirun-dirun-dán. Mujer y poder en América Latina*, Editorial Nueva Sociedad, Venezuela, 1989.

Lladser, M. T., *Centros privados de investigación en ciencias sociales en Chile*, A.H.C.-Flacso, Santiago, 1986.

Mattelart, M. y A. Mattelart, *La mujer chilena en una nueva sociedad*, Editorial del Pacífico, Santiago, 1968.

Melucci, A., "¿Um objetivo para os movimentos sociais?", *Lua Nova*, No. 17, São Paulo, 1989.

Montecino, S., *Madres y huachos. Alegorías del mestizaje chileno* (Ensayo), Editorial Cuarto Propio-Cedem, Santiago, 1991.

Montecino, S., M. Dussuel y A. Wilson (1988) "Identidad femenina y modelo mariano en Chile", en CEM, *Mundo de mujer. Continuidad y cambio*, Ediciones CEM, Santiago, 1988.

Montecino, S. y J. Rossetti (eds.), *Tramas para un nuevo destino. Propuestas de la Concertación de Mujeres por la Democracia*, Santiago, 1990.

Palestro, S., "Mujeres en movimiento. 1973-1989", *Documento de Trabajo. Serie Estudios Sociales*, No. 14, Flacso, Santiago, 1991.

Poblete, O., *Antología del MEMCH*, Ediciones Minga, Santiago, s.f.

___, *La guerra, la paz, los pueblos*, Ediciones Tacora, Santiago, s.f.

Radnitzky, G., "The scientific enterprise viewed at the level of the anthropology of knowledge", en Radnitzky, G. *Continental Schools of Metascience*, Scandinavian University Books, Sweden, 1968, pp. 4-11.

Roig, M., *El feminismo*, Aula Abierta Salvat, Barcelona, España, 1986.

Rossetti, J., *Ideas para la Acción. Concertación de Mujeres por la Democracia*, Santiago, 1991.

Sartre, J. P., *Situations, IX*, Mélanges, Gallimard, France, 1972.

Schutz, A., *Fenomenología del mundo social*, Paidós, Buenos Aires, 1972.

___, *El problema de la realidad social*, Amorrortu Editores, Buenos Aires, 1974.

Schutz, A. y Th. Luckmann, *Las estructuras del mundo de la vida*, Amorrortu Editores, Buenos Aires, 1973.

Touraine, A., *Sociologie de l'action*, Éditions du Seuil, París, 1965

Valdés, T., *El movimiento social de mujeres y la producción de conocimientos en Chile* (en prensa), Flacso, Santiago, 1992.

Valdés, T. y E. Gomáriz (coord.), "Mujeres Latinoamericanas en Cifras. Avances de Investigación. Chile. VIII. Organismos de Género", Documento de Trabajo Estudios Sociales, Flacso, Santiago, 1992.

La trampa del afecto: mujer y democracia en Argentina[*]

María del Carmen Feijoó

> *Las mujeres disponen de un enorme poder social basado en el inmediatismo del afecto, pero se adecuan mal a una institucionalidad política fundada en la lógica masculina del poder. Su participación política sólo actúa en momentos de extrema tensión, su larga historia de opresión las convirtió en conservadoras brillantes o anarquistas ardientes, nunca en administradoras de la paz civil.*
> Rossana Rosanda

INTRODUCCIÓN

Han pasado ya cuatro años desde la asunción, el 10 de diciembre de 1983, del gobierno democrático encabezado por Raúl Alfonsín, presidente elegido por un viejo partido, la Unión Cívica Radical. Este proceso de democratización que, cronológicamente, inició la lenta transición a la democracia en los países del Cono Sur puede brindarnos nuevas enseñanzas y, a la vez, reiterarnos muchas cosas ya sabidas.

Como se ha señalado en múltiples oportunidades, las mujeres desempeñaron en dicho proceso un rol preponderante. Después, los avatares de la transición y la consolidación las relegaron a papeles tradicionales, limitadas a ocupar un reducido espacio público que no se correspondía satisfactoriamente con el aporte con que las mujeres habían contribuido al proceso de la restauración democrática. Este fenómeno que, en el caso argentino, no hace más que confirmar una observación que ya ha sido muchas veces planteada referida al elevado protagonismo femenino en los procesos de crisis de diversa índole (económica, bélica, social, política, etc.) y su posterior retracción, merece ser cuidadosamente analizado tanto desde el punto de vista empírico como desde el teórico, especialmente a partir de los nuevos paradigmas de la teoría feminista que se han estado procesando en la región en los últimos años.

Aceptando como premisas las consideraciones previamente planteadas sobre las características pendulares de la participación femenina, nuestra pregunta central se refiere a una cuestión un tanto diferente: además de las dificultades propias de los procesos de democratización y de la constata-

---

[*] Publicada en inglés en Jaquette, Jane (ed.), *The Women's Movement in Latin America*, E.U., Hyman, 1992.

ción histórica de las derrotas de las mujeres después de las crisis, nos interesa saber cuánto de la discriminación de la democracia argentina hacia las mujeres es imputable al régimen político y cuánto no resulta además consecuencia del mismo discurso de las mujeres y de la lógica y la legitimidad a partir de las cuales las mujeres construyen y argumentan sobre las modalidades de su participación en los períodos de crisis construyendo una lógica específica de género. Obviamente, no queremos sugerir que haya sido la teoría feminista ni mucho menos las mujeres las responsables de su propia derrota, sino que cierto tipo de discurso sobre la mujer construido por las mujeres puede llevarlas como grupo social hacia un callejón sin salida que facilita este proceso circular de avance y retroceso.

Desde el punto de vista de la escena política, los cuatro años de sobrevivencia del régimen democrático son, sin duda, la mejor prueba de éxito. Este éxito de la democracia, sin embargo, no puede extenderse sin un cuidadoso escrutinio a la suerte de las mujeres ni presuponer que su vigencia garantice el cumplimiento de sus demandas o la articulación de sus intereses de acuerdo con sus deseos. Más aún, sugerimos que al cambiar el contexto de la política nacional y caducar el mensaje levantado por las mujeres contra la dictadura, se hace necesario adaptarse rápidamente a la nueva coyuntura a riesgo de seguir reproduciendo las condiciones que generan la discriminación. Si esto no se hace activamente desde las mujeres, ellas pueden convertirse nuevamente en las perjudicadas, en víctimas de un discurso ahora envejecido y de un régimen que, no por ser democrático, les habrá de regalar espacios en el poder. Como prueba de esto, baste mencionar solamente la renovación parlamentaria de los años 1985 y 1987 que mostró cabalmente la disminución de la pequeña cuota de poder alcanzada por las mujeres en 1983 (en términos de la reducción del número de bancas parlamentarias) a la vez que la crisis de Semana Santa de 1987, minigolpe militar de resolución confusa, nuevamente "un momento de extrema tensión", diría Rosanda, las mostró una vez más asumiendo un rol protagónico.

La crisis económica internacional de la deuda externa, que desde el punto de vista de la escena económica, a su vez, enmarca toda la etapa de transición y consolidación, las golpea también a través de los hogares, escenarios múltiples de la vida cotidiana. Las hace reforzar, en los hogares y en los barrios, el desempeño en las tareas tradicionalmente relacionadas con la satisfacción de las necesidades básicas, incrementando su aporte de trabajo en horas de más "invisibilidad". Sin embargo, esta vez la crisis, al arrojarlas a la calle a satisfacer las necesidades básicas que el proceso de pauperización de la población ha desplazado de los espacios privados tradicionales a los espacios públicos, incluye también la potencialidad de formidables efectos afirmativos y emancipatorios capaces de convertir esa invisibilidad en una presencia ineludible.

Pero, una vez más, las mujeres gestoras privilegiadas de la transición y consolidación democráticas y de la sobrevivencia cotidiana de la mayoría de los hogares, aparecen en un lejanísimo lugar a la hora del reparto de los resultados de la democracia, ya sean bienes materiales o aun simbólicos. Una discusión desprejuiciada desde la perspectiva de género de por qué pasa esto debe todavía ensayarse.

Las mujeres y la dictadura militar

Aunque las luchas de las mujeres contra la dictadura se han visto superficialmente como fenómenos totalmente novedosos en el mapa de la acción social y colectiva local, ubicadas en una perspectiva histórica forman más bien parte de las luchas feministas, femeninas y/o de mujeres que con distinto carácter, composición y objetivos se remontan a fines del siglo XIX y comienzos del siglo XX. Luchas olvidadas por la historiografía oficial pero de alguna manera presentes y operantes en la memoria de las mujeres, en la determinación de los anclajes de su identidad y en el imaginario colectivo son retomadas de hecho entre los años 1981 y 1982 con la reaparición en la escena política del Movimiento de Mujeres. Esta idea de reaparición no intenta, sin embargo, sugerir una vuelta mecánica a desarrollos anteriores ni simplemente el rescate de comportamientos políticos ya conocidos. Constituye realmente un fenómeno "nuevo" y este atributo de novedad debe fundamentarse teniendo en cuenta una referencia a la situación de las mujeres en el último peronismo.

La participación femenina en el peronismo de 1973 había sido elevada tanto en el proceso de movilización social y política previo al mismo como en términos de la participación institucional de las mujeres en ámbitos como el Parlamento. Pese a ello, la línea seguida por el peronismo durante el período 1973-1976 en relación con los problemas de la mujer resultó claramente errática, siendo finalmente dominada por la propuesta conservadora y reaccionaria de la derecha peronista triunfante en la pugna por la apropiación del gobierno de Isabel Perón. Este triunfo se expresó en la adopción de medidas como la prohibición del uso libre de anticonceptivos y el veto del poder ejecutivo a la ley de patria potestad indistinta. Pero decisiones tan desfavorables para las mujeres, tomadas en el contexto general de crisis en la que el gobierno se debatía prácticamente desde su inicio, tuvieron una bajísima probabilidad de ocupar el interés público, y mucho menos de ser respondidas por las afectadas frente a la gravedad de otros problemas que estaban poniendo en peligro la vida misma del régimen (como la guerrilla, la crisis económica, la acción de grupos paramilitares como las "3A" embarcados en una tarea de terrorismo selectivo y la amenaza latente del golpe militar).

La instauración del gobierno de la Junta Militar en marzo de 1976 encontró a la sociedad y a las mujeres organizativamente desarmadas y sin capacidad de respuesta, incluyendo además a algunos sectores esperanzados en la instauración de un orden militar posiblemente razonable. Pese a estas ilusiones de algunos sectores, el gobierno de la Junta Militar se ajustó rápidamente a una economía de modelo neoliberal que impuso el orden social necesario para su viabilización con la aplicación de la política del terrorismo de Estado intencionalmente dirigida contra todos aquellos que intentaron resistir el modelo de superexplotación económica y de dominación política que la Junta habría de instaurar.

Rápidamente se vislumbró que el proceso económico social desatado por la Junta estaba dirigido contra el conjunto de los sectores populares. El peso de la política económica neoliberal, junto con el consiguiente reordenamiento de la estructura social, caerían especialmente sobre ellos. En la práctica, este proceso incluyó una drástica caída del salario real, el recorte de la oferta de servicios sociales que los trabajadores y sus familias recibían del Estado, el arancelamiento de los servicios de salud, la reducción de la oferta educativa estatal, la indexación de los créditos de vivienda y de las pequeñas operaciones de bienes raíces. El conjunto de estas medidas se tradujo en un sustantivo deterioro del nivel de vida de los sectores populares. Como consecuencia, se convirtió a la unidad doméstica en el "colchón" de esta crisis y en su único paliativo, hecho que implicó simultáneamente un redimensionamiento del rol de la mujer dentro de la misma, multiplicando el número de tareas por realizar para garantizar el mantenimiento cotidiano de la familia. Así, las mujeres, en especial las de los sectores populares, se convertirían doblemente en víctimas de estas políticas por su condición de responsables "naturales" del papel reproductivo y su pertenencia al sector más desfavorecido en términos de clase.

Desde el punto de vista psicosocial, por otro lado, el proyecto neoconservador de sociedad incluía la privatización de las relaciones sociales e interpersonales, pivoteando sobre las mujeres a las que constituía de hecho en las garantes privilegiadas de esta transformación a través de su rol en el interior de la familia, la cual el proyecto de la dictadura soñaba constituir no sólo en "célula básica de la sociedad" como generalmente la plantea el pensamiento conservador sino más bien "célula única de la sociedad", luego de haber completado el proceso de destrucción de todo tipo de organización de solidaridad y de relacionamiento horizontal protagonizados por los sectores populares.

Una variante local de las "tres K" alemanas se sugirió como la única meta legítima de las mujeres acosadas por el hambre, la injusticia, el miedo y la represión. *Kinder, Kuche, Kirche* (niños, cocina e iglesia) hubiese sido un buen lema para definir qué comportamiento esperaba la dictadura de parte de las mujeres (Weisstein, 1971).

¿Cuál fue la reacción de las mujeres frente a esta situación? Paradójicamente, la propuesta a largo plazo de la Junta Militar —"el Proceso no tiene plazos sino objetivos"— alentó la reorganización de las mujeres, precedida en el tiempo por una organización novedosa y revulsiva, de raíz ética: la de las Madres de la Plaza de Mayo. Paradójicamente, la fórmula conservadora de las tres K encontraba de esta manera una salida impensada: las Madres, que comienzan a reunirse en la Plaza de Mayo en abril de 1977 —la Plaza que después les daría su nombre—, organizándose desde el dolor y la rebeldía para no soportar pasivamente la desaparición de sus hijos.

Esta reacción pionera de las mujeres que sacudieron a un país adormecido debe enmarcarse en la gravedad de una situación que afectaba la probabilidad misma de sobrevivir. Primero, desde 1976, la impronta asesina que marca todo el accionar de la Junta Militar, cuyo balance final es la espeluznante cifra de treinta mil desaparecidos registrada por las organizaciones de derechos humanos; después, sumada a ella, en 1982, el mesianismo del general Galtieri y los militares, que arrastra al país a la guerra de las Malvinas. En ambos casos escenas políticas marcadas por las formas más perversas de represión (de las cuales tal vez la muerte sea la más leve) hacen que la defensa de la vida se convierta en el principio ético de mayor convocatoria en la escena política, que sean las mujeres, especialmente las Madres pero también algunos otros grupos, las únicas que contra todo cálculo de riesgo personal o de eficacia política entendida en el sentido tradicional de costo/beneficio puedan hacerse cargo de levantar ese principio frente a un gobierno que desprecia el valor de la vida humana y a una sociedad que, con frecuencia, calla cómplicemente frente a estos horrores.

A partir de este ejemplo, las respuestas de las mujeres a la dictadura pueden subsumirse bajo dos modelos: uno, que consistió en superar la latencia en la que habían caído las organizaciones creadas antes de la dictadura; otro, el de las nuevas respuestas consistentes en la creación de organizaciones diferentes —típicamente, las Madres— que incluye la posibilidad de plantearse nuevas bases de acuerdo, no ya sobre bases político-partidarias como "antes" sino sobre temas que unen transversalmente a mujeres de distintos sectores políticos y de diferentes clases. La unidad de las mujeres sobre la base del género se va esbozando lentamente en estos desarrollos.

Tres son los grupos que aglutinan a las mujeres en sus luchas por la vida y contra la dictadura: las mujeres en el movimiento de derechos humanos cuya expresión más conocida es la de las Madres pero que incluirá más tarde a las Abuelas de la Plaza de Mayo, y la presencia de otras mujeres en organizaciones de derechos humanos mixtas, como el MEDH o la APDH; las mujeres en las luchas dirigidas a garantizar los niveles de reproducción cotidiana, como en el caso de las luchas de las amas de casa contra la carestía y en defensa del nivel de vida y, por último, los diferentes grupos que reivindican los intereses propios de las mujeres desde una perspectiva que, utilizando el término en un sentido muy amplio, denominaremos "feminista".

Las madres

Mucho se ha escrito y publicado respecto de las Madres de Plaza de Mayo que es innecesario resumir o consignar aquí. Sintéticamente, señalaremos que el movimiento de las Madres de Plaza de Mayo nace en abril de 1977, como respuesta a la política de desaparición forzada de personas que implementa la dictadura militar instaurada en marzo de 1976. El grupo originario estaba conformado por unas 14 mujeres entre 40 y 60 años que se conocieron en el incesante trajinar en busca de sus hijos y decidieron manifestar su dolor y exigir frente a la casa de gobierno la "aparición con vida" de sus hijos desaparecidos.

Desde su creación en 1977 hasta la fecha —diez años más tarde— las Madres han intervenido en las cuestiones políticas más importantes por las que atravesó el país, centrando permanentemente su preocupación, primero en el tema de la aparición con vida de los detenidos-desaparecidos y el castigo a los culpables del terrorismo de Estado, y después contra los diferentes intentos de olvidar y enterrar el pasado, encarnados en el dictado de la ley de punto final y la ley de obediencia debida. A lo largo de estos diez años, ellas han mostrado gran capacidad de respuesta frente a los nuevos desafíos de las diferentes coyunturas, adaptando sus propuestas a cada situación concreta sin renunciar nunca a la raíz ética de sus demandas y manteniendo su identidad organizativa al margen de la política partidaria.

Citaremos en extenso la sección de Gogna en un artículo de Feijoó y Gogna para describir algunas características de su accionar durante la transición y el modelo implícito en ella, que las caracterizan como actores sociales específicos en el campo de la política.

En primer lugar, es necesario destacar su condición de constituir un movimiento exclusivamente de mujeres. Esta cuestión se explica generalmente como una extensión de la división sexual del trabajo en nuestra sociedad que incluye una vocación "maternal" por la defensa de los hijos. También, por la vigencia de concepciones ideológicas y culturales que dan cuenta de una sociedad en la cual —en tanto la condición de madre es un elemento fundante de la identidad femenina— es de esperar que ese rol ofrezca un anclaje de mayor seguridad respecto de otras identidades alternativas. Aunque los sucesos posteriores probaron que esto no era más que un mito frente a la represión, la apelación a la maternidad permitiría ampararse así fuese simbólicamente en prerrogativas propias de esa condición.

En segundo lugar, la creación de unas reglas de juego que incorporaban una lógica femenina basada en el respeto por el rol de mujer tradicional, altruista y vicario, capaz de dejar de lado el principio de cálculo racional costo/beneficio como parangón de la intervención en la escena política y sustituirlo por la entrega de sí al otro, "el sacrificio". Sin embargo, pese al convencionalismo del modelo que acabamos de describir, en el contexto argentino el desempeño consecuente de este rol "tradicional" habría de convertirse en un gesto audaz e impugnador que le confería un nuevo significado a su sentido original de pasividad y sumisión. De esta manera, en la práctica, el caso de las Madres de Plaza de Mayo termina por asemejarse a otros movimientos de mujeres que, sin estar preocupados por cambiar la ideología de la femineidad, comenzaron a producir, a partir de los hechos, una transformación de la conciencia y del rol femenino tradicional.

En tercer lugar, una redefinición práctica de los contenidos de las esferas privada y pública, resultado de la tradicional división sexual del trabajo al desplazar la defensa de la vida del ámbito doméstico al espacio por antonomasia de expresión de la política y lo público: la Plaza de Mayo.

En cuarto lugar, también es distintiva su capacidad de luchar y convocarse a partir del tema de la paz, convirtiéndolo en un arma activa de lucha. Por último, es interesante reiterar su capacidad de innovación en el ámbito que podríamos denominar "la dimensión cultural del hacer política" a partir de la originalidad de las modalidades de lucha desarrolladas que se expresan, entre otras, en el desarrollo de una nueva forma de movilización (la ronda), la creación de símbolos (los pañuelos), la capacidad de darle un nuevo significado a un espacio público (la plaza) y la capacidad de mantener una acción política equidistante de los partidos. Así, el paradigma del hacer política de las Madres, basado en la defensa de principios irrenunciables (la defensa de la vida y de los afectos) se ajusta, seguramente sin que ellas inicialmente tuvieran conciencia de esto, a un nuevo paradigma feminista que sostiene la necesidad de una irrupción femenina en el mundo de la política patriarcal y masculina con una cosmovisión diferente capaz de romper las reglas del juego político tradicional. Este modelo del hacer política de las MPM —modelo que constituimos como observadores *a posteriori* de la acumulación de sus diversas prácticas y que nunca fue planteado por ellas como estrategia *ex ante* ni derivado de premisas teóricas— impuso también algunas características a su propia estructura organizativa que tendrán efectos sobre las formas con las que el grupo enfrentará la etapa de consolidación democrática. Entre estas características organizativas destacaremos brevemente que se trata de una organización cuya estructura formal tiene un bajo grado de formalización, escasa diferenciación funcional y fuertes liderazgos personales.

De esta manera, no sólo la condición de género de sus protagonistas sino también esta modalidad organizativa refuerza aún más el carácter de organización de mujeres de las Madres, mostrando similitud con otras, caracterizadas históricamente por un alto grado de indefinición estructural. En fin, una vez más se trata de organizaciones más preparadas para responder coyunturalmente a las crisis que para organizar un modelo de participación permanente en estructuras formales e institucionales.

Las amas de casa

Entre octubre y diciembre de 1982 una sorpresiva protesta urbana que alcanzó fuerte tenor contestatario recorrió los partidos del Gran Buenos Aires: una cuota adicional sobre la vivienda individual agregada a la carga impositiva corriente detonó la movilización popular. La crónica de estas propuestas conocidas como "vecinazos" registró una importante participación femenina: juntas o comisiones de amas de casa convocan o adhieren a las concentraciones que se efectúan en lugares diferentes del conurbano, participando en conversaciones con las autoridades municipales.

Si bien se hicieron visibles durante los vecinazos, en realidad las protestas de las amas de casa habían comenzado antes. Durante los meses previos a este estallido barrial, las mujeres habían protagonizado huelgas de compras y concentraciones contra la carestía de la vida en lugares del conurbano y ciudades del interior del país. En julio de 1982, en un barrio de clase media del distrito de San Martín había nacido el Movimiento de Amas de Casa del País, mujeres que se habían movilizado espontáneamente contra el alza indiscriminada de los precios, lanzando la campaña "no compre los jueves", y que habían pasado rápidamente a generar expectación en la opinión pública. Resulta difícil analizar el verdadero carácter de esta forma de organización y de este grupo en particular. En Argentina, poco es lo que sabemos históricamente acerca de las formas de organización social a nivel local y, menos aún, en relación con las luchas por la reproducción y el consumo. Así, las acciones de las amas de casa resultan difíciles de comparar y evaluar en tanto aparecen en un contexto sobre el que solamente podemos establecer hipótesis con datos fragmentarios, a veces simplemente observacionales, y es escaso el aporte que realizan las ciencias sociales sobre estos tópicos.

Pese a este desconocimiento, algunas características novedosas pueden, sin lugar a dudas, precisarse: en primer lugar, a diferencia del pasado en que este tipo de reivindicaciones eran encabezadas por mujeres ligadas a un partido político o a la Iglesia y ciertos sectores de derecha, especializados en actividades de mejoramiento de la condición de las mujeres típicamente benéficas, en el Movimiento de Amas de Casa que surge en la transición confluyen distintos tipos de mujeres, con historia en la acción vecinal y, aparentemente, sin experiencia de participación en movimientos políticos. El Movimiento de Amas de Casa del País, el nuevo actor en la lucha contra la carestía, se autodefine tomando distancia tanto de la política como de las actividades tradicionales de las mujeres. "Nuestro movimiento no es de mujeres que les sobra el tiempo y hacen caridad, queremos crear conciencia", dicen. Como en el caso de las Madres de Plaza de Mayo, la insistencia en aclarar que el movimiento no persigue fines políticos es fuerte. Otra característica proviene del apoyo que el Movimiento de Amas de Casa da a otro tipo de acciones reivindicativas, como la solidaridad con el Premio Nobel de la Paz y su apoyo a las actividades de Madres y Abuelas de Plaza de Mayo. Pese a toda esta capacidad de innovación, sin embargo se mantienen fieles a la definición del papel vicario que desempeña la mujer, justificando la participación femenina a partir de su identidad de esposa/ama de casa/madre y su subordinación de género cuando expresan sintéticamente "nuestra política es la del bolsillo de nuestros maridos".

Las feministas

En el período que nos ocupa, casi todos los grupos feministas nacidos a comienzos de la década de los años setenta se disolvieron tras el golpe militar. Así, en 1976 cesaron sus actividades la Unión Feminista Argentina, el Movimiento de Liberación Femenina y la Asociación para la Liberación de la Mujer Argentina. También pasó a receso el Frente de Lucha por la Mujer, formado en 1975 de la unión de grupos feministas y mujeres de partidos políticos.

Entre los que subsisten debe contarse el Centro de Estudios Sociales de la Mujer Argentina, Cesma, nacido en 1974 de un grupo de mujeres que actuaban dentro del Frente de Izquierda Popular, FIP, y comienzan a reunirse fuera del partido para discutir su situación en tanto mujeres en el seno del mismo. Tras el alejamiento del partido de gran parte del grupo fundador en 1976, el Cesma sigue funcionando con mujeres que consideran posible una doble militancia (Cano, 1982). Su objetivo es "ayudar a la formación de un gran movimiento feminista nacional, profundamente enraizado en nuestro pueblo, que agrupa a la mayoría de las mujeres argentinas en pos de una condición digna, libre y justa". Mujeres de la corriente nacional del partido y mujeres sin militancia partidaria crean luego, en 1977, la Agrupación de Mujeres Argentinas, AMA, con la intención de leer y discutir material referido a la discriminación que afecta a la condición femenina e intercambiar experiencias. Al poco tiempo se conectan con otros grupos de mujeres con ideas afines y deciden cambiar su nombre por Asociación de Mujeres Alfonsina Storni, AMAS. Los objetivos de la agrupación, aprobados en agosto de 1978, consisten básicamente en lograr la unidad de las mujeres para mejorar su situación social y la participación femenina en la aceleración del desarrollo y el mantenimiento de la paz. Con ese fin AMAS realiza tareas como la publicación de un boletín, conferencias y proyectos de películas. En 1978 también se constituye en Córdoba un grupo muy activo en la realización de tareas de difusión y debates: la Asociación Juana Manso.

Vinculada con una vertiente más política, en 1979 se constituye la Unión de Mujeres Socialistas, ligada a la Confederación Socialista Argentina y presidida por Alicia Moreau de Justo, que en su manifiesto inicial reclama el retorno al estado de derecho en la Argentina. Posteriormente, en 1981, se reorganiza el MLF que, liderado por una feminista de larga trayectoria, María Elena Oddone, adopta el nombre de Organización Feminista Argentina, OFA. Entre sus propósitos se cuenta el de incidir sobre los partidos —cuando se abra nuevamente el juego político— para que incorporen en sus plataformas las reivindicaciones de las mujeres. Poco tiempo antes varias feministas habían constituido la Comisión Pro-Reforma del Ejercicio de la Patria Potestad, que lanzó la Campaña por Patria Potestad Indistinta, "uno de los muchos avances que espera ha de lograr la mujer argentina en su difícil tarea de convertirse en ser autónomo, libre y plenamente responsable".

En abril de 1982 nace la Asociación de Trabajo y Estudio sobre la Mujer, ATEM 25 de Noviembre, movimiento autónomo cuya propuesta es "contribuir a la creación de una sociedad democrática, de un mundo de iguales, donde las diferencias entre los seres humanos no constituyan una excusa para la opresión sino la base del respeto a la pluralidad de la vida". La integran "mujeres de diferentes edades, estudios y posibilidades económicas, inquietas y deseosas de participar y aportar nuestra experiencia para la construcción de un mundo mejor". Entre sus objetivos específicos se encuentra la realización de campañas, charlas, presentaciones ante las autoridades, etc., a fin de lograr el cumplimiento de la Convención de Naciones Unidas sobre la eliminación de todas las formas de discriminación contra la mujer.

En agosto de 1983 abre sus puertas Lugar de Mujer que, en ausencia de acuerdos ideológicos (la integran mujeres que adhieren a distintas tendencias dentro del feminismo), se define como una asociación civil con "orientación feminista". Lugar de Mujer se plantea como un espacio de desarrollo de actividades centradas en la temática femenina (mesas redondas, talleres, grupos de concientización y de estudio, exposiciones) que ofrece también asesoramiento jurídico, sexológico y psicológico a mujeres.

En noviembre de 1983, por iniciativa de tres organizaciones feministas (OFA, ATEM y Libera), se constituye el Tribunal de Violencias contra la Mujer. La entidad, cuyo objetivo es "alertar a la sociedad sobre la violencia que se ejerce contra la mujer no solamente desde el punto de vista sexual sino también social y político", organiza una jornada de protesta pidiendo justicia en un caso de vejación sexual que había conmovido recientemente a la opinión pública.

LA TRANSICIÓN

Como resultado de esfuerzos convergentes aunque autónomos, la acción de los diversos grupos mencionados ayuda a crear un clima de opinión que muestra, tal vez por primera vez en nuestra historia, la necesidad imprescindible de incluir el componente "mujer" en el desarrollo del proceso de transición democrática. Siguiendo las pautas marcadas por los grupos y sensibles al potencial electoral de las mujeres, los partidos se apresuran también a constituir sus frentes de mujeres y a producir los primeros esfuerzos por la organización de las mismas como sector específico en el interior de las estructuras partidarias. Siguen en esto, varias décadas más tarde, el ejemplo del peronismo que a fines de la década de los años cuarenta constituye el Partido Peronista Femenino como organización autónoma dentro de la estructura partidaria.

Aunque entre la opinión pública existe en Argentina un misterioso consenso acerca de que el término "feminismo" es un término ahuyentador del electorado, poco a poco, subrepticiamente, los contenidos de la agenda de los grupos feministas se van expandiendo más allá del pequeño círculo cerrado de sus militantes y permeando el contenido de las plataformas de los distintos partidos políticos, a la vez que logran ejercer un considerable impacto sobre los medios de comunicación de masas. Esto no es extraño si se tiene en cuenta que, especialmente en la capital federal pero también, en menor medida, en el Gran Buenos Aires, tanto por su experiencia en el sistema educativo como por su experiencia en el mercado de trabajo, la situación general de la mujer en Argentina tiene matices que la diferencian positivamente de la situación, en cierto sentido más sumergida, de las otras mujeres de la región. Esta oferta de nuevos contenidos alrededor de la problemática de la mujer satisface una demanda latente y oculta de las mujeres urbanas que, por los motivos señalados anteriormente, han desarrollado algún tipo de predisposición hacia un cambio de actitud y conducta respecto de los roles "tradicionales", cambios sobre los que tenemos solamente hipótesis y conjeturas pero que después de las elecciones estarían verificados por los resultados electorales.

Este reconocimiento público de las demandas de las mujeres obedece a distintos motivos según el orden institucional del que se trate: en el caso de los partidos, que es uno de los que más nos interesa, no es sólo un desinteresado acto de justicia con esta causa postergada. Forma más bien parte de un esfuerzo electoral por absorber el voto de las mujeres en el marco de un clima de reñida competencia electoral entre los partidos mayoritarios. Parte de esta competencia se expresa en la apropiación que realizan los partidos mayoritarios de las consignas más importantes del movimiento de mujeres —como en el caso del "somos la vida"— utilizados como autorreferencia partidaria que se convierten en el *leitmotiv* de la campaña de la UCR en 1983. En los partidos "chicos", con escaso caudal de votantes y probabilidades nulas de un éxito electoral, se expresa, en cambio, como reconocimiento simbólico de la causa de la mujer, integrándolas a las fórmulas de presidencia y vicepresidencia de la nación (aunque aun en esos casos cuidando de que si bien sean incluidas en las fórmulas máximas, aparezcan un "escalón" por debajo del "lugar de los hombres"). Recuérdese sobre este punto la fórmula del Frente de Izquierda Popular con Elisa Colombo como candidata a la vicepresidencia, la del Partido Obrero con Catalina Guagnini en la misma posición o a Irene Rodríguez como candidata a la vicepresidencia de la nación en la fórmula del Partido Comunista.

Posteriormente, el notorio triunfo alfonsinista en las mesas de mujeres habría de mostrar el éxito de una estrategia electoral que logró captar las expectativas y esperanzas más o menos latentes del electorado femenino. El triunfo alfonsinista resulta de la recepción del inteligente y audaz mensaje del candidato radical, quien levanta vigorosamente no sólo las reivindicaciones latentes de las mujeres sino también un lenguaje propio de las mujeres, como en el discurso de cierre de campaña en que alude al "machismo". La audacia de nombrar estos temas incluye una operación que los desplaza desde la penumbra de los grupos de mujeres a la gran escena de la política pública: el divorcio, la patria potestad compartida, la mencionada denuncia del machismo y la causa de la paz, al ser nombrados por uno de los dos candidatos con una posibilidad concreta de éxito adquieren una carta de legitimidad, de ciudadanía, que los convierte abiertamente en temas políticos.

Por supuesto, los políticos no pueden hacer más que esto. El resto, todo lo que queda por hacer, incluso la obtención de las medidas de gobierno que sean compatibles con estas promesas, deberá ser exigido. Más aún, víctimas también de la propia tradición machista de los partidos, los candidatos no podrán hacer más que "nombrar" y legitimar estos temas, pues no consiguen entender a la mujer más allá de su rol de electora. Porque las piensan sólo en ese rol, sus discursos no pueden ir más allá de la denuncia y, a la hora de las propuestas, no hacen más que repetir el viejo discurso "mejoramiento" de la condición de la mujer que, inspirado en medidas proteccionistas, refuerza la conceptualización de la posición de la mujer en la sociedad como expresión de un *capitis diminutio* que debe superarse. Fomentar la participación de la mujer no sólo como electora sino como protagonista integral de la vida y la lucha política es, en principio, crear una fuente de competencia en el interior de los partidos y dibujar nuevamente el mapa social de un país, objetivos transformadores que todavía no tienen espacio en la Argentina contemporánea, más allá de la mera enunciación retórica.

En el curso de todo este proceso los grupos de mujeres siguen una dinámica que es continuación de la sostenida en la etapa previa a la asunción del gobierno democrático, esto es, una dinámica más de agregar intereses que de diferenciarlos. Esta política unitaria se expresa cabalmente el 8 de marzo de 1984, fecha en la cual se celebra por primera vez en Argentina el Día Internacional de la Mujer, organizado por una confederación de grupos —la Multisectorial de la Mujer— que presentará un programa propio de reivindicaciones, aprovechando el eco de esta problemática durante la transición y el aprendizaje y la disponibilidad para la acción acumulada por las mujeres en el proceso de confrontación a la dictadura. También, como efecto de estos mismos antecedentes, en la naciente democracia florecen las condiciones sociales para impulsar las tareas de organización de la mujer y la representación de sus intereses en ámbitos muy diferenciados, como los sindicatos, tradicionalmente de dominio masculino, o el campo de la investigación científica y las actividades artísticas donde respectivamente la investigación y/o la producción artística sobre las mujeres alcanzan cada vez mayor repercusión.

Una vez más, los medios de comunicación de masas habrán de desempeñar un rol de importancia en este proceso, en tanto por diversas razones algunos van superando paulatinamente el binomio mujer-cocina que, salvo excepciones, los caracterizó históricamente. Si durante la dictadura la complicidad de algunas revistas femeninas con el proceso fue un hecho ya debidamente documentado, en la transición, muchos de estos medios mostraron su versatilidad pero también su oportunismo para producir significativos giros en los contenidos y en las interpretaciones brindadas a las lectoras como parte de un operativo de captura de un público cuyos intereses se suponía estaban registrando fuertes virajes.

La transición se inicia así con una serie de signos promisorios para la causa de las mujeres. Entre ellos es importante destacar una característica distintiva del período: la convergencia entre mujeres pertenecientes a organizaciones femeninas y feministas en pos de algunas demandas específicas. Fueron relaciones que "cristalizaron" organizativamente como en el caso de la Multisectorial, pero también relaciones informales como las que se dieron entre mujeres de algunas organizaciones feministas y otras compañeras en la lucha por los derechos humanos. Esta convergencia constituía sin duda un dato saludable, sobre todo si se tienen en cuenta las tareas ímprobas que enfrentaba la sociedad civil en una transición como la argentina en la que la alternancia cívico-militar desde hacía cinco décadas paralizaba permanentemente la capacidad de intercambio entre actores colocados en diferentes lugares sociales.

En el verano de 1984, un breve balance mostraba que podía avecinarse un cambio sustancial en la causa de las mujeres si se lograba sostener y ampliar los avances alcanzados hasta el momento, resultado de la favorable constelación de elementos viejos y nuevos en que se sustentaban estas transformaciones. Entre ellos, sin duda el más importante era la centralidad alcanzada por las mujeres a partir del rol protagónico de las madres, que remitía a uno de los mitos más importantes de la cultura occidental: Antígona y su rebelión contra el poder omnímodo del Estado luchando por encontrar sepultura para su hermano dentro del límite físico de una ciudad que lo considera un subversivo.

Pero este pronóstico de éxito se sustentaba en un fuerte supuesto: así como el Movimiento de Mujeres había sido innovador frente a la dictadura, debía ahora tener la plasticidad suficiente como para adaptarse al cambio del escenario político que la democracia implicaba. Y el nuevo régimen iba generando para todos estos grupos diversos y nuevos desafíos que resultaban difíciles de enfrentar. Entre ellos, cómo pasar de la acción en los microespacios de la resistencia a la multiplicación cualitativa y cuantitativa de los espacios de la política: dependencias del poder ejecutivo, instancias parlamentarias, poder judicial independiente, movimiento social, partidos políticos. También, cómo pasar de la lucha contra un único oponente —al que alcanza con confrontar belicosamente— al proceso mucho más complejo de reconocimiento de diversos contrincantes, con proyectos alternativos con los que a veces es tan necesario confrontar como negociar. Pasar, en fin, de las reglas de juego de la oposición a las reglas de juego con las que se construye la paz civil.

En este contexto era necesario seguir acumulando capacidad de aprendizaje para permitir un viraje de la práctica desde lo ya conocido a las formas que el nuevo contexto hacía necesarias: las feministas, por ejemplo, si no podían crear un movimiento de masas podrían dirigir sus esfuerzos a constituirse en un *lobby* en el sentido tradicional del término. Pero su historia y trayectoria operan ahora como un obstáculo que les hace ver estas alternativas más como una claudicación respecto de una trayectoria pasada de confrontación que como vías de salida adecuadas al nuevo contexto. Esto es parte tanto del cambio en la escala de la acción como del cambio en el sentido mismo de la acción: acostumbradas a los grupos de reflexión y de autoconciencia y a identificar la dimensión política de lo personal mucho más que la dimensión de género de la política, fracturadas por sus divergencias ideológicas, el reto es ser capaces de encontrar en la nueva coyuntura las voces que mantengan su condición de feministas pero que a la vez se escuchen en el concierto político nacional dominado especialmente por las estructuras político-partidarias en las que han estado siempre los hombres.

Por otro lado, las mujeres que se embarcaron en las luchas por la paz, contra la guerra, contra el servicio militar obligatorio (desde la razón, pero desde una razón anclada en los sentimientos, fundada en una dimensión de repudio emocional) ¿cómo pueden operacionalizar ahora su propuesta de contestación? Ahora, entre su repudio de raíz ética y la acción hay múltiples mediaciones institucionales que son difíciles de sortear y que además requieren un conocimiento específico: el presupuesto de las FFAA, la comisión de defensa de las cámaras legislativas, el análisis cuidadoso de los efectos potenciales de cualquier movida apresurada en el damero político. Y, también, la verificación de que en la política —por lo menos en su práctica tradicional— sólo se escuchan las voces masculinas.

Por otra parte, ¿cómo harán las mujeres en el movimiento de derechos humanos desde este momento en adelante para seguir manteniendo su lucha irreductible y conciliar esta lucha con los parámetros del juego democrático?

El escenario democrático

Con esta heterogénea realidad de los grupos de mujeres llegamos a la transmisión de mando del presidente de facto Bignone al presidente electo Raúl Alfonsín. Hemos ya mencionado algunos de los desafíos que este momento implicaba para los grupos, dificultades que pueden bien parangonarse con las dificultades que entrañaba para el gobierno constitucional que asumía el poder.

Todos los grupos de mujeres representaban un desafío específico para el gobierno pero, sin duda, el de las mujeres en el movimiento de derechos humanos era el que presentaba los desafíos más difíciles de sortear. Si los diversos grupos feministas esperaban el cumplimiento de las promesas incluidas en las plataformas partidarias, como el divorcio, la patria potestad compartida, la ratificación de la convención contra la discriminación y la anulación del llamado Decreto López Rega que impedía el acceso libre a la anticoncepción, por su parte las amas de casa esperaban justicia en la redistribución del ingreso acompañada por políticas de control de precios que les permitieran satisfacer las necesidades de la canasta familiar, y las madres y las mujeres en los derechos humanos, fieles a sus principios, pretendían concretar su reclamo de "aparición con vida" y "castigo a los culpables".

La raíz ética de sus demandas y el compromiso que el partido radical había expresado en su campaña electoral de 1983 con la consigna "somos la vida" —que como ya hemos dicho tomaba subliminalmente las consignas más queridas del movimiento de derechos humanos— reiteraban la no negociabilidad de sus contenidos mientras que silmultáneamente generaban un clima de confianza en la potencialidad de la democracia para enfrentar este problema. Después, las respuestas que el gobierno radical habría de dar en el tema de los derechos humanos generará en las Madres la necesidad de reforzar aún más tanto el elemento ético inspirador de sus luchas como la reafirmación del carácter de irrenunciable de las demandas del movimiento. Ética y política se enfrentarán así en un conflicto cuya superación no se avizora.

La creación de la Comisión Nacional para la Desaparición de Personas, Conadep, en diciembre de 1983, insuficiente respuesta política con la que el gobierno sustituye la promesa preelectoral de la comisión parlamentaria bicameral, constituye la primera división de otras que aparecerán posteriormente. Las Madres se niegan a integrar la Conadep, con la excepción de Graciela Fernández Meijide, quien al aceptar su inclusión en la misma logra desempeñar dentro de ella un importante rol. Pese al relevante desempeño de sus integrantes, de la constitución y el funcionamiento de este organismo están lejos de surgir soluciones. Su balance final es la recopilación de información publicada posteriormente en *Nunca más*, volumen que describe la represión y los procedimientos del terrorismo de Estado y que constituye una formidable sanción moral a dichos procedimientos. Después el juicio a las Juntas se convertirá en el escenario público del oprobio de la represión, que los medios de comunicación de masa aprovechan morbosamente, difundiendo de manera deportiva los relatos de los testigos. Los resultados finales del juicio, previsibles aunque no por eso poco significativos, implican la sanción solamente de los responsables máximos del horror, algunos de los miembros de las Juntas. Se castiga así más una metodología a la que se da en denominar "aberrante" que a los ejecutores materiales de múltiples delitos. Esto permite que algunos represores como el teniente Astiz, marino en actividad y en quien las Madres descubren a quien entregó a Azucena Villaflor, la primera madre secuestrada y desaparecida en el año 1977, como resultado de sus tareas organizativas hayan eludido definitivamente el peso de la justicia. Ni siquiera el reclamo reiteradamente realizado por la Corona sueca en relación con la joven Dagmar Hagelin fue suficiente para que se tomaran medidas contra Astiz.

Como resultado de la política implantada por el gobierno radical y quizá como parte de diferentes posiciones existentes en sus filas, el movimiento se divide en dos líneas, Madres de Plaza de Mayo y Madres de Plaza de Mayo Línea Fundadora, cuyas diferencias expresan las discrepancias existentes acerca de cómo adecuarse o cómo enfrentarse con la nueva coyuntura política democrática. Aparentemente, más que en diferentes grados de contraposición frente a las soluciones del gobierno radical, el debate se centra en cómo continuar y cómo adaptarse a la institucionalidad que la democracia impone. Algunos hechos aceleran este proceso, como la presencia del osteólogo norteamericano Clyde Snow, quien en mayo de 1986 intenta reconocer restos óseos que deben ser exhumados para su identificación. Un sector de las Madres se opone a esta tarea, señalando que su ejecución implicaría un reconocimiento automático de la caducidad del principio de "aparición con vida".

La respuesta negativa de las Madres frente a las diferentes soluciones que el gobierno va planteando es en realidad su reacción frente a un pronóstico de un escalamiento del olvido, que habrá de conducir a una amnistía encubierta. Su actitud de legítima intransigencia es respondida con hostilidad desde el gobierno, que comienza paulatinamente a descalificarlas en un clima agresivo que hubiera sido difícil de imaginar en el contexto de la transición democrática. Mientras las críticas a las Madres van ganando algunos espacios públicos, los pasos que conducen a la amnistía encubierta se van concretando paulatinamente. La dificultad de encarcelar a represores en actividad en las Fuerzas Armadas que son un símbolo —como en el ya mencionado caso del teniente Astiz—, el ascenso de militares implicados en la represión siguiendo la cadena de mandos en las FFAA, el dictado de la ley de punto final y, finalmente, la ley de obediencia debida son todos pasos efectivamente dirigidos a instrumentar el perdón y estimular el olvido.

Pero, pese a las dificultades de esta coyuntura de transición democrática, las Madres continúan sin cesar su acción propagandística inventando caminos más y más novedosos para sensibilizar a una opinión pública que se desliza cómodamente al olvido. La presencia de las Madres en el juicio con el pañuelo en la cabeza, las siluetas con los nombres de los desaparecidos, las campañas de cadenas de manos que se dan la mano en la búsqueda de los desaparecidos o para que no pasen los represores, los pañuelos de las campañas internacionales, son todos intentos de actuar como acicates permanentes frente a la opinión pública. Como resultado, si durante la dictadura las Madres logran transformar la escena política con su sola presencia, en la transición en cambio su presencia marca de manera casi definitiva la cultura política incorporando novedosas prácticas que implican un alto grado de participación directa de sus seguidores.

Todo este proceso resulta de gran interés no sólo como problemática de la transición y reconstitución institucional del país sino también desde el punto de vista de la teoría feminista sobre las formas del hacer política de las mujeres. El rol de las mujeres en la defensa de la vida, comportamiento político anclado en los afectos y en la emoción que implica generalmente un alto grado de confrontación con el poder omnímodo del Estado autoritario, es una vez más un comportamiento de alta eficacia frente a la crisis. Pero es insuficiente para la consolidación, etapa en la cual el rol de "hijas de Antígona" no alcanza para insertarlas en el juego político que aún a pesar de ellas la consolidación democrática instaura. Por otra parte, es cierto que el movimiento de derechos humanos y especialmente las mujeres dentro del mismo nunca se plantearon este "hacer política", pero aun así, ¿cómo se es eficaz cuando han cambiado las reglas del juego político? Este proceso sigue, en líneas generales, algunas de las características que se han discutido frecuentemente en relación con la difícil articulación de movimientos sociales y sistemas institucionales en las etapas de consolidación de los regímenes democráticos.

Ahora, el nuevo paradigma feminista del "hacer política" de las mujeres enfatiza estos comportamientos relacionados con las emociones. Se tiende así una trampa consistente en la creación de un nuevo sistema de legitimidad en el hacer política propio de un grupo diferente del de los otros actores sociales, constituido sobre la base del género, cuyas protagonistas terminan siendo desplazadas del foco de la escena política. En el caso de Argentina, la inercia de este discurso habrá de desarrollar más tarde una forma de interpelación a las mujeres que recogen los aspectos más conservadores en que *también* están incluidos esta forma de hacer política ligada a los afectos.

Obviamente, es difícil constituir en objeto de estudio al movimiento de las Madres de Plaza de Mayo o los movimientos de mujeres en los derechos humanos en otros países de la región (como, por ejemplo, Chile, Honduras o Guatemala).

Hacerlo no implica poner en cuestión ni el rol desempeñado por ellas, ni la legitimidad de sus reclamos, sino que intenta profundizar el aprendizaje que esta experiencia nos deja. Sin embargo, en un plano analítico es necesario señalar que la evidencia empírica muestra que la defensa de los derechos humanos, anclada en los roles reproductivos resultado del modelo vigente de división sexual del trabajo y que enfatiza los componentes afectivos "femeninos" ligados a la defensa de la vida junto con la posibilidad del cambio de la posición de la mujer, comienza a mostrar también la constitución de un paradójico "círculo vicioso" en el cual estos atributos impugnadores del hacer política a partir de los afectos (ruptura de la artificiosa división público/privado, superación del cálculo racional costo/beneficio, rebelión de las hijas de Antígona) terminan indirectamente volviendo a sacralizar los contenidos altruistas que tradicionalmente definen el desempeño del rol de madre con el que estos movimientos inicialmente rompen.

El caso argentino muestra que la irrupción de las mujeres en la escena pública a partir del rol de madres incluye una gran potencialidad para el cambio pero que para que esta virtualidad se convierta en transformaciones concretas para el conjunto de las mujeres es necesario mantener un ajustado equilibrio entre todas aquellas dimensiones del ejercicio de la maternidad

que rompen con lo tradicional y todos los elementos que actúan reforzando
el comportamiento tradicional. Hay indicios, a los que nos referiremos más
adelante, de que no es sencillo desarrollar por completo esta ruptura y de
que, por el contrario, la apropiación de algunos de estos elementos de contenido conservador de parte de estructuras políticas tradicionales refuerzan
la lectura más convencional del papel de la mujer en la sociedad. Aunque
no coincidimos con el uso indiscriminado del término para expresar la realidad social de la mujer de América Latina, resulta sin embargo sumamente
pertinente en este contexto: se refiere al surgimiento de un nuevo marianismo que estimulará un mayor aislamiento del movimiento. El marianismo
de las Madres, solitarias portadoras de las demandas éticas de una sociedad, depositarias de su conciencia crítica, garantizan tanto que esos valores
no se extingan como que no se contagien al resto de la sociedad, devolvién-
dolas en un sentido al lugar de "locas" con el que inicialmente las bautiza
la prensa de la dictadura. Volvemos por un camino inesperado a la tradición
del culto de María-madre vigente en los sectores más conservadores de la
sociedad. El círculo vicioso, que se completa con la baja participación femenina en las estructuras políticas tradicionales, vuelve a cerrarse así de una
forma novedosa, consagrando bajo un nuevo ropaje la secular discriminación de la mujer de la escena pública.

A la vez, aun a las mujeres que no son madres se les atribuyen también
los comportamientos inherentes a la maternidad, interpelándolas ahora en
función de la naturalidad de los atributos maternales que obviamente se
hacen extensibles a todas las mujeres. "Los hombres que conducen los intereses de una Nación necesitan un sentimiento profundo de protección que
sólo ustedes saben dar", dice a las mujeres el candidato de la UCR a la gobernación de la provincia de Buenos Aires durante la campaña electoral de
renovación parcial de autoridades de provincias y del Parlamento del año
1987, en un discurso dirigido a las mujeres. De la fuerza de los afectos, del
"somos la vida", a los afectos constituidos en una trampa para las mujeres
hay así un solo paso. La virtualidad del cambio se ve frustrada en una pinza
formada por la inercia del discurso de las propias mujeres y la apropiación
de los aspectos más tradicionales del mismo, de parte de una clase política
dominada por los hombres.

Algunos avances

En este contexto de la transición, pese al fugaz protagonismo que las mujeres alcanzan, su causa registra, sin embargo, sustantivos avances. Estos

avances forman parte de un lento proceso que queda librado a desplazarse determinado por una dinámica que le es propia: por un lado, ante la ausencia de una firme voluntad política del gobierno y el partido en el poder que permita cumplir rápidamente algunas de las promesas hechas durante la campaña electoral; por el otro, ante la inexistencia de un movimiento de mujeres capaz de movilizar a la opinión pública y presionar a las estructuras de gobierno por el cumplimiento de las mismas, la promulgación de la legislación que habría de afectar a tantas personas, más que en una muestra de la vitalidad de la sociedad civil, se convierte en una languidecente odisea burocrática. Pero aun con todas estas restricciones, algunos de estos dispositivos legales son finalmente promulgados.

Entre los más importantes está la ya mencionada ratificación de la Convención de las Naciones Unidas contra la discriminación, la promulgación de la ley 23.624 de patria potestad compartida, la aprobación luego de un largo trámite de la ley de divorcio en la Cámara de Diputados y el régimen de igualdad de hijos matrimoniales y extramatrimoniales. Si bien no en todos los casos se trata de legislación que afecte específicamente a las mujeres, todas estas leyes tienen efectos considerables sobre su posición. En todos estos casos, la discusión, el clima de opinión que se crea, permite plantear públicamente el tema de la posición subordinada de la mujer en la legislación y en el grupo doméstico, así como el problema de la democratización de las relaciones familiares que aparece como la correlativa dimensión doméstica y cotidiana de la recuperación de la democracia.

Pero todo esto sucede en ausencia de la presión social del Movimiento de Mujeres o del movimiento feminista dirigida a la consecución de esos logros. Hubo tan sólo tímidas sentadas callejeras de grupos aislados de activistas para apoyar el tratamiento parlamentario del proyecto de ley de patria potestad compartida o del divorcio. Así, algunas de estas medidas se convirtieron en neutros actos legislativos producto de alguna iniciativa parlamentaria más subordinada a las necesidades de los legisladores que a las de las mujeres. La ratificación de la Convención contra la Discriminación, acto de legislación totalmente consensuado que no hubiera tenido ningún costo político para los legisladores, fue enviada a las sesiones extraordinarias del Parlamento en enero de 1984, y fue finalmente aprobada en junio de 1985. ¿Quién habrá de garantizar el cumplimiento del compromiso establecido en la ratificación cuando ni siquiera se pudo ejercer presión social por parte de los grupos interesados en lograr un rápido tratamiento del mismo que expresara la voluntad política de la democracia de reconocer el esfuerzo que las mujeres habían hecho por su advenimiento?

También es importante destacar aquí el esfuerzo realizado desde algunas áreas para constituir en el Estado un ámbito propio para las mujeres. Se crea en el ámbito del Ministerio de Acción Social una Dirección Nacional de la Mujer que se define inicialmente como "en formación". Dicha Dirección es convertida dos años después en Subsecretaría, el 8 de marzo de 1987. Otros intentos importantes desde el Estado incluyen el lanzamiento del Programa Mujer, Salud y Desarrollo, también en el marco del Ministerio de Acción Social, el Programa Mujer Hoy en el Programa Cultural en Barrios de la Municipalidad de Buenos Aires, y la creación de diversas Subsecretarías o Direcciones de la Mujer en el contexto de las estructuras de los gobiernos provinciales en un país de régimen federal.

Frente a estas iniciativas de los gobiernos de las diferentes jurisdicciones para abrir espacios propios para la mujer en el aparato del Estado, los grupos feministas reaccionaron en muchos casos planteando como única alternativa de respuesta el rechazo a estos intentos. Más que dificultades propias de los grupos de mujeres, esta desconfianza expresa una actitud de muchos grupos de la sociedad civil frente al Estado al que sólo pueden visualizar como interesado en tácticas de cooptación de actores sociales y de vaciamiento de las demandas de los mismos.

Pese a estas dificultades, la continuidad democrática permitió ir abriendo una nueva agenda de la problemática femenina que llevó a la luz pública algunos problemas considerados tradicionalmente privados. El tema no nombrado del derecho al cuerpo y a las decisiones reproductivas fue pasando paulatinamente de la esfera privada a la pública, abandonando su carácter de tema tabú. La evidencia del aborto y las conjeturas acerca del número de abortos practicados anualmente en el país (estimados alrededor de 300.000), así como el número de muertes por complicaciones post-aborto, son considerados como indicadores indirectos de la inexistencia del derecho al cuerpo y de la información que permite regular la reproducción. La acción de diversos grupos, como los del movimiento feminista, y la progresiva liberalización de los medios de comunicación de masas contribuyeron notablemente en cuanto a comenzar a hacer pública esta agenda oculta. Esta situación culminó a fines del año 1986 con la promulgación del Decreto No. 2274 que anuló las disposiciones restrictivas para la difusión y el uso de los anticonceptivos, con el objeto de permitir a la población "el ejercicio pleno del derecho humano de decidir responsablemente respecto a su reproducción". En un país que, como Argentina, ha apoyado históricamente políticas de población pronatalistas mientras su sociedad regía su comportamiento reproductivo siguiendo un signo exactamente opuesto, el reconocimiento de la necesidad de ajustar la ley en función de la realidad es un promisorio signo de razonabilidad.

Otro tema que se ha desplazado del ámbito de los problemas considerados privados a la esfera pública es el tema de la violencia ejercida contra las mujeres: como resultado del estigma personal sufrido por cada mujer golpeada se ha ido abriendo espacio la idea de la violencia doméstica como un problema social, no individual, y como un delito que debe ser denunciado. Los grupos de autoayuda originados en el movimiento feminista son complementados por diversas acciones institucionales, estatales y privadas, en servicios de salud y de asesoría legal e, incluso, como parte del programa de entrenamiento en algunos institutos policiales.

Estas condiciones favorables para la organización de las mujeres que se generan en la etapa de consolidación pueden ejemplificarse a través del proceso de organización autónoma de las mujeres que tuvo lugar en el sindicalismo. En ese contexto, algunas mujeres, especialmente las que atravesaron la experiencia del exilio y, en el exilio, el contacto con el nuevo feminismo, de regreso a sus organizaciones de base están tratando de cambiar el tratamiento tradicional de la cuestión femenina, tratamiento que generalmente las confina a las secretarías de bienestar social y de familia, en las que la problemática femenina se entiende como un apéndice de la familiar. La creación de secretarías de la mujer en gremios que hasta el momento ignoraban la centralidad de dicha problemática y el cambio de las líneas de trabajo en los gremios en los que las secretarías de la mujer tenían ya una larga trayectoria, son resultado de estos procesos. Estos grupos, todavía pequeños, tienen por delante una tarea que excede a sus fuerzas, especialmente frente a la próxima renovación de las convenciones colectivas de trabajo, en la cual, luego de una década de congelamiento de esta instancia de negociación, deberán discutir la problemática de los cambios producidos en la estructura del empleo y la participación laboral de las mujeres. Una visión diferente de la problemática de la mujer implica que ahora en el ámbito del mundo sindical y de las convenciones colectivas no se discutan sólo condiciones de trabajo sino también régimen de beneficios para maternidad, seguridad social, regímenes especiales para madres trabajadoras, instalación de salacunas, etc., incluyendo la rediscusión de todo el problema del cuidado de los niños desde una nueva óptica, que sea verdaderamente igualitaria en el sentido que se desprende de los principios de la Convención contra la Discriminación.

Así como algunas mujeres en las organizaciones sindicales revisan supuestos referidos a las demandas tradicionalmente levantadas por el movimiento obrero en relación con la madre trabajadora, otros grupos que realizaron una importante experiencia de movilización en la confrontación con la dictadura en el área de derechos humanos tratan de extender ahora el contenido de los temas incorporados en la noción misma de derechos humanos, incluyendo demandas que se relacionen con la fijación de un nivel de vida digno, como el acceso a la vivienda, a la salud, a la educación y, también, lentamente, temas relacionados con problemáticas específicas de género, como el derecho al cuerpo o los derechos reproductivos. La crisis económica, como horizonte en el corto y mediano plazo, el peso de la deuda externa y la continuidad de las políticas de ajuste son sin duda elementos de peso en esta ampliación de la noción de derechos humanos.

Las mujeres en los barrios enfrentan, por su parte, problemáticas similares a los de las demás mujeres desde el punto de entrada de la vida cotidiana, bien en su dimensión doméstica familiar o en su dimensión organizativa barrial. Su centralidad en la organización del consumo familiar y también en el mantenimiento y reproducción de la vida familiar empieza a ser reconocida. De la invisibilidad resultante de cumplir las tareas reconocidas como "naturalmente" femeninas poco a poco se va creando conciencia sobre el activo rol desempeñado por las mujeres en la conformación del hábitat popular. Información dispersa sobre experiencias aisladas en distintos barrios, especialmente en el Gran Buenos Aires, confirman esta paulatina salida a la luz: el rol de las mujeres en las luchas por la vivienda, por el agua, por los servicios básicos, así como la constitución de pequeños grupos que se preocupan por la situación de la mujer —a veces en el contexto de algunos programas estatales como en el caso del Programa Alimentario Nacional o la Campaña Nacional de Alfabetización—, muestran una vez más la potencialidad de cambio que tienen las mujeres aun en el desempeño de tareas tradicionales. Otros grupos se organizan de manera novedosa alrededor de la acción de las iglesias, de algunos grupos políticos, de organizaciones no gubernamentales. Sin embargo, es necesario destacar que el grado de desarrollo de estas microexperiencias está muy distante de alcanzar el nivel de desarrollo de la organización y la acción de los grupos de mujeres populares en otros países de América Latina.

Sea cual fuere el ámbito institucional en el que las mujeres se desempeñan, casi siempre terminan enfrentadas con la dificultad de conciliar sus intereses tácticos e inmediatos, que por lo general incluyen la representación vicaria de los intereses de otros actores sociales, junto con sus intereses estratégicos de género. Entre los intersticios de esta división en la lucha por alcanzar los intereses tácticos, incluyendo a veces la representación de los intereses de otros grupos sociales —como en el caso de los niños— y los objetivos de género, se filtra el tema del proteccionismo como estrategia legal dirigida a apoyar a la mujer para que mejore la condición de otros y el asistencialismo cuando se la incluye en el paquete de los desfavorecidos cuya posición debe mejorarse.

Este tema sin duda remite a una discusión más amplia y que todavía no se ha realizado: se refiere al problema de delimitar cuáles son los problemas "propios" de la mujer y cuáles son los problemas que corresponden a toda la sociedad, aun cuando sean atribuidos casi consensualmente a las mujeres. Son ejemplo de esto la atribución como problema de la mujer de los asuntos que van desde el cuidado de la salud infantil, la atención del hogar, la preocupación por la escolaridad de los niños y la responsabilidad por las tareas domésticas —sea en el espacio privado del hogar o en el espacio más público y colectivo del barrio—, hasta la defensa de la vida de los hijos y de su seguridad en condiciones de alta inestabilidad política y supresión de derechos humanos.

La sola enunciación de los temas pone en duda, sin embargo, que temas referidos a la reproducción de las condiciones de vida y a la lucha por una sociedad democrática sean problemas pertenecientes o propios de un género específico. Así, paulatinamente, deberá ir haciéndose lugar para la discusión de qué debe entenderse por problemas de las mujeres. No se trataría entonces de ampliar derechos, de pedir más (más licencia por maternidad, por ejemplo), sino de limitar, de separar el cumplimiento de algunas funciones consideradas típicamente femeninas de una responsabilidad de género y de rediscutir las responsabilidades atribuidas a las mujeres como tareas que deben ser compartidas social y colectivamente.

El destino de estas formas todavía embrionarias de organizaciones de base local de las mujeres aparece, en esta etapa, muy ligado al rol que al Estado le cabe desempeñar en la promoción y consolidación de estos grupos. Aun cuando las raíces de ellos se encuentran en la sociedad civil, el Estado, especialmente a partir de la implantación de los programas de bienestar social que maneja en este momento, puede ignorar estas organizaciones de base o, por el contrario, trabajar junto con ellas y ayudar a fortalecerlas. Una actitud "capilar" del Estado —en cualquiera de sus instancias: nacional, provincial o municipal— capaz de absorber esta savia de la vida cotidiana puede generar, como efecto colateral, un fuerte impulso para la consolidación de los grupos de mujeres. A la vez, esta actitud revertiría en una mayor eficacia de las distintas acciones que se están llevando a cabo.

Seguramente, esta es una línea de articulación entre sociedad civil y Estado a la que será necesario prestar una gran atención en este momento, especialmente si se tiene en cuenta la situación de crisis que el país atraviesa.

En el contexto económico en que el país y el Estado se encuentran, el gobierno difícilmente puede dar respuesta a demandas que impliquen aumentos del gasto público, pero está en condiciones de responder a estas demandas de articulación, participación y consolidación de grupos de base. Ayudar a rearmar las tramas organizativas de la sociedad civil, pensando especialmente en los grupos de mujeres, puede ser una tarea en la que converjan muchos grupos que no encuentran fácilmente cómo expresar su presencia en el mapa político, aquellos que provienen especialmente de la vertiente de los movimientos sociales.

Se trata de reconocer la existencia de un doble desafío: de la democracia hacia las mujeres y de las mujeres hacia la democracia. El desafío de la democracia sobre las mujeres consiste en instalarlas como grupo social en el espacio público para articularse en diferentes espacios institucionales y favorecerse del libre juego de las instituciones. Es el desafío, en fin, de lograr que los grupos de mujeres se instalen, activa y creadoramente, en el contexto democrático. El otro, el desafío de las mujeres sobre la democracia, es el desafío de demandar y obtener una mayor participación, para lo cual deben construirse colectivamente los mecanismos para que esa ampliación de participación sea posible. En esta tarea de convergencia, las mujeres y el régimen político deben construir los canales adecuados para expresar la transversalidad de su problemática y, simultáneamente, sensibilizar los oídos de sus interlocutores a un haz de demandas que expresen los problemas de las mujeres como personas y no que sean el vehículo vicario de la expresión de las necesidades y demandas de otros grupos sociales.

POST SCRIPTUM

Desde 1988 en adelante, Argentina ha experimentado significativos cambios económicos, sociales y políticos. Diez años después de la democracia el más valorado ha sido, sin duda, el de la continuidad del régimen político, incluyendo el traspaso del poder de manos del presidente Alfonsín al presidente Menem, en el año 1989. Aunque parezca un logro menor, desde la perspectiva de países que gozaron históricamente de continuidad institucional, visto desde la Argentina es un *turning point* en una historia contemporánea que estuvo caracterizada durante más de cincuenta años por la alternancia cívico-militar. El desarrollo político de la consolidación democrática se vio empañado por sucesivas algaradas militares y la decisión de un progresivo proceso de perdón y olvido de los delitos cometidos en el período 1976-1983, iniciado por el presidente Alfonsín con la Ley de Obediencia

Debida, y completado por el presidente Menem con el indulto a los asesinos. En el plano económico, el país atravesó la experiencia de la hiperinflación, que alcanzó una tasa anual del 5.000% en 1989 y que puso al mismo al borde de la desintegración, con los consecuentes efectos sociales y psicosociales que supone un grado de turbulencia tan alta en las relaciones básicas de la vida cotidiana. Este proceso hizo posible el ajuste y la implantación de políticas económicas neoliberales que terminaron viéndose como un alivio frente a la situación que se intentaba superar. En el plano social, la marca más característica del período ha sido la del crecimiento de la pobreza con la contracara del enriquecimiento ilimitado de pequeños segmentos de población. Así, el perfil de una sociedad dual, con importantes grupos de excluidos, se asienta en el horizonte futuro.

Frente a estos sucesos, las mujeres, organizadas en los tipos de grupos que se describieron y otros que se consolidaron en el decenio, mantuvieron una conciencia alerta. En el plano político, encabezaron la resistencia a las medidas de perdón a los militares, liderando la lucha de los segmentos más progresivos del pueblo. En el plano económico, como en toda América Latina, fueron especialmente afectadas por el costo social del "ajuste invisible", lo que las obligó a salir al mercado de trabajo en proporciones no conocidas y a desarrollar un conjunto de estrategias de sobrevivencia, de base colectiva y de barrio, con las que intentaron responder a la crisis que afectó el "modelo de reproducción" de los sectores populares. También extendieron las nuevas formas de lucha aprendidas en la contraposición con la dictadura a temas más clásicos, como la defensa de las fuentes de trabajo de los maridos, y violencias novedosas como el caso de la violación y asesinato de una adolescente, a la que respondieron con las formas de lucha aprendidas de las madres. La vitalidad de esta metodología se demostró así, de la manera más eficaz, en su capacidad de ser reciclada en contextos y temas diferentes de aquellos que le dieron lugar.

En el plano político es, posiblemente, donde se dieron los avances más significativos. Siguiendo tendencias comunes a toda la región, se desarrollaron los primeros ámbitos institucionales estatales para la atención de la problemática femenina, en la mayoría de los casos asumiendo perspectivas y abordajes de género, desarrollo que si bien no produjo cambios radicales en la vida de las mujeres, ayudó a legitimar cuestiones que antes aparecían intersticialmente sólo en la vida de la sociedad. Igualmente, se produjeron avances legislativos dirigidos a una creciente autonomía femenina y, en 1991, se promulgó la ley de cuotas que garantiza la presencia de por lo menos un 30% de mujeres en lugares relevantes de las listas nacionales. Esta ley fue aplicada por primera vez en el curso del año 1993, elevando el número de mujeres en el Parlamento nacional a niveles similares a los del año 1952, en que rigió también la ley de cuotas.

En síntesis, diez años de democracia continuada se mostraron como un escenario adecuado para potenciar las luchas de las mujeres, aun en el ámbito de condiciones económicas y políticas difíciles. En ese contexto, en todos los ámbitos, las mujeres lograron avanzar sobre un abanico altamente diversificado de objetivos extendidos desde la recuperación de los "nietos" de la guerra sucia y del terrorismo de Estado, afirmarse en su condición de sujetos sociales de pleno derecho, abordar problemas nunca planteados públicamente —como las agresiones sexuales de todo tipo—, afirmarse en sus luchas por la sobrevivencia en el marco del ajuste y, aun, poder trascenderlas en la constitución de grupos y colectivos que van mucho más allá de las cuestiones que inicialmente las convocan. Diez años de democracia y participación femenina, con una perspectiva de género, también permitieron llamar la atención y atraer el interés de las mujeres hacia los espacios institucionales en los que una sociedad democrática procesa sus demandas. No por esto, es necesario aclarar, se perdió la valiosa experiencia y el aprendizaje derivado de su constitución en un movimiento social. Vasos comunicantes fecundos se mantienen aún entre unos y otros estilos de participación política, dejando claro que la expansión y consolidación del mapa democrático sólo tiene una única restricción: la de no dejar afuera ninguna meta, ningún actor, ninguna forma de lucha y la necesidad de que estos tres elementos se retroalimenten continuamente, estrategias de complementación y pluralismo sobre las que el movimiento de mujeres ha dado una pequeña lección al conjunto de la sociedad.

BIBLIOGRAFÍA

Bousquet, Jean Pierre, *Las locas de Plaza de Mayo*, Buenos Aires, El Cid, 1983.

Cano, Inés, "La mujer en la historia argentina", en *Todo es historia*, Buenos Aires, agosto 1982.

Conadep, *Nunca más*, Buenos Aires, Eudeba, 1985.

Consejo Provincia de la Mujer, *Mujeres bonaerenses*, Buenos Aires, Diebo, 1991.

Damill, M. y Roberto Frenkel, *Malos tiempos. La economía argentina en la década de los 80*, Buenos Aires, Estudios Cedes, 1990.

Ehlstein, Jean, "Mothers against the authoritarian state", XV Congreso Internacional de la Asociación de Ciencia Política, Buenos Aires, 1991.

Feijoó, M. y Mónica Gogna, "Las mujeres en la transición democrática", en E. Jelin (ed.), *Los nuevos movimientos sociales*, Buenos Aires, CEAL, 1986.

Feijoó, M. y E. Jelin, "Women from low income sectors: Economic recession and democratization of politics in Argentina", en *The Invisible Adjustment*, Santiago de Chile, Unicef, 1987.

Feijoó, María del Carmen, *Alquimistas en la crisis. Experiencias de mujeres en el Gran Buenos Aires*, Buenos Aires, Siglo XXI-Unicef, 1991.

Jelin, Elizabeth (ed.), *Movimientos sociales y democracia emergente*, Buenos Aires, CEAL, 1987.

Lubertino Beltrán, M. J., "Historia de la ley de cuotas", en *Cuota mínima de partici-pación de mujeres. El debate en Argentina*, Buenos Aires, Fundación Ebert, 1992.

Morandini, Norma, *Catamarca*, Buenos Aires, Planeta, 1991.

Portantiero, Juan Carlos, "Revisando el camino: las apuestas de la democracia en Sudamérica", en *Sociedad*, Revista de la Facultad de Ciencias Sociales, U.B.A., Buenos Aires, 1993.

Rosanda, Rossana, *Las otras*, Buenos Aires, Gedisa, 1982.

Schmukler, Beatriz, "Women in social democratization in the 1990's in Argentina", XV Congreso Internacional de Ciencia Política, Buenos Aires, 1991.

este libro se terminó de imprimir
en los talleres de tercer mundo editores
en agosto de 1994
santafé de bogotá, colombia,
apartado aéreo 4817